“十一五”国家重点图书出版规划项目

第二产业与循环经济丛书

第二产业与循环经济概论

Overview of Circular Economy in Secondary Industry

顾　问：曲格平　叶汝求　石定寰　王玉庆
总主编：李沛生　杨西京

黄海峰　李沛生　张阿玲　编著

中国轻工业出版社

图书在版编目（CIP）数据

第二产业与循环经济概论/黄海峰等编著.—北京：中国轻工业出版社，2010.5

"十一五"国家重点图书出版规划项目

（第二产业与循环经济丛书）

ISBN 978－7－5019－6767－4

Ⅰ.第…　Ⅱ.黄…　Ⅲ.工业经济－自然资源－资源利用－研究－中国　Ⅳ.F426

中国版本图书馆CIP数据核字（2009）第086271号

责任编辑：刘云辉

策划编辑：赵红玉　郝嘉杰　责任终审：张乃柬　封面设计：伍毓泉

版式设计：王超男　责任校对：杨　琳　责任监印：张　可

出版发行：中国轻工业出版社（北京东长安街6号，邮编：100740）

印　　刷：三河市世纪兴源印刷有限公司

经　　销：各地新华书店

版　　次：2010年5月第1版第2次印刷

开　　本：787×1092　1/16　印张：21.5

字　　数：496千字

书　　号：ISBN 978-7-5019-6767-4　定价：38.00元

邮购电话：010-65241695　传真：65128352

发行电话：010-85119835　85119793　传真：85113293

网　　址：http://www.chlip.com.cn

Email：club@chlip.com.cn

如发现图书残缺请直接与我社邮购联系调换

100381K6C102ZBW

↘丛书序言一

改革开放以来，我国经济高速发展，目前正处于工业化和城镇化加速发展阶段。由于粗放型经济增长方式还没有根本改变，资源利用和废弃物再资源化循环利用率低，单位产值的污染物排放量高，经济增长在相当程度上仍然主要依赖资源的高投入来实现。快速的经济增长在提高人民生活水平的同时，也使我国资源和环境付出了巨大代价。要促进经济、社会和环境的协调发展，必须认真贯彻科学发展观，按照“减量化、再利用、资源化”原则，大力发展循环经济，以尽可能少的资源消耗和尽可能小的环境代价，取得最大的经济产出和最少的废物排放，以建设资源节约型和环境友好型社会，实现又好又快发展和全面建设小康社会的战略目标。

第二产业在国民经济发展中占有十分重要的地位。随着经济的发展，第一产业在国民经济中所占的比重逐渐下降，第二、三产业的份额持续上升，而随着工业化进程的发展，第二产业在国民经济中的份额也将逐渐下降，而以服务业为主的第三产业的地位将进一步提高。2006 年第一、第二和第三产业在国民经济中的比重分别为 11.8%、48.7% 和 39.5%。与 2001 年相比第一产业的比重减少了 3.4 个百分点，而第三产业的比重则增加了 5.9 个百分点。

我国实施循环经济不仅包括废弃物资源化的再生资源产业，即静脉产业，而且也包括开发利用自然资源并以非废弃物作为原料的产业，即动脉产业。静脉产业和动脉产业基本上属于第二产业范畴。

我国的第二产业的发展，必须坚持走新型工业化道路，通过经济结构调整，加快技术进步，用新技术提升传统工业的水平，提高资源利用效率，减少废物的产生和排放。发展第二产业循环经济将改变过去高投入、高消耗、高污染的传统经济增长方式，转向科技含量高、经济效益好、资源消耗低、环境污染少、人力资源得到充分发挥的新型工业化道路；发展第二产业循环经济将促进经济发展与环境保护的有机结合，是全面落实党中央提出的科学发展观的主要举措，对加快建设资源节约型、环境友好型的社会具有重大意义。

第二产业发展循环经济，需要建立比较完善的发展循环经济法律法规体系、政策支持体系、技术创新体系和激励约束机制。其中包括建立循环经济的回收体系，促进绿色产品生产和绿色消费的发展。在工业企业中要大力推行清洁生产，从生产的源头和全过程大幅度提高资源利用效率，使生产过程中废物最小化、资源化、无害化，建成符合循环经济发展要求的典型企业。在工业集中地区应积极发展生态工业园，在企业清洁生产的基础上，使上游企业的废物成为下游企业的原料，延长生产链条，实现园区或企业群的资源最有效利用，废物产生量最小。在一定区域内，可以用生态链将工业与农业、生产与消费、城区与郊区、行业与行业有机结合起来，推进可持续生产和消费，逐步建成循环型社会。

近年来，为了应对经济发展过程中面临的资源约束和环境污染挑战，我国党和政府在探索、推广循环经济发展方面作出了不懈努力。党的十六届五中全会通过的“关于制定国民经济和社会发展第十一个五年计划的建议”中指出：要大力发展循环经济。发展循环经济，是建设资源节约型，环境友好型社会和实现可持续发展的重要途径。2006 年国务院下发了关于加快发展循环经济的若干意见，明确提出了发展循环经济的指导思想、基本原则和主要目标，发展循环经济的重点工作和重点环节，以及相应的政策措施。胡锦涛同志在十七大报告中谈到全面建设小康社会时提出，要建设生态文明，基本形成节约能源资源和保护生态环境的产业结构、增长方式、消费模式。循环经济形成较大规模，可再生能源比重显著上升。

随着循环经济理念的推广，循环经济实践的开展，关于循环经济的理论研究也不断深入，但是针对各个行业的特别是对第二产业发展循环经济的研究缺乏系统的总结和提高。本丛书涵盖了钢铁、轻工、包装、纺织、石油、化工、电子、环保、城市垃圾、新型材料——凝石等多个产业，较系统地介绍了国内外第二产业各行业发展循环经济的现状、中国第二产业各行业以及区域经济发展实施循环经济的理论与实践。研究分析了各行业发展循环经济的潜力和存在的问题，提出了逐步构建循环经济发展的技术、机制、金融支撑体系和回收体系等方面的具体措施。我相信，该丛书的问世将进一步促进对第二产业实施循环经济的研究，为相关产业部门、决策部门和广大科研工作者提供重要参考，为基层企业实施循环经济提供可操作性强、解决实际问题的向导。

国家发改委副主任：解振华

2007 年 11 月 14 日

↘丛书序言二

在几千年的文明史中，人类与自然环境长期协调发展。但是随着人类社会的发展，人类活动对自然环境的破坏也日益严重。人类在农业社会主要从事传统农业活动，由于当时人口总量较少，耕作方式原始，所以对自然环境几乎不造成破坏。人类在工业社会用机器生产代替了大部分手工劳动，也打破了人类与自然环境原有的平衡。

第一产业的自动化生产逐渐成为现实，人类几乎有能力在地球的任一角落发展农、林、牧、渔业。现代化的第一产业破坏了地表，改变了自然环境，也带来了环境污染。第二产业的现代化创造的产值更超过了以往人类历史时期全部产值之和，但第二产业的大规模扩张也消耗了大量自然资源，直接排向自然界的污染物带来了诸多环境灾难。产值在各国 GDP 中所占比重越来越大的第三产业同样造成了环境破坏。

人类社会是自然生态系统的子系统，其存在依赖于上一层系统的平衡。生态环境的破坏打破了自然生态系统的平衡，一旦失衡达到临界点，整个系统必然发生突变，还有可能走向消亡。人类社会发展带来的生态环境问题引起了国际社会的广泛关注。德国、日本等发达国家从生产和消费领域全面入手，提高资源效率，降低环境负荷，并从法律制度方面促进循环经济发展，分别制定并实施了《循环经济与废弃物管理法》、《促进建立循环型社会基本法》等。发展中国家也在积极探索加强资源节约和环境保护、构建可持续生产与消费体系的实践方法。

转变经济发展模式，发展循环经济逐渐成为国际社会的共识。循环经济本质上是一种生态经济。循环经济通过清洁生产、资源综合利用、生态设计和可持续消费将人类的经济活动重构成“资源—产品—再生资源”的反馈式流程，实现资源的“低开采、高利用、低排放”的循环利用，将经济活动再次与自然环境相协调，从而实现经济活动的生态化。与传统经济模式相比，循环经济是一种有效利用资源和保护环境的经济发展模式，可以充分提高资源和能源的利用效率，最大限度地减少废物排放，保护生态环境；可以实现社会、经济和环境的“共赢”；可以在不同层面上将生产和消费纳入到可持续发展框架中。

我国人均资源拥有量低，经济发展水平不高，粗放型的增长模式未发生根本性转变，缺乏先进技术。目前经济高速增长，如果继续沿袭传统经济发展模式，资源将难以为继，环境将不堪重负。因此，走以有效利用资源和保护环境为基础的循环经济道路，是全面建设小康社会、贯彻落实科学发展观的必然选择。

为了克服经济发展过程中面临的资源约束和环境污染困难，中国政府在探索、推广循环经济发展方面作出了不懈努力。党的十六届四中全会提出：要大力发展循环经济，建设节约型社会。党的十六届五中全会再次重申：发展循环经济，是建设资源节约型社会、环境友好型社会和实现可持续发展的重要途径。胡锦涛总书记在2005年中央人口资源环境工作座谈会上指出：要大力宣传循环经济理念，加快制定循环经济促进法，加强循环经济试点工作，全方位、多层次推广适应建立资源节约型、环境友好型社会要求的生产生活方式。温家宝总理在向十届全国人大三次会议所作的《政府工作报告》中也指出，要大力发展循环经济，从资源开采、生产消耗、废弃物利用和社会消费等环节，加快推进资源综合利用和循环利用。“十一五”规划确定了今后五年单位GDP能源消耗降低20%左右、主要污染物排放总量减少10%的目标。为实现节能减排的约束性目标，需要全国各行各业的共同努力，走循环经济道路，建设资源节约型和环境友好型社会，这已成为中国的重大战略决策。

目前，中国的经济增长主要依赖第二产业，第二产业的产值占GDP的比重为51.1%。在第二产业内部，重工业，特别是一些高耗能、高污染行业增长依然偏快。2006年，重工业增加值占工业中的比重接近70%，其中轻重工业增速差距由2005年的1.8个百分点扩大到2006年的4.1个百分点，水泥、钢材、电解铝、有色金属的产量分别比上年增长15.5%、25.3%、20.1%和17.2%，大大高于GDP增长速度。西方发达国家的工业化历程说明，传统工业化道路需要经历三个阶段六个时期，其中第一阶段是重工业化阶段（包括以原材料工业为重心和以加工装配工业为重心两个时期），第二阶段是高加工度化阶段（包括以劳动密集型加工工业为重心和以技术密集型加工工业为重心两个时期），第三阶段是技术集约化阶段（包括以一般技术密集型工业为重心和以高新技术密集型工业为重心两个时期）。

中国已基本完成了以原材料工业为重心的重工业化阶段，正在向以加工装配工业为主的高加工度化时期过渡，出现了消费品工业过度扩张，但重加工工业尤其是装备工业却一直停留于劳动密集型为主的加工重心时期的状况。所以说中国应放弃传统工业化道路，寻求一条新型工业化道路。发展第二产业的循环经济，正是实现工业化的一个新选择，是全面贯彻落实党中央、国务院科学发展观的重大举措，是实现可持续的经济增长、优化中国经济结构的重要途径，是建设节约型社会、实施可持续发展战略的根本出路。

为了推动第二产业循环经济的发展，中国产学研合作促进会循环经济分会组织本会专家学者编写了“第二产业与循环经济”系列丛书。丛书首批20部，涵盖了钢铁、轻工、包装、纺织、石油、化工、电子、环保、城市垃圾、新型材料——凝石等多个产业。本丛书基于对中国工业化进程的客观判断，着眼于第二产业在循环经济实践过程中遇到的种种问题和发展中突显出的新特点、新矛盾，从制约各行业生态化转型的关键环节入手，简要介绍了中国第二产业各行业发展循环经济的理论与实践，并通过国际比较、案例分析展开研究与论述，进而实现理论的升华。本丛书不仅详细论述了第二产业发展循环经济的内涵与外延，深刻剖析了发达国家的先行经验对中国的借鉴价值和有益启示，而且特别研究并总结了第二产业发展循环经济所必备的四大体系，即资源回收体系、技术支撑体系、政策支持体系，以及综合评价体系等。希望本丛书的出版将有助于我国在发展中解决资源与环境问题，有助于中国工业企业突破资源瓶颈，有效治理工业污染，真正承担起社会环境责任，最终引导全社会的生产、分配逐步走上良性循环的轨道，从而保证国家经济持续发展，并为相关产业部门、决策部门和广大科研工作者提供重要决策参考。

对于书中不足之处，谨请各位读者不吝指正！

李沛生　杨西京

2008. 04. 23

↘前言

中国对循环经济的探索始于20世纪90年代，基本做法是在基层企业、工业园区和部分区域等层次逐步推进“资源—产品—废弃物—再生资源”的循环利用。2002年我国颁布了“清洁生产促进法”，国务院和有关部门也相继制订了一批推动循环经济发展的政策和法规；2005年7月国务院又发布了《关于加快发展循环经济的若干意见》。为循环经济发展提供了明确的政策依据。2008年8月又通过了《中华人民共和国循环经济促进法》，并从2009年1月施行，以法的高度促进开展循环经济。地方政府也出台了一批发展循环经济的法规或规章，各级政府和有关部门、一些企业、工业园区、区域等不同层次开展了循环经济的示范、试点工作，大力发展循环经济。

无论是理论研究还是实践，循环经济在我国都还刚刚起步。人们对于循环经济的认知还很不够，公众对于循环经济在第二产业中的作用还缺乏认识。其中多数企业在运用循环经济方法上还缺乏主动性、积极性，存在不少误区、盲区。为了进一步宣传和普及循环经济的理念、知识，沟通国内外发展循环经济的经验、信息，推动循环经济的理论和实践，总结、交流与发展第二产业循环经济的关键技术和技术支撑体系、回收体系，使企业对循环经济的认识能看得见、摸得着，实施、发展循环经济找得到方向和办法，本丛书总编委会汇同钢铁、轻工、包装、纺织、石油、化工、电子、环保、城市垃圾、新型材料——凝石等20多个第二产业分编委会，自2007年以来通过各种途径，广泛收集资料、信息。中国产学研合作促进会循环经济分会会长李沛生在积累了数百万字资料的基础上，精选精编，集众人智慧、创造和劳动成果，编著了近600万字的《第二产业与循环经济》丛书，奉献给广大读者，以期为推动我国第二产业循环经济的发展略尽微薄之力。

丛书的研究、编辑、出版自始至终得到了各方面领导、学者、专家和朋友们的大力支持！

特别感谢国家发展和改革委员会副主任解振华为丛书亲自作序。

衷心感谢中华环境保护基金促进会理事长，原全国人大环境与资源保护委员会主任委员曲格平；国务院参事，国家环保部顾问，原国家环保总局副局长叶汝求；国务院参事、国家科学技术部原秘书长石定寰所提出的宝贵意见。中国环境科学学会理事长、国家环保总局原副局长王玉庆在担任本书顾问中给予了悉心指导。同时，对国家发展和改革委员会环境和资源保护司、中国科学自然科学基金委员会、中国钢铁协会、中国包装总公司、北京市科学技术委员会、中国民主建国会北京市委员会的领导与专家所给予的帮助也表示诚挚的谢意。

此外，在写作过程中，本书还汇集了由黄海峰教授组织编写的“2006 年创新、环境与教育国际论坛”和“2007 年可持续发展与循环经济学术研讨会”上的学术观点以及所主持的科技部、环保部等有关循环经济研究课题中的部分成果，在此真诚感谢中国工程院左铁镛院士、李京文院士，科学技术部科技促进发展研究中心周元，国家环保部环境与经济政策研究中心任勇、周国梅，国家建筑材料工业技术情报研究所崔源声，北京市科学技术协会田小平，北京大学叶文虎，南开大学朱坦，清华大学李金惠、肖魏，中国人民大学张象枢、刘曼红，北京市可持续发展科技促进中心伍建民，联合国环保项目顾问 David Ness、德国（广州）德威制革有限公司 Thomas Schneider、上海赛敏环保科技有限公司谭震明、国家外专局专家 Robert Vincin、波兰华沙科技大学 Stanislaw STRZELCZAK 以及北京工业大学马重芳、程会强、钱伟量、李东生、吴文英、林美珍和罗之冰的参与和支持。

特别感谢中国轻工业出版社杨西京社长和赵红玉副总编辑的大力支持，他们为本书的顺利出版发行进行了卓有成效的工作。

《第二产业与循环经济概论》，对于本套丛书各分册具有统揽全局、科学引导的作用，本书不仅汇集了国内外专家、学者的理论精髓，而且形成了独具特色的创新性研究成果，颇具学术价值。由中国产学研合作促进会循环经济分会会长李沛生主持，北京工业大学中国经济转型研究中心主任、经济与管理学院博士生导师黄海峰、清华大学环境经济研究院教授、博士生导师张阿玲共同牵头作为主笔，并由李慧颖、刘滨协助，在多位中青年研究人员的积极参与下，组建成一个极富创新能力的编著团队，具体章节撰写分工如下：李沛生（第 1 章、第 4 章、第 9 章、附录），张阿玲、刘滨（第 2 章），黄海峰、李慧颖、李博、任培（第 3 章），黄海峰、邓啸明、郭建斌、王璐、张晨光、李旭东、李雪（第 5 章），黄海峰、沈金生、马福利、李慧颖、曹锐、陈红、李秋香（第 6 章），王虹、黄海峰（第 7 章），李慧颖、黄海峰、任培、陈冰梦、常浩（第 8 章），正是他们的不懈努力、卓越贡献、同力协作保证了本书得以面世。

十分感谢杜文棠、李书良、方孺康、任学良、王建国、李建玲、黄赢、刘敏、汪家权、崔铁宁、柴金艳、马洪立、李秋香、蒋可良、陈韬提供的各种帮助，也对任培、周凌云、李博、王启垣、何家兴、孙荣芳、孙辰、王勇、宋扬阳、李英洪的积极参与和辛勤付出表示感谢，其中，中国海洋大学沈金生提供的博士论文极大丰富了本书的研究内容。另外，感谢金伯莉（Kinberley Howard）、白嘉（Guy Bernfeld）两位专家在外文方面给予的帮助。

关于循环经济理论与实践的很多问题还有待于深入研究、实践、丰富和发展，特别是一些基本概念的诠释，见仁见智，远未达成共识。本书作为北京工业大学、清华大学等国内外专家合作的共同科研成果，希望在中国产学研合作促进会循环经济分会所提供的研究平台上，进一步促进中国循环经济的研究，为中国企业的可持续发展提供咨询建议，由于我们的水平有限，本书不当之处，敬请广大读者批评指正。

值得指出的是，书中选取了一些学术文章、会议资料作为参考资料，其中引用了有关学术成果，大部分取得了作者同意。由于多种原因，有个别作者没有及时取得联系，恳请谅解，希望今后与我们联系，以便处理有关事宜。

编者

2008 年 11 月

↘目录

↘ CONTENT

第一章　第二产业循环经济的地位、意义与任务

从资源流程和经济增长对资源、环境影响的角度考虑，经济增长方式存在着两种模式：一种是传统增长模式，即“资源—产品—废弃物”的单向式直线过程，这意味着创造的财富越多，消耗的资源就越多，产生的废弃物也就越多，对资源环境的负面影响就越大；另一种是循环经济模式，即“资源—产品—废弃物—再生资源”的反馈式循环过程，可以更有效地利用资源和保护环境，以尽可能小的资源消耗和环境成本，获得尽可能大的经济效益和社会效益，从而使经济系统与自然生态系统的物质循环过程相互和谐，促进资源永续利用。概括地说，循环经济是一种以资源的高效利用和循环利用为核心，以“减量化、再利用、资源化”为原则，以低消耗、低排放、高效率为基本特征，符合可持续发展理念的经济增长模式，是对“大量生产、大量消费、大量废弃”的传统增长模式的根本变革。

循环经济的“减量化”原则是指在生产和服务过程中，尽可能地减少资源消耗和废弃物的产生，核心是提高资源利用率；“再利用”原则是指产品多次使用或修复、翻新或再制造后继续使用，尽可能地延长产品的使用周期，防止产品过早地成为垃圾；“资源化”原则是指将废弃物最大限度地转化为资源，变废为宝、化害为利，既可减少自然资源的消耗，又可减少污染物的排放。从目前情况看，“资源化”的途径主要有两种，一种是再生利用，如废铝变成再生铝，废纸变成再生纸；另一种是将废弃物作为原料，如电厂粉煤灰用于生产建材产品、筑路和建筑工程，城市生活垃圾焚烧后用于发电取暖等。

循环经济在微观层面上，要求企业节约降耗，提高资源利用率，实现减量化；对生产过程中产生的废弃物进行综合利用，并延伸到废旧物资回收和再生利用；根据资源条件和产业布局，延长和拓宽生产链条，促进产业间的共生耦合。循环经济在宏观层面上，要求对产业结构和布局进行调整，将循环经济理念贯穿于经济社会发展的各领域、各环节，建立和完善全社会的资源循环利用体系。

第一节　循环经济的产生与发展

回顾世界经济发展的历史，不难发现，循环经济理念的产生和发展，是人类对人与自然关系的深刻反思，是人类对全社会面临的资源短缺、环境污染共性问题的反思，是人类对传统的经济增长方式的反思的结果。走可持续发展道路是人

类社会发展的必然选择。

工业革命以来，人类在创造巨大物质财富的同时，也付出了巨大的资源和环境代价。在推进工业化的初期，人类还没有深切体会到自然资源供给和环境容量的有限性。随着人口的持续增加、经济规模的不断扩大，传统的生产模式带来的资源短缺和环境污染，迫使人类进行深刻反思。1962 年，美国生物学家卡逊出版了《寂静的春天》一书，用触目惊心的案例阐述了大量使用杀虫剂对人类的危害，敲响了工业社会环境危机的警钟。同年，美国经济学家鲍尔丁从经济的角度提出了循环经济的概念，他将人类生活的地球比作太空中的宇宙飞船，提出如果不合理地开发自然资源，当超过地球承载能力时，人类就会走向毁灭，只有循环利用资源，才能持续发展下去。这可以看做是循环经济思想的萌芽。

20 世纪 70 年代，发生了两次世界性能源危机。经济增长与资源短缺之间矛盾凸显，引发人们对经济增长方式的深刻反思。1972 年，罗马俱乐部发表了题为《增长的极限》的研究报告，首次向世界发出了警告："如果让世界人口、工业化、污染、粮食生产和资源消耗像现在的趋势继续发展下去，这个行星上的增长极限将在今后 100 年中出现。"报告提出的资源供给和环境容量无法满足外延式经济增长模式的观点，引起全世界的极大关注。同年，联合国发表了《人类环境宣言》，提出了人类在开发利用自然的同时，也要承担维护自然的责任和义务。

20 世纪 80 年代，人们开始探索走可持续发展的道路。1987 年，时任挪威首相的布伦特兰夫人在《我们共同的未来》的报告里，第一次提出可持续发展的新理念，并较系统地阐述了可持续发展的含义。1989 年，美国福罗什在《加工业的战略》一文中，首次提出工业生态学概念，即通过将产业链上游的"废物"或副产品，转变为下游的"营养物"或原料，从而形成一个相互依存、类似于自然生态系统的"工业生态系统"，为生态工业园建设和发展奠定了理论基础。

1992 年，在巴西里约热内卢召开的联合国环境与发展大会，通过了《里约宣言》和《21 世纪议程》，正式提出走可持续发展之路，号召世界各国在促进经济发展的过程中，不仅要关注发展的数量和速度，更要重视发展的质量和可持续性。环发大会后，世界各国陆续开始积极探索实现可持续发展的道路。德国于 1996 年颁布了《循环经济与废弃物管理法》。日本也相继颁布了《促进建立循环型社会基本法》、《资源有效利用法》等一系列法律法规。目前，发达国家循环经济的发展已在以下四个层面上展开：

（1）企业内部的循环利用：最具代表性的是美国杜邦化学公司模式，通过厂内各工序之间的物料循环，减少物料的使用，达到少排放甚至"零排放"的目标；

（2）企业间或产业间的生态工业网络：如著名的丹麦卡伦堡生态工业园，把不同的工厂联结起来，形成共享资源和互换副产品的产业共生组合，使一个企业产生的废气、废热、废水、废渣在自身循环利用的同时，成为另一企业的能源和原料；

（3）废物回收和再利用体系：如德国的包装物双元回收体系（DSD）和日本的废旧电器、汽车、容器包装等回收利用体系；

（4）社会循环经济体系：如日本政府为推动循环经济的形成，提出了到2010年要达到的三个方面的目标，包括资源投入产出率比2000年提高40%，资源循环利用率提高40%，废弃物最终处置量减少50%，为实现这些目标，日本政府制定和实施了一系列政策措施。

总之，人类在发展过程中，越来越感到自然资源并非取之不尽，用之不竭，生态环境的承载能力也不是无限的。人类社会要不断前进，经济要持续发展，客观上要求转变增长方式，探索新的发展模式，减少对自然资源的消耗和生态系统的破坏。在这种情况下，循环经济便应运而生。

第二节　中国第二产业的现状及其在循环经济中的地位

经济相对于一定的社会活动总要伴随着不同产业。经济学界通常将经济领域划分为三个产业：其中第一产业是直接作用于自然界生产初级产品的产业，例如农业，包括林业、牧业、渔业等；第二产业是把初级产品加工成为满足人类生产、生活进一步需要的产业，例如工业和建筑业，其中工业应该包括采掘业和制造业；第三产业则是提供满足人类基本的物质资料需要以外的进一步需要的产品和服务的部门，包括流通部门和服务部门，其中在流通部门中涉及商业饮食业、物资供销和仓储业等，在为生产和消费服务的部门中，则应包括金融业、保险业、地质普查业、房地产业、居民服务业、咨询服务业和各类技术服务业等。总之，第一、二、三产业的划分，较好地反映了社会分工和经济活动发展的不同阶段，在一定意义上反映了现代社会经济转型的过程。我国在20世纪80年代初开始采用三次产业的分类来核算国民生产总值，从不同的角度和层次来研究社会经济各部分的发展规模、结构和水平。

世界经济发展史表明，产业结构呈现发展高级化趋势，大约可划分为三个时期。人类经济社会第一个时期，主要是第一产业农业；第二个时期，从18世纪英国工业革命开始，第二产业（工业和建筑、建材业）崛起，比重迅速上升，同时第三产业得到发展，第一产业农业向第二、第三产业转移，其比重下降；第三个时期，第一、第二产业向第三产业转移，比重下降，第三产业比重持续上升。目前，中国经济发展大约处于第二、第三个时期之间的过渡阶段，在GDP总量中，第一产业比重持续下降，第二产业即工业和建（材）筑业稳定、持续上升，第一、第二、第三产业比重：1980 年为 30∶49∶21；1990 年为 27∶42∶31；2000 年为 16∶50∶34；2002 年为 15.4∶51∶36；2003 年为 15∶52∶33；2004 年为 13.1∶46.2∶40.7。2005 年，我国 GDP 总量 182321 亿元，人均 GDP 约为 1703 美元，第一产业降 0.7，为 12.4；第二产业升 1.1，为 47.3，第三产业微降 0.4，为 40.3。“十五”期间，中国人均 GDP 水平，第一、第二、第三产业比重结构变化，都生动表明中国正处于工业化中期或重工化阶段的高加工度化时期。

历年三个产业比重表

年份	第一产业%	第二产业%	第三产业%
1980 年	30	49	21
1990 年	27	42	31
2000 年	16	50	34
2002 年	15.4	51	36
2003 年	15	52	33
2004 年	13.1	46.2	40.7
2005 年	12.4	47.3	40.3

与发达国家的循环经济相比，中国的循环经济涵盖范围有所增加。发达国家的循环经济主要集中在废弃物资源化的再生资源产业，即静脉产业；而中国的循环经济不仅包括静脉产业，而且也包括开发利用自然资源并以非废弃物作为原料的产业，即动脉产业。静脉产业和动脉产业在很大程度上都涉及第二产业，目前中国经济增长主要依赖于第二产业，2006 年工业产值占 GDP 的比重为 51.1%。国外发达国家发展历程表明工业化道路需要经历重工业化、高加工度化和技术集约化三个阶段。中国已基本完成了以原材料工业为主的重工业化阶段，正转向以加工装配工业为主的高加工度化阶段，在重化工业向新型工业转型的重要时期，粗放型经济增长方式还没有根本改变，资源浪费大，单位产值的污染物排放量高，造成工业投资率和资源消耗率双高，企业经济效益差、竞争力低的状况。

目前，粗放型、单向式、直线型的经济增长方式造成资源浪费大，表现为“四低”：

（1）资源产出率低。按现行汇率计算，2003 年我国 GDP 约占世界的 4%，但重要资源消耗占世界的比重却很高，石油为 7.4%、原煤 31%、钢铁 27%、氧化铝 25%、水泥 40%。我国用水总量与美国相当，但 GDP 仅为美国的 1/8；消耗每吨标准煤实现的 GDP 为世界平均水平的 30%。上述比较，即使考虑到汇率因素，我国资源的产出率比发达国家仍低很多。

（2）资源利用率低。2000 年，冶金、有色金属、电力、化工等 8 个高耗能行业的单位产品能耗比世界先进水平平均高40%以上。主要耗能设备能源效率低，如风机、水泵平均设计效率比国外先进水平低5个百分点，系统运作效率低近20个百分点。机动车百公里油耗比欧洲高25%，比日本高20%，比美国整体高10%；载货汽车百吨公里油耗比国外先进水平高1倍以上。单位建筑面积采暖能耗相当于气候条件相近的发达国家的2～3倍。2002年我国每万元GDP取水量为537m^3，是世界平均水平的4倍。工业用水重复利用率不足60%，比国外先进水平低15～25个百分点；农业灌溉用水利用系数仅为世界先进水平的1/2；多数城市供水管网跑冒滴漏损失率高达20%以上。土地资源利用程度也很低，且浪费严重。

（3）资源综合利用水平低。目前，我国矿产资源总回收率为30%，比国外先进水平低20个百分点。共伴生矿产资源综合利用率为35%左右。煤系共生、伴生20多种矿产，绝大多数没有利用。一些超大型复杂多金属矿床的尾矿利用率仅为10%。我国木材综合利用率约60%，而发达国家一般都在80%以上。与此同时，“三废”综合利用潜力很大。2003年我国工业固体废弃物综合利用率只有55.8%，累计堆存量已达几十亿t，占用了大量土地。

（4）再生资源回收利用率低。2003年我国钢铁工业年废钢利用量为5800多万t，占粗钢产量的比例为26%，而世界平均水平为43%；再生铜产量93万t，占铜产量的22%，而世界平均水平为37%；再生铝产量145万t，占铝产量的21%，而世界平均水平为40%。轮胎翻新量仅占新胎产量的4%，而发达国家一般为10%，其中轿车轮胎基本不翻新，而欧盟翻新率达18.8%。此外，我国每年还有大量的废旧家电和电子产品，废有色金属、废纸、废塑料、废玻璃等，没有实现资源的高效利用和循环利用。

粗放的、单向式、直线型的经济增长模式造成中国生态环境总体恶化的趋势尚未得到根本扭转，环境污染状况日益严重。一是水环境每况愈下。去年中国废水排放总量460亿t，其中化学需氧量1334万t，大量未处理或不达标的废水直接排入江河湖库。饮用水安全受到威胁，生态用水匮乏。二是大气环境不容乐观。去年全国烟尘排放总量近1000万t；二氧化碳排放量为2159万t，居世界第一位，大大超过环境容量。全国酸雨面积已占国土面积的1/3。三是固体废物污染日益突出。2007年全国工业固体废弃物排放量1941万t，其中有3000t的危险废弃物未经任何处置排入环境，危害人民群众的身体健康。四是城市生活垃圾无害化处理率低，二次污染严重。2002年，全国660个建制市生活垃圾产生量1.36亿t，集中处理率为54%，仍有6200万t未经任何处理。监测结果表明，垃圾无害化处理率不足20%。此外，农村畜禽粪便、水产养殖污染，农药、化肥的不合理使用，使农村环境问题日益严重，直接威胁到农业产品质量安全；生态环境恶化，草地退化、水土流失、森林生态系统质量下降、生物多样性锐减，生态安全受到严重影响。

第三节　第二产业实施循环经济的意义与任务

一、第二产业实施循环经济的意义

发展第二产业循环经济将改变过去高投入、高消耗、高污染的传统经济增长方式，转向科技含量高、经济效益好、资源消耗低、环境污染少、人力资源得到充分发挥的新型工业化道路，力求以最小的资源和环境成本，取得最大的经济效益；发展第二产业的循环经济将促进经济发展与环境保护的有机结合，作为实现可持续的经济增长、优化中国经济结构的战略决策，全面落实党中央提出的科学发展观的主要举措，对加快建设资源节约型、环境友好型的社会具有深远的意义。

二、第二产业实施循环经济的任务

第二产业发展循环经济，首先应该积极建立以下两个体系：

(1) 建立循环经济的回收体系与技术创新体系。没有可行的、完善的回收体系就不可能实施循环经济基本原则；没有循环经济的关键技术，适合第二产业的各行业的技术创新体系，循环经济就等于空中楼阁。所以我们必须把以提高资源利用效率为基础，以资源的再生、循环利用和无害化处理为手段，以经济社会可持续发展为目标，旨在推进经济发展和生态环境保护，大力开发具有自主知识产权的生产链接技术，作为重要任务落到实处；

(2) 建立限制、鼓励和惩罚等经济政策体系，促进资源的循环利用，规范绿色产品的标识和市场，促进绿色消费的快速发展。

同时，注重区分三个层次：一是在工业企业中大力推行清洁生产，从生产源头和全过程充分利用资源，使每个生产企业在生产过程中废物最小化、资源化、无害化。二是在工业集中地区积极发展生态工业园，在企业清洁生产的基础上，使上游企业的废物成为下游企业的原料，不断延长生产链条，实现区域或企业群的资源最有效利用，废物产生量最小，甚至零排放。三是在一定区域内，用生态链将工业与农业、生产与消费、城区与郊区、行业与行业有机结合起来，大力发展资源循环利用产业，实行可持续生产和消费，全面提高资源利用率，逐步建成循环型社会。

第二章 循环经济的基本内涵

20 世纪 90 年代以来我国经济高速发展，经济总量快速上升，但是发展的道路基本是依赖于资源高消耗、财力高投入、环境高污染的单向粗放经济获取的，人们逐渐认识到合理地开发和利用自然资源、保护自然环境、适应地球的承载能力，逐渐将传统的经济发展模式转变为可持续发展的模式。为了了解这种物质闭环流动型经济模式的内涵，本章将介绍循环经济的基本概念、相关理论、重要原则、实践模式和对未来发展的启示。

第一节 循环经济的基本概念与相关理论

一、基本概念

20 世纪 60 年代美国经济学家 K·鲍尔丁提出“地球宇宙飞船理论”时首次使用“循环经济”概念。他认为，地球就像浩瀚星空的宇宙飞船一样，是一个孤立无援、与世隔绝的独立系统，人类要想在地球上生存更长的时间，就必须努力提高地球资源的循环利用能力。70 年代，随着环境污染对人类生活的影响越来越严重，国际社会开始有组织地开展环境整治运动，但世界各国更多关心的是如何治理和减少污染物所带来的危害，也就是所谓的末端治理方式。80 年代，人们注意到要采用资源化的方式处理废弃物，但对于是否应从生产和消费的源头防止污染的产生，大多数国家仍然没有明确的意识。进入 90 年代，随着人类对生态环境保护和可持续发展理论认识的进一步深入，特别是 1992 年《里约热内卢宣言》的制定和《21 世纪议程》的通过，使可持续发展成为世界潮流，源头预防和全过程治理替代了末端治理，成为一些发达国家环境与发展政策的真正主流，以资源利用最大化和污染排放最小化为主线的循环经济理念得到越来越多的重视和迅速发展。

循环经济是对物质闭环流动型经济的简称。从物质流动的方向看，传统工业社会的经济是一种单向流动的线性经济，即：“资源—产品—废弃物”。线性经济的增长，依靠的是高强度地开采和消耗资源，同时高强度地破坏生态环境。而循环经济的增长模式是“资源—产品—再生资源”的反馈式流程，所有的物质和能源要能够在这个不断进行的经济循环中得到合理和持久的利用，从而将经济活动对自然环境的影响降低到尽可能小的程度。

循环经济本质上是一种生态经济，它要求运用生态学规律而不是机械论规律来指导人类社会的经济活动。一个理想的循环经济系统通常包括4类主要的行为者：资源开采者、处理者（制造商）、消费者和废物处理者。系统内部以互联的方式进行物质交换，以最大限度利用进入系统的物质和能量，从而形成“低开采、高利用、低排放”的结果。由于存在反馈式和网络式的相互联系，系统内不同行为者之间的物流远远大于出入系统的物流。

循环经济可以为优化人类经济系统各个组成部分之间的关系提供整体性的思路，为工业化以来的传统经济转向可持续发展的经济，消除长期以来的环境与发展之间的尖锐矛盾，提供战略性的理论支持。

二、相 关 理 论

迄今为止的种种经济理论，一直是无视自然资源的。自然资源，包括生态环境被看作是“自然存在”的事物，而忽视其对经济增长所作出的贡献，这在实际上造成了不计资源环境代价的经济增长，长期割裂经济社会与生态系统的联系作用，将资源环境看作可无限任意取用，将人类社会从生态系统中孤立出来。

传统经济增长理论中，资源环境变量从来不被考虑进入生产函数，成为投入要素或经济增长的贡献要素。随着全球日益突出的巨大资源能源和生态环境压力，近年来人们在转变增长方式的问题中对资源环境的关注程度开始上升，但是资源环境变量游离在经济增长概念与实践之外的状况并未从根本上得到改变。其根本原因就是在传统经济增长概念中忽视自然资源环境因素。

与通常意义上的增长方式转变并不相同，循环经济是一种向着融入资源环境因素的转变；是一种向着不仅包括提高经济质量效益，而且还包括获取资源环境效益的综合效益型经济的转变。

循环经济与市场经济在追求资源高效利用和优化配置上是一致的。循环经济和市场经济都是在自然资本成为人类发展的约束时，运用成本和效益的原则，通过提高对资源的利用效率来实现社会效益的最大化。循环经济强调全过程的节约资源，提高效率，从而最大限度地消除对于环境的负面影响，做到成本效益的最优化。发展循环经济不仅能够获得更大更长远的经济效益，同时可以保护环境，实现人类经济的可持续发展。

第二节　循环经济的重要原则和实践模式

一、循环经济的重要原则

“减量化（Reduce），再利用（Reuse），循环（Recycle）”（3R原则）是循环经济最重要的原则，其中减量化原则属于输入端方法，旨在减少进入生产和消费过程的物质量；再利用原则属于过程性方法，目的在于提高产品和服务的利用效率；循环原则，也称资源化原则，是输出端方法，通过把废弃物再回收利用而减少末端处理的负担。

（1）减量化原则。作为循环经济的第一原则，就是要减少进入生产和消费流程的物质量。在生产中，制造商通过减少每个产品的物质使用量、重新设计来节约资源，减少排放；在消费中，要求人们减少对物品的过度需求。

（2）再利用原则。循环经济的第二个有效原则就是尽可能多次或多种方式地使用一件产品，防止其过早成为垃圾。

（3）循环（资源化）原则。循环经济的第三个原则是尽可能多地再生利用。即将物质返回到工厂，粉碎后再利用于新的产品，使废弃物转变为再生资源。

3R 原则在循环经济中的重要性不是并列的，应该按照“减量化—再利用—循环（资源化）”为优先顺序。首先要减少经济源头的污染产生量；其次是对于源头不能削减的污染物和经过使用的包装废物和旧货等加以回收利用，使其回到经济循环中去；只有当避免废物产生和回收利用都不能实现时，才允许将最终废弃物进行环境无害化处置。

强调减量化优先的低排放或零排放方式是循环经济理念下追求的根本经济方式。其目的就在于从根本上减少自然资源的耗损，减少由线性经济带来的环境退化，从而达到经济与生态的协同发展这一循环经济的根本目标。

二、循环经济的实践模式

循环经济作为一种新的社会发展模式，不仅在理论上受到关注，各国在实践上也针对各国的实际经济发展特点和需要作出了有益的探索。

（一）日本、德国等的探索

在当前全球资源和环境问题日益严峻的大背景下，西方国家普遍开始寻求更合理的经济发展方式。在一些发达国家，循环经济已经成为一种潮流和趋势，发展循环经济，建立循环经济社会被看成是实施可持续发展战略的重要途径和方法。其中日本和德国走在了前列。

1. 日本

日本提出建立循环型社会的目标，是基于其国土面积的狭小带来的废弃物无处填埋的压力，以及其国内自然资源的极度匮乏，对资源进口的高度依赖所造成的高危机感。20 世纪 80 年代末泡沫经济崩溃后，日本持续了长达 10 年的经济停滞状况，为了防止全球气候变暖，要求大幅削减造成温室效应的气体的排放；同时由于缺少垃圾的最终处理地点和控制天然资源的消费，使得其建立循环型社会成为紧迫的任务。日本期望通过普及符合循环型社会的新生活方式来解决环境问题，并通过创造 21 世纪型的经济方式来克服经济的停滞，创立出经济与环境的协调关系。

20 世纪末，日本为实现即使受“资源约束”的情况下仍然持续经济增长，提出必须及时向循环型经济系统（Recycling – Oriented Economic Society）转变。所谓循环型经济系统是指：将环境约束和资源约束的对应措施反映在产业活动和经济活动的所有方面，也就是将环境和经济融于一体的经济系统。即不应该把环境和资源的压力（对应）视为是约束经济增长的因素，而应看做经济增长的新动力。按照“将环境约束和资源约束融于事业活动（产业的环境化）”与“通过对环境约束和资源约束的对应而创造出市场价值（环境的产业化）”，实现经济的可持续增长。

1997 年 7 月，日本政府提出了“ECOTOWN”工程，其宗旨在于“堵住废物源头，推进废物利用，靠环境产业振兴区域发展，创造资源循环型城市”。2001 年开始实施《促进建立循环型社会基本法》具体规定了为形成循环型社会，国家应该制定的政策。

2003 年 5 月又颁布了《环境立国宣言》，以解决废物问题为起点，通过抑制废弃物的产生、资源的循环利用和合理处置等措施，建立最大限度减少环境负荷的“循环型社会”。

日本目前已经建立了相对完善的循环经济法律体系。制定了《促进建立循环型社会基本法》为框架法、《资源有效利用促进法》为基本法，包括《废弃物处理法》、《建筑材料再生利用法》、《食品再生利用法》、《容器包装再生利用法》、《家电产品再生利用法》以及《绿色产品采购法》和新制定的《汽车再生利用法》在内的各项相关子法和政令省令相配套的法律法规制度和政策体系。并从 2001 年开始全面实施。日本的《促进建立循环型社会基本法》明确了循环经济的定义、基本原则、各行为主体的责任和义务，并明确提出循环型社会的努力目标。

日本将走出大量生产、大量消费和大量废弃的社会，向循环型经济过渡。1998 年日本循环利用的现状，如图 2 – 1 所示。在 1 年中，有 6.16 亿 t 的废弃物、副产品等被排放出来，其中 3 亿 t 以循环利用的形式被再使用、再生产利用，2.4 亿 t 以焚烧、脱水等形式被减量处理。有 0.7 亿 t 被最终处理掉。

对比 1999 年和 2000 年的废弃物排出量（见表 2 – 1），可以看出随着循环经济相关法律法规的陆续实施，日本的废弃物排出总量有了明显的下降，1999 年下降到 4 亿 t，2000 年降到 3.8 亿 t；而其中的再生利用率却稳步提高，2000 年达到 60%；废弃物的最终填埋量有所下降。

2. 德国

德国的循环经济起源于垃圾经济，并逐渐向生产领域的资源循环利用延伸。20 世纪 70 年代，为了解决垃圾堆放及二次污染问题，德国于 1972 年颁布了《废弃物管理法》，强调通过焚烧和填埋等末端处理方式治理环境污染。1986 年的修正案将其改称为《废弃物限制及废弃物处理法》。对废弃物问题的认识从“怎样处理废弃物”发展到“怎样避免废弃物的产生”。在此基础上，1996 年又制定了

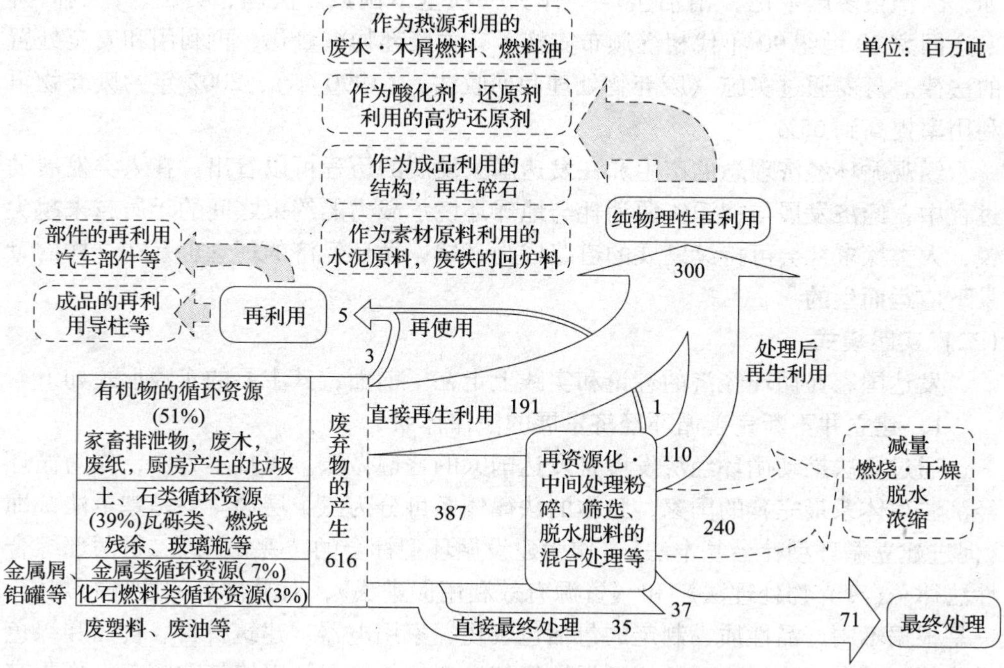

图 2－1　日本资源循环利用的流程图（1998 年度）

表 2－1　日本全社会废弃物排出情况

年度	废弃物排出总量（亿 t）	再生利用量（亿 t）	再生利用率（%）	最终处理量（亿 t）
1998	6.16	3.00	48.7	0.71
1999	4.00	2.21	55.3	0.61
2000	3.80	2.31	60.8	—

《循环经济与废弃物管理法》，把废弃物处理提高到循环经济的高度，把物质闭路循环的思想从包装问题推广到所有的生产部门。在这一法律框架下，德国根据各行业的不同情况，制定了促进各行业循环经济发展的法规，如《废旧汽车处理规定》、《废旧电池处理规定》等，通过建立产品责任延伸制度，彻底改造其垃圾处理体系。以上法律的制定和实施，为德国向循环型社会迈进奠定了基础。

3．其他国家

其他发达国家虽然没有明确提出循环经济概念，但类似的实践也体现了循环经济的理念和原则，如美国通用汽车公司提出的工业生态系统理念，要求企业之间产生的废弃物要互为消化利用，原则上不再排放到工业园区之外，其实质就是运用循环经济的思想组织园区内企业之间的物质和能量的循环利用。此外，废物减量化、再利用及再循环也都是各国环境保护和可持续发展实践的一个重点。例如，欧洲很多国家把“清洁生产”作为一项基本国策。法国、英国、比利时等发达国家20世纪90年代相继颁布实施了有关废弃物减量化、再利用和安全处置的法律。丹麦通过实施《废弃物处理和回收法》（1990年），2002年的废弃物再利用率提高到65%。

纵观循环经济理念的产生和在发达国家发展的历程可以看出：在人类发展的过程中，经济发展与能源资源消耗与地球环境承载力的约束之间的矛盾越来越尖锐，人类探求社会可持续发展的道路成为必然，循环经济的理念也是在这样的背景下应运而生的。

（二）实践模式

发达国家在循环经济的理论和实践上走在了前面，其主要的实践形式如下。

1. 建立并不断完善循环经济发展的法律体系

通过立法推动循环经济发展是发达国家的普遍做法。以日本为例，作为循环经济法律体系最完善的国家，日本的法律体系可分为三个层面。一是基本法，即《促进建立循环型社会基本法》，作为建设循环型社会的“宪法”；二是两部综合性法律，《废弃物处理法》和《资源有效利用促进法》，对总体性问题进行规定；三是根据不同产品性质，制定的包括包装物、家用电器、建筑材料、食品和绿色采购等五部专门法规。此外，还根据每年出现的新情况加以修订和完善，作为其建设“循环型社会”的根本保证。

2. 制定经济和产业政策，引导循环经济发展

为了提高企业发展循环经济的自觉性，各国制定了各种经济和产业政策，引导循环经济发展。

在生产领域，美国许多州通过征收新材料税，征收填埋和焚烧税，限制企业对新原材料的投入和使用，鼓励其节约资源。在消费领域，通过收取废旧物资商品化收费（日本），污水处理费（德国），押金（欧盟），垃圾处理预交费（美国）等手段，促进其回收。在再利用方面，日本对废塑料制品类再生处理设备在使用年度内，除了普通退税外，还按取得价格的14%进行特别退税。

3. 注重发挥社会中介组织的作用

在发达国家循环经济发展过程中，各种中介组织发挥了十分重要的作用，成为不可或缺的推动力量。如日本大阪有关部门建立了废旧物品回收情报服务机构，通过出版《大阪资源信息循环月刊》，定期发布各类废旧物品的信息。同时，该机构还定期组织废旧物品调剂交易会，推动垃圾减量化和消费的节约。此外，瑞典16个工业协会还自发制定了本行业的环保标准和目标，并通过建立信息网络，提供有关循环经济发展的咨询和信息服务。

4. 增强公众意识和参与的积极性

发达国家非常重视运用各种手段加强对循环经济的宣传，提高公众的参与意识。美国从1997年开始将每年的11月15日定为“回收利用日”，日本把每年

10 月定为“循环宣传月”，并结合城市美化等宣传活动，普及垃圾处理和再生利用知识。英国通过赋予公众环境权，以及实施政府与企业之间的自愿性协议，鼓励公众和企业参与国家环境政策制定，提高其发展循环经济的自觉性。

5. 积极构建不同层次的生产组织体系

积极探索和构建不同层次的循环经济生产组织体系，充分发挥市场机制的作用，是发达国家发展循环经济的重要经验之一。

在企业层面，杜邦公司把循环经济的三原则发展为与生产结合的“3R 制造法”，即资源投入减量、资源利用再循环和废物资源化，到 1994 年，该公司生产造成的废物减少了 25%，空气污染物排放量减少了 70%，同时，还在废塑料如废弃的牛奶盒和一次性塑料容器中回收化学物质，开发出了耐用的乙烯材料维克等新产品。

在工业园层面，丹麦的卡伦堡生态工业园，通过在园区内的火电厂、炼油厂、制药厂和石膏板厂建立工业生态链关系，最终实现园区污染“零排放”。其中，电厂向炼油厂和制药厂供应发电产生的蒸汽，并向当地居民供热，同时将除尘脱硫的副产品供给石膏板厂做原料。炼油厂产生的火焰气供给石膏厂使用，炼油厂的脱硫气供给电厂燃烧。还进行了水资源的循环利用，炼油厂的废水经生物净化处理后输送到电厂作为冷却水，每年节约 25% 的需水量。

在社会层面上，为了在整个社会形成资源生产、消费、再利用的循环利用网络，德国于 1995 年成立了包装物双元回收体系 DSD（亦称“绿点体系”），作为专门组织和处理包装废弃物的非营利社会中介组织。它由产品生产厂家、包装物生产厂家、商品企业以及垃圾回收部门联合组成，按照自愿原则将相关企业组成网络，将需要回收的包装物打上特有的绿点标志，并对废弃物进行分类，由 DSD 委托相应的回收企业进行处理。DSD 回收系统的建立，对德国循环经济的发展起了积极的推动作用。

6. 建立循环经济技术支撑体系

发展循环经济离不开技术支撑。美国于 1995 年设立了“总统绿色化学挑战奖”，奖励那些具有基础性和创新性，并对工业界有实用价值的化学工艺新方法。日本政府也投入巨资开展废弃物最终处理场、环境低负荷、资源循环型的水环境体系、废弃物处理相关有害化学物质、废弃物合理处理等研究。

7. 建立物质流分析等核算体系，使循环经济有序发展

为了使循环经济有序发展，1997 年日、德、荷、奥等国联合研究并发表了名为《国家的重量》的报告，探索资源开采、利用、废弃和回收再利用的量化方法，对人类经济活动所产生的物资流动进行全面而具体的考察。一些发达国家通过建立物质流分析（MFA）等核算手段及相应指标体系，对循环经济发展状况和进展加以评估。奥地利、日本早于 1990 年就分别提出国家级的整体物质流分析报告，受此影响，德、英、荷、意、美等发达国家都完成了国家级物质流核

算研究。此外，加拿大等国还通过对环境资产的核算工作，加强对环境资源的保护和对企业的监督。

（三）国内的实践

中国的经济发展和能源、环境方面所面临的挑战，要求中国对今后的经济发展模式进行认真的思考。在全球可持续发展的大趋势下，建立我国新型工业化社会，走循环经济的发展道路成为必然。

中国的循环经济建设出发点和日本以及其他发达国家并不完全相同，中国更多关注的是如何在资源环境的双重制约下保障社会经济的可持续发展。循环经济的 3R 原则中，更强调减量化原则，强调资源合理利用的重要性。

我们国家发展循环经济的实践主要体现在以下几个方面。

1．加强对发展循环经济的宏观指导

中央和国务院高度重视发展循环经济工作，胡锦涛总书记和温家宝总理多次作出重要指示，强调要推动发展循环经济，促进资源循环式利用。为了对循环经济工作进行部署，2004 年 9 月，国家发改委召开了全国循环经济工作会议，组织交流了发展循环经济的经验，推动了各地区、各行业循环经济发展工作。2005 年 6 月，温家宝总理主持召开国务院常务会议，专题研究并审议通过了《国务院关于加快循环经济发展若干意见》（国发〔2005〕22 号），进一步指明了我国发展循环经济的指导思想、基本原则和主要目标，从宏观层面上加强对我国循环经济发展的指导。

2．加快研究制定循环经济发展的法规、政策

组织研究编写“国家循环经济发展战略”，开展《循环经济促进法》立法研究。《循环经济促进法》是保障循环经济全面实施执行的基本法律，其中应明确立法目的；明确循环经济的定义与基本原则；明确循环经济模式中各行为主体——国家、地方政府、企业、个人在资源开采、社会生产、消费、回收、再利用和废弃各环节的具体责任、义务；明确我国循环经济的发展战略和基本政策；明确各行为主体无法完成责任与义务所需承担的法律惩戒等。这是真正意义上将循环经济通过法律进行解释，使循环经济在推广过程中具有最高的行政效力。

与此同时，我国制定和发布了《资源综合利用目录》、《节能产品政府采购实施意见》、《中国节水技术政策大纲》、《能源效率标识管理办法》、《清洁生产审核暂行办法》、《废旧家电回收处理管理条例》等法规条例。

3．加强对发展循环经济的规划指导

我国已经编制并发布的《节能中长期专项规划》，强调“减量化”原则对我国长期发展的重要性。近期，有关部门和各地方编制“十一五”规划的过程中，进一步强调了发展循环经济对于编制“十一五”规划的重要指导意义，提出不仅要用循环经济的发展理念指导编制各类区域规划和城市发展总体规划，还要指导编制节水、资源综合利用等发展循环经济重点领域专项规划。

4．组织开展第一批国家循环经济试点

经国务院批准，目前，我国已正式启动循环经济试点工作，组织选取了钢铁、有色、化工等7个重点行业的42家企业，再生资源回收利用等4个重点领域的17家单位，国家和省级开发区、重化工业集中地区和农业示范区等13个产业园区，资源型和资源匮乏型城市涉及东、中、西部和东北老工业基地的10个省市，作为第一批国家循环经济试点单位，为加快发展循环经济提供实践经验和示范借鉴。

循环经济试点中包括省市、工业园和企业等不同层面、不同规模的循环经济试点。

全国循环经济工作会议以来，各级地方政府开始把发展循环经济提到了重要议事日程，大都出台了发展循环经济的实施意见，并开展了一系列卓有成效的工作。上海、江苏、浙江、山东等省市专门召开了全省发展循环经济、建设节约型社会工作会议，对发展循环经济工作进行了部署。多数地区加强了对循环经济工作的组织领导，以成立循环经济工作领导小组或建立联席会议机制的形式，明确了责任分工，加强了各部门的协调和配合，以期形成发展循环经济的长效机制。北京、吉林、江苏等省市结合本地实际，编制完成了全省（市）循环经济发展规划，明确了循环经济发展目标和工作重点。此外，许多地方政府还在当地组织开展循环经济试点，探索符合本地区实际的循环经济发展模式。循环经济工作在全国各地形成蓬勃发展的热潮。

省市层面以贵州省为例，在经济和环境发展良好的基础上和西部大开发的大背景下，作为省会城市，贵阳市政府在2002年3月作出了将贵阳市建设成为全国首座循环经济生态城市的重大决定。按照循环经济的理念，打算在生态城市建设过程中逐步完成工业、农业和社会生活三大循环体系的组建，以城市中的物质流、能量流和信息流将三者有机地结合在一起，从而建立贵阳市的循环经济运行体系。围绕这一构想，贵阳市构建生态城市的主要建设内容有：调整支柱产业、促进产业互联、调整能源结构、推行绿色消费、完善法律法规体系和建立先进合理管理模式。

其他省市与地区也在不断探索符合本地区实际的循环经济发展模式。如北京市以资源节约和再生利用为突破口，促进资源的高效利用和循环利用，一方面拨款3000万元，用于扶持社区再生资源网点建设，建立和完善再生资源回收体系。同时，通过实施“政府机构节能”、“绿照四进”、“节能建筑”品牌等工程，倡导将空调最低温度确定为26℃，举办“节能技术展览会”等手段，提高广大市民的节约意识，促进“绿色消费体系”建设。沈阳铁西新区从优化城市布局入手，对能耗过高、环境污染严重的企业进行搬迁、改造，实现产业重组和产品升级换代，通过引进关键链接技术，将47家重点企业构建成9条工业生态产业链和循环网络，开展物流、能流的梯级利用，年减排固体废物44万t。浙江省在制定出台《循环经济发展纲要》的基础上，将发展循环经济与已有的“811”环境整治工程以及“千村示范、万村整治”工作相衔接，更好地促进生态省建设。

在工业园层面上，按照循环经济理念，在企业相对集中的地区和开发区，通过建设生态工业园区，利用生态学的原理组织生产，使上游企业的“废料”成为下游企业的原材料，促进产业间的耦合和良性共生。按照资源循环利用、规模经济效益、专业化分工的原则，合理构建循环经济产业链，形成各具特色、优势互补、互利共赢的生态产业网络，实现资源共享和副产品互换的产业共生组合。工业园区要抓好项目布局和产业链接，集中建设污水处理、中水回用、固体废物处理、热电联供等项目，形成集约利用的公用工程，推动产业集聚发展、企业集中布局、污染集中处理和废弃物循环利用，努力降低资源消耗和废物排放，提高土地利用率和产出率。环保总局、商务部、科技部将重点抓好经济技术开发区和高新技术开发区建设生态工业园区工作，为全国工业园区生态转型起到示范和带动作用。广西贵港国家生态工业（制糖）示范区，新疆石河子国家生态工业（造纸）示范区，广东南海环保产业生态园区，陕西杨陵农业示范区等循环经济试点的规划实施为全国的生态园区发展作出表率。其中广西贵港国家生态工业（制糖）示范园区由六个系统组成，各系统内分别有产品产出，各系统之间通过中间产品和废弃物的相互交换面互相衔接，从而形成一个较为完整和闭合的生态工业网络，使园内资源得到最佳配置，废弃物得到有效利用，环境污染减少到最低程度。在蔗田系统、制糖系统、酒精系统、造纸系统、热电联产系统、环境综合处理系统这六个系统之间，形成了甘蔗—制糖—蔗渣造纸生态链、制糖—废糖蜜制酒精—酒精废液制复合肥生态链及制糖—低聚果糖生态链这三条主要的生态链，因为相互间的耦合关系，物流之间没有废物概念而只有资源概念，各环节实现了充分的资源共享，将污染负效益转化成了资源正效益。而且，这一生态园区是纵向闭合的，由甘蔗发展出糖、纸、酒精等主要产品的生产，最后，酒精厂复合肥车间产出的甘蔗专用复合肥和热电厂生产出的部分煤灰又作为肥料回到了蔗田。

上海化学工业区按照循环经济发展理念进行规划和建设。根据化工生产上、中、下游的产品链关系，把相关的企业有机地联结起来，使区内相关资源的利用效率提升到领先水平，减少了污染物的产生，形成以石油化工和天然气化工为基础，整体和谐、功能完备的石油化工和深加工循环经济产业链，园区 2004 年工业总产值是 1990 年的 7 倍，但与之相应的万元工业增加值综合能耗则下降了近 70%，区域经济系统与生态系统实现了良性互动。

在企业层面，循环经济理论中具有指导意义的部分是清洁生产理论。清洁生产是通过各工艺之间的物料能量循环，减少物料能量的使用，达到少排放甚至“零排放”目标。企业要大力推进生态设计，从源头减少资源能源投入；大力开展资源综合利用，对生产过程中各种副产物和废物进行回收利用。通过在企业生产过程中推行清洁生产，提高技术水平，促进企业开展资源综合利用，拓展产业链，推进循环经济发展。如山东鲁北化工股份有限公司依托石膏制硫酸联产水泥技术，利用生产磷铵排放的磷石膏废渣制造硫酸并联产水泥，硫酸又返回用于生产磷铵，使资源在生产中高效循环利用。与同等规模的单一产品厂家相比，磷铵、硫酸、水泥的生产成本下降了30% ~50%。乌兰水泥集团利用当地丰富的大理石尾矿和风积沙等资源生产水泥熟料，每年消化风积沙40万t，恢复耕地1200亩，还湖5万m^2。同时，利用水泥余热与低热值煤、油母页岩发电，年节约标准煤2.7万t。山东泉林纸业以白杨、芦竹等植物作为纤维原料制浆造纸，回收废纸经脱墨制浆后重新成为造纸原料。并且，对制浆黑液采用酸析木质素和碱回收两种手段，生产有机肥料和水玻璃进行销售，生产烧碱回用于制浆工序，形成了一个完整的废弃物资源化利用循环链。

目前国内由于理论认识和技术水平的限制，实施清洁生产的企业并不普遍。但是随着清洁生产观念的日益普及、国家对企业污染物排放要求的愈加严格，以及清洁生产本身具有的经济利益驱动，清洁生产将会被越来越多的企业所接受。按照我国发改委最新的循环经济发展政策，强调要重点抓好钢铁、有色金属、电力、煤炭、化工、建材、轻工等重点行业和再生利用企业循环经济发展，积极推进这些行业开展清洁生产审核，支持建设一批清洁生产示范企业，对污染严重企业，实施强制性清洁生产审核。对“三河三湖”、松花江、三峡库区、南水北调工程沿线等重点流域和区域内的工业企业，要加快实施清洁生产技术改造。

5. 建立发展循环经济的理论和科技支撑体系

我国非常重视循环经济科技支撑体系的建设。“十五”期间，在国家科技攻关、国家高技术发展等计划中，先后安排了“循环经济理论与生态工业技术研究”、“重要环境政策及环境科技发展战略研究”、“废旧家电资源化综合利用成套技术”等课题，针对循环经济基础理论和重点行业清洁生产共性技术开展研究与示范，为促进循环经济发展奠定了一定的技术基础。目前，循环经济相关支撑技术已作为重要内容之一列入“国家中长期科学和技术发展规划纲要”。在理论研究方面，不断加强宏观战略与政策机制研究，包括“循环经济发展战略研究”，“循环经济优先领域选择与政策体系研究”等。此外，还基于物质资源消耗流程的资源核算方法，不断探索循环经济评价指标体系研究。

6. 加强公共宣传和教育培训

目前，全国各地正广泛开展资源节约和发展循环经济的宣传和教育活动，通过广播电视、报刊杂志、互联网等各类媒体，以及举办专题讲座、研讨会、成果展示会和编写培训教材、印发宣传品等多种形式，提高全社会对发展循环经济重要意义的认识，增强紧迫感和责任感。如北京市通过在节能宣传周期间举办节能技术展览会，展示工业循环经济成果，以及颁布“节能之星”标识等多种手段，调动全民参与，提高消费者节约能源、发展循环经济的意识。

综上所述，循环经济的建设目前在全国正在如火如荼地开展，但从总体看来，由于我国循环经济相关的法律体系和政策机制还不完善，对如何走好有中国特色的循环经济之路还正在探索阶段，各类型循环经济试点仅仅取得初步成效，我国的循环经济发展整体上还处于起步阶段。

第三节 我国发展循环经济应注意的问题

从以上对国内外循环经济实践的总结可以看出，循环经济是我国实现可持续发展的必然选择；走好中国的循环经济之路必须注意以下几个问题。

一、选择我国循环经济的重点和突破点

发达国家是在工业化后期，逐渐进入后工业化时代才开始关注循环经济问题，大多以解决废弃物为起点，利用其先进的生产工艺，通过实施废弃物再利用和最终安全处置，进而延伸到整个生产过程。发达国家取得的成功经验是与其先进的技术水平和大量的前期投入分不开的。例如，日本仅2001年就从预算中拿出421435百万亿日元用于循环型社会的建设。而我国目前工业化发展水平低，技术水平比较落后，虽然经济持续增长，但始终建立在大量生产、大量废弃的粗放型发展阶段，资源效率低下，单位GDP能耗达日本的11倍（2000年）。因此，我国应该把减少资源消耗、提高资源利用效率作为我国发展循环经济的重点和突破点，集中力量，争取在相关的共性方面和关键技术上有所突破，从而在投入端减少资源和能源消耗。在此基础上，通过在发展条件较好的地区和企业进行试点，积累经验，分阶段逐步向全国进行推广。

二、统筹考虑，系统推进循环经济发展

发达国家经验表明，发展循环经济是一项系统工程，不仅需要制定各项法律政策加以规范引导，同时需要一定的技术水平作支撑，并且依赖于整个社会公众意识的提高，以及环境税、绿色标志的政策机制的完善。而我国还没有形成循环经济发展的法律体系，缺少完善的配套政策措施，不能适应发展循环经济的要求。因此，在制定循环总体推进计划的同时，应加快《循环经济促进法》立法进程，改革不符合循环经济发展要求的政策机制，在加强行政引导的同时，建立配套的财政、税收和金融政策，确保在市场机制下政策措施之间相互配套和促进。

市场机制在发达国家循环经济发展中起到了重要作用，而我国市场机制还很不完善，因此，要特别强调市场机制在资源配置中的基础作用，在垃圾分类回收、废弃物资源化等方面，加快建立有效的激励政策和合理的费用分担制度，充分利用市场机制和工具，营造公平竞争的市场环境，推进我国市场机制的建立。

同时，将完善市场机制和健全现代企业制度相结合，建立有利于推行循环经济的动力机制，引导行业和企业自愿致力于循环经济的建设。

三、走适合我国国情的循环经济发展之路

发达国家是在逐步解决了工业污染和部分生活污染后，向消费型社会结构变化的过程中提出循环经济发展理念的，其目的在于解决后工业化时代的废弃物问题。而作为一个拥有十几亿人口且各种主要资源都相对贫乏的国家，我国经济发展目标绝对不能简单模仿，而应以保障全面建设小康社会实现为主要目的。因此，应全面考虑发展循环经济与转变经济增长方式、实现可持续发展之间的关系，走适合我国国情的循环经济发展之路。例如，考虑到我国现阶段国情和存在地区差异的情况下，在借鉴日本的规模化资源再利用和再生利用机制时，就既要考虑科技的劳动替代和高效作用，又要考虑我国劳动力众多就业压力大的实际情况。譬如，可以通过发展循环经济相关的“静脉产业”（3R）产业，在促进再生资源领域循环经济发展的同时，培育新兴产业，缓解我国的就业压力问题。此外，在增加循环经济科技投入的同时，还可以借鉴日本汽车产业在20世纪80年代的经验，结合老工业基地改造，把发展循环经济和转变经济增长方式，走新型工业化道路结合起来，利用其“溢出”效应，提高资源利用效率，增强我国的国际竞争力。

总之，发展循环经济对于我国缓解资源和环境双重约束，实现经济和社会可持续发展，具有重大的现实意义和深远的历史意义。因此，在总结和借鉴国内外循环经济实践经验的同时，应结合我国实际，以提高资源利用效率为核心，以转变生产生活方式、调整产业结构为契机，在完善法制体系的基础上，统筹考虑，系统推进，形成政府引导、市场驱动、公众参与的循环经济发展机制，提高资源利用效率和效益，走有中国特色的循环经济发展之路。

第三章 循环经济的国际实践

从20世纪后半叶以来，发达国家正在把发展循环经济、建立循环型社会看作是实施可持续发展战略的重要途径和实现方式。从国家层次来看，比较成功的国家主要有德国（最早为循环经济立法的国家）、日本（循环经济立法最为完善的国家）等，它们的经验主要表现为：① 制定促进和发展循环经济的法律法规，采用这种有效的形式，约束和规范政府、社会、企业和国民的行为。② 制定支持循环经济发展的优惠政策，通过税收、财政等经济手段来刺激和促进循环经济的快速持续发展。③ 制定循环经济发展的计划，提出循环经济建设的纲领和总体目标、步骤。④ 出台可再生能源份额和生产的具体标准，以此来引导循环经济的发展，从传统的依赖资源消耗经济，转变为依靠生态型资源循环来发展经济。⑤ 制定强有力的措施，抑制阻碍循环经济发展的各种不利因素，为发展循环经济创造良好的条件。⑥ 建立促进和发展循环经济的非政府组织机构，充分发挥公众、行会和中介组织的作用。

第一节 德国循环经济发展研究

德国是世界上循环经济实践最早的国家，是世界上公认的发展循环经济水平最高的国家之一，所以我们对于国外循环经济经验的借鉴从德国开始。德国的循环经济立法比较完善，有着多层次的法律体系、便利的经济政策支撑，以及保证循环经济在生产生活中实现的监督机制。同时，政府鼓励废弃物再利用、研发可再生资源、物资闭路循环利用等技术创新，并倡导组建了众多循环经济园区，在居民生活中也广泛应用循环经济思想，培养民众的循环经济意识。德国在某种程度上已经实现了循环型社会经济。

一、法律框架

“制度”按照新制度经济学派代表人诺斯的解释，“制度确立合作和竞争的关系，这些关系构成一个社会，或者更准确地说，构成一种经济秩序……制度是一整套规则、应遵循的要求和合乎伦理道德的行为规范”（诺斯，1994）。所以，诺斯将制度区分为正式制度和非正式制度。正式制度是有强制性和权威性的法律法规文件，对人们构成强制约束，包括法律和政府的政策文件等；非正式制度是社会中约定俗成的道德观念、习俗、文化习惯等。

根据新制度经济学的观点，在任何创新的背后都有其正式或非正式制度的支撑。德国循环经济的发展中制度更是起着至关重要的主导和规范作用，尤其是立法和相关经济政策等正式制度起到了主要作用，本章将分别对其进行介绍。先看德国循环经济立法情况。

（一）主要法律法规

循环经济发展理念由理论转入实践初期，立法是最有效、最实用的方法。德国循环经济成长史也是一部循环经济立法史。德国的法律结构，从横向角度来看，除拥有本国法律之外，还受欧盟法律的制约；从纵向角度来看，德国的法律框架自上而下可分为两个层次：联邦法和各州、地方立法，而联邦法中又包括基本法（宪法）、联邦法律和行政法规的法律体系。

1．欧盟方面相关法律

欧盟基本立法是由成员国共同制定的作为欧洲共同体成立基础的条约，其中，涉及环境保护的法律文件主要包括《单一欧洲法》和《欧洲共同体条约》。《单一欧洲法》把环境政策作为特别的一章引入到欧洲共同体条约（《欧洲共同体条约》第 19 章）。根据《欧洲共同体条约》第 19 章第 174 条第 1 款规定，共同体的环境政策应有利于下列目标的实现：维护、保护和改善环境质量；保护人类健康；节俭、合理地使用自然资源；促进制定旨在解决地区和国际层面环境问题的措施。该条第 2 款规定了环保政策的三项指导原则：预防与防护原则，源头治理优先原则，污染者付费原则。

欧盟的辅助立法中包含大量的循环经济方面的指令，其中包括《关于废弃物管理的框架指令》（欧盟循环经济方面的基本法律）、《废弃物填埋场指令》、《废弃物焚烧指令》、《使用期满机动车辆指令》、《电气和电子设备指令》、《限制在电气和电子设备中使用某些物资的指令》等规范性法律文件。这些指令在德国都有相应的法律法规加以实施。

2．德国循环经济立法

（1）基本法。《基本法》首先赋予德国政府保护环境的权力，并且《基本法》赋予了联邦立法机构在环境保护领域的立法权，包括联邦行政机构制定实施环境立法方面的行政法规的权力。其次，《基本法》对于各级政府的立法权限作出规定。德国是联邦制国家，根据立法事项的性质不同，《基本法》把联邦的立法权分为联邦专属立法权和共同立法权。对于属于联邦专属立法权的事项，各州只有经联邦法律明确授权并在授权范围之内，才有立法权。对于属于共同立法权事项，只有在联邦没有制定法律的情况下，或只制定框架性规定、从而要求各州立法加以实施的情况下，各州才具有相应的立法权。即便如此，根据联邦宪法法院的判例，联邦在制定框架性法律之后仍有权制定全面、具体的法律规定。虽然州制定的相关法律规范在多数情况下并不自动失效，但其实际上已无关紧要，往往被搁置不用。《基本法》规定废弃物处理属于共同立法权事项。但联邦立法机构在制定废弃物处理法、进而在循环经济法方面具有优先权。

（2）联邦法律。政府于1972年颁布了《废弃物处理法》，在此之前仅有的管理手段是要求各区必须在区内收集并处理垃圾。由于没有确立任何处理处置的标准，很多地区遭到污染。该法要求关闭垃圾堆放点，在原址建立可控制和管理的集中填埋场，以减少或避免废弃物对环境和居民健康带来的危害。其重心在于促进各州制定出自己的废弃物处理计划，旨在建立一个有秩序的废弃物处理体系。《废弃物处理法》的出台标志着德国循环经济探索的开始。

1986年，德国制定了《废弃物避免与废弃物管理法》，取代了1972年通过的《废弃物处理法》，该法开始体现出了循环经济的理念。为避免废弃物的产生和降低废弃物处理量，该法明确规定：避免废弃物的产生以及废弃物的回收优先于废弃物处理。1991年德国颁布《包装条例》，通过该条例，产品责任原则首次在法律上被确定下来。《包装条例》适用于除危险物质以外的所有商品，通过规定包装物生产者和经销者对其产品"从摇篮到坟墓"的责任，建立了包装废弃物物资闭路循环的规范体系。跟随产品责任制的产生，1992年德国通过了《废旧车辆限制条例》，规定汽车制造商有义务回收废旧车。

1994年，德国颁布了《循环经济与废弃物管理法》，标志着德国在废弃物处置立法理念上发生了质的转变，资源的循环利用被提上日程。《循环经济与废弃物管理法》清楚地引入了污染者付费的原则。这样，一个合理的结果就是，产品责任成为《循环经济与废弃物管理法》的核心之一。它要求产品的设计和开发不仅要用途广泛、经久耐用、易于修理，同样还要便于回收、处置安全。其结果是资源得到了有效的保护，废料少的产品开发得到了鼓励，从长期来看，消费和生产系统将从而被改造成为一个循环经济系统。

1996年《循环经济与废弃物管理法》生效后，德国政府依据该法宗旨又相继出台了一系列法规，这些法规包括《社区垃圾合乎环保放置及垃圾处理法令》、《商业废弃物条例》、《使用期满机动车辆条例》、《联邦水土保持与旧废弃物法令》、《废弃物填埋场与长期储存设施条例》、《专业废弃物管理公司条例》、《避免和重新使用包装废弃物条例》、《废旧电池回收和处理条例》、《木质废弃物条例》等。联邦立法机关制定的循环经济方面的基础法律与联邦行政机关依法制定的相关法令构成了德国循环经济法的主体。

为了促进可再生能源的开发利用，21世纪以来，德国又先后制定了《可再生能源促进法》、《持续推动生态税改革法》、《可再生能源市场化促进方案》、《未来投资计划》、《家庭使用可再生资源补助计划》等法律法规，为循环经济的顺利开展创造了良好的法制环境。2003年又对《可再生能源促进法》作出了修订，贯彻了可持续发展的经济发展理念，使循环经济在德国成为一种经济与环境和谐互动的经济发展模式。

目前正在研究制订中的《物资流管理法》将会成为德国循环经济又一个标志性的法律。2004年以来，德国正在试验采取整体性物资流管理战略，以推进不同层次，特别是区域的循环经济或社会经济的可持续发展。根据德国联邦环境保护局调查，将来社会发展的风险主要来自于物资系统，而不再是单一的危险物质。物资总量和物资的系统反应将成为自然系统的最大威胁。于是，循环经济在作为经济发展模式的基础上，在德国又将作为经济稳定和促进经济增长的源泉，为政府和民众带来更多的财富与发展。

（二）立法的原则

1. 产品责任制原则

产品责任制原则，在环境保护方面显示出其巨大的作用。工商业企业必须要承担新的产品责任，将有助于企业研制和生产环保产品，从而实现物资循环，企业将放弃采用难以清除的有害物质，努力研制可重复使用、易于修理、使用寿命长并能安全回收和清除的产品。

根据《循环经济与废弃物管理法》第22条的规定，不仅产品生产者，而且产品研制者和再加工者也负有产品责任。产品责任制要求各市场参与者（包括设计者、生产者、加工者、经销者、使用者），特别是产品生产者承担相应的产品责任，以实现循环经济为目标。《商业废弃物条例》、《使用期满机动车辆条例》、《专业废弃物管理公司条例》、《避免和重新使用包装废弃物条例》、《废旧电池回收和处理条例》、《木质废弃物条例》等都是对产品责任制的贯彻。

2. 废弃物管理规范化原则

德国对于废弃物的管理非常规范，各项法律法规对于废弃物处理的规定都有详细的分类和一定的专业标准。根据德国《循环经济与废弃物管理法》，将废弃物划分为利用型废弃物和清除型废弃物。利用型废弃物（Waster for recovery）是指可以再利用和再使用的废弃物；清除型废弃物（Waster for disposal），是指已经无法再利用，要被清除的废弃物。针对不同的利用型废弃物有13种处置方法，而对清除型废弃物则有15种处置方法。

二、制 度 框 架

立法是营造外部环境，循环经济的最终实现仍在于市场经济的实际运作。并且循环经济的目的就在于解决市场经济的外部性问题，单靠市场的调节作用不可能有效地实现，因此为促成循环经济的市场经济模式，经济政策的引导是非常必要的。德国在发展循环经济的过程中，制定了一些经济政策，主要有税收政策、废弃物处理付费制及其他循环经济激励政策，我们将在下面对其依据和效果作进一步的分析。

1. 税收政策

早在1969年，前西德就开始循环经济的税收政策实践，设立了润滑油税，税金由润滑油生产商负责缴纳，并且税金的多少与废油收集和循环利用的情况挂钩，废油收集与循环利用情况越好，税负越轻，并且税款就作为“保证废油处置公积金”，以补助金形式再分配给那些对废油进行收集和处置的公司。润滑油税的征收使前西德的废油量由征税前的9.2万t有效地下降到1975年的0.2万t（安体富，龚辉文，1999）。

前西德制定了《废水税法》，从1981年1月1日起开征水污染税。据统计，德国征收的水污染税每年约20亿马克，税金全部作地方收入，用于改善区域水质。1992年德国卡赛尔市开征了一次性餐具特别税，并规定商品能自己回收并送加工厂利用就不用征税，其目的显然是限制一次性饮料包装物和餐具的使用，以减少废弃物的产生（陈琴，2004）。

在对污染环境进行征税的同时，德国也制定了相应的激励与优惠措施，鼓励企业和居民减少污染，提高资源的回收及利用效率。为了激励企业安装环保设施，采取减免税收，德国环保设施的安装免征三年固定资产税，允许环保设施折旧超过正常的折旧。同时实施环保产业项目研发的优惠政策，对环保产业项目研发投资远远高于其他产业研发投资，致使德国环保产业国际市场占有率高达21%，居世界第一位。

2. 付费制度

德国对于废弃物的处理有着详细的规定，并制定了具体的经济政策确保废弃物处理的规范化。对废弃物处理的收费是一项有效的经济政策，这项政策充分体现了产品责任制的原则。

各种电器由产品生产商负责处理。德国各市区直属的市政企业提供网络化服务，上门为消费者收集废旧电器。在柏林，是不允许随便扔旧电器的，但只要给指定机构打个电话，发个文传或电子邮件，就有专人上门服务，但居民要根据电器的体积大小交纳10～30欧元的运输费用。

废弃物的长期堆放也要支付相应的费用。即向居民和生产厂商收取垃圾处理费，用以体现“污染者付费”原则，从而抑制废物产生，为垃圾治理积累资金，激励和促进废物回收、处理，所支付的金额必须涵盖为建立和经营该垃圾处理场的费用加上担保费用和至少30年间的事后责任的预测费用。

3. 经济激励

在德国发展循环经济的措施中，优惠税收、贷款、津贴、押金—退款，以及给以可再生能源生产者较高标准的固定补贴是重要的经济手段。对那些使用了对环境有害的材料和大量消耗不可再生资源的产品收税，从而引导生产商调整产业结构、改进工艺技术，促进消费模式的转变；在包装容器回收方面实行押金返还政策，以鼓励包装容器的回收循环，进而延伸到其他需要回收的废物；对于有利于促进循环经济、环境保护的生产者，国家将会给予一定的信贷优惠，或者是直接的补贴，以促进企业发展循环经济、保护环境的积极性。如投资可再生能源的企业，国家还以低于市场利率1～2个百分点的优惠利率，提供相当于设备投资成本75%的优惠贷款。对风能发电，德国政府按电力产出量或设备能力成本支付津贴。在推广太阳能方面，《电力输送法》也起了明显的作用，根据《电力输送法》提供的优惠政策，德国政府宣布从1999年1月起实施“十万太阳能屋顶计划”，计划主要手段是由商业银行向消费者直接提供优惠贷款，并为此提供了总共约4.6亿欧元的财政预算。2000年，德国政府参议院又批准了《可再生能源优先法》，对于利用可再生能源产生的电力规定了最低的补偿金额，进一步强化了可再生能源发电的鼓励政策。

三、技术创新

德国建设了比较完善的循环经济技术体系，来支撑其经济模式的实现。德国在废弃物的无害化处理、废旧电器的综合利用和能源的再生利用方面积累了丰富的科技经验。下面对德国循环经济的经验进行简要介绍。

1. 废弃物无害化处理

废弃物包括工业废弃物、城市生活垃圾和废水。德国在这些废弃物无害化处理的方面都有着多样化的技术。工业废弃物的处理方法主要包括回收、填埋、焚烧和储存等。此外采用减量化、资源化和无害化技术减少和消除固体废弃物。对有机、无机化学废弃物无害化处理，主要采用新工艺和新技术（如湿式氧化、臭氧氧化、融盐燃烧、金属粉末、催化还原和催化氧化等），进行化学转化、去除有害成分等。城市废弃物主要来源于城市居民的生活垃圾，处理方法通常包括卫生填埋法、堆肥法、焚烧法、热解法、转化法、微生物法等，其中卫生填埋、焚烧和堆肥法是应用最广泛的三种方法。近年在城市废弃物处理上，又开发了压缩填埋、破碎填埋等技术。对废水处理德国有完整的循环利用和无害化处理体系。废水处理产物包括废气、废渣和废水淤泥，通过对它们彻底燃烧处理，废料中的可燃物质被全部除去；燃烧的全过程通过在线监控保证燃烧尾气符合排放标准；燃烧的尾气经水洗除去粉尘后排空；燃烧残渣由于成分复杂要进行掩埋处理（方法是一层残渣、一层塑料膜、一层细沙堆埋）；燃烧的热量回收利用，如此形成一个良性的循环利用。

2. 废旧电子电器处理技术

德国废旧电器回收处理技术专业化程度很高，业务分工很细，处理方法主要可分为五个阶段：回收—产品分类—部件拆卸—部件分类—专业化处理。

（1）从市政当局收集站或从经销商、专业回收中心、制造商的收集点等回收电子电器；

（2）将收集的电子电器按产品类别进行分类，如空调、冰箱、洗衣机、电视机、电池等；

（3）采用手工将电子电器进行简单拆解，分离出部分零部件和危险物质。拆解中对危险物质和含有危险物质的元件、部件，如电池、水银、含多氯联苯PCB板（Printed Circuit Board，印刷电路板）的电容器、油等，要先拆除或抽吸，进行专业化处理；

（4）将危险物质、拆解的材料和部件分类，一部分拆解后的部件或材料如金属材料的部件，可以直接回送到原材料制造商回收处理，其他的如塑料件、PCB 板等，由专业处理中心回收处理；

（5）根据不同产品采用不同的专业处理方法（热处理或机械处理），如危险物质处理、R12 和机油的分离、CFC 的裂解回收、冰箱壳体破碎处理等。

3. 能源的再生利用技术

德国在煤炭的利用技术方面居世界领先地位。20 世纪初，德国就开始研究煤炭直接液化技术，1927 年在 Leuna 建成世界上第一个每年 10 万 t 产量的直接液化厂。煤炭直接液化是把煤炭直接转化成液体燃料，煤直接液化油可生产洁净优质汽油、柴油和航空燃料。典型的煤炭直接液化技术是在 400℃、150 个大气压左右将合适的煤催化加氢液化，产出的油品芳烃含量高，硫氮等杂质需要经过后续深度加氢精制才能达到目前石油产品的等级。但是煤炭直接液化的操作条件苛刻，对煤种的依赖性强。一般情况下，1 无水无灰煤能转化成 0.5t 以上的液化油。1936—1943 年，德国先后建成 11 套直接液化装置，1944 年总生产能力达到年产 400 万 t，为德国在第二次世界大战中提供了近 2/3 的航空燃料和 50% 的汽车及装甲车用油。

德国同时非常重视可再生能源的开发，目前在可再生能源领域处于世界领先地位，并极力推动该领域的技术出口。石油已在德国能源结构中的比例从 1973 年的 55% 降至目前的 38%，政府又计划至 2010 年，将把可再生能源的比例增加到 12.5%。在德国，可再生能源的利用主要包括太阳能、风能、生物质能、地热能、氢能等。其中风能和太阳能是德国可再生能源开发中的佼佼者。

四、先进经验

德国循环经济发展经历了四个阶段，从最初的混乱无序，到垃圾的有序管理和循环经济，第四个阶段就是目前正在研究建设的物质流管理体系。物质流管理体系的实现包括国家层面、区域层面、企业间层面和企业内部四个层级。当这个物质流管理体系在区域层面乃至在整个德国国家范围内出现成效时，德国就可以被称为真正的循环社会经济了。

物质流管理体系的层面越高、范围越大，系统越复杂，实施物质流管理的难度也越大，所以在目前的实际应用中，物质流管理主要应用于企业之间和企业内部。物质流管理着眼于效率，不仅激发了企业的创造力，也创造了商业机会，提高了区域附加值，提升了国内外竞争力。德国的物质流管理成功案例集中在食品生产领域的资源流、能源领域等，通过区域物质流管理，垃圾流变成了资源流，不仅避免了城镇垃圾外运到郊区处置的传统做法所带来的二次污染问题，而且在区域垃圾流分类、收集、运输，在沼气厂和电厂的运营等环节增加了就业机会，促进了区域附加值的增加。在一些成型的循环经济园区，循环社会经济的氛围已经很浓厚了。

德国不仅重视企业的循环经济发展，同时着力使循环经济的理念和做法渗透到居民的生活中，真正建设居民感受得到的循环经济。

（1）居民对水资源的循环利用。德国水资源政策的主旨在于保持或重建水体生态平衡，保证饮用水和工业用水的供应，并提供长期的水资源安全保护，造福民众。而在居民生活中，必须考虑如何将水资源保护与基础设施建设有机结合起来。比如用地下管道收集雨水，并将其输送至蓄水池存储或者作为生活用水，再次使用（见图3－1，图3－2）。现在，德国的许多新建居民区都已采用了这种设计。

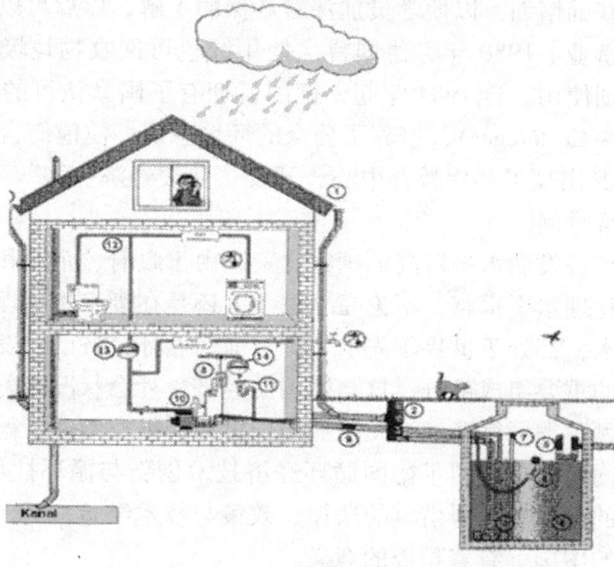

图3－1　屋面雨水收集和再利用系统

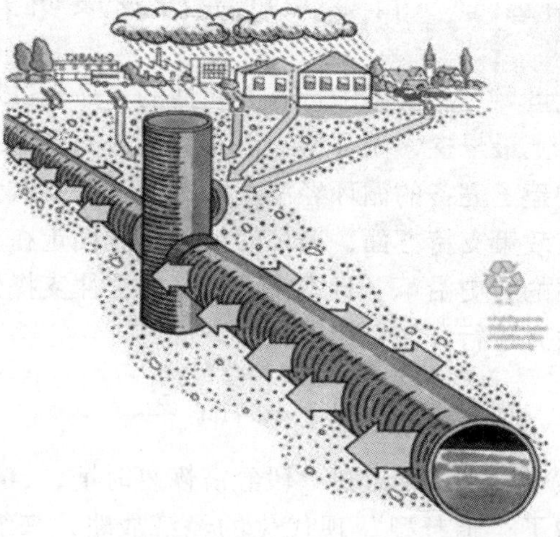

图3－2　雨水收集区的地下设施示意图

(2) 治理大气污染。与过去的几十年相比，现在德国的空气污染情况已经明显改善，这主要归功于近十年来对于工业生产和居民生活废气排放的严格限制，以及对前东德境内造成大气污染的燃煤锅炉和工厂进行的改造。另一方面，德国政府采用更多的经济鼓励，而不是惩罚的办法改善能源结构。

(3) 交通和噪声控制。这方面德国联邦环境部的《可持续运输》指南、货运道路维修计划和铁路噪声控制计划起到了重要的作用。

(4) 德国对民众生态循环意识的培养是循环社会经济不可或缺的。在德国许多社会领域，环保方面的教育或培训已经成为职业教育的必要组成部分，并开设了大量的职业基础培训，以便学员加深对环保的了解，以后可以通过再培训或是直接从事环保事业。1980 年，德国首次使用绿色可回收物垃圾箱，其他的回收体系也相继得到使用。自 1984 年起，德国就拥有了国家认可的职业“废弃物处理人员”（Ver – Enstorager），培养了公众的环境意识，使他们自愿参与环保活动。1994 年后，又出现了环保教育中心，开设“除废经济咨询”的再教育课程，主要培养除废经济顾问。

德国是循环经济发展水平较高的国家之一，由于政府、企业和国民的密切合作，德国的除废管理水平很高，不论在立法上，还是在废弃物治理理念，废弃物处置、再利用技术，都处于世界领先水平。目前，循环经济已经发展成为德国社会经济不可或缺的重要组成部分，这与德国的经济、社会状况有着密切的联系。

本节内容回顾了德国循环经济发展的历史过程，重点阐述了德国循环经济立法和经济政策，同时简单介绍了德国循环经济技术创新与循环社会经济的建立。这当中有着宝贵的理念和值得借鉴的法律、政策与技术经验，对于正在倡导循环经济与和谐社会的中国，有着积极的意义。

第二节　日本循环经济发展研究

循环经济是现代世界经济发展中带有方向性的、最先进和最高级的经济发展模式。日本作为世界上最早探索循环型经济发展模式的国家之一，确立了科学的循环经济发展观，构建了完备的循环经济立法，使得日本成为资源环境利用效率最高的国家之一，在政策支持方面，循环经济教育方面走在了世界的前列。本节从日本循环经济发展的历史沿革、日本循环经济的法律支撑体系、政策支撑体系以及日本循环经济教育进行详细介绍。

一、历 史 沿 革

第二次世界大战以后，日本经过一段经济恢复时期，自 20 世纪 50 年代中期开始，日本政府采取了“追赶型”现代化的经济战略，来缩短与发达国家的差距。通过采取“生产优先”的经济政策，使日本进入了以重化工业为中心的高速增长时期，并迅速发展成为世界经济大国。然而，我们可以看到，这一时期，由于全国各地到处都在过分进行无视与自然相协调的开发和工厂作业，从而给人类生存基础的自然环境带来了严重污染。工厂排放的含有大量有害物质的废弃物使沿海地区的大气、河流和海水受到严重污染，并由此导致震动全国的四日哮喘病、熊本水俣病、新泻水俣病和富山痛痛病四大公害事件。由此，日本举国上下反公害、反污染国民舆论形势高涨，环境污染和公害问题就提出来了。1967 年，日本政府颁布了《公害对策基本法》，但由于强调经济发展，以“保护国民健康要与经济健全发展相协调”为指导，表明政府要以牺牲民众健康及生存环境来换取经济的高速发展，因此遭到全日本人民的反对。日本政府在 1970 年召开的临时国会上提出并通过了《公害对策基本法》（修改）、《水质污浊防止法》等 14 部环境法规，来解决这一问题。

从 1970—1990 年期间，环境投资规模大大增加，除了政府进行的大规模的、集中的环保投资外，民间企业的环保投资额总计约为 85000 亿日元。另外，为了应对 70 年代的石油危机，日本政府强化节能措施，开发节能产品，从而对改善环境状况也发挥了巨大的推动作用，并使日本经济开始向精干化和节约能源资源型的方向发展。到 20 世纪 90 年代，日本已从“公害大国”转变为“环保先进国”。这一时期，随着经济的快速发展和居民收入水平的不断提高，其生产生活方式开始进入“大量生产、大量消费、大量废弃”阶段。这种生产生活方式必然导致资源过度消耗和环境污染加剧，特别是废弃物排放量大幅增加，造成垃圾处理紧张、不法排放屡禁不止，以及垃圾处理过程中产生二噁英等有毒化学物质造成环境污染等严重的社会问题，而使废弃物处理成为日本经济发展过程中不得不面对的一个深刻的社会难题。

20 世纪 90 年代以来，酸雨、臭氧层破坏、热带雨林消失、全球气候变暖等全球性环境问题日益突出，某些自然资源的耗竭也开始呈现日益加速趋势，引起了国际社会的普遍关注。发达国家是自然资源的主要消耗者和污染物的主要排放者，对全球环境恶化承担着不可推卸的责任。作为世界主要发达国家之一的日本，在减排 CO_2等问题上不可避免地面临着巨大的国际压力。与此同时，日本政府也急欲通过加强环保和开展环境外交来提高自身的国际地位。因此，国际和国内的双重压力，迫使日本需要寻找一条实现可持续发展的新途径。随着循环经济理论的日益成熟及德国等国的成功实践，日本开始了发展循环经济的道路，把发展循环经济作为构建 21 世纪日本社会发展的目标。1999 年 10 月，日本执政党（自民党、公明党、民主党）就建立循环型社会的法制问题达成了“政策合意”。2000 年 4 月 14 日，日本内阁通过了《建立循环型社会基本法案》，并于同日提交第 147 次国会，众、参两院也分别通过了该法案。该法案于 6 月 2 日公布，除其中第 15 条、第 16 条自 2001 年 1 月 6 日起施行外，其他内容均自公布之日起施行。因此，第 147 次国会在历史上被称为“循环国会”，2000 年被称为“循环型社会元年”。把建设循环型的可持续发展社会作为日本社会经济的总体发展目标。建设循环型社会的目的就是通过生产、流通、消费、废弃等社会经济活动的全过程，使资源和能源得到循环利用，进而控制废弃物的产生量并使之得到适当处理，最大限度地减少环境负荷，实现社会经济的持续发展。

二、法律体系

如果从早期因过分强调化工业的发展而忽视环境问题所引起的公害和环境污染，而针对由生产和消费产生的废弃物所制定的反公害法和环境法只是针对末端治理，还谈不上循环经济的话，那么90年代，源头预防和全过程治理替代了末端治理成为日本环境与发展政策的真正主流，政府逐渐提出以资源利用最大化和污染排放最小化为目标，将清洁生产、资源综合利用、生态设计和可持续消费等融为一体的循环经济战略，则是伴随着日本循环经济法律体系的完善而建立的。目前，日本的循环经济立法是世界上最完备的，这也保证日本成为资源循环利用率最高的国家。与德国的先在具体领域逐渐建立相关立法，再制定系统整体的循环经济法规，而后又制定其他法律推进循环经济法的循环经济立法模式不同，日本则是先有总体性的再生利用法，再向循环经济具体领域层层推进，采取基本法统率综合法和专项法的三层模式，在立法体系上更有规划。日本的循环经济法律体系分为基本法、综合法和专项法三个层次（见表3-1），涵盖污染控制、公害救济、公害事业和自然环境保护四种类型，涉及100多部相关法律法规的法律系统（见图3-3）。同时，为使法律法规顺利实施，日本还设立了具有准司法性质的中央公害调整委员会和都、道、府、县公害审查会，并建立起一套行之有效的环境纠纷处理制度，大大地减轻了法院的负担并提高了执法的效果。

表3-1　　日本循环经济法律体系

法律层次	法律名称	制定时间
基本法	《环境基本法》	1993
	《促进建立循环型社会基本法》	2000
综合法	《固体废弃物管理和公共清洁法》	1970（2000年修订）
	《促进资源有效利用法》	1991
专项法	《容器和包装物的分类收集与循环法》	1995
	《特种家用机器循环法》	1998
	《建筑材料循环法》	2000
	《可循环性食品资源循环法》	2000
	《绿色采购法》	2000
	《多氯联苯废弃物妥善处置特别措施法》	2001
	《报废汽车再生利用法》	2002

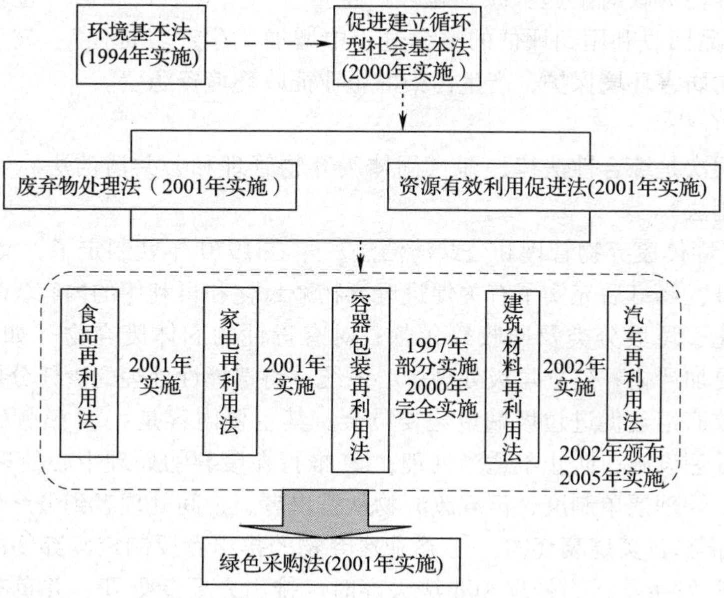

图 3－3　日本循环经济法律体系

1．基本法

第一层次基本法也可称为基础层次，它由《环境基本法》和《促进建立循环型社会基本法》构成。

（1）日本于 1993 年制定了《环境基本法》，该法第 4 条将其立法目的规定为：“必须以健全经济发展的同时实现可持续发展的社会构筑为宗旨，并且以充实的科学知识防止环境保全上的妨害于未然为宗旨，实现将因社会经济活动以及其他活动造成对环境的负荷减少到最低限度，其他有关环境保全的行动由每个人在公平的分配负担下自主且积极地实行，既维持健全丰惠的环境，又减少对环境的负荷。”显然，该法的目的在于使环境保护和经济发展相协调，从而实现人类社会的可持续发展。

（2）《促进建立循环社会基本法》在 2002 年 12 月公布实施。该法提出建立循环型社会经济的根本原则是：“促进物质的循环，以减轻环境负荷，从而谋求实现经济的健全发展，构筑可持续发展的社会。”该法就处理“循环资源”（可处理的废弃物）规定了国家、地方政府、企业和一般国民所应承担的责任：政府负责制定构筑循环型社会经济的基本计划。首先在中央环境委员会颁布的指导原则下，由环境部拟定规划草案，促进建立循环社会基本规划应作为政府制定其他规划的基础；地方政府具体实施限制废弃物排出并对其进行分类、保管、收集、运输、再生及处理等措施；企业负有减少“循环资源”产生并对其进行循环利用和处理的义务，即对产品从生产到最终处理的全过程负责；国民则尽可能延长消费品的使用时间，并对地方政府或企业的回收工作给予配合。该法明确了建立循环社会的政府措施：减少垃圾产生量；以法规形式规定“垃圾产生者责任”；在产品回收利用到评估的整个过程中增加“生产者责任”；鼓励使用再循环产品，向妨害环境保护、产生污染的企业征收环境资源费。

2. 综合法

第二层次是综合性法律，即《固体废弃物管理和公共清洁法》和《促进资源有效利用法》。

（1）《固体废弃物管理和公共清洁法》早在1970年就制定了，又在2000年进行了修订，修订后充实了有关促进废弃物减量化和再利用的内容，增加了垃圾产生最小化、垃圾分类及回收等条款；对有毒性的固体废弃物（如医疗垃圾）管理条款更加严格；建立垃圾处理中心系统；将选择性处理的责任分摊到公众身上；地方政府组建促进垃圾减量化委员会。其主要内容是：① 整顿废弃物的处理体制和处理设施，防止不适当处理；② 推行在废弃物处理中心处理；③ 推行产业废弃物管理票单制度，记载废弃物从排出者、中间处理者到最终处置者的情况；④ 禁止私自焚烧废弃物；⑤ 产业废弃物的排出者要制定废弃物的减量和处理计划；⑥ 发生不适当处理和非法丢弃时，排出者要受处罚，并负有恢复原状的义务等。

（2）《资源有效利用促进法》。原法为《可循环资源利用促进法》，1991年开始生效，2001年4月完成修订并更名。该法主要是把过去提倡的促进废弃物再生利用，扩大为通过清洁生产促进减废，即由主要强调Recycle发展转变为强调“减量化、再利用、再循环”（Reduce、Reuse、Recycle）的3R原则。并且强调3R原则在循环经济中的重要性并不是并列的，而是递减的。应该在优先减少资源消耗和减少废弃物产生的基础上实施再利用和再循环。规定企业必须减少垃圾产生量，将零部件作为原材料在生产、分配以及消费过程的各个阶段加以回收利用。提出5项措施，即通过节约生产资源和延长使用寿命减少垃圾产生量，回用零部件，企业回收使用过的产品并使之再循环，使用后产品加贴选择性收集标签及减少副产品和其他循环措施。总之，要在制品的设计、制造、加工、销售、修理、报废各个环节综合实施3R原则，达到资源的有效利用。充分体现了循环经济的特点。

3. 专项法

第三个层次专项法主要是一些单行法，包括《容器和包装物的分类收集与循环法》、《特种家用机器循环法》、《建筑材料循环法》《可循环性食品资源循环法》、《多氯联苯废弃物妥善处置特别措施法》、《绿色采购法》和《报废汽车再生利用法》等。不同的可循环资源有不同物理、化学特性，所以，对其进行回收利用和处理必须采取不同的方法。这就要求法律作出不同的制度安排。各单项法的制定使循环经济由抽象的概念变成了具体的实践。

（1）《促进容器与包装分类回收法》，1995年颁布1997年4月起施行，是最先实行的具体的资源循环法律，是日本一直十分重视废弃物再生利用的必然结果。该法明确“容器包装生产企业负有对用毕废弃物回收利用和处置的义务，费用加入售价”。要求建立容器与包装回收体系，涉及不同主体承担不同的责任，对玻璃瓶、纸制品、塑料包装制品等回收制定了具体条款。

（2）《特种家用机器循环法》，1998 年颁布，2001 年 4 月开始实施。该法主要针对日本废家电的数量不断增加。如 1998 年废电视达到 737 万台，电视、冰箱、空调和洗衣机 4 种家电废弃总量达 1953 万台。因此对于旧家电的回收很有必要。该法规定：“电视、冰箱、空调和洗衣机由厂家负责回收、再生和处置，用户向厂家交付少量再循环所需费用”。规定制造商和进口商制造、进口的家用电器有回收义务，并需按照再商品化率标准对其实施再商品化。明确规定再生利用率为电冰箱、洗衣机的再商品化率（资源回收）必须达到 50% 以上；电视机的再商品化率必须达到 77% 以上；空调器的再商品化率达到 60% 以上。

（3）《建筑材料循环法》2000 年 7 月颁布，2002 年 1 月起实施。主要针对建筑废弃物数量大，填埋量大（2000 ~ 3500 万 t/年）。该法除要求建筑商做好分类解体和再生利用外，对新建筑的设计亦应努力提高使用寿命，为减少废弃物创造条件。规定要大力推进砼块、沥青块、废木材等废弃物的再生利用，要求到 2010 年上述 3 种废料的再生利用率目标为 96% 。

（4）《可循环性食品资源循环法》，2000 年 6 月颁布，2001 年 5 月起实施。主要针对农业中化肥用得多，堆肥用得少，养殖业特别是喂猪用的剩饭菜越来越多，而在食品的生产、流通、消费过程产生的食品废弃物却在增加。该法所指的废弃物是指食品残渣和到期食品及食品生产过程产生的动植物残渣等。混有有害物质或异物的不能作为食品循环资源。该法要求对食品废弃物要采取的方法是抑制产生、减量（如脱水、干燥等），以供饲料、肥料和沼气发电的方式予以再生利用；对于食品废弃物的排出量在 100t 以上的有关生产者，7 年内要减少排出量的 20% ，要与饲料、肥料制造者建立稳定的关系。若食品废弃物的抑制产生、再生利用不充分，将进行处罚；地方公共团体有促进食品废弃物再利用的义务。

（5）《绿色采购法》，2000 年制定 2001 年 4 月实施。该法规定政府等单位负有优先购入环保型产品的义务，2001 年的对象为文具、OA 机器和汽车等 14 类共 101 种产品。为了促进国家机构和权力当局积极购买对环境友好的再循环产品，该法指定的环境友好产品的类型有再生打印纸、低污染办公车、节能型复印机等。

（6）《多氯联苯废弃物妥善处理特别措施法》，2001 年 6 月通过。针对多氯联苯具有的致癌性、生殖毒性、神经毒性及干扰内分泌系统等对人体的极大危险性，以及日本 1967 年因多氯联苯而造成 1684 万人患病，几十万只鸡死亡的严重影响，多氯联苯 1974 年被禁止制造，但含有此类物质的变压器、电容器等仍在使用。该法预计用 15 年的时间将此类物质安全处理完毕。计划先用 5 年时间在全日本建立5或6座处理设施，10年内处理完毕。

（7）《报废汽车再生利用法》，2002年颁布，2005年1月开始实施，是世界上第一部关于汽车回收的法律。针对日本每年约有500万辆汽车报废，而报废汽车含有可利用的金属部件，具有较高的再生利用价值。该法律主要规定三种主体的义务：汽车所有者在购买新车时预付再生利用费的义务，销售、维修业者的回收义务，制造业者、进口商的回收、再生利用义务。该法为报废汽车的再生利用提供了法律保证，同时为报废汽车的再生处理技术提出了更高要求。日本的报废汽车工厂在该法律实施前盈利比较困难，主要靠出售部分较好的零部件获利。随着该法的颁布实施，汽车回收和再生利用企业能够盈利运行。

三、政策体系

日本发展循环经济政策体系建设主要体现在以下三方面：一是在制定预算政策方面对于创造性技术研究开发、废物再资源化工艺设备、利用能源设备以及推进循环型社会结构技术等给予补助和补贴；二是对于环保设施、公害防治设施和某些资源再生利用设备在税收政策上给予特别退税、减免税等优惠；三是在融资政策方面对从事3R研究开发、设备投资、工艺改进等活动的各民间企业，根据不同情况分别享受政策贷款利率和税收优惠政策。其中较具代表性的政策包括以下几个方面。

1. 发展静脉产业

为鼓励发展生态工业园，日本政府实施了生态工业园区补偿金制度，由环境省和经产省执行。环境省主要资助生态工业园区的软硬件设施建设和科学研究与技术开发。经产省主要资助硬件设施建设、与3R相关技术的研发及生态产品的研发等。国家对入园企业的补助经费占企业初步建设经费总额的1/2～1/3地方政府也有一定补贴。以北九州生态工业园区为例，该园区目前已投资502亿日元，其中国家投入100亿日元，市政府投入58亿日元，其余为民间投入。

通过鼓励建立废弃物再生利用行业的生态工业园区，大力发展静脉产业，以解决现实环境问题和有效利用资源。人们借用人体的循环系统思想，将社会产业结构中的产品制造系统形象地比喻为“动脉系统”，将资源、能源的回收利用、废弃物的处置比喻为“静脉系统”，从而构筑了“循环型社会体系”。因此，所谓社会静脉产业是从社会整体循环角度上的旧物调剂和资源回收产业，该产业能使生活和生产垃圾变废为宝，循环利用，如同将含有较多二氧化碳的血液送回心脏的静脉。日本政府将静脉产业作为日本建设循环型社会的主力，再生资源循环的经济环路发展静脉产业是日本建立循环型社会的重点领域和切入点，是日本为发展循环型社会树立的典型示范。日本于1997年始即在“零排放工业园”基础上开始规划和建设生态工业园区，并把它作为建设循环型社会的重要举措，日本政府现已先后批准建设了23个生态工业园区，这些生态工业园区由环境省会同经济产业省根据废弃物产生种类和数量以及经济运送距离，综合考虑地方政府的积极性和当地环境要求而批准设立，针对各类废弃物（如汽车、冰箱、彩电等）的拆解回收和资源化企业全部集中设立在园区内，从事无害化（如回收废旧冰箱中的氟利昂）、再利用（如将可重复使用的部件以新部件1/2的价格出售）、资源化（如将废塑料、废玻璃造粒变成新的生产原料出售）、热回收（将无法回收和利用的物质集中焚烧发电以回收能量，并为安全填埋实现减量化）和集中安全填埋，拆解分类后的不同废弃物质（如废塑料、废玻璃、废木材等）在园区内企业间互相交易，实现规模化处理并达到经济最小成本。事实证明日本发展静脉产业型的生态业园区不仅成为解决环境问题的主要途径，而且已成为当地新的经济增长点，受到各地方政府的积极响应和大力支持。同时由于此项工作由环境省直接负责，确保了以环境安全为前提的静脉产业的有序发展。

2. 税收优惠政策

税收优惠政策旨在鼓励企业建立循环经济生产系统，日本政府对发展循环经济有成就的企业给予税收方面的优惠，如企业设置资源回收系统，由非营利性的金融机构提供中长期优惠利率贷款；凡修建废弃物处理设施，可从国库中提供部分财政补贴；对废塑料制品类再生处理设备在使用年度内，除了普通退税外，还按取得价格的14%进行特别退税；对于利用废弃物制造水泥、废纸再生、特定家庭机器废弃物再生处理和汽车残骸资源化等再商品化生产设施给予23%的税收减免，对废纸脱墨处理装置、处理玻璃碎片用的夹杂物去除装置、铝再生制造设备、空瓶洗净处理装置等，除实行特别退税外，还可获得3年的固定资产税退还；对公害防治设施可减免固定资产税，根据设施的差异，减免税率分别为原税金的40%～70%；对各类环保设施，加大设备折旧率，在其原有折旧率的基础上再增加14%～20%的特别折旧率。地方税方面，对于从事废塑料再生处理、废纸再生处理、玻璃瓶处理、饮料容器回收处理和汽车部件再利用的设备3年内固定资产税仅征收标准的3/4。

3. 政府奖励政策

日本还实行集体资源回收团体奖励金制度，对由市民组织团体回收家庭所产生的废弃物给予相应的奖励，通过设立资源回收奖，鼓励市民回收有用物质的积极性。该奖项实施后在日本许多城市收到良好的效果。例如，日本大阪市对社区、学校等集体回收报纸、硬板纸、旧布等发给奖金；在全市设了80多处牛奶盒回收点，回收到一定程度后可凭回收卡免费购买图书；市民回收100只铝罐或600个牛奶盒可付给100日元奖金等。

4. 绿色采购政策

日本于2000年制定了《绿色采购法》，并于2001年4月实施。该法规定了国家机关和地方政府等单位有优先采购环境友好型产品的义务，促使环境产业产品在政府采购中占据优先地位，并规定各国家机关公布年度绿色采购实际情况，并赋予环境大臣监督、督促各国家机关采取措施。政府优先采购政策对公众的绿色消费起到良好的示范和导向作用，通过对环境友好型产品实施优先购买，为静脉产业的发展创造了巨大的市场需求，通过完善的绿色采购信息网络，规定绿色采购商品品种及其评判标准，不断增加绿色商品采购品种数量，极大地调动了企业参与循环型社会建设、发展静脉产业的积极性，成为推进循环经济发展的重要行动。2003 年政府复印纸等办公用纸、文具类和仪器类的绿色采购已占实际采购的 95% 以上，2004 年政府所有的普通公用车都已改装成为低公害车。

5. 产业支持政策

实施产业倾斜政策。在 20 世纪 50 年代，为扶持重工业发展，日本政府采取了向重工业倾斜的产业政策。随着各国对环境问题的关注以及环境因素在国际贸易中影响的增强，为发展循环型社会，提高产业素质及产品国际竞争力，日本政府也对采取环保措施的企业实施了产业倾斜政策。在预算方面，为支持中小企业环保技术的开发，政府补助技术开发费用率最高可达 50% 。对于将循环经济 3R 技术实用化、技术开发期在两年以内的新产业，政府补助率最高可达费用的三分之二。对于引进节能设备的企业也给予一定的资金补助。

第三节　瑞典循环经济政策研究

一、立　　法

瑞典环境法（The Swedish Environmental Code）1999 年生效，原有的 15 项法案的内容被保留并合并入新法。虽然，条款数目有所减少，但内容更加全面、严谨，是瑞典关于环境方面的核心大法。

环境法包含很多新的规定，如环境保护的系统目标和统一规则，还提出了一些新的指标工具，如环境质量标准（Environmental Quality Standards，EQSs）。该法有 33 章共近 500 小节，覆盖范围广，是对重要环境条款的总体概括，但细节的规定都是在政府的相关法令中阐释的。颁布环境法旨在促进可持续发展，以使当代人和后代人都能够拥有一个健康、良好的生存环境。该法律体现可持续发展的双重含义：一是必须保护自然环境，二是人类拥有改造和利用自然的权力兼义务。

环境法的应用原则包括：

（1）人类健康和环境应当受到保护，不被侵害；

（2）有价值的自然和人文环境应当受到保护和维护；

（3）维护和保存差异性；

（4）土地和水资源应该得到良好的利用和管理，应从生态学、社会学和经济学的角度进行长期的规划；

（5）鼓励对原材料、自然资源和能源进行符合环境生命周期的再利用、再循环。

1. 环境法的基本规定

环境法的基本规定原则上适用于所有可能破坏环境的人类行为。环境法的预防性条款是所有条款的基础，它包括各种各样的标准，如环境质量标准（EQSs）、自然保护、空气和水资源保护、化学物和废弃物处理等，但化学物质的分类标准等因其易变的特点，则由政府或政府代理机构不定期公布。总则和预防性条款的规定在环境法的第二章中有明确阐述。

环境法的基本规定指出人类的行为必须得到指导，必须采取措施扭转人类健康和环境被破坏的趋势。同时，提倡对土地、水和其他资源进行有效的管理。除非特别说明，环境法的条款适用于所有人们影响环境的行为，不管这种行为属于商业行为，还是属于某些个人行为。也就是说，基本规定为所有可能破坏环境的行为设立了统一的要求。

许多适用于环境法的行为同样适用于其他法律。例如公路和铁路建设、开矿和伐木等行为适用于环境法，同时适用于公路法、铁路建设法、矿山法和森林保护法。

2. 关于商业操作

商业操作必须应用最好的技术来避免破坏。当然，这些技术必须同时满足技术可行性和经济可行性，这意味着该技术不只是处于实验阶段，而是能够应用于实践当中的。然而，有些技术在现有条件下，还达不到客观要求，也就是说最佳的技术和设备的使用可能还需要一段过渡时期。

3. 关于行为区域

行为区域从潜在的环境干扰来看是非常重要的。因为要遵守环境法的目标和资源管理标准，每项行为都应选择最适合的区域，也可能出现几个区域同时适合某种行为的情况。行为区域的设定就是要求人类行为是对人类健康和环境的干扰和侵害最小的选择。

4. 污染区补救的义务

环境法阐明了对已污染区的补救义务，包括陆地和水上区域。谁污染谁付费的原则要求对环境造成污染的当事者承担补救环境的成本，而不考虑污染者的行为是否已停止或被转移至其他主体。

环境法一个重要的创新是环境质量标准的选择性。政府会根据各地土地、水、空气或整体环境情况发布环境质量标准，可能针对不同地理位置的地区或全部领土。这些标准都要求长期保护人类健康和环境，补救负面影响。

二、环境质量目标

1998 年，瑞典政府明确地提出了一个挑战性的目标：要留给下一代一个不存在重大环境问题的社会。这一代际目标意味着要在2020年前将环境压力降低至一种可持续的水平。为此，社会各部门都必须承担起相应的责任，公共机构、社会组织、企业和个人都必须将更多的注意力转移到环境问题和可持续发展上来。许多影响环境、信息、教育和估价的决定都因此而变得愈加必要了。

目标同时要求使环境问题动态化改善成为可能，首先就是明确现阶段的行动计划，提高透明度和监督。在政府和企业间达成自主协议和对话的前提下，综合运用立法和经济杠杆等政策工具。另一方面，以不同的形式组建的非政府组织积极参与到同政府、公众的对话中来，并成为重要的推动者和最终的受益者。

为实现总体的目标，国家环境质量目标被分解为15个领域。1998年4月，瑞典国会详细描述了未来生态可持续发展中瑞典自然和人文环境的情况——环境质量目标，具体内容罗列在一份名为“瑞典环境质量目标，可持续瑞典的环境政策”的政府议案中（1997/98：145号），主要内容如下：

（1）减低气候变化的影响；

（2）净化空气；

（3）正常酸性；

（4）无毒的环境；

（5）保护臭氧层；

（6）无辐射环境；

（7）无超营养作用；

（8）高质量的地下水；

（9）平衡的海洋环境，繁荣的海岸地区和群岛；

（10）植被茂盛的沼泽地；

（11）可持续的森林；

（12）各式各样的农业景象；

（13）优良的建设环境。

环境方面的政府代理机构和其他部门被委任来设置过渡目标和明确化环境质量。政府建立一个特别的议会负责评估现行政策，提交评价结果和改进意见，并在此基础上对具体标准设置了过渡性目标，以引导各方力量尽早达到标准要求。这些过渡性目标的大部分都包含在《瑞典环境目标过渡性计划和行动战略》（2000/01：130号政府议案，2001年11月被国会通过）中。过渡性目标表示了需要采取行动的方向和时间表，在这个文件中，政府为15条环境质量目标中的14条设置了过渡性目标。另外，“减低气候变化的影响”的限制条款在《瑞典气候战略》（2001/02：55号政府议案，2002年3月通过）中进行了详细的描述。

三、废弃物管理

生产与消费产生大量的废弃物，生态学上称之为废弃物管理，因此就成为循环经济政策管理的主要对象。循环经济政策必须通过产品政策和废弃物管理环节的各个权力机构形成统一的标准化管理，并在政策执行过程中相互配合、协调，以加强管理效果。

1. 基本议案

政府应该在欧盟发展综合产品政策、资源利用和废弃物再造战略中扮演一个重要的角色，目前瑞典政府正努力在欧盟框架内建立一个环境友好的产品政策，目的在于避免和降低产品在其生命周期中对于环境和人类健康带来的负面影响。

在2003年5月，瑞典政府推出的议案建议要建设无毒、有效利用资源的循环经济社会。该议案在目标、战略和措施等方面进行了如下规划：水既是一种资源，又是一个环境问题；资源必须得到充分利用；环境问题实现最小化。消费者是废弃物管理政策实施的重要目标群体，最终目标是使每个瑞典人都能进行简单的废弃物分离工作，特别是废弃危险品。废弃物管理不应该仅仅被视作一种资源问题和环境问题，它更是基础设施建设的一部分。

2. 企业责任

废弃物管理是一个社会中必须运行良好的必要的基础设施建设。近几年许多政策工具被引入废弃物处理管理中，社会各界的承诺也逐渐相应增加。首先，废弃物的管理系统对于生产者和消费者来说都必须是可信的和容易接触到的。其次，废弃物必须减量化，即使在生产阶段，生产企业也必须考虑产品生命周期中可能对环境的影响，而生产和使用过程中选择的原材料也必须秉承减量化的原则。

政府扩展了企业关于包装和废纸的责任。瑞典政府规定市政机关在企业责任的计划和信息上有更大的影响力。易拉罐和塑料瓶的存放系统也得到了合理化的改造，日后还将成为所有塑料和金属饮料包装的处理场所。同时，政府鼓励企业在一些生产中间处理程序中尽量应用生物处理法，以充分利用其中的副产品。降低废弃危险品的产生也是废弃物管理的重要环节，而有毒和有害的物质必须从循环系统中移除。对此，瑞典政府责令各市政机关负责处理家庭的有害废弃物。另外，政府还对汞的长期贮藏问题提出了更高的标准。

3. 水资源保护

瑞典许多海岸地区和海域都受到污染、过度捕捞和自然开采的严重影响。一项新的欧盟标准有望成为保护欧洲水资源的有效保障。海洋环境问题很多牵连到边界问题，所以只能通过共同行为来解决。

高质量的地下水要求长期的生态修复（一次水污染往往需要几十年才能恢复)。《欧盟水框架指令》正在制定关于水资源政策，将对地下水提供更有效的保护，为配合《欧盟水框架指令》的有效实施，瑞典政府以江河流域为基础开展了相应的水保护和管理的工作，并从国家整体利益出发，统一规划水管理机构的方案措施。

相对于地下水污染问题，海洋污染的情况更加严重。瑞典需重点保护的海域包括波罗的海和北海，包括卡特加特海峡。目前，海洋污染主要来自于船舶遗漏的石油和废水，高密度的有毒物和超营养物，以及过度捕捞和渔业设备等所造成的海底环境的破坏。

4．绿色福利国家

瑞典政府极力推行绿色福利国家构想，其最终目标就是将使用新科技、新建筑、新计划，实行积极的能源和环境政策，以建成一个能源利用更有效，具有社会创新功能、提供全新就业机会、创造经济增长和社会福利的现代化绿色福利国家。届时，瑞典将成为国家经济发展与社会公平和环境保护相和谐，当代人与后代人共同受益的可持续发展的国家。

绿色福利国家的基本前提是主要的环境问题全部得到有效的解决。具体而言包括：政府通过能源使用、产品生产、住房、建筑和城市规划发展等绿色政策，建设一个健康的有清洁的空气和亲近自然的居住环境，为每个人提供良好的居住环境和高质量、可持续的生活空间。

第四节　其他国家发展经验借鉴

一、生态工业园区建设

生态工业园区的建设以丹麦最为成功，丹麦的卡伦堡生态园是世界生态工业园建设的肇始，它自20世纪70年代建成以来，已经稳定运行了30余年，成为世界生态工业园建设的典范。卡伦堡生态工业园是由几个重要企业试图在减少费用、废料管理和更有效地使用淡水等方面寻求革新而自发形成的包括发电厂、炼油厂、生物技术制品厂、塑料板厂、硫酸厂、水泥厂、种植业、养殖业、园艺业及社区供热系统和商住区在内的复合生态系统，园内主体企业有：阿斯内斯（Asnaesvaerket）火力发电厂，丹麦最大的火力发电厂，发电能力为1500万kW；斯塔托伊尔（Statoil）炼油厂，丹麦最大的炼油厂，年产量超过320万t；诺沃诺迪斯克（Novo Nordisk）公司，丹麦最大的生物工程公司；吉普洛克（Gyproc）石膏材料公司，具有年产1400万m^2的石膏建筑板材的能力。发电厂向生物工程公司和炼油厂供应发电过程中产生的蒸汽，使两个公司获得了生产过程中需要的热能，取代了其自备锅炉；通过地下管道向全镇居民供热，由此关闭了镇上3500座燃烧油渣取暖的炉子，减少了烟尘的排放；低温的循环热水使大棚生产出绿色蔬菜；余热放到水池中用于养鱼。除尘脱硫的副产品——工业石膏，全部供给附近的石膏材料公司作原料，粉煤被出售供造路和生产水泥。对炼油厂和生物工程公司的副产品和废弃物也进行了综合利用。炼油厂产生的火焰气通过管道供给石膏材料公司用于干燥石膏板；进行酸气脱硫生产的稀硫磺供给附近的一家硫酸厂；炼油厂的脱硫气则供给发电厂燃烧，炼油厂的废水经过生物净化后，通过管道每年输给发电厂 70 万 m^3 的冷却水，使其每年减少了 25% 的需水量（见图 3－4）。卡伦堡生态工业园区每年可节省石油 $4.5 \times 10^4 t$、煤炭 $1.5 \times 10^4 t$，水 $60 \times 10^4 m^3$，减少排放 CO_2 $17.5 \times 10^4 t$、SO_2 $1.02 \times 10^4 t$，重新利用炉灰 $13 \times 10^4 t$、硫 $0.45 \times 10^4 t$、石膏 $9 \times 10^4 t$、氮 1440t、磷 600t。

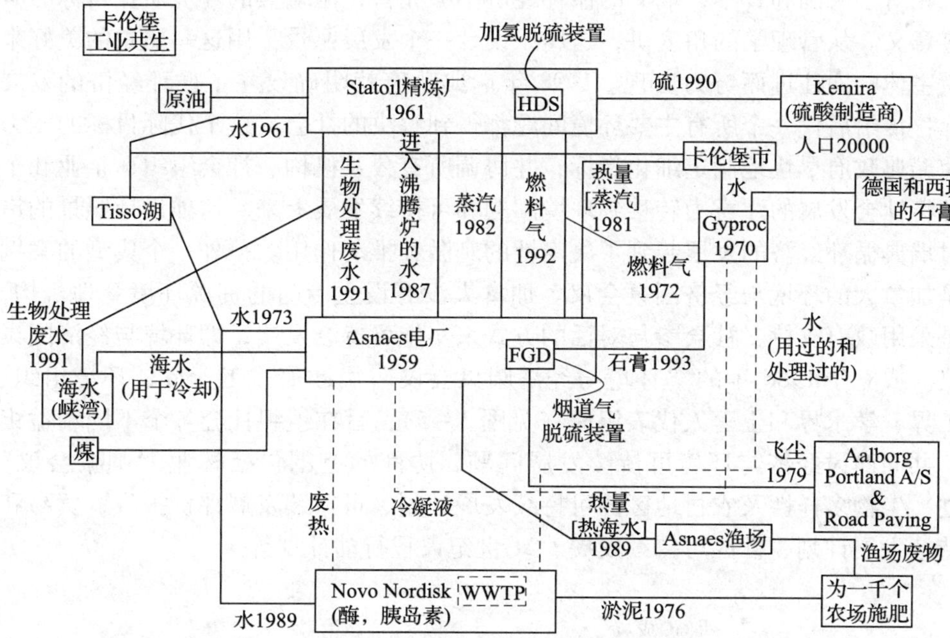

图 3－4　丹麦卡伦堡工业共生系统

资料来源：王兆华，武春友，王国红，生态工业园中两种工业共生模式比较研究，软科学，2002（2）：13

卡伦堡模式实现了多门类的相互关联的产业共生结构，这种多样性的存在大大降低了因某一环节中断而使整个网络全部瘫痪的风险，提高了区内整体网络的稳定性和安全性，并通过有效的技术交流和合作增强了产业共生链条的柔性。

二、信 息 公 开

1999 年，美国环保局（USEPA）正式提出国家环境表现跟踪计划（NEPT），并于 2002 年 7 月正式启动。该计划分两个层次执行。第一个层次是国家环境表现跟踪计划，用于认可那些持续遵守法律规定，并采用了高质量环境管理体系的企业，同时激励他们通过持续改善环境表现、社区宣传教育等手段来达到更高水平；第二个层次是国家环境管理跟踪项目，用于认可和激励比第一层次范围更宽、层次更高的自愿性环境行为，包括若干种环境行为改善，对关系到消费者、供应商和运输部门的环境管理及环境行为的重视，关注生产活动，以及与社会和公众更好的关系等。NEPT通过建立公、私合作伙伴关系、认可并激励环保业绩好的企业通过完善环境管理体系、社区宣传教育等方式自愿提高环境表现，超越环境法律、法规要求，并得出可计量的结果。

三、远 景 设 计

相对于德国和日本，瑞典的循环经济不够完善，但瑞典的环境质量目标更有借鉴意义。从管理学的角度讲，这属于设计一个发展愿景，用这一愿景的美好来刺激主体的向往进而努力实现。1998年瑞典政府就明确设立了循环经济的发展目标：传给后代一个所有主要环境问题都得到解决的社会。这个代际目标的压力迫使瑞典政府尽快地制定细化指标，并协调所有公共机构、社会组织、企业和个人都将社会发展的注意力转移到环境问题和可持续发展上来。这项设计愿景的措施对瑞典循环经济的发展起到了决定性的刺激和推动作用。另外一个典型的案例就是加拿大的环境与经济圆桌会议。加拿大没有设立专门的资源环境管理机构，而是采用政府支持、社会参与对话的方式来实施可持续发展，即环境与经济圆桌会议。成立于1986年的“环境与经济圆桌会议”由政府、工业界、环境组织、劳工界、学术界和土著人代表组成（见图3－5），旨在组织社会各个不同利益集团，共同商讨经济与环境可持续发展问题，协商的范围包括林业“圆桌会议”计划、生物多样性及农村地区的可持续发展计划、可持续发展评价报告、贸易和可持续发展计划、社区可持续发展、21世纪议程行动计划等。

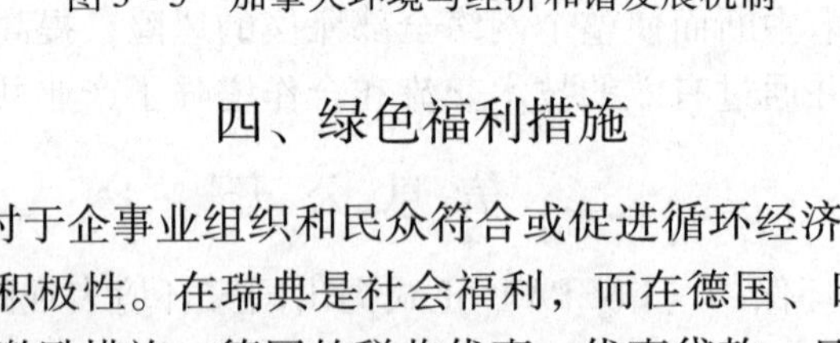

图3－5　加拿大环境与经济和谐发展机制

四、绿色福利措施

“福利”就是对于企事业组织和民众符合或促进循环经济发展的行为给予福利奖赏，以鼓励其积极性。在瑞典是社会福利，而在德国、日本、美国等国家，更多地表现为经济激励措施：德国的税收优惠、优惠贷款，日本的政府奖励、绿色采购等。推动政府绿色采购的方式大致分为两种：一种由国家确立政策方向，如法国、丹麦、日本由国家推出可持续采购国家政策，指导地方政府与民间的组织与团体推动绿色采购；另一种以地方团体自发的绿色采购行动为主导，政府辅助，如瑞士联邦建筑物组织会议作为民间行业组织负责协调建筑业采购。代表性案例包括美国自20世纪90年代初以来，先后制定实施的采购循环产品计划、能源之星计划、生态农产品法案、环境友好产品采购计划等一系列绿色采购计划。欧盟的绿色采购计划已经开展了10年之久了，欧盟委员会2004年发布了“政府绿色采购手册”，用于指导欧盟成员国政府的采购决策，并为此建立了采购信息数据库，包括产品说明书、生态标签信息、一般采购建议等1000多类产品信息。同年，澳大利亚发布了维多利亚州的生态采购计划，而后建立了全国绿色采购网络，并提交年度绿色采购报告。日本于1996年成立了采购网络联盟（GPN），开发出一系列针对不同采购产品的绿色采购纲要，建立了一个包括600多家供应商，超过10000种产品的信息数据库。这些措施对企业、社会组织和民众构成了经济激励，保证和促进了循环经济在实施层次的顺利展开。

总之，世界各国在发展道路上积累了许多关于发展循环经济、建设可持续发展社会的制度和科技经验，这对于中国正在探索中的循环经济体系建设有很好的借鉴作用。与它们相比，中国发展循环经济还处于起步阶段，将循环经济建设推上正轨还需要经过一段时间的摸索，需要政府、社会各界与社会民众的齐心协力、同心合作；但作为后发国家，拥有发达国家的发展经验，我们可以避免重走它们的弯路，从而更快地完善循环经济制度框架，更好地全面建设和谐社会、走新型工业化和可持续发展的道路。

第四章　中国第二产业循环经济的实践

近年来，为了克服经济发展过程中面临的资源约束和环境污染局面，中国政府在探索、推广循环经济发展方面作出了不懈努力。党的十六届三中全会决定提出：要大力发展循环经济，建设节约型社会。党的十六届五中全会再次重申：发展循环经济，是建设资源节约型社会、环境友好型社会和实现可持续发展的重要途径。胡锦涛总书记在主持中共中央政治局第 23 次集体学习会上就全面做好能源、资源工作，建设节约型社会作了重要讲话，提出要推动发展循环经济。温家宝总理在十届全国人大三次会议政府工作报告中也指出，要大力发展循环经济，从资源开采、生产消耗、废弃物利用和社会消费等环节，加快推进资源综合利用和循环利用。2005 年 6 月 21 日，温家宝总理主持召开国务院常务会议研究布置建设节约型社会和发展循环经济。2005 年 7 月 2 日正式发出"国务院关于加快发展循环经济的若干意见"，吹响了在中国大地上开展循环经济的号角。走循环经济道路、建设资源节约型和环境友好型社会，成为中国的重大战略决策与部署。

中国国家发展和改革委员会作为国务院的参谋助手，负责具体领导和推动循环经济发展的主要部门，提出了发展循环经济的总体思路和对策措施。

第一节　发展循环经济的指导思想、主要原则和近期目标

一、指导思想

认真贯彻落实党的十六大和十六届三中全会精神，以科学发展观为指导，以优化资源利用方式为核心，以提高资源生产率和降低废弃物排放为目标，以技术创新和制度创新为动力，加强法制建设，完善政策措施，形成政府大力推进、市场有效驱动、公众自觉参与的机制，逐步建立适合我国国情的、有利于循环经济发展的宏观调控体系和运行机制，形成有中国特色的循环经济发展模式，加快建设资源节约型社会。

二、主要原则

坚持以经济社会可持续发展为根本目的，实现人与自然和谐统一；坚持走新型工业化道路，形成有利于节约资源、保护环境的生产方式和消费模式；坚持推进结构调整，依靠科技进步和强化管理，提高资源利用率；坚持发挥市场机制作

用与政府宏观调控相结合、依法管理与政策激励相结合、政府推动与社会参与相结合，努力形成促进循环经济发展的政策体系和社会氛围。

三、近期目标

到2010年，建立比较完善的循环经济法律法规体系、政策支持体系、技术创新体系和有效的激励约束机制；建立循环经济评价指标体系，制定循环经济发展中长期战略目标和分阶段推进计划。力争重点行业资源利用率有较大幅度提高，形成一批具有较高资源生产率、较低污染排放率的清洁生产企业；重点领域建立和完善资源循环利用体系和机制；形成若干符合循环经济发展模式的生态工业（农业）园区和资源节约型城市。全国资源生产率大幅度提高，废弃物排放量显著削减，为初步建立资源消耗低、环境污染少、经济效益好的国民经济体系和资源节约型社会奠定基础。

第二节　发展循环经济的基本思路和重点工作

发展循环经济，要大力推进节约降耗，提高资源利用效率，减少自然资源的消耗；全面推行清洁生产，从生产和服务的源头减少污染物的产生；加强资源综合利用，最大限度地利用各种废弃物和再生资源，减少废弃物的最终处置量；积极发展环保产业，为资源高效利用和循环利用提供物质技术保障。当前和今后一个时期，要重点抓好以下5个环节。

一、在资源开采环节，要大力提高资源综合开发和回收利用率

对矿产资源开发要统筹规划，加强共生、伴生矿产资源的综合开发和利用，实现综合勘查、综合开发、综合利用；加强资源开采管理，健全资源勘查开发准入条件，改进资源开发利用方式，实现资源的保护性开发；积极推进矿产资源深加工技术的研发，提高产品附加值，实现矿业的优化与升级；开发并完善适合我国矿产资源特点的采、选、冶工艺，提高回采率和综合回收率，降低采矿贫化率，延长矿山寿命。大力推进尾矿、废石的综合利用。

二、在资源消耗环节，要大力提高资源利用率

加强对钢铁、有色金属、电力、煤炭、石化、化工、建材、纺织、轻工等重点行业的能源、原材料、水等资源消耗管理，实现能量的梯级利用、资源的高效利用和循环利用，努力提高资源的产出效益。电动机、汽车、计算机、家电等机械制造企业，要从产品设计入手，优先采用资源利用率高、污染物产生量少以及有利于产品废弃后回收利用的技术和工艺，尽量采用小型或重量轻、可再生的零部件或材料，提高设备制造技术水平。包装行业要大力压缩无实用性材料消耗。

三、在废弃物产生环节，要大力开展资源综合利用

加强对冶金、有色金属、电力、煤炭、石化、建材、造纸、酿造、印染、皮革等废弃物产生量大、污染重的重点行业的管理，提高废渣、废水、废气的综合利用率。综合利用各种建筑废弃物及秸秆、畜禽粪便等农业废弃物，积极发展生物质能源，推广沼气工程，大力发展生态农业。推动不同行业通过产业链的延伸和耦合，实现废弃物的循环利用。加快城市生活污水再生利用设施建设和垃圾资源化利用。充分发挥建材、钢铁、电力等行业废弃物消纳功能，降低废弃物最终处置量。

四、在再生资源产生环节，要大力回收和循环利用各种废旧资源

积极推进废钢铁、废有色金属、废纸、废塑料、废旧轮胎、废旧家电及电子产品、废旧纺织品、废旧机电产品、包装废弃物等的回收和循环利用；支持汽车发动机等废旧机电产品再制造；建立垃圾分类收集和分选系统，不断完善再生资源回收、加工、利用体系；在严格控制“洋垃圾”和其他有毒有害废物进口的前提下，充分利用两个市场、两种资源，积极发展资源再生产业的国际贸易。

五、在社会消费环节，要大力提倡绿色消费

树立可持续的消费观，提倡健康文明、有利于节约资源和保护环境的生活方式与消费方式；鼓励使用绿色产品，如能效标识产品、节能节水认证产品和环境标志产品等；抵制过度包装等浪费资源的行为；政府机构要发挥带头作用；把节能、节水、节材、节粮、垃圾分类回收，减少一次性用品的使用逐步变成每个公民的自觉行动。

第三节　发展循环经济的主要措施

一、转 变 观 念

党中央、国务院对发展循环经济高度重视。在2008年3月召开的中央人口资源环境工作座谈会上，胡锦涛总书记强调指出，树立和落实科学发展观，必须着力提高经济增长的质量和效益，努力实现速度和结构、质量、效益相统一，经济发展和人口、资源、环境相协调。在推进发展中充分考虑资源和环境的承受力，积极发展循环经济，实现自然生态系统和社会经济系统的良性循环，为子孙后代留下充足的发展条件和发展空间。温家宝总理也要求，要重点抓好节约利用资源，大力发展循环经济。坚持开发与节约并举，把节约使用资源放在优先位置，建设资源节约型社会。当前，要突出抓好节煤、节电、节油、节水和降低重

要原材料消耗工作。要大力推广节能降耗技术工艺，开展清洁生产，建立城乡废旧物资和再生资源回收利用系统，提高资源循环利用率和无害化处理率。

发展循环经济是树立和落实科学发展观的具体体现。大力发展循环经济，必须摒弃传统的发展思维和发展模式，把发展观统一到党的十六届三中全会提出的坚持以人为本，全面协调可持续的科学发展观上来。传统的发展观，偏重于物质财富的增长而忽视人的全面发展，简单地把经济增长等同于经济发展而忽视经济社会的全面进步，相应地把 GDP 作为衡量一个国家或地区发展的单一标尺而忽视人文的、资源的、环境的指标，单纯地把自然界看做是人类生存和发展的索取对象而忽视自然界首先是人类赖以生存和发展的基础。在传统发展观的影响下，尽管人类曾创造了历史上从未有过的经济增长奇迹，积累了丰富的物质财富，但也为此付出了巨大的代价。发展循环经济，实现经济增长方式的根本转变，必须更新发展观念，理清发展思路，辩证地认识物质财富的增长和人的全面发展的关系，转变重物轻人的发展观念；必须辩证地认识经济增长与经济发展的关系，转变把增长简单地等同于发展的观念；必须辩证地认识人与自然的关系，转变单纯利用和征服自然的观念。要充分认识到，一方面资源对经济增长具有客观的支撑作用，没有必要的资源保障，经济就难以持续快速增长；另一方面，资源对经济增长又有客观的约束作用，资源的承载能力反过来也会制约经济增长的速度、结构和方式。在发展思路上要彻底改变重开发、轻节约，重速度、轻效益，重外延发展、轻内涵发展，片面追求 GDP 增长、忽视资源和环境的倾向，加快经济增长方式转变，切实推进循环经济发展。

二、搞好规划

在编制总体规划和各类专项规划、区域规划以及城市规划的过程中，要把发展循环经济放在重要位置。一方面，要把发展循环经济作为编制“十一五”规划的重要指导原则，用循环经济理念指导各类规划的编制；另一方面，在规划编制过程中，要加强对发展循环经济的专题研究，加快节能、节水、资源综合利用、再生资源回收利用等循环经济发展重点领域专项规划的编制工作。

与此同时，要建立科学的循环经济评价指标体系。加快研究建立以资源生产率、资源消耗降低率、资源回收率、资源循环利用率、废弃物最终处置降低率等为基本框架的循环经济评价指标体系及相关统计制度，并把主要指标逐步纳入国民经济和社会发展计划。在此基础上，研究提出国家发展循环经济的战略目标及分阶段推进计划。各地区、各行业要结合各自实际情况，制定切实可行的发展循环经济的推进计划，明确工作目标和重点。

三、调整结构

加快调整产业结构、产品结构和能源消费结构是发展循环经济的重要途径。

要按照走新型工业化道路的要求，振兴装备制造业，加快高技术产业化，积极推进信息化，采用高新技术和先进适用技术改造传统产业和传统工艺，淘汰落后设备、工艺和技术。当前和今后一个时期，一方面，要按照中央的部署，加强宏观调控和政策引导，遏制部分地区和行业盲目投资、低水平重复建设，特别是严格限制高耗能、高耗水、高污染和浪费资源的产业，以及开发区的盲目发展，限制和淘汰能耗高、物耗高、污染重的落后工艺、技术和设备；另一方面，要加快低耗能、低排放产业的发展。抓紧制定《产业结构调整暂行规定》、《产业结构调整指导目录》及重点行业的产业政策和准入标准，抓紧制定《加快服务业发展的指导意见》，促进服务业特别是现代服务业的快速健康发展。

同时，还要根据资源条件和区域特点，用循环经济理念指导区域发展、产业转型和老工业基地改造，促进区域产业布局合理调整。开发区建设要按循环经济模式规划、建设和改造，对进入园区的企业提出土地、能源、水资源利用及污染物排放综合控制要求，充分发挥产业集聚和工业生态效应，围绕核心资源发展相关产业，形成资源循环利用的产业链，建设集中供热和废弃物集中处置中心。

四、健 全 法 制

中国已经颁布了《节约能源法》和《清洁生产促进法》及相关法规，但总体上看，循环经济方面的法制建设仍然薄弱，不能适应发展循环经济的要求。

要结合中国国情，借鉴发达国家经验，研究建立完善的循环经济法规体系。加快《循环经济促进法》立法进程。抓紧制定发展循环经济的专项法规，包括《资源综合利用条例》、《废旧轮胎回收利用管理条例》、《包装物回收利用管理办法》、《废旧家电及电子产品回收处理管理条例》，建立生产者责任制，明确生产商、销售商、回收和处理企业、使用单位和消费者的责任和义务。同时提出建立废旧家电回收处理专项资金，促进废旧家电及电子产品回收处理和循环利用。我们还要加快制定发展循环经济的标准规范及相关制度。重点是主要用能设备能效标准、重点用水行业取水定额标准、主要耗能行业节能设计规范以及强制性能效标识制度和再利用品标识制度。通过制定和完善法律法规及相应的标准体系，把循环经济发展工作纳入法制化轨道。

要加强监督检查，切实抓好落实。当前要组织开展资源节约专项检查活动，重点检查高耗能、高耗水地区和重点行业节能、节水情况；用能产品能效标准、建筑节能设计标准执行情况；用水计划和取水定额执行情况，推动节约降耗工作的深入开展。同时，各地区、各行业要严格环境管理和监督，对于污染物排放超过国家和地方规定标准或者总量控制指标的企业，以及使用有毒、有害原料进行生产或者在生产中排放有毒、有害物质的企业，要依法强制实施清洁生产审核，要配合环保部门监督并落实清洁生产审核方案的实施，从源头和全过程实现污染物的减量化、资源化和无害化。

五、完善政策

要通过深化改革，形成有利于促进循环经济发展的体制条件和政策环境。综合运用财税、投资、信贷、价格等政策手段，调节和影响市场主体的行为，建立自觉节约资源和保护环境的机制。

1. 结合投资体制改革，调整和落实投资政策，加大对循环经济发展的资金支持

要把发展循环经济作为政府投资的重点领域，对一些重大项目进行直接投资或资金补助、贷款贴息的支持，并发挥好政府投资对社会投资的引导作用，特别是要引导各类金融机构对有利于促进循环经济发展的重点项目给予贷款支持。

2. 进一步深化价格改革，研究并落实促进循环经济发展的价格和收费政策

积极调整资源性产品与最终产品的比价关系，完善自然资源价格形成机制，通过水价、电价等价格政策的调整，也可以更好地发挥市场配置资源的基础性作用。限制高耗能、高污染行业盲目发展，促进资源的合理开发、节约使用和有效保护。

3. 完善财税政策，加大对循环经济发展的支持力度

中国已颁布了《节能产品目录》和《关于政府节能采购的意见》，将对生产和使用目录内产品给予减免税的优惠政策，并准备将目录中的产品列入政府采购范围。还将继续完善资源综合利用税收优惠政策，研究对不易回收的大宗再生资源回收处理实行收费或押金制度的可行性。积极探索建立生态恢复和环境保护的经济补偿机制。

4. 深化企业改革，建立有利于促进循环经济发展的企业组织结构

要采取切实有效措施，打破企业间单向式线性生产方式和“大而全”、“小而全”的组织结构，鼓励企业根据社会化分工和产品生产的内在联系，研究制定有利于建立符合循环经济要求的生态工业网络的经济政策，增强关联度，提高资源效率，减少废弃物，延长产品使用周期，促进企业间共享资源和互换副产品，为推进循环经济发展奠定良好的微观基础。

六、依靠科技

科学技术是发展循环经济的重要支撑。中国在提高资源利用效率的技术上已取得了一些突破，但总体上看，还相对滞后，有关技术信息的渠道也不尽畅通。在今后的工作中，一方面要努力突破制约循环经济发展的技术瓶颈。重点组织开发和示范有普遍推广意义的资源节约和替代技术、能量梯级利用技术、延长产业链和相关产业链接技术、“零排放”技术、有毒有害原材料替代技术、回收处理技术、绿色再制造技术，以及降低再利用成本的技术等，不断提高单位资源消耗产出水平，尽快使资源消耗从高增长向低增长，再向零增长转化，使污染排放量

从正增长向零增长，再向负增长转化，从源头上缓解资源约束矛盾和环境的巨大压力。同时，要积极支持建立循环经济信息系统和技术咨询服务体系，及时向社会发布有关循环经济的技术、管理和政策等方面的信息，开展信息咨询、技术推广、宣传培训等。要充分发挥行业协会和节能技术服务中心、清洁生产中心的作用。积极推动国际交流与合作，借鉴国外推行循环经济的成功经验，引进核心技术与装备。

七、示 范 推 广

为加快发展循环经济，在重点行业、重点领域、工业园区和部分城市开展循环经济试点工作。通过试点，提出重点行业、重点领域、工业园区和城市循环经济发展模式；重大技术领域和重大项目领域；循环经济综合评价指标体系；完善再生资源回收网络，明确回收处理技术路线，制定促进再生资源循环利用的法规、政策和措施；按循环经济模式规划、建设、改造工业园区以及城市发展的思路；树立先进典型，为加快发展循环经济提供示范和借鉴，制定发展循环经济的推进计划。

通过推广先进典型经验，促使更多的企业加快实施清洁生产，为发展循环经济奠定微观基础。

八、强 化 管 理

企业是经济活动的主体，也是资源消耗、废弃物产生和排放的载体，加强企业资源环境管理是发展循环经济的基础。企业要树立经济与资源环境协调发展的意识，在商业目标和环境目标之间寻求最佳平衡点。按照建立现代企业制度的要求，建立健全资源节约管理制度。加强资源消耗定额管理、生产成本管理和全面质量管理，建立车间、班组岗位责任制，完善计量、统计核算制度，加强物料平衡。建立有效的激励和约束机制，完善各项考核制度，坚持节奖超罚，调动职工节约降耗、综合利用的积极性。

九、宣 传 教 育

发展循环经济是一项涉及各行各业、千家万户的事业，需要政府、企业和社会各界的共同努力。要大力开展循环经济的宣传教育，提高各级领导干部、企事业单位和公众对发展循环经济重要性的认识。

十、目前存在的问题

目前，中国循环经济的发展还只是停留在初级阶段，发展不平衡。企业是第二产业循环经济的主体，是推动循环经济发展的主力军。目前一大部分企业负责人和职工对循环经济的概念、内容、发展循环经济的目的意义还不太了解，对推动循环经济发展兴趣不高，缺乏主动性、积极性主要有以下几个方面的原因。

1. 政策原因

目前不少地方政策衡量一个企业对当地贡献的标准仍然是以上缴利税多少为主，很少考虑甚至基本不考虑企业发展过程中的资源节约、环境保护等方面的因素。这种评价方式使不少企业不太考虑循环经济的问题。因为发展循环经济见效的周期长，前期投入大，产生效益慢，既不划算，也不受政府的青睐，影响了上级对企业的评价、企业负责人的升迁、企业的经济利益。

2. 缺乏回收体系

回收再利用是发展循环经济的法宝，没有回收体系的循环经济就像“空中楼阁”，实施循环经济的3R原则就等于“无米之炊”。中国发展循环经济必须从建立完善的、健全的各行各业的回收体系入手，而且这个回收体系的建立必须以各级地方政府为中心，企业、消费者、销售者等四位一体。目前，发展中国第二产业循环经济就面临着缺乏以政府为中心的、四位一体的健全的回收体系，使企业想搞循环经济也难以为继。

3. 科学技术是发展循环经济的关键

中国在提高资源综合开发和回收利用率、资源利用率、资源综合利用率、再生资源的回收、利用的现代化技术上还相对滞后，技术信息渠道也不畅通，信息技术咨询服务体系也不健全，造成企业负责人不知或知之甚少循环经济的关键技术，不知道怎么实施循环经济。

4. 缺乏配套法律与政策

到目前为止，中国刚颁布了一部关于循环经济的专门法律、政策，具体的各行业配套的相关法律、政策还很少。法律上的缺失也是阻碍企业发展循环经济的重要瓶颈。同搞传统工业产品相比，企业发展循环经济需要很多新技术的支持，前期投入相当大。但是这类企业在财政、税收等方面享受不到相关的优惠政策。与此同时，搞循环经济的企业在市场上面对的是更多没有循环经济投入的企业的竞争，他们的热情得不到应有的保护，极大地挫伤了企业主动发展循环经济的积极性。

目前，中国的循环经济发展出现了“政府热，企业凉；上头热，底下凉”的局面。因此，必须按照部署转变观念，在实际行动上落实前述九点措施，才可使中国的第二产业循环经济得到长足发展。

第五章　循环经济的资源回收体系

循环经济的资源回收体系是循环经济的核心内容之一。随着国民经济的快速发展和人民生活水平的不断提高，废弃物污染日益严重。对废弃物处理不当，可能会造成严重的大气、水和土壤污染，并将占用大量土地，从而制约生存与发展。如何解决废弃物问题，已引起中国社会各界的高度重视。废弃物既是危害环境的污染物质，又是可以被回收循环利用的再生资源。因此，在废弃物处置的过程中，建立“资源—产品—废弃物—再生资源”的循环经济资源回收体系，逐渐培育发展再生资源利用产业，将成为提高资源利用效率、保护生态环境、建设节约型社会、保障社会经济可持续发展的重要手段。

第一节　概　　述

本节重点论述资源回收体系与循环经济的关联，论述资源回收体系、主要内涵、相关理论和运营模式。

一、相互关联

在循环经济范畴中，资源回收利用体系主要是指再生资源回收利用体系。

自然资源包括两种：可再生资源和不可再生资源。通过天然作用或人工活动能再生更新，而为人类反复利用的自然资源叫可再生资源，又称为更新自然资源，如土壤、植物、动物、微生物和各种自然生物群落、森林、草原、水生生物等。人类开发利用后，在相当长的时间内，不可能再生的自然资源叫不可再生资源。主要指自然界的各种矿物、岩石和化石燃料，例如泥炭、煤、石油、天然气、金属矿产、非金属矿产等。这类资源是在地球长期演化历史过程中，在一定阶段、一定地区、一定条件下，经历漫长的地质时期形成的。再生资源回收体系包括了废弃物回收体系。

再生资源是可回收、能够循环再利用的资源。推进再生资源回收体系建设，是发展现代循环经济，建设节约型社会的必然要求，也是再生资源回收产业发展的必然趋势。科学、合理地搭建再生资源回收和再利用的有效平台，不仅关系到再生资源产业的健康发展，关系到千家万户的切实需求，也关系到城市的运营质量和形象。

随着中国国民经济的快速发展和人民生活水平的不断提高，生产和生活过程中产生的能够回收利用的各种再生资源日益增多。大力开展废弃物的回收与再利用，是提高资源利用效率，保护环境，建立资源节约型社会的重要途径之一。然而，在当今现实生活中，废弃物的成分也越来越复杂，从工业废弃物、生活废弃物到电子废弃物等等。废弃物循环利用和处置不当造成的环境污染问题也时有发生，甚至导致了一些严重的环境污染事件。

从广义而言，废弃物按其形态有气、液、固三态，本文所指的废弃物主要指固体废弃物。2004 年 12 月 29 日，中华人民共和国第十届全国人民代表大会常务委员会第十三次会议对 1995 年 10 月 30 日第八届全国人民代表大会常务委员会第十六次会议制定通过的《中华人民共和国固体废物污染环境防治法》（1996 年 4 月 1 日施行）予以修订通过，并于 2005 年 4 月 1 日起实施。在修订后的《中华人民共和国固体废物污染环境防治法》中明确提出：固体废物，是指在生产、生活和其他活动中产生的丧失原有利用价值或者虽未丧失利用价值但被抛弃或者放弃的固态、半固态和置于容器中的气态的物品、物质以及法律、行政法规规定纳入固体废物管理的物品、物质。固体废物具有五大特征：① 成分的多样性与复杂性；② 环境与资源的双重价值；③ 有用与无用的大集合；④ 生产型废弃物的减少，消费型废弃物的增加；⑤ 彼此依赖，相互循环。

再生资源的回收利用是发展循环经济的重要组成部分和载体，而资源回收体系所倡导的废弃物向资源的转化则是有效缓解和解决资源短缺问题的重要手段之一。虽然促进废弃物的最终处置和循环利用的管理政策和制度体制随之得到了加强和优化，但与迅猛发展的工业化进程相比，废弃物循环利用产业准入制度、再生资源技术支持和环境影响监测等配套政策略显滞后，再生资源产业监管不力，在一定程度上制约了循环经济工作的推进。加之原有回收体制以个体和民营为主体的分散化与无序化，进一步加剧了废弃物管理的效率低下，所以说建立并完善一套基于科学基础、分工细致、运作专业的中国资源回收体系已迫在眉睫。

二、主 要 内 涵

广义的再生资源泛指生产和消费领域中产生的失去原有使用价值而以各种形式存在并可以通过回收与加工（处理）使其重新获得新的使用价值的各种物料（品）的总称，即生产和消费领域中产生的一切可以回收利用的废弃物。再生资源部门经常通过“一般废旧物资”和“生产性废旧物资”来区分居民以及非生产性企业、机构所产生的废旧物资和生产性企业所产生的废旧物资。

目前，国内尚未对再生资源回收体系形成统一、明确的定义，但可以从以下几个层面来理解再生资源回收体系。从系统功能来看，再生资源回收体系应包括再生资源的收集、分类、转运（暂存）、处置和回收利用等；从系统所涉及的主体而言，其应包括参与各功能环节的一切企业、机构、居民、流动回收者和其他正式、非正式组织，即以再生资源的回收利用为主营业务的从事回收、加工、利用生产性和生活性再生资源及其他特定废旧物品的企业、个人和团体；从系统的支撑点来看，应包括不同层次的回收站点、集散交易中心（对除危险废弃物和严控废弃物以外的再生资源进行集中分拣、简单加工、资源分流的固定场所）、集聚中转站（收运、整理、储存、中转）、具备再次利用能力的企业及分销网点等。综上所述，再生资源回收体系可以理解为再生资源的回收利用过程及由此诞生的承载不同功能的个人、企业、组织机构等所缔结的交互式网络系统。

同时，不断完善资源回收体系运行的制度环境，并重点从以下几个方面着手改善：在经济方面，政府可设立一些具体的奖励政策和制度，重视和支持再生资源的回收利用。政府建立有效的经济激励机制是推动再生资源回收体系发展和完善的重要举措。如日本政府在许多城市设立了资源回收奖励制度，目的在于鼓励市民回收有用资源的积极性。对于废弃物的资源化也采取收费政策，比如在日本相关法律中就有这样的规定，废旧家电的丢弃者应该支付与废旧家电收集、再商品化等有关的费用。另外，还根据人们倾倒的废弃物数量征收一定的废弃物处理费或预交金，用于废弃物回收处理和回收新技术的研究与开发。从和谐社会发展的角度看，采取经济激励政策则会引导企业和居民自觉加入到再生资源回收利用领域。

在技术方面，资源回收体系的完善和成熟必须建立在与之相匹配的回收利用技术上，否则回收处理极易造成二次污染。有关技术应包括先进回收处理技术（破碎技术、分离技术和环境污染控制技术等）、关键回收处理工艺装备的研制（分级破碎机、磁选机、静电分选、涡电流分选机和风压分选机等）、电子电器产品回收的人工智能系统技术、回收系统的总体评价技术等。

在法律方面，制定和完善有利于资源再生利用的法律法规是再生资源回收产业得以发展的必要保证。通过法律法规对资源再生利用加以规范，制定相关政策、形成有效的激励机制，通过财政、税收、金融、产业等政策，引导企业注重资源回收利用效率的提高，促进回收利用体系的形成和发展。

三、相关理论

再生资源回收体系的合理构建与运行除遵循循环经济的 3R 原则外，还应遵循下述理论和原理。

1. 遵循生态系统原理

社会生产活动中自然资源是从源、流到最终消耗的全代谢过程，它把整个工业系统视为一个生态系统，认为工业系统中的物质、能源和信息就像自然生态系统那样循环运行，彼此之间相互依赖、相互作用，产品在整个生命周期内不应对环境和生态系统造成危害。工业生态学从生态系统角度出发，通过研究工业活动和生态环境的相互关系，使工业生态系统与生物圈兼容并持久生存下去，维持了物资、资源的生产、消耗、利用再循环。

2. 遵循生命周期评价理论

产品的生命周期评价（LCA）也称为产品生命周期环境影响评价，是对产品生产工艺以及活动对环境的压力进行评价的客观过程，考虑产品生命周期的各个阶段对环境造成的干预和影响，通过对能量和物质的利用以及由此造成的环境废弃物排放进行识别和量化来评估能量和物质利用以及废弃物排放对环境的影响，寻求改善影响环境的机会和方法。评价贯穿于产品的设计、生产、工艺流程，包括原材料提取与加工、产品设计制造、包装运输以及销售；产品的使用、重复利用及维护；废弃物循环与最终处理。生命周期评价理论是目前西方国家制定废弃物管理政策的基础，它通过具体的定量分析获得客观数据，并在此基础上设计再生资源回收利用的责任及合理费用，从理论上可以体现再生资源回收利用产业发展的资金要求，同时也为企业的污染控制提供了可行的指导，使废弃物处置真正能够实现和环境的相容。

四、运 营 模 式

中国的废弃物循环利用产业规模巨大。2007 年在国家环保部环境与经济政策研究中心撰写的“废物再生利用的政策与管理制度研究”报告中，在 2003 年，全国废弃物循环利用产业产值约 900 亿元，其中，工业“三废”综合利用产值达 441 亿元，废弃物循环利用行业年收入超过 500 亿元。目前，全国已有各类废旧资源回收企业 5000 多家，各类从业人员近千万人。换言之，全国的废弃物回收循环加工利用产业体系已基本形成。在具体的运营过程中，资源回收由废旧资源回收企业、各类拆解企业、废弃物循环利用企业承担。在传统体制下，资源回收行业作为一种特种行业，几乎由公有制企业垄断。近年来，非公有制经济也逐渐加入该领域，促进了经营模式的多元化，提高了资源回收的运营效率。其回收体系构成如下。

（一）回收体系构成

再生资源回收体系依据物质流可以划分为三个子系统：社会性废弃物收集子系统、社会性废弃物利用子系统和企业间副产品交换子系统。

社会性废弃物收集系统的主体主要包含废弃物产生者（固定居民、游客等）和各种形式废弃物回收商；这些主体数量众多，流动性高，政府管理难度大。社会性废弃物利用系统的主体则包含将废弃物加工转化为产品、半成品或原材料的大型工厂及散布的小作坊、小企业；这些企业相对集中，在技术和规模上存在着巨大差异，该环节可能直接对环境造成巨大影响，其中电子废弃物的拆解利用尤其令世界关注。企业间副产品交换系统中发生副产品交换的企业数量相对较少，且在一定的技术条件和社会背景下，参与主体及其相互关系稳定，其管理相对容易。

社会性的废弃物收集常与城市生活废弃物管理相融合，通过这个子系统，废弃物资以各种形式从消费产物中被分离出来，并开始汇成废弃物流。社会性的废弃物利用，又被称为静脉产业，产业中的物流是废弃物流。企业间的副产品交换，常被称之为生态工业，不论是在园区还是在社会层面上，交换的物质都是生产过程中的副产品。

从构成对象分散程度、流动成分复杂程度、政策效果影响因素的不确定程度和经济管理能力需求程度、技术进步依赖程度等五方面对三个子系统进行综合比较，如图5－1所示，其中，社会性废弃物收集子系统所面临的构成对象分散程度、流动成分复杂程度和政策影响因素复杂程度均为最高，企业间副产品交换子系统对经济管理能力需求和对技术进步依赖程度最高。

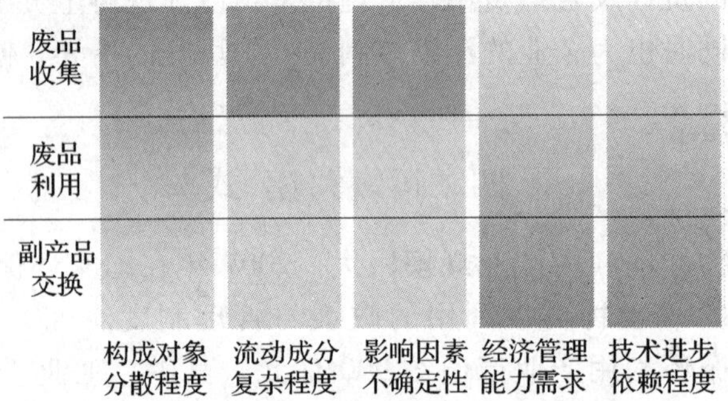

图5－1　各子系统对比分析图

1. 社会性废弃物收集子系统的构成

废弃物收集子系统大致包括分拣、收集、转运（暂存），以及与之相联系的废弃物回收与处置四个环节。各环节所对应的行为主体如表5－1所示。

表5－1　　废弃物收集子系统的行为主体

分　拣	政府（特许企业）、居民、拾荒者
收　集	政府（特许企业）、居民、拾荒者、流动回收者、回收点
转运（暂存）	政府（特许企业）、回收点、废弃物集散中心
废弃物回收/处置	政府（特许企业）

以上主体可划分为正式与非正式两个部分。正式主体（Formal Sector）通常由政府部门、事业单位、授权经营的大型公司或参股合营公司构成，它的固定资产投资要求巨大、人员编制众多，拥有高级、大型的转运与处理设施。非正式主体（Informal Sector）包含的主体成员数量更多、更复杂。美国废弃物专家将非正式主体部分划分为五种主体：

（1）拾荒者。在街道或者废弃物中转、处置点从混合废弃物中捡拾废弃物的人员；

（2）流动回收者。进入社区按数量向居民有偿收取废弃物的人员；

（3）市政回收者。政府或政府特许企业雇用的废弃物清运工人，这些人会有个人的从混合废弃物中捡拾废弃物的行为；

（4）混合回收商。向居民、拾荒者和流动回收者收取各类废弃物的个人或小公司，这些公司一般先要将废弃物进行分类，然后分别卖给废弃物批发商或资源利用企业；

（5）废弃物批发商。收购以后将直接大宗（通常是专门针对特定种类废弃物）的废弃物提供给循环利用企业的企业。

从功能定位上说，正式与非正式主体在统一资源回收体系中的地位是此消彼长的。

2. 子系统的特征

从废弃物体系规划和环境管理的角度来看，社会性废弃物收集子系统的运行机制具有如下特征：

（1）私人参与。全球公共事业管理正经历着一个私有化和市场化的进程，各国政府纷纷将其原有功能剥离或直接交给私营企业经营。私营企业在竞争中能够更好地降低服务成本，提高服务效率；而政府也可以通过剥离职能，实现“小政府”的管理模式，提高自身运行效率。

（2）应用适用技术。一方面是充分运用固体废弃物综合利用技术，另一方面是运用市场机制在处理社会废弃物方面的综合能力。前者在一定程度上提高了对废弃物分拣程度的要求，后者则拓展了废弃物利用的种类和层次，从而发挥了废弃物处理的市场作用。

（3）加强部门协作。社会性废弃物收集子系统的影响因素众多，习惯、文化背景、政治制度、资源禀赋、经济水平等均会对系统运行造成显著影响。因此在管理过程中需要综合统筹多个部门行动，如协同环境保护部门、地方政府、工业部门、生产商、经销商、消费者等。

3. 社会性废弃物利用子系统

社会性废弃物利用子系统是指资源回收体系当中，对居民与企业日常办公、消费所产生的废弃物进行加工处理，使之成为工业原料或者（半）成品的组织。通常由规模不等的再生资源利用企业构成（在钢铁、塑料等行业，部分企业能够同时利用原生和再生资源）。

4. 企业间副产品再利用子系统

企业间副产品再利用子系统是指工业企业之间将其正常生产过程所产生的低价、无价值或中间产物以一定代价交给其他企业利用的行为、关系和企业实体。如生态工业园区，按照国家环保部《生态工业示范园区规划指南》的定义：生态工业示范园区是依据清洁生产要求、循环经济理念和工业生态学原理而设计建立的一种新型工业园区。它通过物流或能流传递等方式把不同工厂或企业连接起来，形成共享资源和互换副产品的产业共生组合，使一家工厂的废弃物或副产品成为另一家工厂的原料或能源，模拟自然系统，在产业系统中建立“生产者—消费者—分解者”的循环途径，寻求物质闭环循环、能量多级利用和废弃物产生最小化，如图5－2。

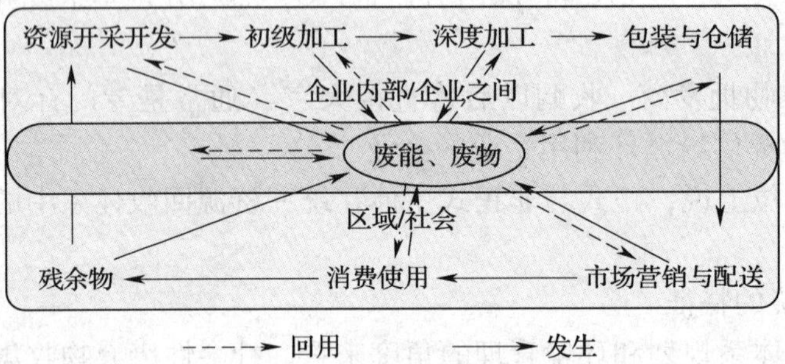

图5－2　资源回收体系构成

（二）体系运行原理

在社会化的资源回收体系里，物质从企业被运到销售商，再到消费者，通过消费，最后再经过资源回收体系被再次利用。与生态系统类似，物质的每一个环节的流动都会消耗能量，同时还会增加物质的复杂性，不利于回收利用。生态工业通过将回收环节进行压缩，避免和减少中间环节的产生，使物资流动直接限制在产生和利用单位之间，则回收单位量的物资的成本将大幅减少。

产业生态工业园区充分体现了借助物质复杂利用关系可充分发掘废弃物价值的理念。如国家环保部2006年批准的青岛新天地生态工业园，其创建了国内首个国家级静脉产业类工业示范园区。该园区内已经建设了危险废弃物处置中心、废旧家电及电子产品综合利用项目、医疗废弃物处置中心和一般工业固体废弃物填埋场。而不同类型的再生资源利用企业各自负责自身需要的资源，最终可充分利用各种有价资源，从而最大限度减少园区废弃物排放量。

在一个稳定成熟的自然生态系统中，物质和能量都能得到高效利用，物质的循环是闭合的，也不会产生“废弃物”。根据工业生态学的原理，生态工业的建设也应仿照自然生态系统，实现物质和能量的高效利用以及物质的闭路循环。从国际经验来看，建设生态工业主要有以下四个策略或措施。

1．充分利用废弃物资源

有步骤地回收利用生产和消费过程中产生的废弃物或副产品是工业生态学得以产生和发展的最直接的动因，也是生态工业的核心措施。对于不能通过技术、资金和机遇搭建生态工业系统的企业，政府首先应当鼓励其尽量充分利用其废弃物，待市场成熟后，再引入合作伙伴。

2．建立物质闭路循环

建设生态工业的最高目标就是使所有物质都能循环利用，而向环境中排放的污染物极小，甚至为零排放。物质的闭路循环是最能体现工业生态自然循环理念的策略。这种闭路循环应该在产品的设计过程就给予考虑。但是，从技术经济合理的角度，物质的闭路循环应该是有限度的。一方面，过高的闭路循环会显著增加企业的生产成本，降低企业产品的市场竞争力。另一方面，与自然生态系统的闭路循环相反，生态工业系统的闭路循环会降低产品的质量，即呈现螺旋式递减规律。

3. 开展生态工业（园区）试点

通过开展生态工业试点取得经验是建立中国生态工业体系的重要步骤。开展生态工业试点可以通过以下三种类型的试点进行：一是选择典型企业和大型企业进行单个企业的生态工业试点，主要通过产品生态设计、污染零排放、清洁生产等措施进行；二是选择一批现有的工业园区，根据工业生态学原理进行生态结构改造，建立废弃物交换系统、企业间的闭路循环和生态链以及虚拟生态工业园，基本实现园区的污染零排放；三是选择一批准备或正在建设的工业园区，按照工业生态学的原理进行规划和设计，起到生态工业示范园区的效果。

4. 搭建信息平台

企业间生态链搭建的最重要环节在于合作双方的交流，而相对于社会的资源回收体系，由于产品和需求的特殊性，参与主体的分散性，企业间供需关系的信息交流要困难得多，为此生态工业管理部门有责任保障企业间的最佳组合模式。建立生态工业信息交流平台可以从以下三个层次着手：第一个层次是产品信息，第二个层次是企业信息，第三个层次是园区层次。通过园区计划展示、园区废弃物交换系统（WES）以及园区的生态信息公告制度等形式，全面为企业间生态链提供便利资源。

（三）基本实现模式

从再生资源回收利用的实现模式来看，主要有企业微循环、工业园区中循环和社会大循环三种模式。

1. 企业微循环模式

企业微循环是一种企业层面的模式，根据生态效率和资源产业链的理念，推行清洁生产，减少产品和服务中资源和能源的使用量，实现污染物排放的最小量化。它要求企业做到：① 减少产品和服务的资源使用量；② 减少产品和服务的能源消耗；③ 减少废弃物质的排放；④ 加强资源的循环利用能力；⑤ 最大限度可持续地利用可再生资源；⑥ 提高资源产品的耐用性和提高资源产品与服务强度。

以美国杜邦化学公司为代表，它是世界上第一家以“将废弃物和排放物降低为零”作为奋斗目标的大公司，把“安全、健康、环保”理念纳入整个企业活动之中。通过组织厂内各工艺之间的物料循环，延长生产链条，减少生产过程中物料和能源的使用量，减少废弃物和有毒物质的排放，最大限度地利用可再生资源，创造性地把3R原则发展成为与化学工业实际相结合的“3R制造法”，以达到少排放甚至零排放的环境保护目标。此外，以德国企业家Thomas Schneider在中国广州设立的德威制革有限公司也是企业微循环模式的代表。它拥有产品创新、工艺创新以及资源开发利用创新成果，即环境友好型皮革及皮革生产工艺项目（英文缩写为LITE，Low Impact To Environment，见图5－3）。广州市德威制革有限公司（Guangzhou Tan Tec Leather Ltd.，以下简称广州德威，网址：http：//www.tantecl.com/）成立于1995年，目前公司员工有600多人，在美国、德国、越南和我国台湾地区设有销售办事处，产品销往美国、德国和亚洲等世界各地。广州德威是全球制鞋和汽车业高品质用革的领导者，以生产头层牛面皮的汽车皮和鞋皮为主。2007年投皮量（折牛皮）为100万张，产量2420万平方米，产值18449万美元，创汇1900万美元。在中国生产环保型皮革产品的企业较少，德威以投皮量及产品工艺水平及产品质量居国内环保真皮行业的领先地位，并以优质产品获得国际知名客户（Timberland、adidas、Volkswagen、Mazda等）的高度评价。2008年1月30日，德国联邦环境保护和核安全部部长Sigmar Gabriel率领访问团参观了该企业，并提名该企业为可持续发展的优秀企业。该企业系统引入废铬屑改制复鞣填充剂、蓝湿皮洗皮水循环利用以及车间冷凝水回用等项目，逐步形成了企业内部小循环。根据Lite生产流程标准，广州德威成功地将生产能耗和用水量降低50%，在生产过程中利用太阳能生产热水，保障生产过程中的热水供应，节能并减少CO_2排放；一方面采用清洁能源来进行污泥干化，德威采用太阳能污泥干化方案，减轻约75%的污泥重量，大大降低污泥处理成本，便于污泥堆肥、焚烧或填埋处理，降低污泥对环境的影响。总之，广州德威采用了先进环保的化工原料以及生产技术，提高了产品质量，采用清洁生产，在前端减少废弃物产生，在末端集中对废弃物的处理，从而保护环境，树立起环保的品牌形象，使得德威企业成为制革行业中发展循环经济的绿色先锋。

图5－3　Lite环保型皮革的标志

2. 工业园区中循环模式

工业园区中循环是一种区域层面的模式，按照工业生态学的原理，通过企业间的物质集成、能量集成和信息集成、形成企业间的工业代谢和共生关系。工业生态园区是一种追求以更高的资源利用和能量转化效率、更少废弃物排放甚至零排放为目标的资源利用形式。以丹麦卡伦堡工业园区为代表，按照工业生态学的原理，通过企业间的物质集成、能量集成和信息集成，形成产业间的代谢和共生耦合关系，使一家工厂的废气、废水、废渣、废热废弃物或副产品成为另一家工厂的原料和能源，建立工业生态园区。该园区以发电厂、炼油厂、卡伦堡市政府能源与水供应部、胰岛素与工业酶生产厂和石膏板厂为合作方，通过贸易方式，把其他企业的废弃物或副产品作为本企业的生产原料，建立工业共生和代谢生态链，实现园区的污染“零排放”。卡伦堡工业园区不仅经济效益显著，而且解决了发展带来的严重环境污染问题。

3. 社会大循环模式

社会层面的大循环是通过废旧物资的再生利用，实现资源消费过程中和消费过程后资源和能量的全面循环。以德国的回收再利用体系为代表。德国建立了由专门组织回收处理包装废弃物的非政府组织（DSD），把资源闭路循环的循环经济思想从商品包装拓展到社会相关领域，规定对废弃物管理的手段首先是尽量避免产生，同时要求对已经产生的废弃物进行循环使用和最终资源化的处置。它接受企业的委托，将企业组织成为网络，组织收运者对他们的包装废弃物进行回收和分类，在需要回收的包装物上打上绿点标记，然后由 DSD 委托回收企业进行处理。

第二节　国际实践

本节将分别介绍国际实践，其中也涉及中国有关企业借鉴国外经验开展相关活动的案例。

一、实践评述

关于再生资源回收体系的建设类型，有两种主要形式，一种是在日本、德国等发达国家，主要是在“生产者责任制”的基础之上建立“大家电联盟”，由联盟企业提供资金，建立基金会，在基金会的基础上建立专门的管理机构，通过有处理能力的回收企业进行相应物资的回收处理和再利用。另一种形式是中国目前现存的再生资源回收现状，即目前中国绝大多数的再生资源回收是由走街串巷的“农民工游击大军”低价收购，再经过手工作坊的简单拆卸，进行二次使用或直接进入二手市场。

也有学者认为欧美和日本等国家推行再生资源回收利用的做法是立法先行，以法律促进和规范回收企业的发展，提高国民意识；注意制定相关政策，形成发展循环经济的激励和约束机制；同时积极发挥社会中介组织作用，推动资源回收利用范围和程度；根据本国国情选择了适应本国情况的切入点，并积极构建了适应本国要求的回收利用体系。

1. 发达国家的实践特征

在欧美、日本等发达国家，其管理发展成熟；建立社会性废弃物收集体系的主要动力是消减公共财政支出的呼声，所以这些国家的废弃物收集体系依附或者包含于固体废弃物（城市生活废弃物）管理。并具备以下三个特点。

（1）从利益相关者范围分析，运营主体方面主要依靠单个政府职能部门或大型公司，没有或排斥个人的废弃物收集销售行为。政府职能部门或者特许经营公司统一收集居民产生的固体废弃物，通过销售废弃物和向居民收取废弃物处理费用获得收入。这种运营方式在其社会环境下是必然的选择：在英、美等国，劳动力价格、人均收入和消费均相当高，一方面是无组织的个人废弃物收集销售所得收入难以与其他就业机会相提并论，个人难以被吸引；另一方面组建大型公司或统一运营部门，可享受新技术、新设备带来的规模红利，通过科学管理、合理分工，提高了人均处理能力。

（2）从利益相关者行为特征分析，居民是废弃物分类的主体，并且居民几乎没有个人进行废弃物销售的行为，也不会从分好类的废弃物中分拣出废弃物获利。

（3）从利益相关者行为动机分析，民间力量被赋予了较高环境责任。一般来说，城市生活废弃物源头分类有利于废弃物回收和废弃物分类处理，居民参与越多，政府处理的压力则越小，所以城市生活废弃物管理常要求居民或者企业对自己产生的废弃物做充分的预处理，并负担全部或绝大部分处理费用。

2. 发展中国家的实践特征

与发达国家不同，印度等发展中国家废弃物收集体系具有以下特点：废弃物收集体系完全由社会自发形成、自我调节。几乎所有发展中国家的废弃物收集体系都是这种回收模式。企业有从废弃物中获取材料的需求，在人力资本相对便宜、存在绝对贫困人口的社会背景下，总会有一批人走向废弃物堆、走进社区从事废弃物回收活动。这样一批人构成的废弃物回收体系是市场经济的一部分，他们的活动不需要政府予以更多的规范和指导（通常忙于经济建设的发展中国家和政府并无热心的关注），在价格信号的指引下，这个体系高效地运行和自我调节。

体系构成人员复杂、分散。在最底层的拾荒者看来，废弃物收集体系完全没有技术门槛、没有资本金要求，管理松散、工作自由，是急于改变命运的进城农民的绝佳选择。同时，从拾荒到上门收购，到中转，再到运行集散中心，这层层扩大的经营规模也为更多要素拥有者涌入该行业提供了便利，为最底层的拾荒者带来了前途的曙光。这种回收体系最终必然被外来的低收入人群所占据，也可能成为污垢藏纳的场所。由于未考虑环境效益，废弃物收集体系所接受的回收价格往往偏低，这就造成部分废弃物的回收价值不高，因此回收人员没有收集动力。另一个原因是废弃物产生者的配合程度相对较低，要么投放方式不适合收集，要么不注意废弃物价值的保持等。

二、主 要 类 型

（一）德国

德国环保领域最引以为自豪的是其双元回收体系，自其建立后不久，德国政府和研究单位就一直不遗余力地在周边国家推广这种管理体系。该体系建立的背景是生产者责任原则，即企业对产品的回收利用负有主要责任。

1. 体系构成主体

双元回收体系是指官方和民间两套回收体系：政府废弃物分类和废弃物回收处理系统，德国回收利用系统股份公司（DSD，又称绿点公司）以及类似的GRS等数家全国性公司。其中DSD是德国城市生活废弃物管理的骄傲。早在1990年6月12日《包装—包装废弃物的处理法令》颁布后，它由95家工商企业在德国工业联邦联合会和德国工商会的倡导下于当年9月28日在科隆创立。其任务就是对包装废弃物组织回收、分类、处理、循环使用；目的就是为了享受《包装条例》规定的免税政策。成立后不断有厂商、分销商加盟，并逐渐壮大，形成了一定的规模，截至2002年，DSD已拥有19150个会员单位。

DSD一方面向委托其进行包装物回收的会员单位发放“绿点”标识，收取费用。另一方面，它与全国500多家私人和废弃物管理公司签约，要求协助回收带有“绿点”标识的包装物，由此建立起一个不受地域经济限制的全国性包装物回收体系。

继包装废弃物处理法和DSD之后，德国依据已有的生产者责任延伸原则和使用者付费原则逐渐对废旧电子废弃物、电池等废弃物立法，与之相适应的专门从事电池等特定废弃物进行回收的公司纷纷成立。

2. 运作流程

德国政府要求居民在源头上对废弃物进行细致的分类。他们的分类一般包括纸、玻璃（分为棕色、绿色、白色）、有机废弃物（残余果蔬、花园废弃物等）、废旧电池、废旧油、塑料包装材料、建筑废弃物、大件废弃物（大件家具等）、废旧电器、危险废弃物等。

废弃物从源头进行分类后，不同类型的废弃物有不同的处理利用途径。凡贴有绿点标识的玻璃、塑料包装等材料由DSD公司来完成，DSD公司从废弃物的分类、收集、运输到最后的综合利用、处置和处理，都有一套完整的程序。收集、分类和综合利用废旧包装材料并不是DSD自己来做，而是由其合作伙伴来完成，合作伙伴可以是私人企业，也可以是公共处理企业。合作伙伴负责回收处理的废弃物均标有其专门的标志。

（二）日本

日本是资源贫乏的国家，由于资源短缺和废弃物所导致的一系列负面问题，对再生资源的回收利用，日本政府和民间给予了高度重视。日本的实践经验可以简单归结为：从资源减量化入手，以建设循环型社会为主旨，实施系统的回收制度。

日本非常重视运用各种手段和舆论传媒加强对资源循环利用的社会宣传，以提高公民对实现零排放或低排放社会的意识。大阪市结合城市美化宣传活动。每年9月发动市民开展公共废弃物收集活动，并向100万户家庭发放介绍废弃物处理知识和再生利用的宣传小册子，鼓励市民积极参与废旧资源回收和废弃物减量工作。

1. 政策引导规制

日本是循环经济立法最为完善的国家。日本先后颁布了《环境基本法》、《促进建立循环社会基本法》、《废弃物处理法》、《资源有效利用促进法》、《固体废弃物管理和公共清洁法》、《特种家用机器循环法》、《特种家用机器循环法》、《建筑及材料回收法》、《可循环性食品资源循环法》、《绿色采购法》、《促进容器与包装分类回收法》、《多氯联苯废弃物妥善处理特别措施法》、《车辆再生法》等。这些法律措施的出台，为日本再生资源的回收利用，提供了较为完善的法律支撑体系。

此外，为保证废弃物的循环利用，日本专门制定了一些更具体的法律条文。如1991年日本颁布实施了《再生资源利用促进法》，其中规定铝、钢饮料罐、塑料瓶、镉电池等要有易于识别的回收标志，并强制回收；造纸业、玻璃容器制造业要将再生资源作为原料加以利用，并扩大回收利用率。1995年日本再次出台《促进容器包装分别收集及再商品化法》，1997年实施《容器包装再利用法》，规定对空罐、玻璃瓶、纸盒、塑料等7类包装容器强制回收。1998年日本通过了《家电回收利用法》，将家电回收利用纳入法制化管理轨道。

2. 回收情报网络

在资源回收利用方面日本值得发展中国家借鉴的一个做法是回收情报网络的建立。在日本大阪，有关部门组织建立了一个信息畅通的废弃物回收情报网络，专门发行《大阪资源循环月刊》信息报，上面刊载各种有关旧货的资料。该报及时向市民发行，传递各类旧货信息并组织旧货交易会，为市民提供了交易旧冰箱、旧电视、旧自行车等可再次利用资源的机会。这种信息中介通过有效的信息交流与沟通，将市民、政府、企业、机构等联系起来，推动了再生资源的回收利用。

3. 资源回收奖励制度

该办法目前在日本许多城市被采用，目的是鼓励市民回收有用物资的积极性。日本市民自觉抵制产品的过度包装，减少包装废弃物；为避免产生废弃物，尽量减少饮食废弃物；他们反复利用一次性易耗品，很少随意丢弃衣服、家电、家具等生活耐用品。鉴于此，日本在许多城市实行资源回收奖励制度，如：对社区、学校等回收报纸、硬板纸、旧布等发给奖金，牛奶盒回收后可免费购买图书，回收100只铝罐或600个牛奶盒获奖励100日元。（参见日本实行包装废弃物回收奖励制度，中国包装网 http://news.pack.net.cn，2005-08-01）

4. 实施系统的回收制度

依据国内学者苗建青的研究，日本实施的回收制度主要体现在分类回收、回收频度、有偿回收和回收路径方面。

（1）分类回收。分类回收制是指采用不同类别的废弃物在指定时间和地点分类置放的方式来进行回收。依据不同的分类标准将废弃物分为不同的类型：按排放源可分为生活（家庭）类和第三产业类；按能否分离出再生资源可分为混合类和资源类；按处理方法可分为可燃类、不可燃类和粗大类（电视机、冰箱、家具等），按可再利用资源种类可分为纸类、玻璃类、金属类（铁、铝等）、饮料瓶类和塑料类等。在日本，不同地区的废弃物分类各有不同，有些地区废弃物分类多达20种。全日本约有60%的市镇村废弃物分类在10种以下，40%的市镇村废弃物分类在11种以上。

（2）回收频度。回收频度是依据不同废弃物的特点而采取的不同回收次数。混合类废弃物的回收频度每月通常为8~16次，资源类废弃物的回收频度每月通常为2~4次。废弃物回收频度的提高能增加废弃物的回收。

（3）有偿回收制。废弃物有偿回收制是指排放者在排出废弃物时要向回收部门缴纳一定的费用，其具体形式又可分为计量回收制、定额回收制和超量有偿回收制等。计量回收制是依照废弃物排放量收费，多以容积计价。不同地区价格不同，通常排放45升（标准废弃物袋的容积）废弃物需支付20~40日元的费用。定额回收制是对每户居民或第三产业单位收取固定费用。超量有偿回收制是对排放者排出的超过限额的废弃物收费，未超过则按其他政策处理。在实际执行超量有偿回收制时，一般每户每月无偿配发一定数量的废弃物袋，用完后须购买指定的废弃物袋或购买专用标志贴在普通的废弃物袋上，否则将遭到拒绝。超量有偿回收制也适用于处理搬家或装修等临时产生的废弃物。

（4）回收路径。一般废弃物的回收路径为由市镇村主导的政府回收和由民间团体主导的集团回收两种。在日本个人回收部分极少，可忽略不计。政府回收多采取收费制；集团回收主要针对居民排放的资源类废弃物（饮料瓶、废书报等），多采取无偿制。以各种途径所获得的资源最终由政府或民间团体提供给所需的各产业部门。提供形式有出售、无偿送与以及逆有偿提供（向所需部门支付处理费）。

（三）美国

美国的实践可以归纳为：立法引导、经济激励、民间参与和政府支持。此外，美国政府重视市场力量，倾向于利用市场力量实施生产者责任延伸制，支持各州政府探索符合实践操作的废弃物管理制度。

1. 立法引导

1969年美国制定第一部联邦环境成文法《国家环境政策法》，1976年联邦政府制定《固体废弃物处置法》。俄勒冈、新泽西和罗得岛等州20世纪80年代中期制定促进资源再生循环法规以来，现在已有半数以上的州制定了不同形式的再生循环法规。加州政府通过《综合废弃物管理法令》，要求通过资源削减和再循环减少50%废弃物；由7个州组成的联盟规定40%~50%的新闻纸必须采用再生纸；威斯康星州规定塑料容器必须使用10%~25%的再生原料。美国的循环经济涉及传统的造纸业、炼铁业、塑料、橡胶业，也包括新兴的家用电器、计算机设备业，还包括办公设备和家居用品等多个行业。

此外，联邦政府规定在企业无法自己解决废弃物处理问题时，将通过强制立法促进企业开展废弃物回收处理。在政府的倡导下，电子产品的再循环利用在美国政府、生产厂商和消费者中得到较好认同，电子废弃物拆解已经形成完善的专业市场，据了解，美国电子废弃物回收利用可达97%。

2. 经济激励

美国政府设立了一些具体的奖励政策和制度，来支持那些具有基础性和创新性，并对企业的资源开发利用有实用价值的新工艺、新方法，通过减少资源消耗来实现对污染的防治，如1995年设立的"总统绿色化学挑战奖"。美国还通过税收减免政策及征收生态税、填埋和焚烧税、新鲜材料税等手段引导企业重视资源的回收利用。

3. 政府支持

美国政府对再生资源回收利用的支持表现在政府优先购买资源再生产品，国家通过干预各级政府的购买行为，促进资源再生产品在政府采购中占据优先地位。目前美国几乎所有的州都实行政府优先购买的相关政策或法规，联邦审计人员有权对各联邦代理机构的再生产品购买进行检查，发现未能按规定购买的行为将进行经济处罚。

4. 民间参与

美国的民间参与体现在对包装废弃物的回收上。美国有路边回收、零散回收和分散回收系统，路边回收通常被认为是最有效的回收方法。路边回收规定居民将报纸、金属、玻璃、塑料瓶、罐等可做再生资源的废弃物分类放在路边，由地方有关部门收集到分离中心，再按类挑选，整理后送相应的工厂利用。零散回收因为不太方便，通常只有较少的人参与，分散回收主要对瓦楞纸板等不能在路边收集的东西进行收集。美国的民间参与形式还有中介组织，美国中介组织实行会员制，代表政府与厂矿企业及社区联系，他们采取多种方式加强废弃物的回收处理和污染源治理，使废弃物的回收和排放逐步走上规范化的道路。

第三节　中国发展现状

中国资源回收利用的雏形为20世纪50年代公私合营改造而成的公有制废弃物公司，经过发展形成了一个较为完善的废旧物质回收利用系统。在当时的计划经济下建立的这种国营回收体系在废弃物回收利用中发挥了巨大作用，为物质匮乏的国家经济建设提供了大量可再生利用资源。70 年代中期，依据国家指令变化，国营回收体系演变为物资利用公司和废旧物资回收公司两大再生资源回收利用系统，其中物资利用公司隶属于物资部门，废旧物资回收公司隶属于供销合作社。这两个系统的公有企业虽然存在一定程度的竞争，但却共同垄断了再生资源的回收。该阶段的突出特点是依靠政府单一投资支撑资源回收和废弃物处理。

与计划经济时期国家对废旧钢铁回收实行价格限制不同，1986 年后，国家开始放开废钢铁市场价格，导致非公有制经济进入废钢铁回收业的积极性提高。1996 年后，国家对参与再生资源回收的个体私营经济进一步放开，个体经济在资源回收领域变得更加活跃，并开始不断向公有企业渗透，使公有企业经营逐渐萎缩。随着中国市场经济体制的建立和走向完善，国营回收体系进一步解体，私营力量在整个回收体系中的比重不断壮大。2002 年后，随着市政公用事业与投资体制改革相关政策的出台和实施，民营企业和外商等多种资本与力量开始积极进入中国生活废弃物处置领域，中国以城市生活废弃物回收处理为代表的再生资源回收体系进入多元化投融资、多元化经营道路。中国废弃物处理行业开始于 20 世纪 80 年代初，目前废弃物处理设备产量总体保持快速增长态势。2006 年，城市垃圾焚烧发电厂已经有 60 多座，主要通过填埋、堆肥和焚烧等手段的无害化处理，其城市废弃物处理量为 7872.6 万 t，生活废弃物无害化处理率达到 53.05%，2007 年固体废弃物处理设备产量达 4707 台（座）。

一、主要问题

中国再生资源回收利用体系的建设虽然得到了前所未有的重视，在发展完善过程中，仍亟待解决下述问题。

1. 缺乏完善的技术支撑网络平台

资源回收行业是一项企业利润低、社会效益好和环境效益高的产业。目前企业缺乏回收责任，内部管理机制落后，缺乏规模支撑和关键技术支撑，企业彼此间缺乏必要的信息沟通平台，严重制约了资源回收行业的发展，尚未形成集收购、加工、分销为一体的经营网络。

2. 缺乏健全的废弃物全过程环境管理

主要表现为生活废弃物的收集尚处于混合收集阶段；废弃物回收系统处于无序的自发性回收状态；缺乏对城市生活废弃物回收利用的政策鼓励，致使城市生活废弃物中废玻璃、废橡胶、废纸、废塑料等资源没有得到充分的回收利用。

3. 缺乏系统的资源回收、利用、处置的法规和标准

资源回收行业作为社会公益性的事业，需要国家通过法律的形式加以管理。目前，市场秩序混乱，缺乏必要规制，无利可图或收益微薄的废旧物资回收没人愿意参与，最终导致很多回收企业亏损，难以持续经营。再生资源回收利用方面

法规建设仍然存在薄弱环节，关于废弃条件的设置、强制回收、工艺标准及技术性规范等方面，还有待进一步加强规制。

4. 缺乏鼓励生产者回收的激励机制，缺乏弥补市场缺陷的政策支持体系和绿色投融资机制

应该确立政府管理、生产者、消费者、流通者、回收者和循环利用生产者之间的责任和义务，特别是其承担的经济责任和社会责任，建立相应的财政、税收等经济政策体系，保证承担责任的企业获得经济激励，惩罚逃避环保责任的企业。

二、回收现状

废弃物回收利用由来已久，其全国合作总社废弃物管理总局的设立具有中国特色。经济改革以来，废弃物利用的种类已经发生了巨大的改变，但就总量而言，废纸、塑料、金属仍占到了废弃物回收的主体，废旧家用电器、电脑等电子废弃物回收处理还未完全开展起来，资源流失严重。2006 年，中国工业固体废物产生量 151541 万 t，工业固体废物排放量 1302 万 t，中国危险废物产生量 1084 万 t，危险废物排放量 20 万 t，本节将主要针对废纸、废塑料、废金属、电子废弃物四种废弃物分类做出评述。

1. 废纸

中国轻工业信息中心提供的数据显示，2007 年末全国年销售收入 500 万元人民币以上的企业数达 3012 家，纸张生产量和消费量均名列全球第二（仅次于美国）。2007 年美国森林保护组织（Forest Trend）在其报告中赞扬了中国纸张制造过程中对废纸的充分利用，认为这是中国造纸业对全球森林保护的贡献。

Forest Trend 的报告显示，2002 年以来中国造纸业所需的大幅增长的木浆供给主要来源于废纸利用。从 2002 年到 2006 年中国纸浆总供应量增加了 27.3%，其中再生纤维增长达到 59.9%，而原生木浆的供应反而减少了 4.6%。

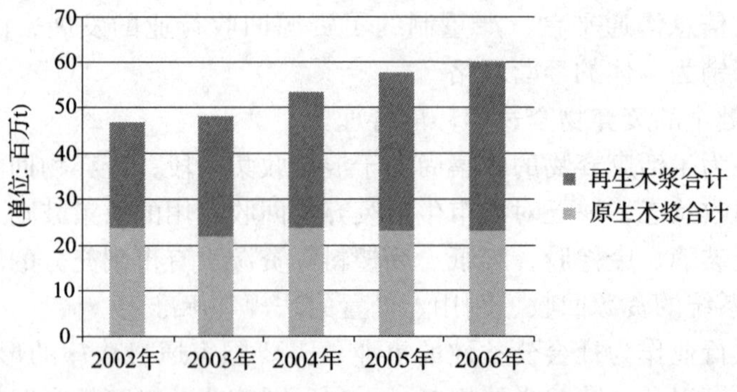

图 5-4　2002~2006 中国造纸纸浆供应构成

数据来源：Forest Trend. Environmental Aspects of China's Papermaking Fiber Supply. 2007

但是，具体分析表明，中国废纸供应的增加主要源于废纸进口的迅速扩大。2006 年废纸的进口数量首次超过了国内供应量，占到了纤维供应总量的 32.8%。在全球的废纸贸易中，世界废纸进口量 4156 万 t，出口量 3990 万 t，净出口量 2796 万 t。美国是世界最大的废纸供应国，2005 年美国净出口量 1411 万 t。2005 年中国进口废纸 1703 万 t，为世界第 1 位，占世界废纸出口量的 42.7%，占净出口量的 61%。

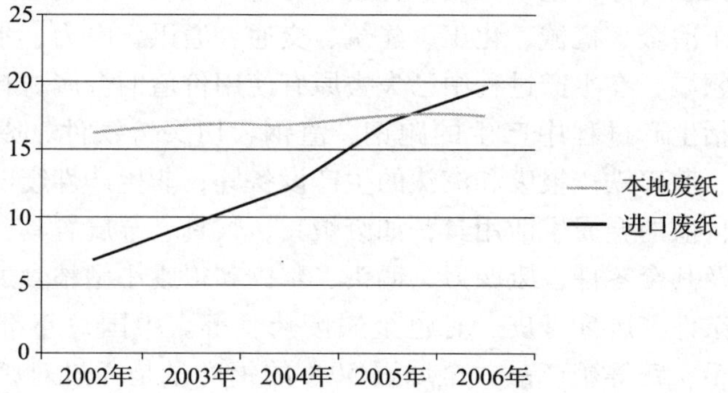

图 5－5　中国废纸进口增长

数据来源：Forest Trend. Environmental Aspects of China's Papermaking Fiber Supply. 2007

一方面，这种趋势反映了中国造纸企业已开始融入全球的产业竞争，在全球范围内配置资源，提高了自身盈利能力；另一方面，也反映出中国废纸收集体系尚不完善、废纸回收率较低、高度依赖进口废纸，造成风险控制能力下降等问题。此外，中国企业规模过小、规模效益有限。世界造纸企业平均规模为年产 8 万 t，中国造纸企业平均规模不到 2 万 t，而达到世界平均规模的企业只有 80 余家。总体而言，目前中国制浆造纸工业大型集团少，这种状况使得企业的规模效益无法实现，限制了企业技术水平、装备水平、产品档次的提高和污染的有效防治。

2. 废旧塑料

废旧塑料是指在塑料生产及塑料制品加工过程中产生的热塑性下脚料、边角料和残次品，或者使用过且经加工清洗干净的热塑性塑料。在工业材料中，塑料的数量和应用范围急剧扩张，大量取代了金属、木材、纸张等材料。随着近年来国际原油价格不断攀升，原生塑料制造成本也不断上涨，而由于经济高速发展，国内对各类型塑料的需求量迅速增加，从而充分利用已有废弃塑料进行生产就显得格外有意义。目前，中国已经成为仅次于美国的塑料生产大国、消费大国、原料进口大国、制品出口大国，但塑料回收量对塑料实际消费量的回收率却只有五分之一左右。为了综合治理过量使用及回收处理不到位等原因造成的严重的能源资源浪费和环境污染，2008 年 6 月，商务部各部委、各直属机构下发《关于限制生产销售使用塑料购物袋的通知》，严格限制超标塑料袋的生产与销售，并计划将超薄塑料购物袋列入淘汰类产品目录。根据中国再生资源回收利用协会的研究和统计数据，1t废塑料，可生产再生塑料800kg，节约能源85%，节省加工费70%～80%，节煤2t，节电500度，节省石油117桶。可见，废旧塑料如能有效利用，市场前景非常广阔，企业将在其中大有可为。

3. 废旧金属

废旧金属大致可分为生产性废旧金属和非生产性废旧金属两类。生产性废旧金属，是指用于冶金、机械、化工、建筑、交通、通讯、电力、水利、油田、国防及其他生产领域，在生产过程中已失去原有使用价值的金属材料、金属制品和生产设备，包括生产过程中产生的跑钢、渣钢、切头铸铁件、废半成品、废零件、废次产品、散碎铁；报废和淘汰的生产设备等；非生产性废旧金属，是指已失去原有使用价值的金属生活用具，如废炉具、炊具、金属餐具，废缝纫机、自行车、人力车及其废零件，废镰刀、锄头、犁铧和报废小型粮食加工设备，废金属生活用品、杂件，废牙膏皮、有色金属废药管等。中国每年都要进口大量的铜、氧化铝、铅、锌等矿产品；全球近50%的钢产量是通过对废钢的冶炼实现的，而中国钢铁的年产量中只有15%～20%是利用废钢生产的。

4. 电子废弃物

电子废弃物是已经失去价值或因为使用价值不能满足需求而被丢弃的电子、电器产品，以及元（器）、零（部）件和耗材。电子废弃物与一般废弃物不同，有着显著的商品属性。大量电子产品在初次淘汰时仍具有很高的使用价值，即使整体功能丧失，大部分电子产品的零部件或者构成材料可能依然具有较高的使用价值，金属、塑料和玻璃可以再生利用，对其中的贵重金属和稀有金属的回收，不仅直接产生经济效益，而且节约大量宝贵的资源。目前，中国规范电子废弃物回收利用和处理的法规尚不健全，缺乏严格的管理制度和技术标准，各级回收者仍然缺乏科学的收集、加工和销售方式，造成了资源浪费和环境污染的问题。

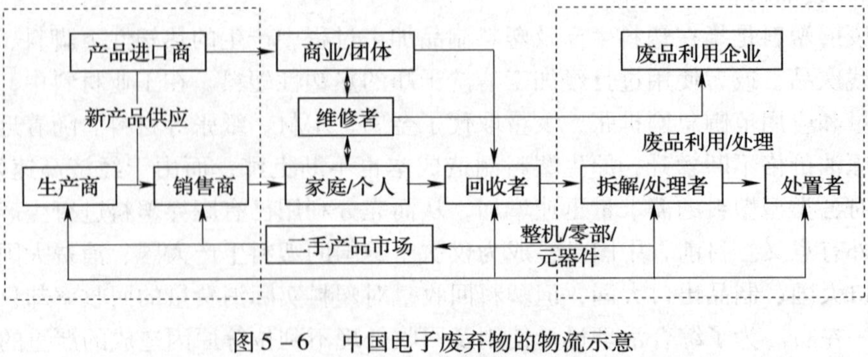

图5-6　中国电子废弃物的物流示意

资料来源：国家环保总局，世界银行，促进中国循环经济发展的政策研究，2007.05

中国与电子废弃物相关的法律、法规、标准如表5-2所示。

表5-2　中国电子废弃物管理立法现状

序号	年份/文号	名称
		一、政策法规、技术规范
1	环发〔2000〕19号	关于进口第七类废物有关问题的通知
2	2002年7月3日	禁止进口货物目录（第五批）
3	环发〔2003〕143号	关于加强废弃电子电气设备环境管理的公告
4	2005年修订	固体废物污染环境防治法
5	环发〔2006〕115号	废弃家电与电子产品污染防治技术政策
6	2007年3月1日	电子信息产品污染控制管理办法
7	征求意见	电子废弃物污染环境防治办法
8	征求意见	废旧家电及电子产品回收处理管理条例
		二、基本标准
9	SB/T 10398.2—2005	旧货品质鉴定旧家用电器
10	SJ/T 11363—2006	电子信息产品中有毒有害物质的限量要求
11	SJ/T 11364—2006	电子信息产品污染控制标识要求
12	SJ/T 11365—2006	电子信息产品中有毒有害物质的检测方法
13	正在制订	家用和类似用途电器的安全使用年限和再生利用通则
14	正在制订	电子电气产品可回收率和再利用率的计算及评估方法
15	正在制订	家用和类似用途电器中某些有害物质浓度的限定要求及测试方法
16	正在制订	电子电气产品可再利用性和回收利用性计算方法
17	正在制订	废弃产品回收利用术语
18	正在制订	产品可回收利用率计算方法导则
		三、地方法规
19	2005年1月1日	浙江省废旧家电及电子产品回收处理试点暂行办法
20	2006年4月21日	青岛市废旧家电及电子产品回收处理试点暂行办法

近年来，中国政府十分重视电子废弃物随意拆解处理处置所造成的危害，2006年4月27日由国家环境保护总局颁布并实施了《废弃家用电器和电子产品污染防治技术政策》，其目的是减少家用电器与电子产品的废弃量，提高资源再利用率，控制其在再利用和处置过程中的环境污染，其适用于家用电器与电子产品的环境设计、废弃产品的收集、运输与贮存、再利用和处置全过程的环境污染防治，为废弃家用电器与电子产品再利用和处置设施的规划、立项、设计、建设、运行和管理提供技术指导，引导相关产业的发展。此外，由国家发改委主持

起草的《废旧家电和电子产品回收处理管理条例》，旨在规范废旧家用电器和电子产品相关各方的行为，做到资源循环利用，走新型工业化道路，保护环境，保障人民健康。目前，中国电子废弃物回收渠道主要包括以下五种：通过商场“以旧换新”收购；流动上门收购；旧家电市场收购；搬家服务公司收购；抵债、罚没产品进入旧家电市场。总之，大部分的回收渠道都是非正式的。

中国在处置和利用电子废弃物过程中，也存在着巨大的压力和风险。由于发达国家环境质量要求严格，填埋、处置费用高。2004 年美国马塞诸塞州已经立法禁止 CRT 显示器填埋和焚烧，2005 年欧盟正式实施废弃电子设备指令（WEEE），该法令要求电子设备制造商和生产者承担末端处理的责任，负责其所售产品的回收利用。这些政策导致西方国家的回收商或处置代理商将废弃物转移至其他发展中国家进行“处理”，仅仅汕头市贵屿镇一地每年吞吐电子废弃物就高达上百万吨。此外，国内的回收利用技术与管理经营模式滞后，也导致电子废弃物处置的环境成本巨大。

三、回 收 方 式

中国在资源回收体系实践中的典型做法是政府积极规制、引导，通过率先建立示范点、示范区的做法，逐步推广普及成功典型，以推动资源回收利用体系的深入和发展。目前，在中国试点的废弃物回收方案主要有三种：一是回收站收集方式，即居民携带可回收成分到家附近的回收站并获得经济补偿；二是回收员上门回收收集方式，即回收员定期上门收集可回收成分，并登记收集材料名称和数量，每月或每隔一段固定时间居民将获得经济补偿；三是分类回收桶收集方式，即居民自愿、自觉地将废弃物根据种类投掷于不同回收桶中。此回收方案的主要特征是居民不能从回收废弃物中获得经济补偿。中国最早实施循环经济试点的贵阳市，建立了较为完善的再生资源回收利用体系，全市共建立 447 个社区回收站，构成社区回收网络，通过规范化的绿色回收站，努力实现“废弃物—回收加工（循环）—产品或生产原料（再利用）”的循环利用。

四、发 展 趋 势

建设现代再生资源回收体系，是中国再生资源回收体系的未来发展趋势，它将极大地提高再生资源回收率，缓解中国资源短缺现状，同时减轻环境污染，并起到有效保障国家经济安全的作用。其实，对废弃物处理不仅需要耗费大量的资金和资源，而且还存在二次污染，为实现可持续发展，全面推进资源减量化、产品再利用、物资再循环的循环经济模式，形成废弃物收集、分类、运输和处理等全过程的资源回收体系，实现废弃物的减量化、资源化、无害化，2007 年，中国政府采取综合措施推进污染减排，污染防治由被动应对转向主动防控，注重环境标志，其中与德国蓝天使标志正式签署了《中德环境标志互认合作协议》，有利于跨越绿色贸易壁垒，促进企业不断调整产品结构，减少废弃物的产生，提升产品的国际竞争力。在国内，随着《再生资源回收管理条例》立法工作的推进，行业管理将纳入法制化轨道，中国资源回收体系将日益完善。中国商务部已在全国 24 个试点城市选取 600 个社区回收网络试点，集散市场 5 个试点，生产性废旧金属回收市场 10 个试点，并力争在 5 年内，在试点城市建成较为完善的回收体系，并使再生资源主要品种回收率达到 80% 。管理模式会逐步走向规范化；政府引导支持、企业市场化运作的经营理念将得到强化；行业组织化、规模化和产业化程度会明显提高；以龙头企业为依托，以社区、回收企业和集散市场为载体的回收体系将得到普遍推广；从业人员素质、全民资源再利用意识提高；网络健全、规模适宜、布局合理、设施适用、服务功能齐全、适于地方和行业发展特点的再生资源回收网络体系将成为未来发展的主流。此外，在建立资源回收体系过程中，不要仅仅强调城市资源回收体系的建设，实际上，许多城市被废弃物环带包围，形成了农村废弃物包围城市的趋势。对农村废弃物加以重视，才能真正完善整个资源回收体系的建设，这直接关系到中国 COD 排放总量、水污染防治、城乡统筹发展和社会主义新农村等一系列和谐社会建设。

第六章　循环经济的技术支撑体系

中国三十年的改革开放虽然取得了令人瞩目的成就，但是资源紧缺、生态破坏、环境污染以及社会经济发展的区域不平衡也成为中国社会共同关注的重大问题。党的十七大报告提出“建设生态文明，基本形成节约能源资源和保护生态环境的产业结构、增长方式、消费模式”，将建设资源节约型、环境友好型社会放在工业化、现代化发展战略的突出位置。依据中央提出的贯彻科学发展观、构建和谐社会的指导思想，应积极借鉴国际经验，立足现实情况，建设循环经济的技术体系建设。循环经济是经济、社会、环境协调发展的内在要求，而技术水平与变革是影响循环经济发展的关键，实现循环经济发展必须依赖于先进的环境友好技术的选择、供给、转换、进步等来提供全面的技术支撑。在循环经济“3R”原则中，遵守其中任何一项原则，都离不开技术的支撑，技术支撑体系在循环经济发展中具有非常重要的地位。本章围绕循环经济技术支撑这个主题，从发展环境、机遇与挑战、制约因素、技术类型、战略管理和政策建议进行分析，为我国循环经济技术支撑的建立提供相关论证。

第一节　技术支撑体系的背景

近年来，中国大力发展科技含量高、经济效益好、资源消耗低、环境污染少、人力资源优势得到充分发挥的新型工业，这为发展循环经济创造了前所未有的良好前提。循环经济作为涉及经济、社会、资源和环境等方面的系统工程，离不开环境友好的技术体系支撑。换言之，先进的科学技术乃是循环经济的核心竞争力，只有依靠先进技术，才能实现循环经济所倡导的社会、经济、环境的可持续发展。目前，中国的循环经济技术支撑体系，缺乏消除污染物的环境工程技术、生产绿色产品的清洁生产技术、回收利用处置的资源化技术、达到环保标准的工艺技术以及节能减排的最新技术，新产品的推广受到市场认知度较低、初期投资成本较高、资金回收年限较长的制约，企业研发、运用节能减排技术的动力不足，政府采购和投资项目对新技术引导力度不够，没有得到广泛推广应用，从而阻碍了循环经济的发展，加剧了环境污染。

一、有 利 因 素

1. 国际发展趋势

世界各国都在努力寻求实现工业化的发展道路，发达国家将科技创新作为基本战略，形成了强大的竞争优势，成为科技创新型国家。创新型国家的基本特征有：① 创新投入高，国家的研发投入占 GDP 的 2% 以上；② 科技进步贡献率高达 70%；③ 自主创新能力强，对外技术依存度指标在 30% 以下；④ 创新产出高，发明专利数量占全球总数的 99%。目前，新能源开发、废旧资源再利用等技术难题的突破，正改变着人类社会的消费与生产方式，国外循环经济的技术信息和成果不断涌现，也推动了中国相关技术的研发。此外，在全球资源危机和环境恶化压力下，各国尤其是发达国家都加大了循环经济的技术体系研究，它代表着未来技术的导向，走循环经济的技术创新之路已经成为综合国力竞争和争夺国际发展制高点的一场新竞赛。在国际贸易当中，以“绿色技术标准”为代表的各种绿色壁垒已经成为制约中国产品竞争力的重要因素，故进一步推动建设中国循环经济的技术体系，完善绿色设计体系、绿色标准体系、绿色创新体系的建设，乃是提高我国竞争力的重要途径。

2. 国内发展趋势

2002 年科技部发布的《可持续发展科技纲要（2001~2010）》中提出了科技创新的指导性原则，即国家目标与市场需求相结合、总体规划与分类指导相结合、关键技术突破与技术集成相结合、自主创新与国际合作相结合的基本原则；2005 年，中国首次提出建设“创新型国家”的发展战略，2007 年在《21 世纪前期中国科技发展的战略目标》中，规定用 20 年左右的时间，全面达到世界中等发达国家的科技水准，进入总体科技实力前 5 名国家的行列，其中，国民经济中的科技进步的贡献率将达到 60% 以上，单位能耗所创造的价值在现在基础上还将提高 10~20 倍，计划在 2010 年建成循环经济科技创新体系。这些战略定位加快了建设循环经济的技术体系。

此外，中国科技竞争力逐渐得到提高，美国佐治亚理工学院一份关于科技竞争力的新报告认为，中国将很快超过美国成为世界经济的新引擎。目前，中国已在能源环保技术领域取得了一些阶段性成果，成功地研发或改进了低能耗回用水固化除盐技术（节水）、汽电联产技术（节能）、洁净煤技术（节能、节水、环保）、有毒有害废液再生处理技术（污染治理、资源再生）、热泵太阳能等清洁能源技术（能源替代）、废电池、废印刷电路板、废芯片等回收贵金属技术（再生）、报废汽车资源化预处理技术（再生）、大型轮胎翻新技术（再生）、干气中碳五回收制石油树脂技术（再生），生物医药行业中的以膜分离技术为基础的多效浓缩技术（节水、节能）、中药废渣处理技术（多行业联产）、稀有动植物原料的替代（原料替代）等技术，并逐步应用到相关行业的制造加工过程中。

二、不利因素

中国的技术研发投入太少，企业自愿投入循环经济类技术的研究的积极性不高，科技成果的转化能力不强。中国的总体科技创新能力较弱，科研经费投入水平还比较低，2004 年科技进步贡献率只有 39%，对外技术依存度却达 54%，科技创新能力在 49 个主要国家中只居第 24 位，处于中等水平。2006 年，中国研发投入总额为 3000 亿元人民币（约 370 亿美元），比上年增长 22%，占 GDP 的 1.4%，创造了历史最高水平，但仍然低于世界平均的 1.6% 水平，现在美国、日本、德国、瑞典等发达国家 R&D 投入占 GDP 的比重都在 2.7% 左右，韩国、加拿大、我国台湾地区等也在 1.5% 以上。从整体水平看，中国科技落后于美国、英国等发达国家 15 到 20 年。发展循环经济迫切需要增加科技投入，研发循环经济关键技术，积极开发可再生能源及清洁能源。由于重化工业的高速发展和城镇市政设施的大规模建设，造成了大量产品类废弃物和废水、废气处理产生的污泥等非传统废弃物急剧增加，而相对应这部分废弃物的废旧资料转化技术、废弃物综合利用技术和无害化处置技术在国内基本处于空白。目前，废旧家电回收已经进入更新换代周期，约有 500 万台电脑和上千万部手机已进入淘汰期，电子垃圾的合理处置是中国面临的又一技术难题。目前已取得的技术进步主要是通过引进方式实现的，多数企业缺乏支撑循环经济发展的关键技术。这主要表现在以下三个方面：

（1）企业工艺和技术装备落后，关键技术设备达到和接近国际先进水平的仅占 15%；

（2）资源节约综合利用技术落后，主要产品单位能耗比发达国家平均高 40%；

（3）环保产品技术含量低，环保产业技术开发能力弱，在大型燃煤电厂烟气脱硫、城市垃圾资源化、城市生活污水处理和高浓度有机废水治理等重要领域还没有自己的技术。其不利因素具体有如下几点。

1. 核心技术缺失

发达国家对核心技术进行封锁，造成企业自主研发的成本增高。如太阳能电池产业的发展瓶颈主要集中在高纯多晶硅原料上，国际上多晶硅原料的生产被几家主要厂商所垄断，由于多晶硅生产技术的特殊垄断性和保密性，世界上 7 家主要的多晶硅生产商联合禁止多晶硅技术转移到中国。资源再生利用技术发展缓慢，在系统化组合中还存在接口技术的真空地带，距离实际应用和产业化还有一定距离。中国尚没有完全掌握光机电、电子信息、汽车等产业的核心技术，这严重制约了这些行业循环经济的发展。目前，在第二产业循环经济领域中，逐渐涌现了一批自主创新的技术、产品和企业，并在循环经济相关领域的环节提供了工程服务，但是自主研发的技术以及产品的市场份额还较低，企业的市场竞争实力不强，缺乏一批具有营销优势和市场影响力的品牌，科技引领循环经济的作用没有充分发挥。

2. 产业关联度差

循环经济工业园区是解决不同行业联合发展循环经济的重要方式。产业之间缺乏总体的产业共生规划，对各产业关键技术把握不准，产业关联群落尚未形成。在调整和优化产业布局中，缺乏对生产的工艺流程、动力系统、排放系统、物料系统、信息系统及管理体系等方面进行综合研究，搭建和谐的工业共生网络体系。因此，园区企业间应加强资源和能源循环综合利用，例如汽电联产技术、余热余压综合利用等技术可有效提高能源的利用效率和利用周期，提高经济效益。在生态工业园区规划中，应注重废物和副产物交换实现联产共生，例如石化与机械加工、精细化工与电子信息、冶金与电力或建材、生物医药与食品饲料行业的联产共生，高效利用资源，使废物和副产物成为其他企业的资源。此外，在第二产业的循环经济领域中，产学研各个领域协同合作不够，缺乏面向循环经济重点领域、重点环节的整体解决方案。

3. 推广应用不足

由于资金、消费习惯等各方面原因，循环经济最新技术和产品的推广应用难以普及。例如，由于中水成本较高，一些处理厂长期处于半停或闲置状态，不能发挥应有的作用。市场上采购符合循环经济要求的产品和服务的比例很小，优先购买循环经济示范企业产品的情况也不多。市场上销售较多的循环经济产品仅限于再生办公用纸、节能路灯、环保办公家具等。循环经济技术支撑体系的技术推广示范工作力度不够，技术转移组织规模弱小、经营状况恶化，有关的技术咨询服务等机构配套不全，核心服务能力不突出，表现为发展上的不稳定和不平衡，这些因素都影响了新型科学技术的应用与推广。现有的科技推广服务和政策仍服务于传统经济的技术应用，政府科技主管部门对创新与研发循环经济技术的扶持力度不够；缺乏循环经济技术支撑体系的法规、标准；循环经济技术管理体制与现有技术管理体制间结构不够均衡尚需调整；社会普遍缺少循环经济管理的知识和技能，缺少循环经济专业人才，高端科技人才的配置和流通方式单一，用人体制和吸引维护高端人才的手段、方式亟需改进。

支持技术中介机构发展的基础资源薄弱、信息渠道不畅、技术中介机构发展缓慢、中介行为缺少规范、服务能力和水平不高。例如：节能、节水等技术发展相对成熟先进，具备为生产服务的能力，但是需要增加企业一次性投入，并且因为相关的技术人员水平低下，不能使相应的装备和技术得以正常运行，导致企业失去引入此类设备的信心，甚至对相关技术进行否定。而且现在中介机构普遍规模较小，从业人员少，处于勉强维持的状态，缺乏清晰的业务定位和核心竞争力，专业化水平低；多数服务机构尚未创出品牌，没有形成专业化分工和网络化协作的服务体系；相当部分从业人员专业能力、服务经验不足，无法满足市场发展的综合需要。

4. 配套资金不足

发展循环经济技术支撑体系需要一个规范的研发资金保障体系，对技术创新和技术改造应设立专项资金确保科技进步。多数地区和行业主管部门对循环经济技术支撑体系所属技术领域的投入较少，也没有设立专项资金，资金的短缺造成具备一定潜力的新技术不能及时研发转化成生产力，专项资金的缺位导致循环经济技术研发的导向不明，难以落在闭环的重点上。其次在技术市场上，对于循环经济技术产品的政策扶持有待加强，可以利用经济杠杆，鼓励技术支撑产业的生产和创新，例如在税收上对采用循环技术的企业进行部分优惠，对以循环经济为主的技术研发企业给予贷款、税收甚至行政补贴优惠等，遗憾的是目前市场上还看不到此类举措。

5. 部门协调失衡

在发展循环经济过程中，行业部门之间沟通协调工作存在障碍，不利于系统化的发展，使得涉及跨行业，跨部门的技术难以实施，即使实施也因局部利益和职能纠葛而不够顺利，迫切需要部门间的有效协调统一思想，形成循环经济的大局观，通力合作，促进循环经济的健康发展。还有就是技术信息不畅，企业具有发展循环经济的愿望但缺乏科学技术，科技资源形成成果但无法转化成产业，不能发挥有效作用，在技术和应用之间缺乏有效的沟通和连接。环境的监管和治理工作已经引起重视并落实较好，但企业的生产流程中的环境和循环经济技术仍重视不够，技术设备、管理体制未能体现出节能意识，循环经济的概念只有少数行业的重点大中型企业才能进行尝试。

总之，中国循环经济领域尚未形成完善的技术支撑体系，在技术研发和市场应用方面存在四个关键问题：

（1）“有实体，缺结合”。产学研结合方面还存在组织形式比较松散、合作层次不高、合作深度不够、合作资金不足、产学研脱节现象仍然存在的问题；

（2）“有技术，缺集成”。即各个企业、高等院校和科研机构都独立、分散地对外开展绿色科技咨询、绿色技术研发、绿色产品供应和绿色工程实施等服务，相互之间缺乏配套与协同，缺乏面向绿色技术重点领域、重点环节的整体解决方案；

（3）“有产品，缺应用”。即某些绿色技术和绿色产品被研制出来，但由于资金、消费习惯等各方面原因，绿色技术和产品的应用推广不足，市场渠道有限；

（4）“有工程，缺品牌”。即国内涌现了一批自主创新的技术、产品和企业，并在循环经济相关领域的环节提供了工程服务，但是自主研发的技术和产品的市场份额还较低，企业的市场竞争实力不强，缺乏一批具有营销优势和市场影响力的品牌，绿色技术创新的作用和市场价值没有充分发挥出来。这些问题既是挑战，也是发展的机遇。如果以市场为导向，以企业为主体，推动产学研之间的结合，就会推动循环经济技术的研发和应用，形成较为完善的循环经济技术支撑体系。

第二节 技术支撑体系的内涵

各国工业化的进程表明，任何一个国家经济的持续、稳定、协调发展，都依赖于该国产业结构的升级，技术演进是世界经济方式转变的主线，环境友好技术是第二产业发展循环经济的支撑点，高新技术的研发和应用尤其是信息技术、生物技术、新能源技术等技术聚群对相关产业作用，彻底改变了传统的技术发展思路。2004 年中国就明确提出了加大循环经济技术开发和推广应用的力度，将循环经济科技创新体系作为主要发展目标。

一、技术体系重要作用

尽管对经济增长速度、消费结构变化、能源资源消耗、生态环境变化的影响因素有很多，但是技术体系乃是最基本的因素。从技术的视角看，经济发展与资源环境两者之间存在悖论，即一方面资源环境问题在很大程度上是由技术造成的；另一方面资源环境问题的解决又离不开技术的进步。有学者认为技术严重破坏环境，而对技术解决这些问题持悲观的态度；也有学者则认为技术是人类社会经济发展的驱动力，只有技术进步才能解决上述问题。纵观人类历史，由于社会生产力水平，特别是生产工具状况、资源、环境等客观条件的不同，使社会经济发展表现出明显的差异，技术支撑体系在社会、经济不同时期表现出的作用有所不同。

1．农业社会

在农业社会中，基本呈现出经济增长低、资源可再生、环境自净能力强的特征。一方面，生产力水平低，人类经济活动主要以动、植物等生物资源来维持生存，并在向大自然索取的过程中繁衍生息、发展着社会经济；另一方面，人类在向自然索取物质资源的过程中并未对生态环境造成很大的破坏。由于人类社会受落后的技术、工艺的限制，对自然资源的开发能力非常有限，资源消耗和环境破坏较小，使得具有较强自净能力的环境和可再生能力的生物资源，通过净化和再生，基本能够满足人的生存需要。因此，人类经济活动、资源、环境之间能够实现自然的循环。

2．工业社会

自 18 世纪 60 年代，以蒸汽机发明为标志的工业革命浪潮的兴起对英国乃至人类社会的经济生活产生了重大影响，促进了纺织业、煤炭业、新材料业及机器制造业等发展，使人类由农业社会进入到工业社会，呈现出经济高增长、资源高消耗、环境迅速恶化的特征。与以前的经济时期相比，人类社会经济生活发生了重大变化。一是经济增长速度加快、消费观念和结构也不断变化。人们开始大量增加耐用消费品和高档消费品及服务性消费等内容。二是关键性能源、资源发生转变。从工业革命到新经济产生前的时期，生物资源需求在资源需求中所占的比例迅速降低，不可再生性资源使用比例越来越高。在这个时期，技术的作用日益明显，三次技术革命促成经济的快速增长。在18世纪中后期，以蒸汽机为代表的动力技术变革为机器大工业生产提供了蒸汽动力。同时，随着动力技术在纺织、采矿、冶金等行业的普遍推广与应用，经济增长迅速，经济总量和规模不断扩张。到19世纪末期，以电力为主导的技术变革，实现了对蒸汽动力技术的替代，推动人类社会进入电气化时代；到20世纪40~50年代，以电子技术为主导的技术变革，使人类经济社会发展进入自动化时代。正是在这些技术的强力支持下，人类经济发展逐渐进入了大规模生产和消费时代。其次，技术革新推动资源、能源的更替。在很大程度上，技术革新是推进关键性矿产资源依次更迭的动力源。蒸汽机的发明实现了煤炭资源对传统的薪材、人力、畜力的替代；内燃机的发明以及石油精炼工艺的改进，石油、天然气作为新的资源而成为关键性的运输燃料和石化原料；钢铁行业的兴起伴随着有色金属的大量开发与使用；电子技术的进步促进了稀有金属和非碱金属资源的开发和利用。可见，每次重大的技术进步都扩大了人类利用自然资源的范围，推进了主导性资源的转换，并推动人类社会走上由不可再生资源控制的发展道路。再次，技术还是资源短缺和环境问题的根源。在1820~1970年间，能源消耗增长的速度明显高于经济增长的速度。在该时期，世界的经济发展是粗放式增长，即依赖不断增加生产要素的投入，实现经济产出规模的扩张，但同时也孕育着严重的环境隐患，其原因在于大规模生产、消费技术在经济活动中的决定性作用。具体来说，在经济发展中，这类技术表现为大量使用资源、大量生产产品、大量消费及废弃等特点。其不仅推动生产和消费规模的扩张，而且还由于产品和资源的大量废弃引发严重的资源、环境问题。

3. 信息社会

在农业社会和工业社会中，物质和能源是主要资源，所从事的是大规模的物质生产。20世纪70年代尤其是20世纪90年代以来的信息化浪潮，又把人类社会从工业社会引向信息社会，信息成为比物质和能源更为重要的资源，以开发利用信息资源为目的的信息经济活动迅速扩大，逐渐取代工业生产活动而成为国民经济活动的主要内容。信息经济在国民经济中占据主导地位，并构成社会信息化的物质基础。以计算机、微电子和通信技术为主的信息技术革命是社会信息化的动力源泉。信息技术在生产、科研教育、医疗保健、企业和政府管理以及家庭中的广泛应用对经济和社会发展产生了巨大而深刻的影响，不仅从根本上改变了人们的生活方式、行为方式和价值观念，而且经济增长、资源、环境逐渐具备协调发展能力。首先，经济与资源能源同步增长的趋势发生新变化。1970—1998年以来，与一次性能源投入的年递增速度2.19%相比，世界经济增长年递增速度达到5.12%，在人类经济发展史上，第一次出现了经济增长与不可再生性资源的相对“脱钩”现象，即经济增长发展的轨迹与资源消耗增长发展的轨迹发生了明显的分离或偏离。其次，在这一时期，清洁能源和可再生能源得到较快发展，传统化石能源所占比例在不断降低。再次，部分经济发达国家的环境质量逐渐得到恢复与改善。学者诸大建通过对经济和环境压力增长的不同情景，提出了循环经济中的“相对脱钩”现象。在借鉴该理论的基础上，作者通过分析发现经济增长与不可再生性资源之间也存在“相对脱钩”现象，并且认为经济增长与不可再生资源的“相对脱钩”是达到经济增长与环境压力“相对脱钩”的一个基本前提。

通过对不同时期技术与资源、经济增长和环境变化的比较分析发现，技术与经济、资源、环境三者之间存在着相互关联，技术是影响经济增长速度、环境资源变化的关键因素。本书所提的新技术主要采用世界经济合作与发展组织（OECD）所提出的，并被各国所公认的信息技术、生物技术、新材料技术、新能源技术、航天技术和海洋技术等及这些新技术改造下所形成的清洁生产、能源替代等技术体系。技术作用主要特征在于高适用性和高效益性。前者表现为多知识、多领域、多学科人才的智慧结晶，具有很强的适用性。如信息技术在对传统产业的改造中，广泛采用计算机辅助设计（CAD）对产品进行预先设计；采用计算机辅助制造（CAM）和辅助工程（CAE）优化产品的生产和管理，实现生产的全生命周期改造。其结果是不仅提高了各类资源（包括废弃资源）的利用率，而且从生产全程有效地控制环境污染；后者所生产的新技术产品，即能够依靠较少有形物质的投入而获得较高的回报，即增加经济效益不再依靠物质资源的大量投入，而是靠技术支撑。技术支撑降低经济的物质依赖性、实现环境保护与生态修复、提高资源利用效率。毫无疑问，循环经济将借助于技术支撑体系，建立在信息、生物、新能源、新材料等技术基础上，其发展将会呈现出螺旋上升的轨迹，成为经济增长、资源与环境三者协调发展的新型经济发展模式。

二、技术体系基本定义

1．技术

“技术”（Technology）一词源于希腊文，原意是指经过熟练劳动而获得经验、技能和技艺。随着人类社会不断进步，技术一词的内涵与外延不断变化，其适用范围也扩大到除工具和机器以外的各种手段、工艺和经验思想等。时至今日，技术在不同场合和领域的含义概括起来，主要有广义和狭义两类。狭义的技术主要是指生产应用方面的各种技能和工艺。如《德国弗赛尔大百科词典》认为：“技术就是对自然规律及其内在联系的认识并有意识地运用它来设计和适用各种复杂工具和器械”，并且提出现代技术包括采矿和冶炼技术、机械制造技术、照明技术、建筑技术和热工技术、制冷技术、交通技术、电子技术、精密机械和光电技术、工艺流程技术、纺织技术、印刷技术和复印技术、火箭技术直至核能技术。广义上的技术则泛指人类在利用自然和改造自然的过程中积累起来的各种经验和知识，当然也包括操作方面的工艺和技能等。如美国著名管理学家迈克尔·波特认为技术不仅包括客观的物质手段等硬技术，而且包括经营管理等各种软技术。国内学者傅家骥（1996）也认为技术是把科学知识、技术能力和物质手段等要素综合起来所形成的一个能够改造自然的运动系统。目前，在中国学界，学者们大多是围绕狭义技术来研究循环经济技术。然而，循环经济作为一种新的经济发展模式，显然不是某几项具体技术所能推进的，因此，本文分析将较多地关注广义上的技术或者说技术系统。

2. 技术支撑

目前学术界对技术支撑尚无系统的定义。《现代汉语词典》对“支撑”有两种解释：一是抵抗压力使其免于坍塌；二是勉强维持。虽然关于技术支撑的含义在国内外没有相关的解释，但是从已有的文献资料中发现，对支撑的理解一般不是着重于勉强维持，而是突出强调“抵抗压力”，突破窘境。因此，技术支撑可以解释为是发挥技术系统的功能，摆脱没有技术或技术缺乏的压力，实现相关领域的突破。

3. 循环经济技术支撑

循环经济技术支撑涉及三个相关问题。

（1）循环经济技术支撑的主体。同循环经济发展相关的主体一般包括政府、企业、高校、社会组织和公众。其中，公众和社会组织是循环经济技术发展的主要辅助力量，一般不能成为循环经济技术支撑的主体。因此，政府、企业、高校是循环经济技术支撑的主体，其中，政府和高校是共性技术和关键性技术的主体，而企业作为循环经济实践的基础，则是专门技术的主体。

（2）循环经济技术支撑的范围。循环经济技术支撑体系是以优先选择重点的或急需发展的技术；加快技术供给的平台建设；加快制度建设促进循环经济技术进步等为重点的完整的动态系统。因此，只要以上述三点为重点所进行的各类技术性研究，都应视为循环经济技术支撑研究。

（3）循环经济技术支撑的目标。循环经济技术支撑的目标是加快循环经济技术进步，推动经济增长方式转变和产业结构调整，实现经济、社会和生态环境的协调发展。

因此，循环经济技术支撑可以定义为以政府、企业、高校、社会科研机构等为主体，为加快循环经济技术进步，推动经济增长方式转变和产业结构调整，实现经济、社会和环境协调发展而进行的技术选择、技术平台建设以及各种促进循环经济技术进步的制度安排。

三、技术体系主要特点

1. 现代性

循环经济是人类社会对大量生产、消费和废弃的传统经济发展深刻反省的结果。尤其是工业革命以来，世界各国在物质财富不断增长的同时，也消耗了大量的资源，排放了大量的污染物，造成了严重的资源和环境危机。尽管造成上述问题的因素很多，但是落后技术和装备水平应是其主要原因。因此，发展循环经济，就需要积极发展能够大大提高生产效率和资源利用效率的现代化技术，广泛采用现代信息技术、生物技术、新材料技术等，这使得所构建循环经济技术支撑体系带上“现代”烙印。

2. 持续性

实现经济、资源、环境协调发展，促进生态、经济、社会可持续发展是我国循环经济发展的目标。然而，粗放式的经济增长方式已经造成了耕地减少、土壤沙化、酸雨严重、大气污染、水污染等资源环境问题。因此，人们迫切需要依靠先进技术支撑，改变粗放的经济增长方式，实现经济社会的可持续发展。这也就使得构建的循环经济技术支撑体系必须要体现经济可持续发展的要求。

3. 适宜性

所谓适宜性主要是指选择技术要适应中国资源禀赋、环境状况、经济发展阶段以及国家的财力、人力、物力等客观条件。在循环经济发展过程中，适宜性主要体现在以下几个方面：一是在资源方面，能够真正体现出资源优势，包括传统的化石能源及未大力开发的新能源。另外，能够保证资源在产品的整个生命周期中得到最大限度的利用，甚至包括产品的回收利用、拆卸和分解等。二是在环境保护方面，真正能够对环境污染状况起到改善作用。三是与国家发展目标相适应，与社会绿色需求转变相适应，与经济增长方式转变相适应。

4. 友好性

友好性即指资源环境的友好，即技术在实现经济效益为核心目标的同时，还能兼顾环境、生态价值，它是循环经济技术支撑的基本要求之一。对于生产者而言，一是生产者在减少成本的经济效益驱动下，通常会积极推广以减少污染为目标的先进适用技术，减少资源消耗；二是生产者通过清洁生产技术减少废弃物的排放；三是对生产过程和消费产生的废弃物进行再资源化循环利用；四是对没有经济再利用价值的废弃物进行无害化处理。对于设计者而言，这要求一是所选择的技术在投入与产出的效果比较方面是经济的，如果技术效果不经济，即使再先进的技术也不会被社会所接受。二是所选择的技术必须从其设计开始就重视可能对环境产生的负面影响，确保在技术的应用过程中能够做到清洁化，无污染或少污染。最终人们依托各种清洁生产技术、资源综合利用技术和资源化技术等，对资源进行减量化、资源化、再利用，彻底减少其对环境的危害。

5. 全程性

循环经济的技术支撑贯穿了整个经济活动的全过程。它不仅不断创造出新的产品，而且还对产品生产、消费后的废弃物、产品生产过程中的副产品、废物进行综合利用和处理。因此，循环经济技术支撑体系涵盖了产品和服务的研发、生产、消费、废弃后处理等环节，具有全程性特点。

6. 综合性

循环经济的技术支撑体系不仅涉及相关技术的选择与集成，而且更重要的是强调如何通过各种相关制度创新，促进与循环经济发展相适应的环境友好性技术的不断进步，同时并将这些技术应用到中国经济增长方式转变和产业结构调整中去，实现经济发展模式的根本转变。

四、技术体系基本原则

在循环经济技术支撑体系的技术平台建设过程中，关键在于改变过去单纯注重生产产量却有害于生态环境的技术，选择并推广对环境友好的技术。对于企业而言，先进的技术研发和创新将增加企业的成本，要求建立相应的制度配套，依靠产权制度和政府规制。在循环经济技术支撑体系中，在正式制度中注重技术产权激励制度、技术创新支持政策、技术环境审计条例；在非正式制度中，加快落实科学发展观、培育科技伦理观、培养环境友好观。把握好“需求”与“限制”的关系，不能简单依靠政府行政手段，而应该以法治和市场代替社会动员，实现社会可持续发展。其主要原则主要有以下几个方面。

1. 适应国情原则

由于各国经济发展阶段、资源环境状况的不同，导致世界各国循环经济发展模式存在一定的差异。德国强调废弃物资源综合利用技术，日本注重新能源和可再生资源的开发和利用技术，对于中国而言，中国整体技术发展水平落后，资源禀赋单一、环境危害加剧，既要重视“前端”的绿色材料技术研发，又要发展“末端”的废弃物处理等技术。优先发展能够推进产业技术升级和结构调整，促进可持续发展的共性技术、关键技术和配套技术；资源开发技术，节能降耗、能源替代、环境治理等方面的技术；公益性技术以及涉及为保障国民经济运行急需解决的技术等等。另外，积极发展信息技术、纳米技术、新能源等新兴技术，为循环经济提供了更为强劲的技术基础，建立其全新的技术体系。

2. 划分层次原则

建立循环经济技术体系应该从微观、中观、宏观等三个层面开展。就微观层面而言，它是指以单个企业为单位实现清洁生产，使所有的资源能源得到有效的利用，并尽可能少地产生与排放废弃物，实现污染物排放的最小化；就中观层面而言，它是指企业聚群形成原料采购、中间产品、废弃物到产品等在相关主体之间的物质循环，达到资源、能源等最有效的利用；就宏观层面而言，它是指在全社会建立循环经济的资源回收体系。因此，技术体系的构建必须有针对性地进行技术分层。具体来说，在微观层次上，要求企业积极推广清洁生产技术。在中观层面上要求围绕主导性资源，扩大经济主体之间的横向技术合作联盟，实现资源充分利用；在宏观层面上，要求整个社会技术体系实现网络化，使各种废弃资源实现跨产业或行业循环利用，实现整个社会的清洁化。

3．减物质化原则

指使用环保再生原料和先进设计工艺技术、提倡环保优先设计技术、回收优先设计技术，强调生产者责任，形成闭合循环回路以便重复使用元器件，从而降低生产过程中的资源消耗，减少资源消耗和废弃物排放。

4．非物质化原则

它指开发用非物质服务技术取代有形产品的消耗，从源头上控制废弃物的产生，实现社会经济的良性循环。非物质化是消费与生产的一种理想状态，提倡非物质性服务技术与消费，通过改变消费者行为，建立以满足基本生活需求为前提的可持续消费观，避免资源消耗和废弃物产生。

总之，建立循环经济技术支撑体系应该依据国情，通过一系列技术性手段，不断促进循环经济技术进步，实现经济、社会和资源环境的可持续发展。随着客观经济条件的变化，该体系也将不断调整。

五、技术体系理论基础

构建的循环经济技术支撑体系是以经济学理论为指导的，是技术选择、技术供给、技术进步和相关制度保障相匹配的综合体。在循环经济技术支撑体系的理论基础研究中，有的学者是从清洁生产的角度给循环经济的技术支撑体系下定义的。如解振华认为循环经济的技术支撑体系主要包括：替代技术、减量技术、再利用技术、资源化技术、系统化技术等五部分。另外，有的学者从具体支撑技术来合成循环经济的技术支撑体系。如冯之浚认为循环经济支撑技术主要包括：低物耗、能耗煤基液体燃料生产技术、煤化工产品多联产及高附加值利用技术、生物质能转换技术、集约化养殖畜禽粪便的资源化利用技术、熔融还原冶铁新工艺与钢铁－煤化工产业共生技术、绿色化学技术、以化学矿物加工为核心的生态工业系统、水泥生产新工艺、废旧机电装备再制造技术、电子垃圾资源化技术等十余类技术。表面上看，上述学者对循环经济技术支撑体系的界定存在一定的差异，但实际上他们共性的地方更多，即他们都是从微观层面上对循环经济所需要的具体技术进行归纳和整理。然而，循环经济不是一个静态物体等待着上述具体技术的直接推动，实际上循环经济是不断发展变化，需要不断的技术创新、扩散、传播，来推动循环经济高级化发展。因此，循环经济的技术支撑体系不只是微观技术的归纳或筛选，更重要的是基于国家宏观层面上的能够支撑或抵御资源、环境和经济要增长等多种压力的与循环经济发展相适应的技术进步系统。其不仅包括环境友好性技术的选择、建设循环经济技术平台，加快环境友好技术的不断创新、扩散与传播，增加技术供给，而且还包括通过各种制度安排推动和保障环境友好性技术不断进步，最终在技术支撑下优先解决目前中国经济增长方式转变和产业结构调整等两大难题，实现经济、社会和生态环境的协调发展。循环经济的技术支撑体系涉及以下相关理论。

1. 成本最小化标准

按照新古典经济学理论的解释，技术选择通常以经济效益为目标。技术选择就是在既定的要素投入条件下，通过生产要素的重新组合，创造最佳的经济效益。其理论的侧重点是基于成本考虑基础上的生产要素的重新组合。因此，认为成本最小化是技术选择的操作性或动态调整性的准则。具体来说，新古典经济理论分析技术选择的假设前提，是存在两种生产要素资本（K）和劳动（L），而且两种要素之间可以互相替代。假定等产量线 $Q=F(K、L)$；等成本线 $C=KR+LW$。其中，C 代表成本；R 代表资本的利息率；W 代表劳动的工资水平。如图6-1所示：a 代表的技术状态是依赖较多的资金和较少的劳动力实现既定的产量；b 代表的技术状态是既定的产量也可以用较少的资金和较多的劳动力来实现。d 点代表等成本曲线与等产量线相切，所对应的要素组合（K、L），就是在既定产量下使总成本最低的组合。在这种情况下，按照 $MPL/MPK=W/R$ 原则，d 点就成为效率最高或成本最低的技术选择点。可见，决定技术选择的不只是各类投入要素的稀缺或丰裕程度，更重要的是资本、劳动，甚至是自然资源的相对价格，即最小成本化是经济主体进行技术选择的关键。

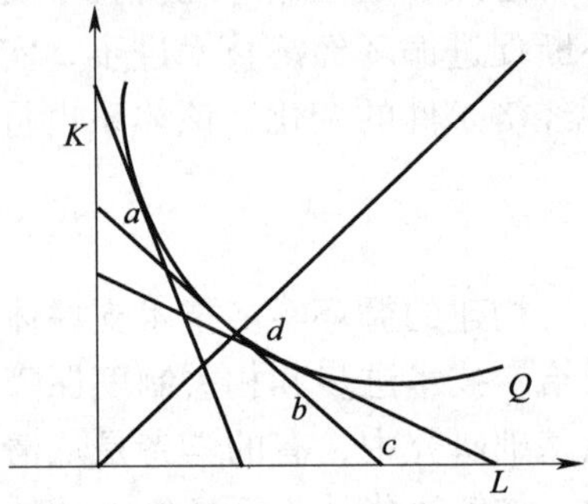

图6-1

2. 资源禀赋决定论

在世界经济发展进程中，依靠要素禀赋选择技术是一种较为普遍的规律。关于这一问题的经典理论包括赫克歇尔-俄林模型以及林毅夫等人的不同观点。他们的理论解释既有共性又有区别，共性是都坚持要素禀赋决定技术选择；区别是后者的理论尤其强调以充分竞争的市场为前提。具体来说，主要体现在以下两点。

赫克歇尔-俄林模型的理论观点强调，如果一个国家的劳动力资源丰富，那么这个国家就应该发展劳动密集型技术和产业；如果一个国家自然资源极大富足，那么这个国家就不会过多地利用高效率的替代性能源技术。内森·罗森伯格在《美国有效利用能源的技术：回顾历史与展望未来》一文中，通过对替代燃料的分析，对上述理论模型进行了较好的证明。内森·罗森伯格（1976）指出，“在1800年焦炭高炉炼铁新工艺在英国相当普遍采用的时候，而美国则直到1840年几乎所有的生铁还是通过燃烧木炭炼成的。甚至到1860年，美国使用焦炭炼制生铁的比例才有13%。”显然，美国在这一时段技术选择是滞后的。其主要原因是由于美国木材资源相对充裕而其他投入缺乏造成的。

与前者的理论相比较，国内学者林毅夫提出了只要要素禀赋结构升级，利润动机和竞争压力就会驱使企业自发地进行技术和产业结构升级，前提是具有一个能够合理反映各种生产要素相对稀缺程度的价格结构。在劳动力相对丰富的条件下，劳动力价格应该相对便宜；反之，当资本变得相对丰裕时，资本的价格就应该相对便宜。这样在完善的市场机制影响下，一个国家通常会按照比较优势来选择技术，推动产业发展。

尽管从理论的归纳与解释上看，上述理论观点存在差异，但从经济学的“投入－产出”的效果来看，它们又是一致的，即追求经济效益的最大化。在这一目标的指导下，世界各国的经济增长取得了成就的同时也带来了环境污染、生态危机等全球性问题。而作为解决上述问题的重要选择就是发展循环经济。在循环经济的实践中，传统的技术选择理论已不能与循环经济发展的需要相匹配，经济效益不是唯一关注的变量，围绕经济、社会与环境的协调发展，将成为构建循环经济技术支撑体系的核心。

六、技术体系动力机制

从循环经济实践来看，循环经济对技术流程和硬件设施等具有较大的依赖性。因此，要推进循环经济发展，就需要加快循环经济技术研发和相关公共基础设施建设。然而，由于这些循环经济技术活动或项目，建设周期长、投资效益尤其是短期投资收益很低，这使得创新主体从事循环经济技术活动动力明显不经济，并最终导致循环经济技术支撑乏力。因此，从经济学的视角，最大限度地提高创新主体的经济效益成为确保循环经济技术支撑活力的关键。循环经济技术支撑的动力包括内部和外部驱动力。其中，内部驱动力是指市场拉动力，包括个人绿色消费和政府采购等；外部驱动力是指政策激励、公众参与和监督等。

1．市场需求拉动

对循环经济技术的市场需求可以大致分为个人消费需求和政府消费需求等两部分。在个人消费需求方面，随着经济的发展和社会进步，人们追求生活质量的提高和生态环境的改善已经逐渐成为一种自发和自觉的行动。尤其是，人们普遍要求产品绿色、优质、安全，这对生产企业构成了巨大的压力。另外，旺盛的绿色市场需求也可以为企业提供获取丰厚回报的机会，从而诱发企业技术创新的内在动力，积极研发、推广和应用新技术，降低成本，提高产品质量，占领市场，获得竞争优势。在政府消费需求方面，政府部门的购买能够形成强大的市场需求，对企业和科研院所的技术创新能起到极大的需求拉动作用，从而诱发企业或者科研机构适应市场需求，推出新产品，成为科学研究转化为生产力的有效动力。

2．经济利益驱动

在市场经济条件下，企业发展循环经济的主要目标是根据成本收益核算，追求利润最大化。只有当循环经济确实能够为企业带来效益时，企业才会有足够的动力去研发和推广适应循环经济发展需要的各种新技术和项目，积极发展循环经济。然而，在技术选择方面，那些低消耗、少污染、高投入的技术和项目有时并不是企业最有利的选择。为此，就需要政府积极介入，并支持循环经济技术进步。如政府通过奖励政策、税收优惠政策、政府优先采购以及原料、废弃物的税收和收费政策等确保循环经济企业获得较高的经济收益，最终促进企业形成研发、推广循环经济技术的动力。

3. 制度安排推动

由于循环经济技术具有明显“外部性”、“准公共性”、“风险不确定性”等特征，因而单纯依靠市场价格杠杆机制难免会产生市场失灵现象。为此，要推进循环经济建设还需要充分发挥政府制度设计者和政策监督者的角色。其中，制度安排是激励技术进步的最重要手段。

（1）为循环经济技术体系建立法律制度保障，如循环经济技术创新的激励性法规、循环经济技术创新的市场规范性法规、循环经济技术创新的知识产权法规等，并通过法规的实施，为循环经济技术进步提供动力或压力。

（2）为循环经济的技术支撑制定激励性政策，如对进行清洁生产的企业提供税收方面的减免；为处于循环经济试点的单位提供技术创新补贴等倾斜性政策。通过这类激励性政策形成循环经济技术进步的又一拉动力。

（3）政府通过财政政策直接为循环经济技术创新进行投资，其中融资困难是影响企业循环经济技术创新的最大障碍。因此，政府应该通过金融创新，推出各种金融创新政策和产品，降低企业融资的成本，提高企业融资的效率，为循环经济的技术创新提供资金支持。

（4）积极扶持技术中介服务组织发展，同时运用各种媒体手段，引导公众积极参与循环经济建设，为循环经济技术进步奠定良好的社会基础。

以上几点关于循环经济技术支撑体系运作的动力机制不是彼此孤立、独自发挥作用的；相反，它们之间是相互依存、相互作用，共同推动循环经济技术进步，实现循环经济技术对资源、环境等各种压力的强力支撑。

第三节 技术支撑体系的构成

一、技术构成要素

上节从经济学视角，探讨了循环经济技术支撑体系的理论基础，主要体现在以下几个方面：

（1）成本最小化和资源禀赋比较优势理论是循环经济技术选择的立论基础。换言之，只有选择成本低、环境效益高、资源具有明显比较优势的技术才能快速地推进循环经济发展。

（2）基于环境友好技术的强外部效应，企业如果采用投入产出效益比较分析的话，很可能不愿意研发和推广此类技术，最终会影响到循环经济发展的进程。因此，为了保障技术供给，加快环境友好技术研发、推广与应用，推动循环经济发展，国家迫切需要建立循环经济技术平台。

（3）基于循环经济技术的经济外部性、技术创新不确定性以及循环经济技术成本劣势，造成循环经济技术进步存在严重的市场失灵现象，因此加强制度建设成为循环经济技术支撑体系的重要一环。

循环经济技术支撑体系取决于技术选择、技术平台和制度建设三大构成要素。

1. 技术选择

经济效益已不是唯一关注的对象，还包括环境、生态效益等评价。如何选择实现经济、社会与生态效益的“三赢”技术成为构建技术支撑体系要优先回答的问题。为此，本文结合中国经济发展的实际情况，提出了几条主要的技术选择路线，主要包括：一是以信息、生物技术为载体的共性技术选择；二是依据资源禀赋进行的相关技术选择；三是以环境修复和改善为目标的环保技术选择；四是以提高资源利用率为目标的相关技术选择。最后，为了促进循环经济技术选择顺利进行，本文还提出了加快信息、生物等新技术研发与推广；促进煤炭清洁技术和新能源技术的推广与应用；加快以提高资源利用率为目标的清洁生产技术、资源综合利用技术、产业链接技术等相关技术推广与应用；促进以环境修复和改善为目标的环保技术推广与应用等具体措施。

2. 技术平台

推进循环经济的发展就要改变单纯强调生产又有害于环境的技术，选择并推广那些对环境友好的技术。然而，这些技术具有一定的外部效应，企业或产业基于投入产出收益比较分析，通常不愿意研发和推广此类技术，这严重影响了中国循环经济发展。因此，为了增加环境友好性技术供给，加快研发、推广与应用，推动循环经济发展，国家迫切需要建立循环经济的技术平台。为此，技术平台包括：循环经济技术平台的特点、建设原则、目标体系、模式和主要动力系统以及促进循环经济技术平台建设的对策与措施。

3. 制度建设

循环经济技术也需要制度规范，没有制度保障的技术是不能顺利推进循环经济发展的。只有先进技术选择和技术创新，而没有良好的制度安排，再先进的技术也只能束之高阁。为此，进行相应的制度安排，激励和保护技术创新、传播与扩散，成为推进中国循环经济发展的重要保障。其具体安排路径包括：首先，依靠产权制度和政府规制，实现外部效应内部化；其次，加大资金支持和政府采购力度，减少技术创新的不确定性；再次，实现生态环境成本内部化，消除非环境友好性技术的比较优势等。一方面，建立循环经济技术进步的正式制度框架体系，包括技术产权激励制度、技术创新的政府干预、技术政策支持、环境政策规范等内容。另一方面，加强非正式制度建设，树立新的自然观，加快落实科学发展观，培育新的科技伦理观，积极引导生成生态友好性风俗习惯等内容，技术合作联盟、非政府环保组织与公众参与也在制度建设中增加了社会合作与监督的功能。

二、评 价 体 系

实际上，循环经济技术支撑体系的评价是参照一定理论或标准，基于对技术在循环经济中的作用或价值的评判，其功能是人们通过制定一些相关评价指标，评估技术对循环经济发展的贡献程度，通过指标的变动趋势为政府、企业和社会公众提供认识循环经济发展状况的有效信息。因此，对循环经济技术支撑水平进行评价是必不可少的环节。对循环经济技术支撑水平进行评价可以从经济、社会和环境等三个层面进行。

1. 经济评价

在循环经济发展过程中，技术支撑的最直接后果就是引起经济领域的重大变化。现结合中国循环经济推进的实际情况，提出循环经济技术支撑水平的经济评价指标。具体如图 6－2。

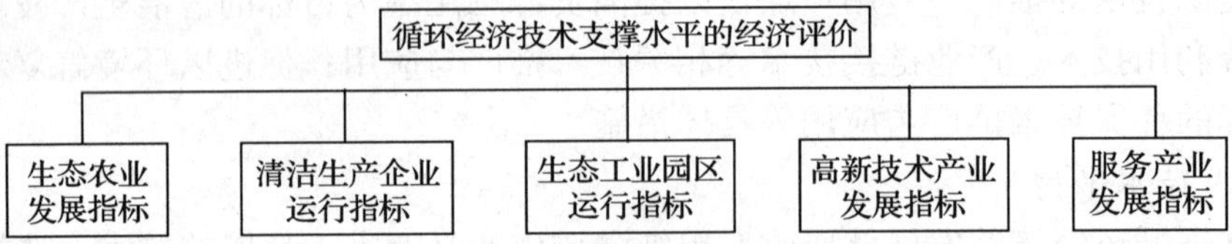

图 6－2　循环经济技术支撑水平的经济评价指标体系

（1）循环经济技术支撑下生态农业发展各项指标。生态农业实际上就是利用现代技术创造以农副产品、废弃物为主要原料的人工生态循环系统，实现农业的循环经济。因此，对农业循环经济发展状况的评价实际上就是对循环经济技术对农业支撑效果的评价。在这里，选用的指标包括：生态农业面积、单位面积化肥和有机肥之间的比重、农业垃圾无害化处理率、单位耕作面积农药使用量、农业净 GDP 增长率、生态农业占传统农业产值比重、绿色加工产业占农业产值比重。

（2）清洁生产企业运行指标。清洁生产企业运行所遵循的基本操作要求是“减量化”、“资源化”、“再利用”。因此，对清洁生产企业技术支撑水平的评价实际上就是上述三原则的实现程度。为此，对清洁生产企业所选用的指标包括：万元产值物耗、万元产值能耗、万元产值物料损耗、废弃物综合利用率、污染物达标排放率等。

（3）生态工业园区指标。生态工业园区是依据循环经济原理而设计的一种新型的工业组织形态。它通过模拟自然生态系统，建立园区内部物料和能量流动的“食物链”，形成高效的互利共生网络，最大限度提高资源利用效率，实现资源和能源消耗以及废弃物产生量的最小化。生态工业园区实际上是在园区内清洁生产企业之间进行各种副产物和废物的交换、能量和废水的梯级利用、基础设施的共享以及完善的信息交换的有机体。为此，提出生态工业园区发展的指标包括：清洁生产企业的各项指标（如前所述）、园区副产品、废品资源化率、基础设施的共享度、信息系统建设的完善度、环保投资占园区产值的比重、能源和资源梯级利用度等。

（4）高新技术产业发展的指标。循环经济是依靠先进技术推动的经济发展模式。因此，可以说，高新技术产业发展是循环经济的技术基础，是中国循环经济技术支撑水平的表征。具体来说，主要是通过以下几个指标体现出来：高新技术产业研发经费占销售额的比重、高新技术研发人员占职工总数、高新技术产业增加值占国内生产总值的比重、高新技术产业对经济增长的贡献率、高新技术商品化率、高新技术成果利用率、高新技术产业增加值年增长率等。

（5）服务业发展的指标。在循环经济系统中，服务业主要包括传统服务业和知识服务业。首先，传统服务业在一定程度和范围内主要存在于产品消费环节，易于产生大量废弃物，如包装袋和包装容器、餐饮业和医疗行业的一次性用品等。目前，在这一领域发展循环经济实际上就是发展绿色、生态服务业。因此，在评价循环经济技术支撑效果时，将上述行业中废弃物或垃圾处理率作为重要的指标。其次，知识服务业是指以知识的生产、传播和应用为载体的服务业。知识服务业发展水平将直接影响循环经济技术转化的进程。因此，认为评价循环经济技术支撑效果的一个重要方面就是知识服务业发展状况，量化到指标主要包括以下几点：科学研究与试验、教育、技术中介组织等增长率。

2. 环境评价

在循环经济发展过程中，技术支撑的第二个重点就是实现环境修复或改善。因此，环境状况变动成为判定循环经济技术支撑是否有效的关键性指标。具体来说，能够体现环境状况变动的指标如图6－3。

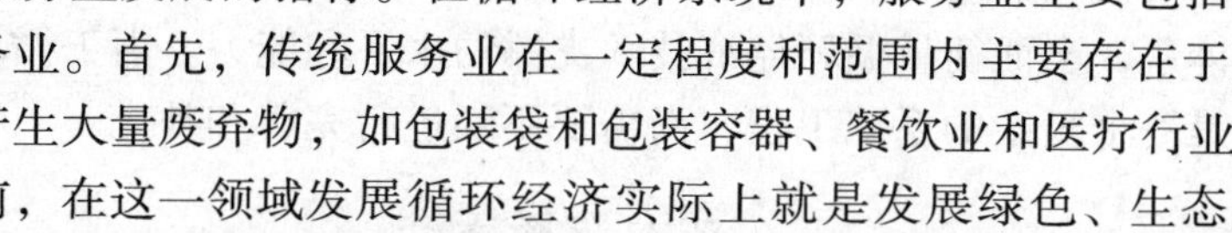

图6－3　循环经济技术支撑效果的环境评价指标体系

（1）在循环经济发展中，大气环境质量指标主要包括：废气排放下降率、空气污染指数、大气环境功能区达标率等。

（2）水环境质量指标主要包括：废水排放下降率、水环境功能区达标率、饮用水达标率。

(3) 生态环境质量指标主要包括：森林覆盖率、植被覆盖率、生物多样性指标、生态保护区面积、水土保持比率等。

通过上述指标的变动就能够清晰地反映出循环经济技术支撑生态环境压力的档次和水平。

3. 社会评价

在循环经济发展过程中，技术支撑的第三个重点就是实现社会和谐。社会和谐程度的变动情况成为判定循环经济技术支撑是否有效的关键性指标。目前人们对社会关注的重点主要是就业、平等、福利和安全等四个方面。因此，这四个方面内某些与循环经济相关的指标的变动就能够在一定程度上说明循环经济技术支撑是否有效。这些社会类发展指标包括：循环经济所带来的就业增长率、技术进步所带来的大专以上受教育人口比例的增长率、文体卫增加值比重、社会保障覆盖率、政府管理能力等指标。

总之，循环经济技术支撑水平的评价是从经济、环境和社会发展三个层面出发，围绕循环经济实践的三大目标，建立经济发展、生态环境和社会进步等相关的各项指标体系，全面衡量循环经济技术支撑的水平和能力。由于循环经济技术支撑的评价是一个复杂的系统工程，尚需要不断进行完善和补充。

三、技术选择标准

循环经济是以先进技术为关键支撑，尤其是依靠信息技术、生物技术、新能源技术或系统及经此类技术改进和升级后的资源化技术、清洁生产技术、废弃物综合利用技术等技术群，对相关产业部门的正向、侧向、反向作用，并通过资源节约、充分利用及“废弃物”循环利用，实现资源—经济—环境的“循环”转变的发展模式。其中，经济效益、资源价值和生态环境效益是循环经济发展的最终目标。显然，循环经济已经超越了片面追求经济效益的传统经济发展模式。另外，在多重目标的约束下，循环经济对传统经济背景下的技术选择标准提出了新的要求。

1. 环境成本内化

发展循环经济实际上不仅是以经济效益为目标，而且还要兼顾生态与环境、资源的价值。然而，环境资源作为一种特殊的生产要素，长期以来是被排除在经济学的视野之外。由于忽略了环境成本（或代价）的存在，使得人们的生产和消费行为缺乏环境意识和内在动力，并带来了严重的资源短缺和环境污染、生态危机等问题。因此，解决这一问题，从技术选择的角度看，就是要在技术设计、构思、创新、传播与扩散的过程中合理测算生态环境成本的大小，并将其作为重要内部因素加以考虑，即环境成本内部化。关于环境成本尚无较为一致的定义。联合国有关研究小组将环境成本界定为“管理企业活动对环境造成的影响而被要求采取的措施成本，以及因企业执行环境目标和要求所付出的其他成本”。另外，有学者提出，企业经营活动对自然环境和社会造成的经济损失的总和，包括资源消耗成本、环境维护成本和环境损失成本等。按照投入产出分析，将环境成本分为自然资源的开发和使用成本、废弃物处理造成的环境损失成本以及环境修复或生态补偿成本。进一步可以理解为，环境成本内化实际上就是技术进步过程中充分重视自然资源、生态环境价值，并以此为标准，实现技术选择向环境友好方向转变，充分体现资源、环境价值。陈墀成认为，环境价值是指基于技术特定的生态功能而蕴藏着丰富的可利用价值。

2. 资源高效利用

与过去人类社会主要采取大规模开发、生产、消费和废弃等粗放型资源利用方式相比较，循环经济强调通过资源的循环使用，实现资源利用效率优化，废弃物排放最小。其过程主要体现为：一是在生产和生活的全过程中追求资源的节约和有效利用；二是对生产和消费产生的废弃物进行综合利用；三是对不能利用废弃物进行无害化处理。然而，要保证这一过程的真正实现，就必须依靠资源生产率的不断提高，而生产率的提高又必须依靠技术的不断进步。因此，发展循环经济对资源方面的技术选择便提出了以下三个方面需求：一是开发新的开采技术、勘探技术等能够使资源的种类和数量大大增加；二是通过工艺、设备、生产过程、产品等技术创新或技术改造，提高资源综合利用率以及实现产品的多次和反复使用，减少资源的浪费；三是通过研发新的替代技术能够使一些不可再生的资源或有毒、有害的原材料实现资源替代，实现资源的永续利用。

3. 协调发展多赢

在经济发展过程中，关于选择技术的评价标准有很多，不管是成本最小还是充分发挥资源优势，其最终的目标都是实现经济效益的最大化。毫无疑问，这种技术选择的确促进了经济的增长，但同时也加速了资源的消耗，造成生态环境的破坏，形成经济发展的资源、环境瓶颈，阻碍了经济可持续发展的实现。为此，作为可持续发展重要选择方式的循环经济，必须对以前经济发展的技术选择进行反思，通过对传统物质流程中废弃物的再资源化利用，减少环境污染，同时在生产过程中要依靠先进技术不断提高资源综合利用率，延伸产业或产品链，达到提高产品质量的目的，最终实现资源、环境和经济效益协调发展的“三赢”局面。

四、技术选择类型

第二产业发展循环经济所追求的经济和环境多重目标主要依靠清洁、节约和替代性技术的支撑，先进的技术支撑体系是实现循环经济的根本保证，是提高整个循环经济竞争能力的关键。就循环经济的技术选择而言，根据环境成本内化、成本最小化和资源禀赋决定的理论，应以先进适用的环境友好技术为支撑，依靠这些技术的传播、渗透与推广，提高资源利用率，最终实现经济发展与环境改善和修复。其中包括清洁化技术、低污染技术、替代性技术、减量化技术、再利用技术、再制造技术和系统化技术等几种类型。

1. 清洁化技术

清洁化技术即清洁生产技术，该技术主要目的在于产生污染较少或零污染，该技术不仅实现生产过程的废弃物排放最小化，而且其产品在使用和报废处理过程中不会对环境造成损害。清洁生产技术包括清洁的生产和清洁的产品两方面，即不仅要实现生产过程的无污染或少污染，而且生产出来的产品在使用和报废处理过程中也不会对环境造成损害。在中国，针对煤炭资源消费所引发的环境问题，需要对煤炭资源利用技术进行改造和升级，积极发展洁净煤技术十分重要。首先合理地开发和利用煤炭资源，积极开展洗煤技术，推广水煤浆技术，加大煤的汽化等技术研究，搞好煤炭燃烧产生的烟气综合治理和烟气脱硫技术；其次，采用煤炭液化、循环硫化床、煤气化联合循环发电、增压硫化床联合循环发电等技术，不断提高煤炭资源的利用率，缓解生态环境压力。洁净煤技术（Clean Coal Technology）是为了解决加拿大与美国边界酸雨问题，于20世纪80年代初提出的。该技术针对煤炭从开发到利用，是减少污染排放与提高利用效率的加工、燃烧、转化与污染控制的新技术。

2. 低污染技术

低污染技术即污染防止技术，该技术用来消除污染物质，通过设置废弃物净化装置来实现有毒有害废弃物的净化处理。其特点是不改变既有生产系统或工艺程序，而在生产过程的末端通过净化废弃物实现的污染控制。污染治理技术主要包括汽车尾气控制和煤烟脱硫等大气污染防治技术、水污染防治技术、填埋和焚烧等固体废弃物处理技术、噪声污染防治技术、环境污染综合防治技术等。

3. 替代性技术

通过开发和使用新能源、新材料、新产品、新工艺，替代原来所用资源、材料、产品和工艺，以提高资源利用效率、减轻生产和消费过程对环境的压力的技术。具体的应用有太阳能、地热、风能等开发利用技术，同时应将有毒有害原料替代技术、稀缺资源替代研发应用作为重点。如将煤气制成合成气替代石油的煤基液体燃料生产技术，可以缓解中国面临的石油、天然气资源供给日趋紧张的局面；由合成生产汽油、柴油或利用先进工艺大批量生产甲醇或二甲醚等清洁燃料分别代替汽油、柴油。替代技术一般适用于新增加的项目或新进入的企业，并需要充足的资金保障与支持。其中新能源技术的开发对经济发展具有重大意义，主要技术选择的范围包括：一是在太阳能利用方面，重点选择光热利用与建筑节能相结合技术；提高光电技术中太阳能电池转换率的技术；建立太阳能发电站等。二是在风能开发方面，重点选择大容量、可靠性、智能性的风电机组等。三是在小水电开发方面，重点选择小水电数据库技术和微型水电技术。四是在生物质能领域，重点选择沼气技术、生物质热裂解气化、生物质液体燃料等主要技术。五是在地热利用方面，重点选择全流发电和干热岩体发电技术等。

4．减量化技术

选用较少的物质和能源消耗的工艺流程来达到既定生产目的，在源头节约资源和减少污染的技术。核心目标是达到资源的高效利用和循环利用，通过降低物质能源消耗，降低废物产生和处置费用的途径，提高资源生产率，形成低排放、高产出的高效率特征，实现资源消耗和环境成本的小量投入，经济效益和环境效益的大产出。具体的应用涉及源头分流技术、源头控制技术、原料配比优化技术、生产流程精细控制技术等。如开展高效节能、低污染新型天然气锅炉系统的研发与产业化技术，采用催化燃烧和蓄热换热结合的燃烧方式，有效降低氮氧化物生成；采用烟气冷凝余热利用与锅炉本体一体化结构，实现低阻力、高余热利用。

5．再利用技术

延长原料或产品的使用周期，通过多次反复使用，促进物质再利用，减少资源消耗的技术，具体的应用包括废水再利用技术、废料再利用技术、废气再利用技术、延长产业链技术等。如进行热电厂的循环水余热资源再利用技术研究与示范，通过专用热泵机组、系统优化集成和输配系统等研究，实现节水、节煤和减少污染排放。

6．再制造技术

再制造技术又称资源化技术，它是将生产或消费过程中产生的废弃物再次变成有用的资源或产品的技术。具体包括：固体废物资源化技术、液体废物资源化技术、气体废物资源化技术、放射性废物资源化技术。其中，废旧机电装备再制造技术，就是以先进的技术和产业化生产手段修复或改造废旧机电设备，以便恢复或提高设备原有性能，延长设备使用寿命。中国每年因磨损、腐蚀、报废而停产的设备损失高达数千亿元，而且对资源和环境造成了巨大的压力，所以研发废旧设备的再制造技术，并鼓励再制造产业的发展将是中国解决设备大国难题的必然之举。再制造技术的绿色贡献主要在于避免了工业废弃物回炉时对环境造成的二次污染，减少了零部件后续制造过程的能源消耗和对环境的危害，同时也减少了报废设备在直接堆放过程中对环境造成的固体废弃物污染。此外，注重废旧产品先进高效拆解与回收利用技术的研发，包括研究开发废旧零部件的物流信息化管理及远程控制技术，建立相应的数据库，研究废旧产品的高效拆解技术，提高废旧零部件的回收利用率，从而提高再制造企业的规模化和自动化水平，增强企业竞争力。

7．系统化技术

从系统工程的角度考虑，通过构建合理的产品组合、产业组合、技术组合，实现物料、能量、资金、技术的优化使用的技术，例如多产品联产和产业链接技术。对于多产品联产技术而言，主要通过多种产品的联合生产提高资源利用效率，对生产过程中消耗的原材料和能源进行科学的分配来生产不同产品，或者对资源进行深加工，对副产品进行充分开发利用，都可实现多产品联产。对于产业链接技术而言，将不同的产业、行业耦合在一起共同生产来提高资源利用效率。该技术主要用于生态工业园区的建设。在园区内，核心企业或关键产业将上游企业的生产废弃物转变为下游企业的原料和能源，实现节约资源，减少污染排放等目标。依据企业之间或不同产业之间的“食物链”关系所形成的产业链接技术是一种合适的选择，它不仅能够使得生产过程中产生的废弃物和副产品成为企业之间或不同产业之间的生产原料循环使用，而且还能减少污染排放和提高经济效益。如丹麦的卡伦堡工业园区在过去20多年的时间所有循环经济项目的投资总额为7500万美元，平均年利润超过1500万美元，总利润达16000万美元。同时，通过合作，工业园区还解决了发展所带来的环境污染等问题，空气、水和土壤的污染物排放量减少。另外，工业园区每年还可以自行处理大量的污水、废弃物，节省地下水190万 m^3、湖泊水100万 m^3、石油2万t、天然石膏20万t。产业链接技术获得成就的原因在于：一是园区内的发电厂、炼油厂、制药厂、石膏板生产厂等不同企业联结起来，形成了共享资源和互换副产品的产业共生组织，这使得上游企业的废气、废热、废水、废物成为下游企业的原料和能源。二是园区通过贸易方式实现生产废弃物的流通与交换。最终，园区形成了经济发展与环境保护的良性循环。可见，产业链接在循环经济产业层面（或企业之间）建设中发挥了重要的桥梁和纽带作用。中国在生态工业园区循环经济建设中，应该以链接技术为纽带，依据企业之间或不同产业之间的“食物链”关系，将生产和消费过程中产生的废弃物和副产品变成企业之间或产业间循环使用的资源，实现污染物的最小排放。具体应用于供热—电力联产技术、污水处理—循环热泵联产技术、电力—水泥产业共生技术等。如煤化工产业的共生模式，利用熔融还原冶炼钢铁的新工艺，既可以缓解中国钢铁工业快速增长对焦炭需求日趋紧张的局势，也可避免炼焦企业由于重重环保限制所面临的尴尬境地，而且还有利于促进中国企业向流程短、成本低、污染小、铁水质量优的非焦煤型炼铁企业的过渡与转型。总之，某一个行业生产过程的产品或废弃物，可能正好是另一个行业生产过程所需的原料，在空间上将具有耦合效应的产业配置在一起，可大幅度地提高生产效率，减少废弃物的生成以及不必要的资源消耗。

五、概括分类

以上七种技术类型在工业生产中又可分为基础资源技术、通用技术和行业专有技术三部分。

（1）基础资源技术，是指国民生产中必须的基础性的基本物质和能量利用技术，包括金属元素铁、铜、铝、铅研发循环利用，非金属元素磷、硫、氯、砷研发循环利用，能量循环利用的载体元素氢、碳等可能循环利用技术。

（2）通用技术，是指各行业普遍应用的技术，包括低物耗能耗煤基液体燃料生产技术、低能耗回用水固化除盐技术、汽电联产技术、余热余压综合利用技术、工业“三废”再生处理技术、热泵太阳能等清洁能源技术、空冷技术与冰冷系统联用的高效热交换系统。

（3）行业专有技术是指不同行业生产专门产品而采用的各自专用的行业技术。例如：电子信息行业中的关键半导体材料及核心零部件的原创性开发技术以及废电池、废印刷电路板、废芯片等回收贵金属技术，冶金行业中的熔融还原冶铁新工艺与钢铁—煤化工产业共生技术，汽车行业中的关键材料及核心零部件的原创性开发技术、报废汽车资源化预处理技术、大型轮胎翻新技术，机电行业中的关键材料及核心零部件的原创性开发技术、废旧机电装备再制造技术等；石化行业中的可降解塑料开发技术、干气中碳五回收制石油树脂技术；生物医药行业中以膜分离技术为基础的多效浓缩技术、中药废渣处理技术、稀有动植物原料的替代；建筑行业中的新型建筑节能设计技术、新型建材应用技术等。

此外，还应重点加强对节能技术、节水技术、链接技术、新材料技术、生态技术等共性技术的研究开发，加强循环经济综合技术示范，加强和鼓励企业技术创新，促进技术进步和科技成果推广转化与应用，建立循环经济的技术支撑体系。

总之，在第二产业的循环经济技术支撑体系中，应根据情况合理选择适用技术类型，以发展高新技术为基础，以开发链接技术为核心，注重技术类型交互组合、互为补充的特点，通过构建循环经济的生态工业园区，形成企业间的食物链，形成产业关联共生循环经济技术体系。

第四节　技术支撑体系的战略

循环经济技术支撑体系的战略选择，主要选择成本低、环境效益高、资源具有明显比较优势的技术，考虑到循环经济技术的经济外部性、技术创新不确定性以及循环经济技术成本劣势等问题，注重企业投入产出的效益，建立循环经济技术转让、交易和共享平台，加快环境友好技术研发、推广与传播。

一、战 略 目 标

从中外循环经济发展的经验看，循环经济的技术体系的建设主要依靠三个方面的支撑：① 大型企业是技术研发实践的主体；② 国家制定的法规是技术进步的保证；③ 教育研究机构是推动技术开发的力量。

在市场经济的框架下，企业虽然是技术创新主体，但政府可通过科学制定各项经济科技政策规划，来调控科技资源的合理配置；通过建立科技运行机制来促进科技政策规划的实施；通过加强科技立法与执法来保障科技政策规划与科技运行机制的实施；通过完善科技教育与服务机制培养人才，从而建立以政府、企业和社会科研机构等为主体，以广大公众和其他社会组织为主要辅助力量的产学研的技术创新体系，形成完善的技术支撑体系。因此，建立循环经济技术支撑体系的最终目标是以科学发展观为指导，根据国家发展循环经济的总体规划，尽早实现以清洁生产促进为基础，再生资源产业化为重点，以工业园区为主要载体，初步建立工业循环经济的发展模式，促进形成循环型社会。循环经济技术支撑体系的目标就是加快循环经济技术进步，推动经济增长方式转变和产业结构调整，实现中国经济、社会和生态环境的协调发展。

二、战 略 实 施

中国现有的经济增长方式带来了资源浪费、环境恶化和生态危机等严重问题。造成这些问题的主要原因是现阶段的经济增长方式只注重提高经济要素的生产效率，而忽视生态效率和资源价值。为此，实现经济、社会、环境效益协调发展成为一种必然趋势。在构建循环经济技术支撑体系中，其具体战略实施如下。

1. 加强绿色创新

循环经济的发展始终伴随着各种支撑技术的创新的足迹，在原料、工艺、设备及产品等方面不断要产生新的绿色技术来促进循环经济的发展。弗里曼的技术创新分类法按照对经济系统影响的大小将技术创新分为四类：即渐进的（或称增量的）创新、根本性创新、“技术体系”的变革和“技术范式”（Technology Paradigm Shifting）的变革。“技术范式”的变革是对整个经济系统产生影响和渗透效应最为巨大的技术创新。而绿色技术创新理论是对传统技术创新理论的一种全新革命。它要求在技术创新过程中全面引入生态学思想，考虑技术对环境、生态的影响和作用，既保证技术的创新性和实用性，又要确保环境清洁和生态平衡；在实现商业价值的同时，又创造着生态价值，从而引导技术创新朝着有利于资源、环境保护及其与经济、社会、环境系统之间的良性循环的方向协调发展。例如，联想研发“绿色”办公电脑是“绿色创新”的代表，它采用先进的节能控制芯片，使得电脑在休眠状态下主机功率不超过4W，远低于10W的国家标准，所采用的vPro技术，实现整机能耗降低。如全国使用中的电脑都达到这样的节能标准，全年将节电近20亿度。中国每年800亿元的政府能耗中，50%来自IT产品，2007年IT产品的总耗电量在300亿~500亿度之间，几乎相当于三峡电站一年的发电量，其中数据中心的能耗就占IT总能耗的40%，中国发展绿色数据中心也就成为IT产业的“绿色创新”内容。2007年，联想取代诺基亚被国际绿色和平组织评为全球“最绿色电子企业”，面对中国成堆的电子废弃物，联想凭借“绿色创新”，为中国赢得了世界的尊重。“绿色创新”是在经济和环境协调发展的基础上的创新活动，以持续发展作为价值衡量标准，以生态保护为中心，在企业生产系统中引入生态观念，从而最大限度地化解现代科技与环境资源之间的矛盾。绿色创新归属于由环境友好技术应用所形成的技术支撑体系之中，有的技术是渐进的创新，有的技术是根本性的创新。绿色科技创新以环境无害化技术和环境友善技术为支撑，是发展循环经济的主要依托，对现行经济系统作用巨大，它改变了经济增长方式，由原有的“资源投入—生产消费—废物排放”的线性经济增长模式转型为“资源投入—生产消费—资源再生”的循环经济增长模式，以实现经济的质量型增长和环境保护的双赢。技术范式的变革是一系列新的思维模式和方法体系的变革，它通过技术主体的积极行为在新产品、新工艺、新的消费观念等方面来体现。从本质上来说，循环经济发展就是一次技术范式的变革。

2. 完善技术体系

鉴于中国经济发展的实际情况和发展循环经济的战略目标，要解决各行业循环经济发展中的关键技术难题，应选择具有标志性和广泛推广前景的先进适用技术，在重点企业示范应用，做到先在点上突破；在技术应用成熟，取得明显经济和环境效益后，再到相关行业企业推广应用。其一，重点发展环境友善技术，该技术具有污染排放量少、合理利用资源和能量以及更多地回收利用废物和产品的特征，并以不损害环境质量的方式处置最终废弃物。其二，大力发展生态无害化技术是实现循环经济技术模式变革的重要举措。

在微观方面，要求企业将生产链条从生产产品延伸到废旧产品回收处理和再生，将生产过程中产生的废弃物进行回收利用和无害化处理。

在宏观方面，要求整个社会技术体系实现网络化，使资源可以通过网络信息传播的便利实现跨产业循环利用并综合对废弃物进行产业化无害处理。

无害化技术往往对社会和环境有明显的效益，但对企业的直接经济效益不明显，容易导致企业对无害化技术积极性不高，应该通过相关制度鼓励推广生态无害化技术的企业积极性。同时，企业应该自觉将相应的技术和管理措施应用到生产经营的各个环节，采用生态无害化循环经济思想进行产品设计，并用严格的标准进行衡量，充分考虑物质的循环再利用和资源的综合利用，使企业效益的增长更多地来源于节约资源、减低消耗，从而实现源头治理的目标。例如，当机器设备出现故障不能使用时，只需要更换部分的零件，而不必整机报废。这种科学的管理方式可以使企业生产成本降低，进而消费者减少支出，社会减少能源消耗。又如，采用无害或低害的绿色新工艺、新技术倡导清洁生产，尽可能在生产过程中消除污染物的排放。将清洁生产和废弃物综合利用有机结合起来，使废弃物资源化、减量化和无害化，降低原材料和能源的消耗，实现少投入、高产出、低污染，把有害环境的废弃物减少到最低限度。企业还可以定期淘汰高耗能的落后的技术和产品，以减少能源的消耗，提高科技进步对经济增长的贡献率，改变以往主要依靠物质和劳动投入的状况。此外，循环经济技术体系还需要环境质量监测技术、排放监测技术及信息传递技术的支撑，它们同环境友善技术和生态无害化技术一起构成了循环经济技术体系，其应用与发展必然会导致整个社会生产方式的变革。

3. 促进系统协调

循环经济的经济模式及其技术体系涉及领域广泛，内涵丰富，需要跨行业跨区域以及多专业多部门的整合与协调。目前中国循环经济发展基本具备多部门、跨行业、相关企业、上下游产业以及跨区域合作的基础。但是因牵涉部门多、行业多，各方都需要保障本方利益，所以在考虑市场主导的情况下，政府主管部门应积极发挥协调作用。针对循环经济的重大技术开发项目的研发转化工作必须依靠政府部门的力量。政府部门在进行充分的调查研究基础上，以循环经济发展战略总目标为指导，合理规划技术支撑体系工作。其中一个重要的任务是从中国循环经济纷繁复杂的技术需求中，提炼出具有重大影响的关键技术问题。由中央政府或地方政府组织相关的产业部门、科研部门，进行多学科、多领域的综合研发。依靠政府的力量组织解决重大技术问题是具有显著优势的，在循环经济技术支撑体系发展中，适当采用这种模式会取得明显技术突破。面对一般性的循环经济技术工作，政府各主管部门应保持思想一致，以循环经济的实现为共同目标，以保证形成关键技术为任务，在新技术的研发、示范、改进及推广应用方面，顾全大局、互相配合、各尽其责，围绕重点项目，出台政策、法规、标准体系等，切实为循环经济技术支撑体系发展发挥整合助推作用，共同促进循环经济的发展。创建企业和研发机构之间的协作模式，全社会或全行业范围内的循环经济科技资源充分共享，是单个企业或研究机构的科技资源无法相比的。建立以企业、教学、科研机构共同参与的技术协作体系，形成产学研相结合的研发形式，加快技术的产业化步伐。常用有效的模式是可以建设工业循环经济科技交流支撑平台，提供循环经济科技成果信息和市场需求，提供技术咨询服务，促进相关科技信息的整合与转化；充分协调产、学、研优势资源，保证重点、难点循环经济技术项目的攻关并实现产业化；以点带面，形成重点示范、区域推广、行业普及的推广应用效果，循环经济在全社会形成规模，最终建立以企业为主体、市场为导向的工业循环经济技术研发应用体系，根据市场需求相关产业广泛参与开展产业链延伸、产品线拓宽，参与工业园区循环或者行业上下游循环系统，促进市场与技术的快速结合，从而促进工业循环经济发展。

4. 建立产业集群

产业集群的形成适合于循环经济的发展，对于技术支撑体系的发展也提供了良好的环境基础。产业集群是指在特定区域中，具有竞争与合作关系，且在地理上集中，有交互关联性的企业、专业化供应商、服务供应商、金融机构、相关产业的厂商及其他相关机构等组成的群体。不同产业集群的纵深程度和复杂性相异。代表着介于市场和等级制之间的一种新的空间经济组织形式。利用产业集群的相关理论来指导循环经济发展是一种合理的思路，在现有的产业集群发展循环经济，亦可以在循环经济发展中采取产业集群模式。产业集群在资源节约方面效果明显，由于产业集群处于特定地理范围，采用集中的规划实现了土地资源、道路等城市和工业基础设施、交通、信息等资源的集约利用从而极大地减少企业对资源的需求。应充分利用城市规划是城市空间资源分配的重要技术手段的特点，对大型基础设施进行合理安排，实现资源的有效和优化配置，促进形成产业集群。建立产业集群有利于形成循环经济技术支撑平台，易于循环经济的技术交流合作，由于行业的相似性具有合作的基础，可以形成多项利于技术支撑体系发展的有利条件，例如上下游间的技术标准统一、原料与产品技术组合、产业关联共生连接技术、装备水平统一配套、企业与科研联合、技术升级速度加快、技术服务机构稳定等。产业的集中带来技术支持的集中，从而大大降低技术交流合作的成本，在技术的创新和应用上形成高速发展。产业集群内具有绝对优势去发展产业链长、附加值高、经济带动性强的工业项目，使得系统工程技术具备全面投入的条件，避免了综合的系统性技术被肢解应用、难以充分发挥技术支撑效益的尴尬局面。

产业集群内同类企业相对集中，具备大规模应用行业循环经济特种技术，将集群中相似企业按技术特征集中管理，所产生的特种废弃物也是统一回收，由专门的企业生产再生产品达到重复使用，通过集中生产、集中管理、集中处理达到优势技术集中。这样既为企业节省了生产和处理成本，又为行业和环保部门的集中管理提供了方便。并且对于废弃物集中处理，企业和科研机构联合研究，不断改进有关的特种废弃物处理工艺，统一处理标准和水平，提高资源的利用率创造了条件。再者，技术的大规模应用可以实现整体的规模效益，降低处理废弃物的成本。例如，北京环卫集团联合清华大学和其他企业，正在开发适合我国生物质废物特性、具有自主知识产权的高固体厌氧消化工艺及成套设备，以及沼气提纯及高值利用系统研究和沼液资源化利用技术研究，并将建设国内第一个针对生物质废物无害化处理、资源化利用的示范工程，构建以填埋、焚烧、堆肥、高固体厌氧消化四大技术为主的资源循环型城市生活垃圾处理处置系统模式。总之，在产业集群内发展循环经济将使技术支撑体系成为一个相对独立强化的技术领域，在这一独特领域内可以使循环经济技术最大限度地发挥支撑作用。

5. 借鉴先进经验

循环经济发展较好的国家很注重循环经济的制度、政策和技术创新，积极创建循环经济技术体系，形成推动发展循环经济的环境。如美国、欧盟和日本等国已经基本实现了“资源投入—生产消费—资源再生”的闭环式循环过程，形成节约型社会。因此，发展循环经济有必要结合中国实际吸收借鉴国外优秀经验，积极参与并组织国际学术经验交流活动，针对成熟的技术和模式组织专门的学习和考察，对急需的技术、设备和人才进行引进，开展多种形式的国际合作，带动中国循环经济事业的发展，促进科学技术的进步。此外，国际学术界为了应对环境难题，已经跨越学科壁垒，耶鲁大学的管理学院和森林与环境研究学院共同成立企业与环境研究中心，让教授、学生跨越专业领域，接触科学和工商不同专业。发达国家建立循环经济技术体系的经验主要有以下几点：

（1）完善法规政策。这有助于促进循环经济的技术进步。发达国家主要依法推动循环经济及其技术的发展，通过法律和行政手段，推动循环经济的发展，并借此促使循环经济技术的协调发展。从20世纪90年代至今，美国、欧盟和日本等走在循环经济前列的国家和地区陆续制定了各种循环经济及其技术领域的相关法律、法规、政策，并制定一系列强制性的技术标准。企业依法生产，推出适用技术，政府制定与经济有关的环保政策，通过调整税收，引导市场走向，吸引企业参与循环经济，繁荣绿色技术市场。例如，德国鼓励太阳能、风能等新能源利用，故对使用汽油、电能等进行生产的企业征收生态税，大大促进了太阳能、风能利用技术全面发展。

（2）企业创新实践。日本鼓励企业创新，民间企业主要承担了绿色技术研发的经费。在欧盟，企业也在绿色技术创新中占据主角地位，企业的绿色技术创新投入占欧盟总环保投入的五成以上，并能根据不断更新的政策、法令转变自身研究发展方向，以适应新的潮流。在美国，则更倾向于企业间的合作，企业是美国绿色技术 R&D 活动的主要执行者和创新投入的主要来源。绿色技术创新系统中最重要的知识流动之一就是企业间的技术合作以及非正式的相互影响。通过技术合作，企业能获得技术资源，取得规模效益，发挥协调作用。在中国，有些企业开始利用发达国家的技术优势，结合自身的市场优势，吸收世界循环经济技术先进国家的生产技术，将生产环节外包给生产技术水准更高的国家，而致力于设计、销售、服务等利润更高的环节，成为真正的循环经济技术创新主体。例如，上海赛敏公司在大多数中国企业还陷于 OEM 的低利润困局时，就引进德国的环保工艺理念，采取反 OEM 的模式，根据国内工业需求，自主研发、设计了一种含有特定稳定剂的飘洁环保有机复合溶剂（PURGING，简称飘洁清洗剂）。[注] 在全球严重缺水的今天，工业发展造成了大量水资源的浪费与环境的污染，使用传

注：上海赛敏公司2001年建立于上海、深圳、德国。公司主要从事金属、电子表面清洗处理加工业的环保、节能、减排应用工程，公司注重环保清洗设备与清洗溶剂的品质及应用的兼容，同时也着重水节能、无污染零排放的应用组合设计，公司引进并研究开发先进的环保洗净技术和水节能无污染零排放应用设备，公司的应用工程技术部为用户设计规划环保清洗设备、环保清洗剂、节能型水处理设备、实施设计应用专业化、国际化，为产品的高品质和可靠性赢得最大的保证。公司通过设立在中国的华北地区、华东地区、华南地区的服务中心以及销售代理向全国各地的客户提供服务，主要承接清洗设备、水节能处理设备，环保清洗剂应用工程的设计与策划。其研制的飘洁清洗剂的清洗力强度达到 KBV130，与平流层的臭氧损耗无关（ODP = 0），不产生温室效应和酸雨。在密闭式超声波设备中正确使用的 OEL 标准为 50 ~ 100PPM，常温下不燃、无闪点、不爆炸，对人体健康不产生危害，并且可通过加热清洗和蒸馏程序回收循环再利用。

统溶剂清洗又怕破坏环境并危害工人健康，用碳氢溶剂替代氟利昂则对火险防范的要求也较高，这种清洗剂配合密闭式超声波设备可以兼顾环境效益和节能效益，它适用于金属五金加工业、制冷业、汽车零件加工业、电子业以及电镀行业的金属部件在超声波设备中加热、蒸馏、循环除油清洗，实现了金属清洗业环保、高效、安全、节能（参见图6－4）。同时，赛敏公司将生产环节外包给生产技术水准更高的德国的生产企业，从而保证了产品的高品质，提升了产品的竞争力，取得了企业的成功，是典型“中国设计、国外制造”的商业新模式。

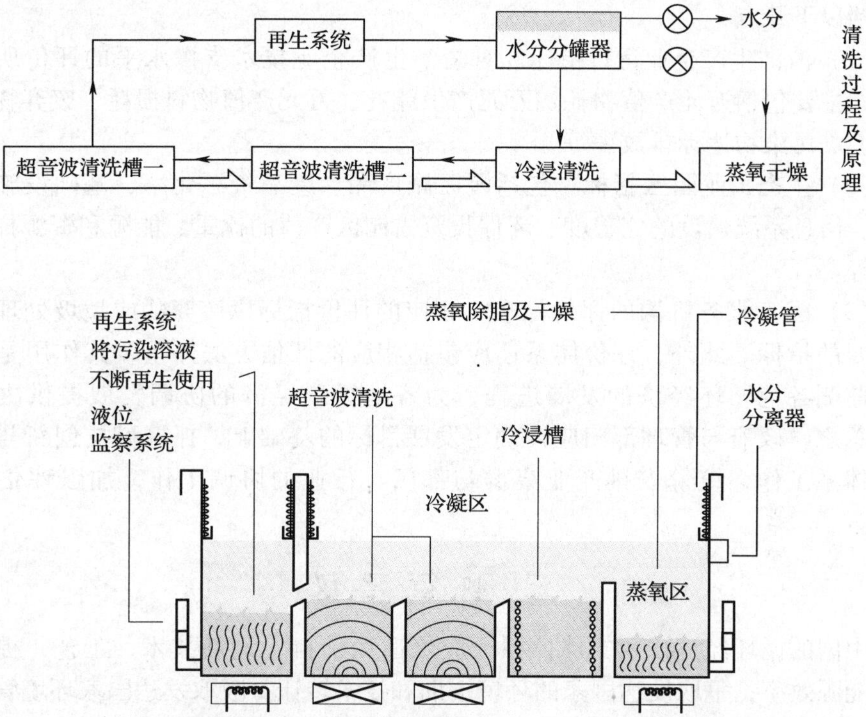

图6－4　新型复合溶剂的清洗工艺

（3）公众社团发挥重要作用。发达国家在循环经济的建设过程中，半官方、行业、社区、民间监督等社会团体扮演着十分活跃的角色，他们是推动循环经济技术发展不可忽视的重要力量。这些社会团体有的自发组建非营利性组织负责废物回收，有的通过对各级政府的影响力来协助立法，有的自愿制定一些行业标准并举办各类培训研讨会，向社会公众提供技术支持，宣传循环经济的知识和技术，有的建立循环经济数据库给社会提供各类循环经济的信息。中国学术界、企业界也借鉴相关经验，成立了相关为循环经济提供咨询、服务和培训的机构。2007 年，北京工业大学组织召开“北京可持续发展与循环经济学术讨论会”，会后部分专家共同发起成立了国际生态发展联盟（EDUI），上海工商联成立了环保产业商会，北京市可持续发展科技促进中心成立了循环经济科技创新联盟，中国产学研合作促进会成立了循环经济分会，12 家企业联合成立了中国轻量化技术创新战略联盟，都极大发挥了社会各界参与循环经济的积极性。

6. 完善评价体系

研究建立适合中国实际情况的循环经济技术评价体系，是发展循环经济的重要环节。考虑到中国循环经济推进的实际情况，循环经济技术支撑的评价指标体系包括以下几点：

（1）清洁生产企业运行指标。对清洁生产企业技术支撑水平的评价所选用的指标主要包括万元产值物耗、万元产值能耗、万元产值物料损耗、废弃物综合利用率、污染物达标排放率等。

（2）生态工业园区指标。包括园区副产品、废品资源化率、基础设施的共享度、信息系统建设的完善度、环保投资占园区产值的比重、能源和资源梯级利用度等。

（3）配套服务机构的评价标准。相应的评价指标以废弃物或垃圾处理率作为重要的指标。此外，评价体系还应包括相应的评估方法体系，其作用是可以实时监测各地循环经济的发展进程，为各地循环经济的协调发展提供决策参考。总之，政府与管理部门应在确定发展目标的基础上，抓好科技创新与完善技术体系工作，统筹安排产业集群与部门、行业的协调工作，加强评估体系建设。

三、政策建议

中国的循环经济技术支撑体系，应该适用于自主创新技术、工艺，提高资源、能源效率，争取发达国家的环境援助和技术转让，吸取发达国家环境管理的有益经验，广泛地开展环境领域的国际合作。加强同广大发展中国家的紧密磋商与合作，争取更加宽泛的合理发展空间，其主要政策建议如下。

1. 制订规划

中国“十一五”科技发展规划中明确提出在能源开发、节能技术和清洁能源技术方面取得重大突破，促进能源结构优化，主要工业产品单位能耗指标达到或接近世界先进水平，同时在重点行业和重点城市建设循环经济的技术发展模式，为建设资源节约型和环境友好型社会提供科技支持。为此，国家在能源、水资源、农业、制造业等方面制定了一系列的相应的科技政策措施。在能源方面，由于供需矛盾尖锐、结构不合理，所以科技政策以节约能源、降低能耗为本，需要攻克主要节能领域的节能关键技术、开发清洁能源技术、发展建筑节能技术、实现可再生能源技术突破。以自主创新的为主，同时注意对先进能源装备技术的引进、消化、吸收和再创新。

循环经济技术支撑体系发展应配合国家发展循环经济、建设节约型社会的战略选择，结合各地区经济社会发展总体规划，结合各行业经济技术发展战略，建立适合本地区、本行业循环经济发展需要的科技支撑体系，以科学技术为切入点，引导、推进和支撑循环经济的发展。以实际科技需求为导向，把企业作为循环经济技术创新与发展的主体，重点关注生产与消费两个环节，形成企业、园区、社会三个层面同步均衡发展的技术体系。进行全过程目标管理，综合利用技术开发、技术集成应用、科技示范等方式组织实施。充分整合相关资源，依靠科技创新、技术产业化、建设区域和行业技术发展模式，实现资源的高效循环利用，促进新型工业化进程，为建设资源节约型和环境友好型社会提供科技支持，改善生态环境。在发展规划中，强化政府服务职能，为绿色技术创造一个宽松适宜的制度环境。政府既是创新活动规则的制订者，又是创新活动的直接参与者。政府应及时制定扶持绿色技术的产业政策，制定支持绿色技术创新的政府采购政策，制定鼓励绿色技术创新的绿色投融资政策，完善绿色技术投入的鼓励政策；加强对知识产权等各项法规政策执法监督，建立绿色技术标准、绿色技术设计的管理体系。

2. 完善机制

（1）增加科技资金投入。国家应加大对循环经济科技的投入，改革科技创新体制，健全风险投资机制。依托大中型企业建立绿色技术中心，使大部分绿色技术创新活动直接进入企业，形成绿色技术创新与生产一体化，同时建立灵活、便利、高效的直接融资体制，大力培育绿色技术资本市场，大力引进国外风险资本、发展共同基金和积聚国内民间闲散资金，引进和培育优秀的机构投资者、职业金融家和风险资本营运家，规范风险资本运作。如设立循环经济技术专项研发基金，鼓励企业和科研机构从事循环经济科技创新；设立循环经济技术企业发展基金，鼓励企业引进专门人才。

（2）完善科技法规体系。应尽力完善与循环经济科技相关的法律、法规体系，以保障循环经济科技成果不受侵犯，为循环经济科技成果建立确定的产权，完善知识产权法，同时激励企业、科研机构以及个人的循环经济科技活动。与循环经济技术发展关系密切的主要有：研究开发方面的政策法规；科技成果的政策法规；技术市场的管理与技术贸易的政策法规；环境保护的政策法规；科学技术奖励的政策法规；高技术和高技术产业的政策法规；科技交流与合作的政策法规，通过法规的效力，规范科技创新和应用的行为，保障循环经济创新各主体的利益和成果。

（3）构建科技合作平台。应集中循环经济方面的科技、人才资源优势，推进技术成果的产业化进程，推动企业自主创新能力的提高，促进各行业的持续健康发展。以现有科技平台为依托，政府和技术服务机构应积极发挥联络整合作用，整合与循环经济有关的资源，包括企业、技术服务机构、科研院所和高等院校，组建虚实结合的工业循环科技支撑平台，组织循环经济技术评估、推广和咨询，发布循环经济关键技术、管理、政策等方面信息及循环经济技术项目招投标及融投资信息，鼓励科研机构和企业重点开发具有普遍推广意义的资源节约技术、能量梯级利用技术、产业链延伸和相关产业链接技术、资源再生利用技术、环境无害化技术等实用技术，促进资源的循环利用，实现创新效益。其中，成立全国性绿色技术创新联盟，集聚一批优势企业、高等院校、科研机构、中介服务机构、产业园区和循环经济行业用户，以推动绿色技术创新为目标，组织开展关键技术的联合研发，推荐先进适用的绿色技术和绿色设计，形成符合市场需求的绿色技术服务方案和评价标准，对推进中国创新型城市的建设具有重要的推动意义。

（4）优化人才开发模式。培养人才在循环经济技术体系发展中具有关键性作用，目前中国存在循环经济技术方面的人才匮乏状况，专业结构不合理，新材料、新能源、环保等工程技术人员远不能满足需要，高新技术和复合型创新人才整体性短缺。应利用现有人才的资源，挖掘潜力，应重视和做好循环经济相关技术的创新人才培养，并可以通过引进循环经济技术人才对企业提供指导和帮助；促进专业技术人员向企业转移，引导进入循环经济领域进行开拓。

（5）加强科技决策主体。由于循环经济技术广泛而且复杂，应重视实行科学决策，为了避免政府高层独立决策失误造成的风险，科研机构和企业技术部门应参与科技决策过程。科技决策班子除了有单纯以政府科技官员为主的科技管理机构外，还应由官、产、学、研多方高级权威组成的具有广泛代表性的科技顾问机构，发挥决策智囊的作用。使决策准确，真正发挥技术应用的企业效益和社会效益。

（6）发展技术服务机构。有几个主要的问题与现阶段的中国循环经济技术服务机构有重要关系：企业和社会对循环经济技术服务机构技术的效能持怀疑态度，缺乏理解和认可；针对技术服务机构的管理体制不完善，对其服务能力考核不够，控制不力；技术服务机构参与市场竞争能力弱，技术营销效果较差；循环经济技术欠发达，以其为主的服务机构发展的空间受限。

（7）深化企业改革，建立企业绿色技术创新动力机制，加强企业生产与消费的可持续培训。强化企业社会责任感，加快现代企业环境审计评价的制度建设，促使企业尽快形成绿色技术创新的良性动力机制。同时，通过法律手段，限期淘汰落后技术、装备和产品，迫使企业把绿色技术创新当做一种本能式的自觉行为，使之成为绿色技术创新的主体。

针对存在的问题需要制定适用的法规和政策，在制度、资金、人才、税收等方面采取优惠的激励政策，在资金筹集方面采取多种方式吸引投资，鼓励建立循环经济技术专项基金；学习借鉴国外先进的科技服务体系“政府部门—技术服务—社会和用户”，鼓励和支持高等院校科研人员从事多种形式科技开发、技术创新和成果产业化；技术服务机构主要由“新技术研究、推广应用、持续改进、教育培训、宣传普及”等组成；引导应用型科研机构转制为企业，直接参与科技转化和市场竞争，创办各种形式的科技型企业，强化其市场行为，提高为用户服务效果；形成市场准入制度，对各服务机构的综合实力和业绩进行考核，提高对服务机构的技术实力要求，对其专家资源、科技项目的实力和数量进行规定，集中优势科技力量充分发挥技术、信息优势，使其真正起到科技与用户间的桥梁作用。

3. 加强法治

更多运用法律手段管理科技工作，通过法律和政策保障循环经济科技的发明发现、保障循环经济科技的投入与管理、保障循环经济科技交流和合作。从而推进循环经济科技进步，促进科技创新战略；完善知识产权制度；规范科技资源的整合能力。

(1) 加强科技立法。认真分析循环经济技术体系发展中亟待解决的普遍性、共性问题，提出制度化的解决措施，并将实践证明行之有效的科技政策和经验，及时上升为法律、法规或规章，做到立法进程与循环经济技术发展进程相适应。在相应的科技法律法规中增加明确的针对循环经济技术的政策和规定，制定专门的循环经济科学技术条例，增加对循环经济技术的法律保障作用。科研成果必须给予法律保护，在循环经济领域做出贡献的科技人员应有奖励的规定，用于循环经济研究的基金必须保证到位等。在保障循环经济科技投入方面，应鼓励私人和民间闲散资金的利用，对发展绿色科技的企业上市和其他方式的融资有优惠政策和法律保障。在知识产权方面应完善专利制度和著作权法规，保护交流和合作者的应有利益，促进共同发展。

(2) 加强科技执法。循环经济是一种新的模式，其技术带有诸多新的特点，新的技术领域不可避免地存在着一定法律的盲区和空隙，法律实施、制度落实的保障监督机制不健全；现实中存在重政策轻法律、重成果轻知识产权等问题，创新主体的知识产权管理、保护能力有待提高；由于循环经济技术涉及多学科多行业，需要广泛的合作交流，迫切需要结合科技交流与合作的政策法规，保护好交流和合作者的利益，规范科技资源的整合促进循环经济科技健康发展。

针对循环经济的立法和执法的加强应同时进行，以立法促执法，以执法助立法，从法律角度适应循环经济技术这一新兴的技术领域。

4. 注重教育

循环经济科技教育机制需要注意以下几点。

(1) 转变教育观念，应将循环经济的理念和知识纳入教育体系中，树立资源节约和环境保护意识，加强对以学生为主的全民的节约资源和保护环境的国情教育，力争以教育影响学生，以学生影响家庭，以家庭影响社会，引导全社会牢固树立发展循环经济的新观念、新思维、新风尚。通过教育传播循环经济的知识和技能并且使受教育者能在实践中应用这些知识和技能，善于用循环经济的理念来思考问题、解决问题。

（2）培养科技意识，在各个专业技术领域和社会领域宣传循环经济科技理念。把循环经济的科技理念通过教育、培训、宣传等方式推广到各行各业，使产业人员和普通居民都将循环经济科技意识引入到生产和生活中。形成整个社会群体都具备循环经济科技意识的局面。当然，这是一个长期艰巨的历史任务，需要每个社会成员的努力，科技工作者将是实现这一任务的主要引领者。

（3）调整教育结构，首先应引导科研机构及高等院校的循环经济相关学科的科技人员将研究方向定位在为生产实践服务，解决生产中遇到的循环经济技术问题，将科研工作从理论的高阁融入到实际生产环节中，对生产活动中遇到的问题进行有针对性的研究，应用在循环经济实施的直接环节，满足生产领域的技术急需，解决实践中的技术难题。其次应调整教学结构，设置清洁生产、环保节能等循环经济技术专业，并且在各专业领域开设与之结合紧密的循环经济技术教育环节。调整中国科研机构及高等院校的循环经济相关服务方向，使其在为政府部门提供服务的同时，更多地为企业服务；不仅提供规划、评价、检测、认证、政策咨询等软技术服务，更应优先提供与生产直接相关的3R、污染治理、资源节约等硬技术服务。

（4）完善服务体系，及时向社会发布有关循环经济技术、管理和政策等方面的信息，充分发挥行业协会、节能技术服务中心、清洁生产中心、循环经济研究服务机构等中介机构和科研单位、大专院校的作用，开展信息咨询、技术推广、宣传培训等。

综上所述，第二产业的循环经济技术支撑体系对于建设创新型国家至关重要，将自主创新能力作为发展技术体系的战略重点，推进节约型制造、可持续消费和生产，进一步发展末端污染控制技术、洁净生产技术、绿色洁净产品技术、生态环境功能服务技术的发展，促进废弃物再生利用、节能降耗、可再生能源等重点工程建设。过去的科研和技术开发重视劳动生产率的提高，对于劳动力相对富裕、资源相对紧缺、环境污染相对严重的中国而言，应高度重视资源生产率的提高，重视绿色技术的开发、推广、创新。在绿色技术的创新中，政府应该侧重于提高资源生产率、减少废弃物排放量和降低单位能耗的技术研发。毫无疑问，在循环经济的技术体系中，未来一二十年绿色技术将是经济发展的新动力，中国要发挥后发优势，在绿色技术上占领制高点。发展绿色技术，是对中央十七大提出的科学发展观和生态文明的指导方针的贯彻执行，通过营造“绿色创造”和“绿色服务”两大特色，中国完全有条件实现“科技含量高、经济效益好、资源消耗低、环境污染少”的经济发展之路，最终实现生态现代化。发展绿色技术不仅能成功地解决经济发展过程中的环境问题，造福于中国人民，改善中国的环境，而且也是对人类可持续发展的伟大贡献。从这个意义而言，加快循环经济技术支撑体系的建设可谓任重而道远。

第七章　第二产业循环经济评价指标体系及方法研究

针对第二产业循环经济所构成的指标体系，反映循环经济的系统特征，它是衡量第二产业循环经济效益的重要方法。第二产业循环经济运行模式具体体现在生态工业园区的建设中。我国已批复了26家生态工业示范园区，这些生态示范园区极大促进了工业园区的生态化进程。但是，衡量园区发展状况评价体系却还处于起步和探索阶段。本章内容针对第二产业循环经济中生态园区的评价指标体系研究现状，研究指标体系的设计内容和方法，建立4套评价指标，分别评价第二产业循环经济运行模式的选址合理性、合作伙伴相容性、产业链稳定性和园区的综合评价。

第一节　研究综述

建立循环经济评价指标体系是循环经济建设的基础性工作，也是考核循环经济发展效果的定量评价工具。第二产业循环经济评价指标体系是以循环经济和生态经济学理论为依据，综合运用统计、会计和数学方法，对一定时期内第二产业循环经济系统各层次、各环节的发展水平和发展趋势进行全面、系统的测定和计量，并进行综合评价的一系列指标的总称。

一、主要评价

对于第二产业循环经济的研究，主要集中在产业生态网络的问题上，对于第二产业循环经济评价体系的研究仍有待加强，国内外关于第二产业循环经济评价体系的研究如下。

1. 国外研究情况

随着第二产业循环经济的建设与发展，人们的视线逐渐转移到对此模式运行质量评价方法问题的研究上。美国的Lowe（1997）、Carr（1998）、Gibbs（2005）等人从第二产业循环经济运行模式定位、循环利用资源程度、公众参与程度等多方面设计了评价指标体系。学者M. Narodoslawsky和C. Krotscheck（2000）利用可持续生产指数（Sustainable Process Index，简称SPI）整合生态优化过程。他们是从一个较为宏观的角度，利用该指标反映第二产业生产过程对环境的影响。论文详细论述了SPI计算方法，并说明了该指标可以依据可持续发展观点，根据各种不同的生产过程对环境的影响，迅速和可靠地做出判断。同样也可以对第二产业循环经济的运行质量进行评估，量化第二产业对环境的影响程度。

学者 Jo Dewulf 和 Herman Van Langenhove（2005）关注技术对环境的可持续性，并应用到产业生态中。传统环境可持续发展技术的评估主要针对生产的中间环节，通过量化获取和排放的资源进行。然而，技术不仅与环境有物质交换，还可以将工业看做一个整体，形成工业代谢。正像工业生态学研究的那样，一个专门技术与工业系统更高兼容度可以带来低能耗低排放的结果，更有益于环境的可持续性。该作者基于第二热力学定律，提出了 5 个环境可持续性指标，结合工业生态学原理，用于对生产和生产过程的评估。所有这些指标的取值在 0 ~ 1 之间，包括：① 资源的可更新性；② 排放的毒性；③ 材料的再利用；④ 最终使用产品的可恢复性；⑤ 生产效率。利用这些指标对一些专门企业产品的生产过程进行评估。笔者认为，这几个指标并没有形成一个评价体系，并且在应用范围上有一定的局限性。

在分析社会系统代谢时，比如国家或地区的代谢，物流分析（Material Flow Analysis，简称 MFA）已经成为一个用于工业生态代谢分析的有用工具。Cristina Sendra 等（2007）学者借用在水和能源指标的 MFA 方法，分析其运行效率和工业区域的具体排序。用这一简单的指标测定公司能耗效率，观察公司是否有改善的空间。

由此可见，评价指标的繁简与否并不能说明其评价效果的优劣。因此，一个好的评价体系应该是简明的、可操作的、有效的。

2. 国内研究情况

从国内研究情况看，学者们大多从生态工业园区角度，关注指标体系的框架，以及指标所涉及问题的全面与否。苗泽华等学者（1999）较早写出了对第二产业循环经济进行评价的探索性文章，文章中使用的是“生态工程”，提出应建立经济、环境、社会指标对生态工程进行评价。经济指标主要包括：集团整体经济效益、运作效率、技术装备、资源利用率、产品结构及各种损耗指标；环境指标主要包括：环保投入与效果、集团内外环境质量（如绿化度、污染度等）、职工健康状况、“三废”回收利用率等；社会指标主要包括：集团形象、无形资产、社会贡献率等。这种评价思路与可持续发展评价框架一致，为其他学者开拓思维开拓了思考的空间。

学者元炯亮（2003）提出了第二产业循环经济评价指标体系框架，包括经济指标、生态环境指标、生态网络指标和管理指标四个大项。经济指标分为经济发展水平指标和经济发展潜力指标；生态环境指标包括生态环境保护、生态建设和生态环境改善潜力等；生态网络指标有重复利用、柔性特征和基础设施建设等；管理指标是政策法规制度、管理与意识等，在这一层次共有 10 个中项，下又分设 41 个小项。指标层次划分明确，每个指标有其标准值，提高了评价体系的可操作性，为园区实际评价工作的进行提供了条件。

学者戈银庆等（2007）基于循环经济理念，探讨了第二产业循环经济评价指标体系的科学内涵、设计原则，并对其结构、主要内容和综合数学评价模型进行了深入研究。通过目标层、过程层和条件层，从经济效益、绿色环境、人文发展三个方面，设计了若干小类指标，并对此评价体系所采用的方法进行了说明。

学者李强（2006）对中国关于第二产业循环经济评价指标体系研究进行了简要综述，并提出一个评价体系框架，分为4个纬度，分别为可持续发展指标、经济指标、管理指标、生态环境指标，其中可持续发展指标、经济指标、生态环境指标是从第二产业循环经济发展结果的角度，而管理指标则是从特征评价的角度，可以视为第二产业循环经济发展的内部支撑指标。

由国家环境保护总局发布，于2006年9月1日开始实施的《中华人民共和国环境保护行业标准》中，对综合类、行业类和静脉产业类的评价标准进行了标准化文件的说明。综合类和行业类准则分层均为4个方面：经济发展、物质减量与循环、污染控制、园区管理。静脉产业类评价指标体系从经济发展、资源循环与利用、污染控制和园区管理4个方面进行了细化。并对每个要素层中包含的指标进行了详尽的说明标准值。这是关于第二产业循环经济评价指标体系的一个标准文件，对第二产业循环经济的开发与建设会产生极为深远的影响。

二、研 究 归 纳

通过阅读学习国内外相关文献，学者们对第二产业循环经济评价指标体系的主要研究内容可以归纳为以下几个方面。

1. 评价指标体系框架的研究

评价指标体系研究的一个集中体现就是评价体系框架的建立。在为数不多的相关文献中，学者对评价体系框架的构建主要包括经济、生态环境、生态网络和管理等几个方面。有的学者从不同的角度对第二产业循环经济运行进行评价，有基于可持续发展理念对园区综合能力的评价，框架比较庞大，包括园区发展水平的评价、园区发展能力的评价和园区发展协调度的评价；有从产业生态化角度的评价；还有结合具体案例进行评价。列表如7－1。

表7－1　　第二产业循环经济评价指标体系的研究状况简表

作者	时间	评价整体框架	指标个数	特　点
苗泽华等	1999	经济、环境、社会	13类	框架较宽泛
吴伟等	2002	系统发展水平、系统发展持续度、系统发展协调度	48	指标涵盖宽泛
苑清敏等	2002	园区发展稳定性、园区发展能力、园区协调性	11	提高指标的可行性
元炯亮	2003	经济、生态环境、生态网络、管理指标	41	包含生态网络评价

续表

作者	时间	评价整体框架	指标个数	特点
王灵梅等	2003	园区发展水平、园区发展能力、园区协调度	约48	具有针对性
鲁成秀等	2004	清洁生产、生态网络、环境质量及生态建设、社会经济发展、园区管理与政策指标	34	包含生态网络指标（2个）
张大伟等	2005	经济发展度、环境协调度和结构耦合度	15	结构耦合度的提出
黄海凤等	2005	经济、环境、管理、生态	29	灰色聚类法的引入
张艳	2005	经济类、生态环境、生态网络和社会类	14	模糊推理方法引入
王艳丽	2006	运营柔性，链接柔性	7	柔性的分析
张帆等	2007	为“控制性”指标和“指导性”指标	25	实际操作性较强
袁媛等	2007	经济效益、生态环境、系统集成、发展保障	38	以张家港保税区为例

资料来源：笔者根据相关文献整理。

2．评价指标体系方法的研究

评价指标体系是一个方法性很强的问题，不同方法的使用，会对评价效果产生直接的影响。学者们在对评价指标体系框架建立研究的同时，对采用的方法也有不同的选择。目前国内外关于综合评价的方法主要有三类：模糊综合评价模型法，结合赋权综合评价模型法和层次分析法。此外，还有基于人工神经网络的模型评价方法，系统动力学方法等。事实上，这几种方法并非孤立的，它们之间都有着相辅相成的关系，一种方法中往往含有另外一种方法的思想，或借用其数学工具。

三、研 究 评 价

一个好的评价指标体系应具备这样几个条件：即指标所需数据的可获得性、指标可接受性、指标可比较性。通过以上分析，理论上学者们对如何建立第二产业循环经济评价指标体系，既使得指标体系涵盖的内容完整、科学，又要使得指标体系评价工作在实际中可行、有效，既要考虑评价对象的一般共性，又要考虑评价对象的行业和地区特点，真正发挥评价指标体系的功能，这一方面需要有关人员继续探索，另一方面需要实际部门的应用，在使用这一管理手段的过程中，发现问题并加以完善。从目前第二产业循环经济评价指标体系研究现状看，仍存在一些需要改进完善的问题。

1．简化评价指标体系项目构成

为了寻求一个完整的评价效果，在设计评价指标框架中往往不断增加新的指标，使得评价框架过于庞大，评价中心不突出，影响了指标评价的可行性评价效果。借此，仅与学者探讨。

在建立指标体系时对于与第二产业循环经济运行状况关系并非紧密的指标可

以剔除掉，比如，有的学者将“人均道路面积”作为第二产业循环经济生态环境评价指标之一，这与园区评价的核心内容有较大差异。再有，有的学者将“平均预期寿命”、“恩格尔系数”、“基尼系数”等作为评价“园区发展水平”中的一个子项中的内容，也有多余之感。

2．提高评价指标体系实际操作

评价指标体系的设置目的，就是对评价对象进行实际评价考核，所以，指标评价时的可操作性十分重要，对于理论上可建立，实际中难以使用的指标，和那些难以量化的指标，在设计时尽量避免使用。比如，有的学者在评价指标体系中设置的“整体经济效益”、“运作效率”、“技术装备”、“园区形象”等指标在实际评价中应有一个明确的量化方法，否则难以界定。

3．突出评价指标体系关键问题

第二产业循环经济与一般园区的主要区别在于，第二产业循环经济的企业间的关系是由人工设计的产业链条链接起来的。这不仅是第二产业循环经济的特点，也是园区能否成功运作的关键所在。园区从设计到生产，产业链的运行质量和稳定性与园区的生存紧密相连。所以，从管理角度，对园区产业链的评价应该是评价指标体系中不可或缺的内容。人们对此并没有充分的认识，表现在指标体系设置问题上，就是对此环节内容设计的指标略显欠缺。

4．完善评价指标体系采用方法

由于缺乏科学有效的指标筛选方法，目前大都靠评价者的经验选择指标，故存在很大的主观性；评价指标体系在确定权重时，所使用的方法过于主观，缺乏相应的调整；很多现有的评价体系中，只有评价指标体系和指标，没有相应的指标评分方法，这就造成评价的不完整性；由于指标的不同特点，故选择的评价方法应有多种组成，但目前指标的评价方法过于单一。

5．增加指标评价体系案例研究

评价指标体系设置的目的就是应用，从目前情况看，更多的研究依然停留在指标的内容研究和框架的设置上，实际案例研究应该更多出现。只有通过具体应用，才能发现指标设置中的问题，为进一步改进提供依据。但案例的取得是有条件的，它需要时间和具体的资料来源，这就需要实际在园区工作的管理人员，将对园区的评价列为制度化的工作，与相关科研部门联手，对园区的评价结果进行测度分析，一方面改进指标设置，另一方面发现园区运作中的问题，加以解决。

第二产业循环经济评价指标体系并非一成不变，使用者应根据评价对象作适时调整，使指标评价的功能得以最好的发挥。

第二节　评价指标体系构建

评价指标体系的设计是需要在一定原则指导下进行的，同时要明确评价指标的功能与构建步骤。

一、设 置 原 则

学者关于评价指标体系的设置原则谈论很多，但似乎又没有新的创意，笔者结合建立评价指标体系研究过程的感受，对一些有针对性的原则论述如下。

1. 全面与重点相结合原则

第二产业循环经济是由企业内部系统、不同的企业间的网络系统、非企业系统、企业与外部环境系统等若干子系统组成的复杂系统，具有很强的系统整体性，作为一个有机整体，是各种要素综合作用的结果，指标体系既要全面反映系统发展的各个方面，又要重点考虑指标量化以及数据取得的难易程度和可靠性，选择某一方面或某一领域的主要指标和综合指标，注重主要性、实用性和可操作性，切忌只为求全而忽视了重点。

2. 定性与定量相结合原则

为了能综合、全面和正确地评价，指标体系设置时应尽可能采用定量指标。但是，在第二产业循环经济的实践中，由于涉及大量的社会、制度和环境因素的变量，这些变量中有许多难以量化，甚至不可能量化，而这些指标在整个第二产业循环经济评价指标体系中又不可或缺，这样，必须要用定性指标加以描述。在评价分析时，再将定性指标进行量化处理以近似值加以反映。

3. 静态与动态相结合原则

运用评价指标体系进行评价，常要作纵向（动态）、横向（静态或动态）排序分析，对多个被评价对象进行横向比较，或对某一特定对象进行纵向评价，为了使评价结果可比，所选定的评价指标项目在一定时期内要保持相对的稳定性，以达到评价结果的可比性。另外，从设置指标属性上看，既要有反映循环经济的静态评价指标，也要有反映循环经济变动过程的动态评价指标。

4. 理论与实际相结合原则

从指标设置内容看，指标体系中不要那些理论上可行，但实际中无法操作的指标；从指标评价方法看，指标体系中尽量不用那些单纯依靠数学模型解决问题的指标。事实上，过于复杂的数学模型往往在某种程度上反而会降低其实用性。追求建立一个完全精确的数学模型，其结果必然是使解题十分繁复，耗时耗力，大大降低了评价的有效性。

5. 整体与分层相结合原则

第二产业循环经济是一个复杂的系统，它由不同层次、不同要素组成，它的各个子系统之间、各组成要素之间以及子系统与组成要素之间，既相互联系，又相互独立。构成第二产业循环经济评价指标体系包括不同层次的很多因素。进行分层次评价不仅能够得到总的评价结果，而且能够了解到每个层次的评价状况。因此，第二产业循环经济评价指标体系的设置应当是主次分明、层次清楚、思路清晰、目标明确，易于掌握理解。

二、应 用 功 能

第二产业循环经济评价指标体系是一个复杂的、系统的评价模型，评价指标体系的建立是以第二产业循环经济建设及运行的主要要素、环节的要求及标准为基础，以工业生态学为理论依据，在理论与实践之间架起了一座桥梁。因此它具有以下几方面的功能。

1. 促进功能

自1984年以来，中国陆续创建了经济特区、经济技术开发区、高新技术产业开发区、边境经济合作区、保税区等不同类型和不同层次的开发区。这些开发区具有密集性的特点，它们在从事生产和提供服务方面扮演着重要角色，同时也对区域环境造成了威胁。随着中国资源与环境问题日益突出，各类开发区在“二次创业”过程中，逐渐开展企业生态化建设。第二产业循环经济评价指标体系为现有各类开发区向生态化方向发展提供全面、系统的指导，防止第二产业循环经济建设偏离生态工业本质，加快各类开发区生态化改造的进程。

2. 描述功能

通过对第二产业循环经济最初的选址、运作中产业链的稳定性、合作伙伴等方面的发展现状和趋势进行定量化的描述，引导园区的建设不断深入、完善、扩展、提升。通过评价指标体系的描述功能，发现园区发展的薄弱环节，促进园区全面协调、持续发展，不断提升园区的生态化水平，为制定政策和规划服务。

3. 对比功能

在园区企业生态化进程中，通过评价指标体系的评估，可以及时发现和识别自身存在的差距和发展的潜力，科学界定第二产业循环经济协调发展的阶段及战略实施的效果和存在的问题。同时也可以进行第二产业循环经济自身的纵向比较，以及不同第二产业循环经济的横向比较，从中找到差距和薄弱环节，并分析其原因，为决策者在宏观管理与微观控制方面提供依据。

三、基 本 步 骤

在第二产业循环经济评价指标体系构建过程中，一般遵循以下几个步骤。

1. 进行层次分析

对第二产业循环经济整体系统进行层次分析，根据实际情况，一般将其分为两个或三个层次，对每个层次的指标进行初选。

2. “海选”评价指标

对描述基本层次状态指标进行“海选”，所谓的“海选”，就是不受条件的限制，凡是能够描述该层次状态的所有指标尽可能全面地一一列出，这样做的目的是全方位地考虑问题，防止重要指标的遗漏。

3．筛选评价指标

即对“海选”的指标群进行初步的筛选，筛掉明显的不适宜指标，其基本的方法是：主观预断、理论分析和频度统计法。主观预断就是根据作者及专家的经验和专业知识，断定哪些指标可以入选，哪些指标不能入选，此办法可以筛掉部分指标；理论分析就是将相关的理论作为衡量指标的一种尺度，去掉明显不符合该理论的指标；频度统计法对目前的研究报告、论文进行统计，选用使用频率较高的指标作为参选指标的种子。经过上述“三筛”，会筛掉相当一部分“海选”指标，指标体系得到初步确立。

4．确立指标体系

在初步确立指标体系的基础上，对该指标体系进行最后一次筛选，其基本的方法就是独立性分析和主成分分析，其目的是对指标间意义上有交叉重复的指标再次选择或重组，只有这样，才能获得科学的评价指标体系。所谓的独立性分析就是在计算各种指标相关系数的基础上，选择一定的系数门槛（通常取大于0.9）作为标准，排除相关密切的指标，选用相互独立的指标；所谓的主成分分析就是通过指标重组，只需选取少数几个主成分指标就可承载足够多的信息，反映资源的开发利用状况。这两种方法在指标选择中既可同时并用，也可单独使用，在此基础上将选择的指标进一步征求专家意见，对指标进行调整，最终确立第二产业循环经济评价指标体系。

第三节　评价指标体系方法

联合国可持续发展委员会中（UNCSD）等机构提出的基于环境、经济、社会和制度理论架构的可持续发展指标体系，经济合作发展组织（OECD）运用PSR（Pressure - State - Response）模式确立了环境系统指标架构，随后有学者基于循环经济三项原则、系统论以及物质流分析法作为设置循环经济指标体系的前提，从而涉及如下方法。

一、投入产出法

投入产出核算是美国著名经济学家列昂惕夫（Wassily W. Leontief）所创立的投入产出表（Input - output Table），这是一项曾经获得诺贝尔经济学奖的杰出工作。通过编制投入产出表及建立相应的投入产出模型，反映经济系统各个部门（产业间）的关系。投入产出分析在形式上表现为投入产出模型，其模型形式主要有两种：一是投入产出表，这是投入产出分析的基础；二是投入产出数学模型，这是投入产出分析的手段。二者之间密不可分，形成一个完整的模型体系。

投入产出表又称产业联系表，是以矩阵的形式表现区域产业结构中多产业之间相互依赖关系的一种方法，它是记录和反映一个经济系统在一定时期内各产业之间发生的产品及服务流量和交换关系的工具。由于投入产出表及其模型是在整个国民经济社会再生产均衡关系的基础上建立的，从而为一国在一定时期内的社会再生产过程和产业之间的联系提供了有力的定量化分析工具。而且，利用投入产出分析法可以更为深刻地认识一个国家的经济现状、探索经济运动规律、预测经济变动结果和制定经济计划。投入产出分析方法可以用于编制国民经济计划、进行产业结构分析、价格变动影响研究、产业波及效果分析等。

投入产出分析法中的投入产出模型，按照分析时期不同，可分为动态模型和静态模型两大类。动态模型用于分析、研究若干时期的再生产过程，并研究各个时期再生产过程相互联系；静态模型则主要分析、研究某一个时期的再生产过程，按照计量单位的不同，静态模型又分为实物型和价值型两种模式。本文主要采用价值型模式。表 7－2 为简化的价值型投入产出表。

表 7－2　　　　简化价值型的投入产出表

		中间使用						最终使用	总产出
		1	2	…	j	…	n		
中间投入	1	x_{11}	x_{12}		x_{1j}		x_{1n}	y_1	X_1
	2	x_{21}	x_{22}		x_{2j}		x_{2n}	y_2	X_2
	⋮	⋮	⋮	⋮	⋮	⋮	⋮	⋮	⋮
	i	x_{i1}	x_{i2}	…	x_{ij}	…	x_{in}	y_i	X_i
	⋮	⋮	⋮	⋮	⋮	⋮	⋮	⋮	⋮
	n	x_{n1}	x_{n2}	…	x_{nj}	…	x_{nn}	y_n	X_n
增加值		G_1	G_2	…	G_j	…	G_n		
总投入		X_1	X_2	…	X_j	…	X_n		

资料来源：笔者根据相关文献整理。

表 7－2 中，1，2，…，n 代表了各产业部门，横行代表各产业部门的产出，反映产品制成后的去向；纵列代表各产业部门的投入，反映产品是怎样形成的，投入了多少的活劳动与物化劳动。因此，投入产出表也被称为部门联系平衡表。y_i 表示最终使用；G_j 表示增加值；X_i 表示总产出；X_j 表示总投入。

从横向来看，投入产出表的中间使用、最终使用和总产出可以组成一个长方形的表，这个表的每一行都可以写出一个数学关系式，表示各生产部门对某经济部门产品的消耗量，加上该产品作为最终产品的使用量，得到这一部门产品的总产量，用数学公式表示为：

$$\sum_{j=1}^{n} x_{ij} + y_j = X_i \quad (i = 1,2,\cdots,n) \tag{7-1}$$

纵向来看，投入产出表的中间投入、增加值和总投入也可以组成一个长方形的表，这个表的每一列同样可以建立数学模型，反映各部门投入要素的构成或价值形成过程，即反映生产与消耗之间的平衡情况，建立起初始投入与总投入之间的平衡关系，用数学公式表示为：

$$\sum_{i=1}^{n} x_{ij} + G_j = X_j \quad (j = 1,2,\cdots,n) \tag{7-2}$$

另有：总投入 = 总产出，用数学公式表示为：

$$\sum_{i=1}^{n} X_i = \sum_{j=1}^{n} X_j \tag{7-3}$$

$$\sum_{i=1}^{n} X_i = \sum_{i=1}^{n}\sum_{j=1}^{n} x_{ij} + \sum_{i=1}^{n} y_i = \sum_{j=1}^{n}\sum_{i=1}^{n} x_{ij} + \sum_{j=1}^{n} G_j = \sum_{i=1}^{n} X_j \tag{7-4}$$

投入产出方法是投入产出理论的具体应用，是把一个复杂经济体系中各产业部门之间的相互依存关系系统地数量化的分析方法。在宏观、中观、微观经济分析中均可利用投入产出分析的方法。在国民经济核算中，特别是实施绿色 GDP 核算主要体现在核算中投入产出核算的改进，在宏观经济管理部门也逐渐发挥其应有的作用；在区域经济分析中，对于主导产业的确定可用投入产出理论和方法进行分析，借助投入产出表，对各产业之间在生产、交换和分配上的关联关系进行分析，然后利用产业间的关联关系的特点，为进行区域产业结构调整和主导产业的选择服务；在微观企业经营管理方面，对于优化产品结构、提高企业经济效益、提高物资管理水平、减少资源浪费等方面发挥其独特的作用。

随着投入产出技术的不断发展，投入产出表的应用不断向新的领域扩展，为研究社会经济问题提供了广阔的空间，如：环境分析用投入产出表的诞生，不仅可以分析环境状况，还可以提供治理污染的有效办法，减轻经济发展所带来的环境污染。本章力图利用投入产出表的功能对于第二产业循环经济的主导企业的确定、园区企业间的企业关联等问题进行数量界定分析。

二、层次分析法

层次分析法（Analytic Hierarchy Process，简称 AHP）是美国运筹学家 T. L. Saaty 教授于 20 世纪 70 年代初期提出的一种简便、灵活而又实用的多准则决策方法，它是一种定性和定量相结合的、系统化、层次化的分析方法，它把一个复杂问题分解成组成因素，并按支配关系形成层次结构，然后应用两两比较的方法确定决策方案的相对重要性。采用层次分析法对第二产业循环经济进行评价具体涉及以下一些问题。

1. 指标选取的方法

评价指标的选取是否合适，直接影响到对第二产业循环经济评价的结论。在选择评价指标时，首先要根据理论分析和经验对指标进行初选，然后再根据各指标对第二产业循环经济各主要方面反映问题的重要程度进行筛选。对指标进行筛选主要是利用统计分析方法，剔除对第二产业循环经济非主要方面的非重要指标以及信息提供重复的指标，找出主要关键指标，形成第二产业循环经济综合评价指标体系。

2. 权重确定的方法

由于上面所列示的评价指标是从不同层次的一个方面来评价第二产业循环经济，而各个单项指标对评价总目标的影响程度不同，为反映这种区别，就要给不同层次指标赋予不同的权数 w_i，在同一层次内，$w_i \geqslant 0$（$i=1, 2, \cdots, n$），且 $\sum w_i = 1$。

在上式中，权数 w_i 的确定一般有主观赋权法、客观赋权法和组合赋权法三种。主观赋权法是由专家组对每个指标进行打分，然后综合出指标权重；客观赋权法是利用被评价企业的历年统计数据，采用数理统计方法，如因子分析法、主成分分析法、聚类分析法等计算得出各指标的权重；组合赋权法是主观赋权法和客观赋权法的综合。对于这三种方法，应根据实际情况选择合适的方法。现实中，一般先以客观赋权法计算出权重，然后由专家组进行微调，这样权数就可以确定，从而根据计算公式就可以得出反映第二产业循环经济的指标了。

确立了评价指标和各自权重，根据具体数据，通过标准化处理，即可对指标体系进行定量评价。

第四节　评价指标体系框架

为了简单说明此问题，本章以生态工业园区为例，说明第二产业循环经济运行模式评价指标体系设置及评价问题。由于生态工业园区是一个系统集成，从最初的建设方案的确定，到园区成功协调运作，包含了园区主导企业的确定、合作伙伴的确定、产业链构成以及园区生态网络的构建等环节。在这些环节中，园区企业之间以及园区各企业产品副产品之间的经济技术联系和依存关系是最重要的环节，因为这些环节稳定安全与否，直接影响到园区的生存。因此，本节主要讨论利用投入产出法对园区产业链进行综合评价。此外，利用层次分析法对园区整体状况进行综合评价指标体系的设置。评价框架如图7－1所示。

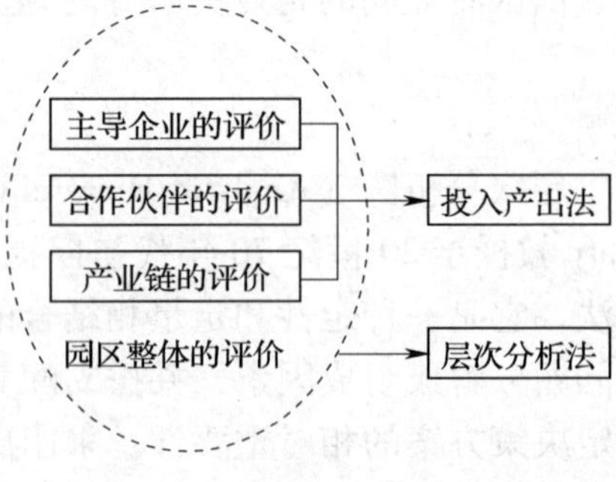

图7－1　生态工业园区评价指标体系框架

一、利用投入产出法对产业关联程度的评价

投入产出核算是国民经济核算中的一项内容，其主要功能是对宏观经济问题的测度，研究产业和产业之间、部门和部门之间、产品与产品之间的经济技术联系。

（一）投入产出法对生态工业园区评价的基本界定

1.“园内”与“园外”的界定

这是关于评价范围的界定。将生态工业园区看做一个整体，凡是在某一园区管辖范围内、与园区其他企业存在产品副产品相互利用关系的企业单位，称为“园内企业”。园内企业也许在一个地理范围内，比如实体型生态工业园区，也许在不同的地理范围内，比如虚拟型生态工业园区。不论何种情况，这些企业必须是在整个园区统一管辖范围内。同时，它们必须存在产品副产品利用上的上下游关系，满足这两个条件的企业才能称为“园内企业”。

园内企业生产所需的物料投入一方面来自于园内其他企业的提供，另一方面来自园区企业以外的企业的供应，为了便于评价指标的计算和问题的说明，将所有园区以外的企业看做一个整体，称为“园外企业”。

2.“投入”与“产出”的界定

这是关于评价内容的界定。在生态工业园区投入产出模型分析中，“投入”是指生态工业园内企业生产所消耗的原材料、燃料、固定资产折旧等消耗，包括园内企业生产过程中消耗的本园区企业的产品和副产品，以及来自园外企业提供的物料。

在生态工业园区投入产出模型中，“产出”是指生态工业园内企业产品生产出来后的分配流向，主要包括各园内企业的最终产品中提供给园内其他企业生产的需求，以及提供给园外企业满足其生产的需求。

3.“定性”与“定量”的界定

这是关于评价方法的界定。通过投入产出表中的第一象限所提供的数据，可以从不同角度计算分析生态工业园区的运行状况，分析园区企业间以及与园外企业之间的技术合作关系，并根据计算结果，分析评价园区运行质量。

4.“全面”与“重点”的界定

这是关于评价手段的界定。即将园区内需要研究的核心企业或产品列入产业链框图中，而将规模较小或任何企业都需要的企业划为“园区内部一般投入”。这样可以大大减少考察企业的数量。如能源、水的提供部门几乎是任何企业都需要的，除非需要将其重点列出分析，通常将其归为“园区内部一般投入”。

生态工业园区的产业链是由一系列前后相连的产业部门所组成，产业链各节点企业接受的投入主要包括园区内部一般投入、本企业上游企业的投入和园区外部投入，分别用 x'_{ij}、x_{ij} 和 l_{ij} 表示，企业产品的生产可能大于下游部门的需求，该部分可能被企业部门自用或外销。产业链节点企业的产出包括对下游企业的供应和对园区外企业的供应两部分，分别用 x_{ij}、k_{ij} 表示。

（二）投入产出法对生态工业园区评价的基本框架

经过改进的适用于生态工业园区产业链评价的投入产出表，其主要特点表现在第一象限主词和宾词的设计上。价值型企业投入产出表如表 7－3。

表 7－3　简化价值型生态工业园区投入产出表

		园内企业的中间使用				园外企业中间使用	中间使用合计	最终使用	总产出
		企业 1	企业 2	…	企业 n				
园内企业的中间投入	企业 1	x_{11}	x_{12}	…	x_{1n}	x'_{1m}	$\sum_{i=1}^{n} x_{1i} + x'_{1m}$	y_1	X_1
	企业 2	x_{21}	x_{22}	…	x_{2n}	x'_{2m}	$\sum_{i=1}^{n} x_{2i} + x'_{2m}$	y_2	X_2
	⋮	⋮	⋮	⋮	⋮	⋮	⋮	⋮	⋮
	企业 n	x_{n1}	x_{n2}	…	x_{nn}	x'_{nm}	$\sum_{i=1}^{n} x_{ni} + x'_{nm}$	y_n	X_n
园外企业的中间投入 m		x'_{m1}	x'_{m2}	…	x'_{mn}		$\sum_{i=1}^{n} x'_{mi}$		
中间投入合计		$\sum_{i=1}^{n} x_{i1} + x'_{m1}$	$\sum_{i=1}^{n} x_{i2} + x'_{m2}$	…	$\sum_{i=1}^{n} x_{in} + x'_{mn}$	$\sum_{i=1}^{n} x'_{im}$	$\sum_{j=1} \sum_{i=1}^{n} x_{ni} + \sum_{i=1}^{n} x'_{mi}$		
增加值		G_1	G_2	…	G_n				
总投入		X_1	X_2	…	X_n				

表 7－3 中第一象限的内容是分析的重点，其中，园内企业中间使用与中间投入区域是记录园内企业相互提供和消耗园内企业产品和副产品的价值，所说明的问题可从两个不同方向观察。从横行看，说明园内企业提供给园内各企业（包括该企业）的产品和副产品价值；从纵列看，说明园内某企业在生产本企业产品过程中所消耗的园内企业（包括该企业）产品和副产品的价值。

园外企业中间使用和中间投入区域是记录园外企业与园内企业之间相互提供和消耗产品和副产品的价值，可从纵横两个方向观察。从横行看，代表园内各企业在生产过程中提供给园外企业产品的价值；从纵列看，代表园内企业在生产过程中消耗园外企业提供的物料价值。

中间使用合计和中间投入合计区域是园内各企业中间使用或中间投入的价值，其中包括消耗的园内和园外企业提供的产品和副产品，以及园内企业提供给园内企业和园外企业的产品和副产品的价值。将这些内容加总，得到 $\sum_{j=1} \sum_{i=1}^{n} x_{ni} + \sum_{i=1}^{n} x'_{mi}$。

中间使用合计和中间投入合计交叉处的经济含义是园外企业之间相互提供和利用产品的情况，而这部分内容在本表中没有必要显示，也无法显示，所以是空格。

利用表 7－3 中提供的数据，可以计算相应的分析指标。

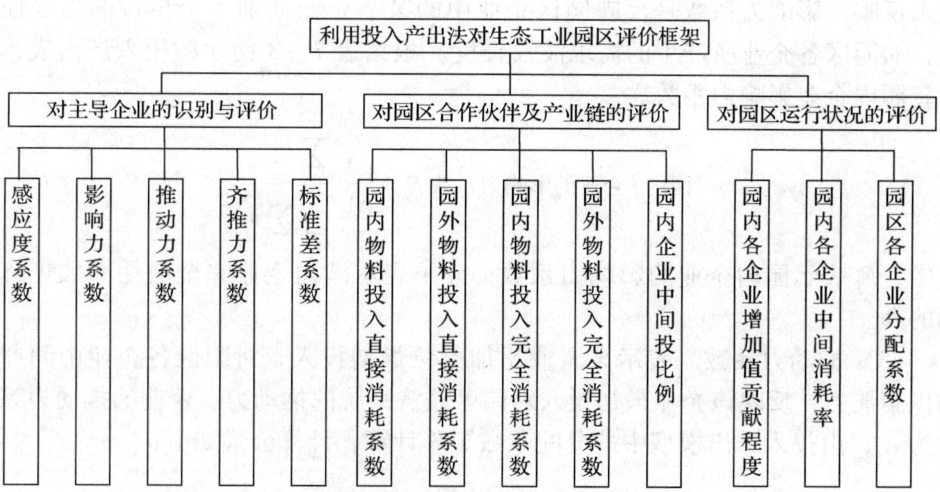

图 7－2　投入产出法对生态工业园区评价框架

（三）投入产出法对生态工业园区评价的指标体系

利用投入产出表记录的数据，可以从以下 3 个不同侧面评价生态工业园区的运行质量，分别是：对主导企业的识别与评价；对园区合作伙伴及产业链的评价；对园区运行状况的评价。

1．对主导企业的评价

园区主导企业是指废物循环利用程度高，对构筑园区生态系统及保持其稳定起到关键作用的企业。生态工业园区中的主导企业对于维护园区系统的稳定方面起着重要作用。通过对主导企业的评价，以维护其正常运行，达到维护整个生态工业园区稳定的目的。评价主导企业的方法有以下几种：

（1）感应度系数。感应度是指园区企业的前向关联度，它主要由感应度系数来反映。感应度系数是指当园区各企业均增加一个单位最终使用时，某一个企业由此而受到的需求感应程度，也就是需要该企业为其他企业的生产而提供的产出量。根据表 7－3 简化的投入产出表，可计算园内企业感应度系数。

$$\text{园内 } i \text{ 企业的感应度系数 } E_i = \frac{\sum_{j=1}^{n} b_{ij}}{\frac{1}{n}\sum_{i=1}^{n}\sum_{j=1}^{n} b_{ij}} \qquad (7-5)$$

式中，E_i 表示园内企业的感应度系数；分子表示园内企业完全消耗系数矩阵横行的和，分母表示全部企业横行逆矩阵系数的平均。公式（7－5）表示园内企业总产出受园内其他企业均增加一个单位最终使用时，i 企业由此受到的需求感应程度，也就是需要该企业为其他企业的生产而提供的产出量。

（2）影响力系数。影响力是指园区企业的后向关联度，它主要由影响力系数来反映。影响力系数是反映园区企业中的某一企业增加一个单位的最终使用时，对园区各企业所产生的需求波及程度。根据表7－3简化的投入产出表，可计算园内企业影响力系数。

$$\text{园内}\,j\,\text{企业的影响力系数}\ F_j = \frac{\sum_{i=1}^{n} b_{ij}}{\frac{1}{n}\sum_{i=1}^{n}\sum_{j=1}^{n} b_{ij}} \tag{7-6}$$

式中，F_j 表示园内企业的影响力系数；分子表示园内企业完全消耗系数矩阵纵列的和。

（3）推动力系数。表示某企业增加单位最初投入，对园区各企业中间产品的供给能力，反映该企业最初投入对园区经济系统的推动力。企业的推动力系数记为 α_i，由投入产出模型中的分配系数矩阵计算，计算公式如下：

$$\alpha_i = \frac{\sum_{j=1}^{n} d_{ij}}{\frac{1}{n}\sum_{i=1}^{n}\sum_{j=1}^{n} d_{ij}} \tag{7-7}$$

式中，d_{ij}表示完全分配系数。推动力系数大于1，表示该企业生产单位增加值对园区各企业产生的推动作用超过园区平均水平，数值越大，对园区生产的推动作用越大，生产过程中供给的中间产品越多；推动力系数小于1，表示该企业对园区各企业生产的推动力小于园区平均水平；推动力系数等于1，表示该企业具有园区平均推动力。

（4）齐推动力系数。反映当园区各企业均增加单位最初投入时，各有关企业分配给该企业中间产品消耗额同整个园区平均水平之比，表明园区各企业对该企业的整体推动作用。齐推动力系数用 β_i 表示，计算公式如下：

$$\beta_i = \frac{\sum_{i=1}^{n} d_{ij}}{\frac{1}{n}\sum_{i=1}^{n}\sum_{j=1}^{n} d_{ij}} \tag{7-8}$$

齐推动力系数大于1，说明该企业受其他企业推动力大于园区平均水平，该企业的发展对园区整体中其他企业的依靠程度高，较多地依赖于有关企业的支持。

（5）方差系数，反映园区某企业对园区其他企业的连带作用。计算公式如下：

$$D_j = \frac{\sigma_j}{\bar{b}_j} = \frac{\sqrt{\dfrac{\sum_{i=1}^{n}(b_{ij}-\bar{b}_j)^2}{n-1}}}{\bar{b}_j} \tag{7-9}$$

式中，σ_j 为完全消耗系数矩阵中第 j 列数据的标准差；$\bar{b}_j$ 为完全消耗系数矩阵中第 j 列数据的均值；D_j 高，说明该企业的连带作用集中于少数几个企业；D_j 低，则表明该企业平均作用于其他所有企业。

因此，在上述分析基础上得知，作为园区的主导企业应具有的特征是：$E_i > 1$，$F_j > 1$，$\alpha_i > 1$，$\beta_i > 1$，且 D_j 较小。

2. 对园区合作伙伴和产业链的评价

（1）直接消耗系数。从评价模型看，直接消耗系数反映生态工业园区中各企业之间的投入产出的技术关系，从一个侧面体现了生态工业园区总体的技术结构。当园区中一个或几个直接消耗系数发生变化时，即意味着该园区的技术结构起了变化。因此，直接消耗系数矩阵可以作为分析技术变动的一个依据。根据表7－3简化的投入产出表，可分别计算园内企业直接消耗系数和园外企业的直接消耗系数。

$$\text{园内企业直接消耗系数 } a_{ij} = \frac{x_{ij}}{X_j}(i,j = 1,2,\cdots,n) \tag{7-10}$$

$$\text{园外企业直接消耗系数 } a'_{ij} = \frac{x'_{ij}}{X_j}(i,j = 1,2,\cdots,n) \tag{7-11}$$

公式（7－10）反映园内企业间产品副产品相互提供和利用的关系，公式（7－11）反映园内企业消耗园外企业物料在总投入中的比例。这两个公式反映了园内企业在物料利用上与园内企业和园外企业之间存在的经济技术联系。

（2）完全消耗系数。是指园内企业每提供一个单位的最终产品，需直接和间接消耗某企业产品和副产品的数量。根据表7－3简化的投入产出表，可分别计算园内企业完全消耗系数和对园外企业的完全消耗系数。计算公式如下：

第 j 园内企业对第 i 园内企业的完全消耗系数 b_{ij} 为

$$b_{ij} = a_{ij} + \sum_{k=1}^{n} a_{ik}a_{kj} + \sum_{L=1}^{n}\left(\sum_{k=1}^{n} a_{ik}a_{kL}a_{Lj}\right) + \cdots \tag{7-12}$$

第 j 园内企业对第 i 园内企业的完全消耗系数矩阵 B_{ij} 为

$$B_{ij} = A_{ij} + \sum_{k=i+1}^{j-1} A_{ik}A_{kj} + \sum_{L=k+1}^{j-1}\left(\sum_{j=i+1}^{L-1} A_{ik}A_{kL}A_{Lj}\right) + \cdots \tag{7-13}$$

第 j 园内企业对第 i 园外企业的完全消耗系数矩阵 B'_{ij} 为

$$B'_{ij} = \sum_{k=1}^{j-1} D_{iL}A_{ki}(i = 1,2,\cdots,m;j = 1,2,\cdots,n) \tag{7-14}$$

在生态工业园区这样一个复杂系统中，不但要考虑园区企业间的直接联系，而且要了解它们之间的间接联系，特别是当一个企业的最终产品有变动时，就会直接、间接地影响到其他企业，完全消耗系数是研究这种相互影响、相互制约的更深刻、更本质、更全面的经济参数。

（3）园内企业中间投入比例。是指在园内企业所消耗中间投入中，园内企业投入所占的百分比。计算公式如下：

$$w = \frac{\sum_{i=1}^{n} x_{ij}}{\sum_{i=1}^{n} x_{ij} + \sum_{i=1}^{m} x'_{ij}} \tag{7-15}$$

3．对园区运行状况的评价

（1）园区内各企业增加值贡献程度 g_i 。是通过园区内各企业当期增加值的增量与园区总增加值增量的比较。反映园区某企业对园区整体经济的拉动作用。计算公式如下：

$$g_i = \frac{\Delta G_i}{\Delta \sum_{i=1}^{n} G_i} \tag{7-16}$$

（2）园内各企业中间消耗率。如果园区是一个核算整体，在计算其中间投入时只包括来自园区外的投入，不包括园区内企业间的物流交换，对于这种核算模式的园区，只有通过编制园区投入产出表，才能将园区内企业间物流交换真实反映出来。如果园区内各企业为一个核算整体，在其计算中间投入时就包括了来自园内企业和园外企业的投入，此时就可以计算园内各企业中间消耗率了。计算公式如下：

$$c_j = \frac{\sum_{i=1}^{n} x_{ij}}{X_j} (j = 1,2,\cdots,n) \tag{7-17}$$

（3）园区各企业分配系数。反映园区企业增加值的构成各要素在其总产出中的份额，具体有固定资产系数 a_{fj} 、劳动者报酬系数 a_{lj} 、生产税净额系数 a_{tj} 和营业盈余系数 a_{mj} 。计算公式如下：

$$a_{fj}(a_{lj}、a_{tj}、a_{mj}) = \frac{f_j(j_j、t_j、M_j)}{X_j} \tag{7-18}$$

（四）投入产出法在生态工业园区评价中的应用前景

以投入产出分析法为分析框架，以“园区内企业”产业关联度为基础指标，构建生态工业园区绩效评价体系，对园区物资循环利用以及企业间相互依存关系进行定量分析，对生态工业园区总体进行绩效评价。在投入产出模型的改进中，为了便于分析园区企业相互利用副产品和利用其他企业提供的供园区企业生产的生产资料的情况，引入“园区企业”和“园外企业”概念，通过计算与分析构建的评价指标，客观评价生态工业园区内部与园区外部连接的根本关系，从而可以对园区企业内部的质能循环效率进行定量分析。

通过分析“园内企业”的产业关联度，即产业感应度、影响度，来判断该生态工业园区与外界的进口、出口数量与内部生产之间的关系，并以此作为生态工业园运行绩效评价指标。该指标可以通过不同园区的计算结果进行横向对比，反映本园区与其他园区的差距所在；也可以计算本园区不同时点的状况，进行动态对比，监控本生态工业园区运营绩效的变化、波动。

利用投入产出法进行园区评价的数据来源可以利用现有的经济统计体系，特别是利用现有投入产出表编制部门所掌握的数据，再加上专项调查所取得必要的企业微观生产数据，经过审查后对这些数据进行加工与整理。

因此，将投入产出法应用于生态工业园区的评价有其适用性和合理性。投入产出分析方法主要是对产业关联的分析，其范围主要是针对若干产业、行业或产品。将这种方法应用于相对微观园区的分析，重点观察园区企业间的关联程度，从方法应用上看，具有适用性；将具有关联的企业区分为“园内企业”和“园外企业”，观察其相互依存关系，同样具有合理性。

二、利用层次分析法对综合运作质量的评价

（一）利用层次分析法对生态工业园区评价的步骤

1．构造层次分析结构

生态工业园区评价指标体系的建立借鉴层次分析法的思想，根据园区评价的目的，对评价对象的结构进行深入的系统剖析，把生态工业园区整体发展水平分解成不同的侧面，并在此基础上提出反映各个侧面的衡量指标。不同类型的生态工业园区具有不同的特征，在评价时关注的重点也不同。

2006 年 6 月，由国家环境保护总局发布，并于 2006 年 9 月实施的生态工业园区实施标准，根据不同类型生态工业园区，分为三类：一是综合类；二是行业类；三是静脉产业类。将评价指标体系分为目标层、准则层和指标层三个层次。目标层为评价的总体对象，准则层分为 4 个部分，为经济发展、物质减量与循环、污染控制和园区管理，但在指标层中具体指标设计有所侧重。在评价体系框架中，不仅有具体的评价指标，还设定了每项的评价标准，适合于各类生态工业园区的建设、管理和验收。

借鉴国家环保总局的评价标准体系，本书在参阅一些学者研究成果的基础上，突出了对园区运作起至关重要影响环节的关注，增加了对生态工业园区生态网络建设与园区伙伴间关联的评价指标。具体评价层次构成见表 7－4。

表 7－4　　生态工业园区评价指标总体框架表

目标层	准则层Ⅰ	准则层Ⅱ	指标层
生态工业园区运作质量评价指标（A）	生态工业园区发展水平评价（B_1）	园区经济发展水平（C_{11}）	人均增加值（C_{111}）
			万元增加值耗能（水）量（C_{112}）
			万元增加值“三废”（废水、废气、固体废物）排放量（C_{113}）
		园区环境质量水平（C_{12}）	废气（CO_2、SO_2）排放量达标率（C_{121}）
			“三废”处理率（C_{122}）
			工业废物综合利用率（C_{123}）
	生态工业园区稳定持续评价（B_2）	经济发展持续度（C_{21}）	增加值增长率（C_{211}）
			单位增加值能耗降低率（C_{212}）
			经济产投比（C_{213}）

续表

目标层	准则层Ⅰ	准则层Ⅱ	指 标 层
生态工业园区运作质量评价指标（A）	生态工业园区稳定持续评价（B_2）	环境发展持续度（C_{22}）	“三废”减排率（C_{221}）
			“三废”综合利用率的变化率（C_{222}）
	生态工业园区协调关联评价（B_3）	经济与环境协调度（C_{31}）	环保投资占 GDP 的比重（C_{311}）
			废弃物产出率（C_{312}）
			资源生产力（C_{313}）
		园内企业间关联性（C_{32}）	水、原材料、能源重复利用率（C_{321}）
			园区企业间生态关联度（C_{322}）
			园区副产品、废品资源化率（C_{323}）
	生态工业园区网络管理评价（B_4）	基础设施共享性（C_{41}）	资源信息共享网络平台累计投入率（C_{411}）
			园区污水集中处理率（C_{412}）
			科技投入占增加值比例（C_{413}）
		园区管理发展水平（C_{42}）	生态工业相关技术研发和推广投入率（C_{421}）
			规模以上企业 ISO14001 认证率（C_{422}）
			开展清洁生产的企业所占比例（C_{423}）

表 7－4 显示，本评价体系的目标为对生态工业园区综合运作质量的评价，下分为 3 个层次，分别是准则层Ⅰ、准则层Ⅱ和指标层。准则层Ⅰ又分为 4 个方面，分别是生态工业园区发展水平评价、稳定持续评价、协调关联评价和网络管理评价。准则层Ⅱ在准则层Ⅰ的基础上分为 2 个层次。指标层共包含 23 个评价指标。

2. 构造判断矩阵

在层次结构已建立的前提下，请若干独立的专家，按照德尔斐法[注]，在各层次元素中进行两两比较，构造出比较判断矩阵。判断矩阵表示针对上一层次因素，本层次与之有关因素之间相对重要性的比较。通过两两比较，将专家的定性描述转换为规范化的数值，其依据是各种标度体系，常用的是以下的互反性 1～9 标度表，见表 7－5。

表 7－5　　　　互反性 1～9 标度

横向指标与纵向指标对比	同等重要	稍微重要	明显重要	强烈重要	极端重要	介于二者之间
甲标度	1	3	5	7	9	2，4，6，8
	1 乙标度	1/3	1/5	1/7	1/9	1/2，1/4，1/6，1/8

注：德尔斐法是一种定性预测方法，通过背对背群体决策咨询的方法，群体中的专家各自独立工作，然后以系统的、独立的方式综合他们的判断，克服了被某些权威所左右的缺点，减少调查对象的心理压力，使预测的可靠性增加。

为保证判断矩阵的质量，一般独立专家人数控制在6~10人，如有S位专家参与判断，给出的判断比较矩阵分别为A_1，A_2，…，A_s，其中第k个判断矩阵$A_k=(a_{ijk})_{n\times n}$，$k=1$，2，…，$s$

3. 判断矩阵的一致性检验

在构造判断矩阵时要求每一个判断矩阵都有完全的一致性显然不太可能，特别是因素多、规模大的问题更是如此。为了保证应用层次分析法分析得到的结论合理，还需要对构造的判断矩阵进行一致性检验。在实际问题求解时，构造的判断矩阵并不一定具有一致性，只要其不一致的程度在容许范围内，就可以用它所对应于最大特征根λ_{max}来检验判断的一致性程度。因此，在层次分析法中引入判断矩阵最大特征根以外的其余特征根的负平均值，作为度量判断矩阵偏离一致性的指标，即用

$$CI_k=\frac{\lambda_{k\max}-n}{n-1}\quad k=1,2,\cdots,s \tag{7-19}$$

检验决策者判断思维的一致性。$CI_k=0$时该成对比较矩阵为一致性，CI_k数值越大，该成对比较矩阵的不一致程度就越严重。

衡量不同阶判断矩阵是否具有满意的一致性，引入平均随机一致性指标RI值，对于1~9阶判断矩阵，RI的值分别列于表7-6中。

表7-6　随机一致性指标*RI*的数值

N	1	2	3	4	5	6	7	8	9
RI	0.00	0.00	0.58	0.90	1.12	1.24	1.32	1.41	1.45

根据表7-6，对于1，2阶判断矩阵总是具有完全一致性。当阶数大于2时，判断矩阵的一致性CI与同阶随机一致性指标RI之比为随机一致性比率，记为CR。当

$$CR_k=\frac{CI_k}{RI_k}<0.10\quad k=1,2,\cdots,s \tag{7-20}$$

时，即认为判断矩阵具有满意的一致性，否则就需要调整判断矩阵，使之具有满意的一致性。

对于S个专家给出的S个判断矩阵，可采用加权几何平均进行综合，生成一个综合判断矩阵$A=(a_{ij})_{n\times n}$，其中：

$$\begin{cases} a_{ij}=(a_{ij1})^{\lambda_1}(a_{ij2})^{\lambda_2}\cdots(a_{ijs})^{\lambda_s},i,j=1,2,\cdots,n \\ \sum_{i=1}^{s}\lambda_i=1 \end{cases} \tag{7-21}$$

式中，$\lambda_i,i=1,2,\cdots,s$，是第i位专家的权重系数，它是对专家能力水平的综合定量表示，当对专家的能力水平的高低难以获得或不易做出比较时，可取

$$\lambda_i = \frac{1}{s}, i = 1,2,\cdots,s \quad (7-22)$$

然后将综合判断矩阵 A 按照原层次分析法的方法计算指标权重。

权重的计算可以看做是层次排序的过程。层次排序又可分为层次单排序和层次总排序。前者是计算出某层次因素相对于上一层次中某一因素的相对重要性，从理论上讲，层次单排序计算问题可归结为计算判断矩阵的最大特征根及其对应特征向量的问题；层次总排序是依次沿递阶层次结构由上而下逐层计算，即可计算出最低层因素相对于最高层的相对重要性的排序值。此时将综合判断矩阵 A 的最大特征根所对应的特征向量作归一化处理后即可作为权重向量 $\bar{w} = (w_1, w_2, \cdots, w_n)^T$。

（二）利用层次分析法对生态工业园区评价指标权重的确定

为完善本评价体系，特邀请 10 位在生态工业园区理论实践以及评价方法等方面的资深专家参加了本次权重的确定工作。各位学者在独立状态下对生态工业园区运作质量评价体系做出了判断矩阵。对判断矩阵检验及构造综合判断矩阵等均利用 Excel 计算。对于各位专家的权重均为 0.1。由于体系中的准则层Ⅱ又分别分为两个层次，对此进行一致性检验没有意义，因此，在进行权重确定过程中，将准则层Ⅰ和准则层Ⅱ合并进行一致性检验并赋权。

笔者仅根据专家针对生态工业园区稳定持续评价（B_2）中 5 个指标的判断矩阵为例，说明指标权重的确定方法。表 7－7 为 10 位专家所给出的关于 B_2 的判断矩阵。

表 7－7　　$B_2^{[1]} - B_2^{[10]}$ 的比较矩阵

$B_2^{[1]}$	C_{211}	C_{212}	C_{213}	C_{221}	C_{222}
C_{211}	1	1/3	1/2	1/5	1/8
C_{212}	3	1	2	1/4	1/7
C_{213}	2	1/2	1	1/6	1/7
C_{221}	5	4	6	1	1/3
C_{222}	8	7	7	3	1

$B_2^{[2]}$	C_{211}	C_{212}	C_{213}	C_{221}	C_{222}
C_{211}	1	1/2	1	1/7	1/5
C_{212}	2	1	2	1/5	1/3
C_{213}	1	1/2	1	1/7	1/5
C_{221}	7	5	7	1	3
C_{222}	5	3	5	1/3	1

$B_2^{[3]}$	C_{211}	C_{212}	C_{213}	C_{221}	C_{222}
C_{211}	1	1	3	1/3	1/2
C_{212}	1	1	3	1/3	1/2
C_{213}	1/3	1/3	1	1/5	1/4
C_{221}	3	3	5	1	2
C_{222}	2	2	4	1/2	1

$B_2^{[4]}$	C_{211}	C_{212}	C_{213}	C_{221}	C_{222}
C_{211}	1	1	1/2	1/3	1/5
C_{212}	1	1	1/2	1/3	1/5
C_{213}	2	2	1	1/2	1/4
C_{221}	3	3	2	1	1/3
C222	5	5	4	3	1

续表

$B_2^{[5]}$	C_{211}	C_{212}	C_{213}	C_{221}	C_{222}
C_{211}	1	3	3	1	5
C_{212}	1/3	1	1	1/3	3
C_{213}	1/3	1	1	1/3	3
C_{221}	1	3	3	1	5
C_{222}	1/5	1/3	1/3	1/5	1

$B_2^{[6]}$	C_{211}	C_{212}	C_{213}	C_{221}	C_{222}
C_{211}	1	1	3	1/3	1/5
C_{212}	1	1	3	1/3	1/5
C_{213}	1/3	1/3	1	1/5	1/7
C_{221}	3	3	5	1	1/3
C_{222}	5	5	7	3	1

$B_2^{[7]}$	C_{211}	C_{212}	C_{213}	C_{221}	C_{222}
C_{211}	1	1/5	1/5	1/3	1/5
C_{212}	5	1	1	3	1
C_{213}	5	1	1	3	1
C_{221}	3	1/3	1/3	1	1/3
C_{222}	5	1	1	3	1

$B_2^{[8]}$	C_{211}	C_{212}	C_{213}	C_{221}	C_{222}
C_{211}	1	1/3	1/2	1/5	1/8
C_{212}	3	1	2	1/4	1/7
C_{213}	2	1/2	1	1/6	1/7
C_{221}	5	4	6	1	1/3
C_{222}	8	7	7	3	1

$B_2^{[9]}$	C_{211}	C_{212}	C_{213}	C_{221}	C_{222}
C_{211}	1	1/3	7	1/5	1
C_{212}	3	1	7	1/5	3
C_{213}	1/7	1/7	1	1/9	1/3
C_{221}	5	5	9	1	5
C_{222}	1	1/3	3	1/5	1

$B_2^{[10]}$	C_{211}	C_{212}	C_{213}	C_{221}	C_{222}
C_{211}	1	1/2	1/2	1/4	2
C_{212}	2	1	1	1/2	3
C_{213}	2	1	1	1/2	3
C_{221}	4	2	2	1	4
C_{222}	1/2	1/3	1/3	1/4	1

将判断矩阵根据公式（7－19）和公式（7－20）分别对矩阵 $B_2^{[1]}-B_2^{[10]}$ 作一致性检验，结果见表7－8。

表7－8　$B_2^{[1]}-B_2^{[10]}$ 的一致性检验结果

	λ_{max}	n	CI	RI	$CR = CI/RI$
$B_2^{[1]}$	5.2021	5	0.0505	1.12	0.0451
$B_2^{[2]}$	5.0738	5	0.0184	1.12	0.0165
$B_2^{[3]}$	5.0565	5	0.0141	1.12	0.0126
$B_2^{[4]}$	5.0588	5	0.0147	1.12	0.0131
$B_2^{[5]}$	5.0555	5	0.0139	1.12	0.0124
$B_2^{[6]}$	5.1264	5	0.0316	1.12	0.0282
$B_2^{[7]}$	5.0417	5	0.0104	1.12	0.0093
$B_2^{[8]}$	5.2021	5	0.0505	1.12	0.0451
$B_2^{[9]}$	5.3453	5	0.0863	1.12	0.0771
$B_2^{[10]}$	5.0392	5	0.0098	1.12	0.0088

上述各矩阵根据公式（7－20）计算出的随机一致性比率 CR 的值均小于0.1，表明均通过一致性检验。由此可按照公式（7－21）构造 B_2 综合判断矩阵。见表7－9。

表7－9　　B_2 的合成综合判断矩阵

	C_{211}	C_{212}	C_{213}	C_{221}	C_{222}
C_{211}	1.0000	0.5949	1.0898	0.2849	0.4071
C_{212}	1.6808	1.0000	1.7384	0.3686	0.5708
C_{213}	0.9176	0.5753	1.0000	0.2914	0.4017
C_{221}	3.5096	2.7130	3.4321	1.0000	1.0946
C_{222}	2.4565	1.7518	2.4896	0.9136	1.0000

同样，根据公式（7－19）和公式（7－20）对此综合判断矩阵进行一致性检验，其CR为0.0045，小于0.1，通过一致性检验。所求得检验结果如表7－10所示。

表7－10　　B_2的一致性检验结果

	λ_{max}	n	CI	RI	$CR = CI/RI$
B_2	5.0203	5	0.0051	1.12	0.0045

最大特征所对应的特征向量为：$\bar{w}$ =（0.1046，0.1592，0.1005，0.3588，0.2769）^{T}，为 B_2 矩阵中各项的单排序。若要计算层次总排序，则需先计算各矩阵中的单排序。

按照上述计算步骤和方法，分别计算出A和 B_1-B_4 的合成综合判断矩阵，按照公式（7－19）和公式（7－20）将综合矩阵进行一致性检验，其检验结果 $CR < 0.1$，一致性检验通过（计算过程略），A矩阵的权向量和 B_1-B_4 的权向量见表7－11。

表7－11　　A、B_1-B_4 的权向量

	A	B_1	B_2	B_3	B_4
$\bar{w}$	0.1896	0.0932	0.1046	0.1548	0.2145
	0.4821	0.2034	0.1592	0.1911	0.2169
	0.2153	0.1316	0.1005	0.1574	0.2175
	0.1129	0.2396	0.3588	0.2458	0.1554
		0.1580	0.2769	0.1036	0.1077
		0.1742		0.1475	0.0881

在此基础上，计算出生态工业园区运作质量平均指标体系中各层次指标的权重，见表7－12。

表 7－12　　　　生态工业园区运作质量评价指标体系及其权重

目标层	准则层Ⅰ	对总目标权数	准则层Ⅱ	对总目标权数*	指标层	对总目标权数
生态工业园区运作质量评价指标（A）	生态工业园区发展水平评价（B_1）	0.1896	园区经济发展水平（C_{11}）	0.0812	人均增加值（C_{111}）	0.0177
					万元增加值耗能（水）量（C_{112}）	0.0386
					万元增加值“三废”（废水、废气、固体废物）排放量（C_{113}）	0.0250
			园区环境质量水平（C_{12}）	0.1084	废气（CO_2、SO_2）排放量达标率（C_{121}）	0.0454
					“三废”处理率（C_{122}）	0.0300
					工业废物综合利用率（C_{123}）	0.0330
	生态工业园区稳定持续评价（B_2）	0.4821	经济发展持续度（C_{21}）	0.1756	增加值增长率（C_{211}）	0.0504
					单位增加值能耗降低率（C_{212}）	0.0768
					经济产投比（C_{213}）	0.0485
			环境发展持续度（C_{22}）	0.3065	“三废”减排率（C_{221}）	0.1730
					“三废”综合利用率的变化率（C_{222}）	0.1335
	生态工业园区协调关联评价（B_3）	0.2153	经济与环境协调度（C_{31}）	0.1084	环保投资占 GDP 的比重（C_{311}）	0.0333
					废弃物产出率（C_{312}）	0.0411
					资源生产力（C_{313}）	0.0339
			园内企业间关联性（C_{32}）	0.1070	水、原材料、能源重复利用率（C_{321}）	0.0529
					园区企业间生态关联度（C_{322}）	0.0223
					园区副产品、废品资源化率（C_{323}）	0.0318
	生态工业园区网络管理评价（B_4）	0.1129	基础设施共享性（C_{41}）	0.0733	资源信息共享网络平台累计投入率（C_{411}）	0.0242
					园区污水集中处理率（C_{412}）	0.0245
					科技投入占增加值比例（C_{413}）	0.0246
			园区管理发展水平（C_{42}）	0.0397	生态工业相关技术研发和推广投入率（C_{421}）	0.0175
					规模以上企业 ISO14001 认证率（C_{422}）	0.0122
					开展清洁生产的企业所占比例（C_{423}）	0.0099

注：* 该层次权重是通过指标层权重倒算的。

本章从目前对生态工业园区评价研究的现状入手，对国内外生态工业园区评价的关注点和采用的方法进行了综述，针对评价指标体系建立模式现状，提出简练评价指标、提高评价指标可操作性、突出评价生态工业园区的关键问题等设置原则。

本章所采用的方法主要是投入产出法和层次分析法。利用投入产出法，对生态工业园区产业链作出评价，其中包含笔者的创新性探索。首先对评价对象进行了范围上的界定，区分园内企业和园外企业，其次对投入来源也进行了划分，分为来自园区内物料等投入和来自园外物料等投入。在此基础上，构建了生态工业园区的投入产出模型，根据此模型提供的各项数据及其存在的数量关系，分别从3个方面，即对园区主导企业、对园区产业链、对园区整体运行方面，建立了生态工业园区的评价指标体系框架。

利用层次分析法，对生态工业园区综合运作质量作出评价。在一些学者研究的基础上，笔者以生态工业园区的4个方面为准则层，构建了一个包含23个指标的评价体系，其中，在对园区产业关联评价上，借鉴了生态学原理，构造了两个定量反映园区企业间关联度和资源利用率的指标，该指标可操作性较强。

总之，笔者对于上述两种比较成熟的方法赋予了新的评价的内容，为第二产业循环经济管理提供了可行的评价方法。

第八章　循环经济的政策支持体系

循环经济政策体系的研究具有十分重要的理论意义和现实意义。首先，循环经济是一种新型的经济增长模式，实施循环经济将对传统经济带来极大的冲击与挑战，新旧两种模式之间的经济过渡将是十分艰难和漫长的过程（周国富，2005），需要国家和政府的大力推进，给予循环经济发展足够的政策保障。其次由于我国对循环经济的研究起步较晚，且由于循环经济思想的前瞻性和长远性，并不是所有企业和个人都能主动贯彻循环经济的理念。因此国家和政府制定相应的政策体系以引导和促进循环经济的顺利开展，意义将十分重大。

第一节　国外发展历程

随着人类面临的生存环境与发展趋势的不断变化，可持续发展的大趋势得到普遍认同，国际社会发展循环经济的意愿逐渐升温，人类与自然协调发展的政策工具日益丰富，政策重点发生了转移。

循环经济政策雏形源于传统资源环境政策，从未来发展趋势来看，目前正经历着从政府管理向政策治理的方向转变。从发达国家的政策发展历程来看，20世纪70年代，政府的管理模式主要是中央集权下的命令与控制手段的大量应用；80年代，由于逐渐认识到直接管制政策的成本负担，开始引入了一些市场化手段，政策管理转向了以预防为主的市场性政策管理阶段；90年代，市场化手段日益丰富，并逐渐出现了多个主体共同参与环境治理的对话合作机制，开启了环境合作全球化的序幕。21世纪以来，随着全球资源环境意识的普遍提升和循环经济实践的迅速推广，区域间参与、协作的趋势得到增强，新的管理理念和治理工具不断出现，循环经济政策管理的理论与实践都得到极大的丰富和发展（Xepappadeas，A.，A. De Zeeuw，1999）。（见图8－1）

国外环境政策的多元化发展趋势说明单纯的管理环境或者管理资源都是片面的思维模式，割裂了资源、环境与社会经济系统之间的内在联系。推进循环经济发展的政策必须将重点转向引导生产者和消费者的观念转变和行为转变上来，同时辅助以经济的、法律的、行政的、信息的等多种政策工具，激发多元主体的积极性。依照现代循环经济的原则，从“环境优化增长”的角度出发，改变过去无视资源、放弃环境的做法，使其转变为刺激经济增长的重要因素；以系统性的思维模式，突破资源、环境瓶颈，打破行政区划限制，制定并调整一系列促进循环经济发展的配套政策，加强资源环境的监督、处置力度，提高公众的自律、参与意识，彻底解决中国的资源与环境危机，走上“科技含量高、经济效益好、资源消耗低、环境污染少”的新型工业化道路。

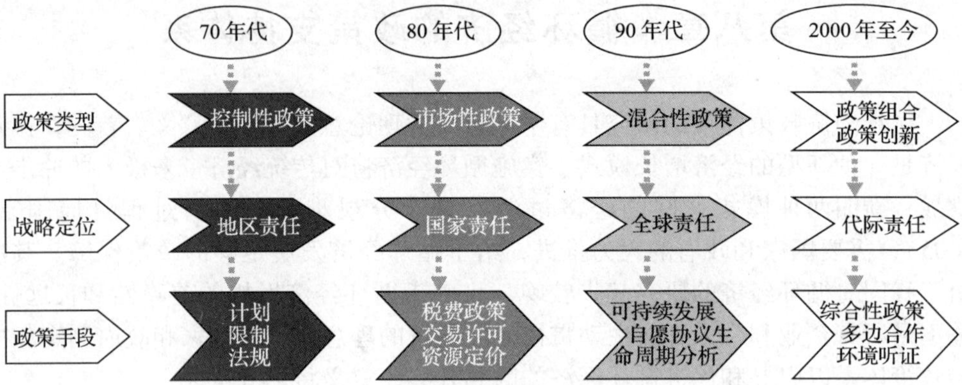

图8－1　国外环境政策发展趋势

第二节　中国发展循环经济现状

目前，中国已经形成了一个相对完备的环境政策体系，并对中国良性的经济发展起到了保驾护航的作用。但面临着快速发展的经济、社会与国际形势，仅仅依靠传统环境管理的手段和体系的保障，显然与全世界可持续发展战略的实施客观上存在差距。因此，从资源、环境、社会、经济及人类全面发展的角度，对中国过去的环境政策体系的构成和建设过程进行回顾与分析，对于新型的循环经济政策体系的构建与完善，具有十分重要的意义。

一、发展的主要阶段

中国是地球上人口最多的国家，同时经历着工业化大发展的资本积累的特定阶段，决定了中国的环境资源管理的复杂性和多样性。自20世纪50年代建国以来，中国的资源环境管理经历了从萌芽、起步、发展到整合四个阶段，见图8－2。

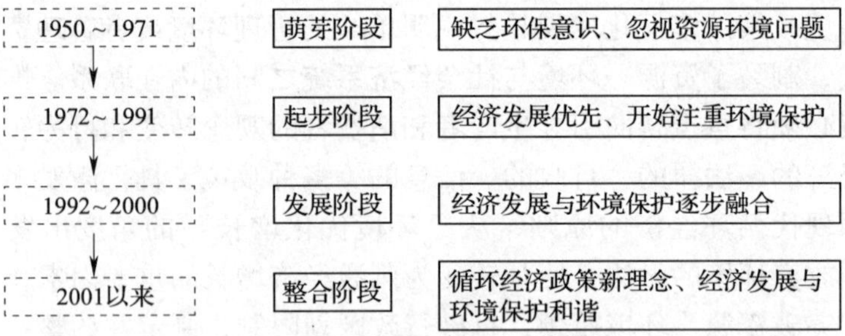

图8－2　中国环境政策与循环经济演变阶段

1. 萌芽阶段（20 世纪 50—60 年代）

中国的资源环境问题较早出现在 20 世纪 60 年代，由于农村出现大量剩余劳动力，打破了国有体制和市政建设的正常管理体系，在未经充分论证、合理规划和资金调配的条件下，涌现出大批“五小”企业，造成了严重的环境污染和生态灾害。“五小”是指小火电、小炼焦、小水泥、小煤矿、小电厂等规模小、技术水平落后、能耗高、污染严重的企业。经过几轮经济调整，绝大多数“五小”企业已经被取缔。这一阶段中国具有明显的计划经济特征，环境政策也仅局限于一些原则、限制、目标或规范等条文，而且客观地说，当时整个社会对环境问题缺乏足够的认识，环境科学知识尚未普及，环境监管机制不健全，决策相对滞后，从而造成判断失误，资源环境基本处于无序滥用的状态。

2. 起步阶段（20 世纪 70 ~ 80 年代）

20 世纪 70 年代初发生了大连湾和官厅水库严重污染公害事件。1972 年，大连湾水域因工业排污造成重大污染，因污染荒废的贝类滩涂 5000 多亩，由此造成年损失海参 1 万多 kg，贝类 10 万多 kg，蚬子 150 多万 kg。1972 年，北官厅水库遭受严重污染，直接影响到北京市场的水产品供给。这引起了中国中央政府的高度重视，并采取了积极的应对态度，此后，资源环境的保护与治理被正式提到议事日程上来。1972 年，中国代表出席斯德哥尔摩人类环境大会，并作出相应承诺，开启了中国发展循环经济政策支持的大幕。在此基础上，1973 年，召开了第一次环境保护会议，建立了地方“三废”治理机构，是现在官方环境保护机构的前身。1979 年，中国颁布了第一部综合性的环境保护基本法——《中华人民共和国环境保护法（试行）》，以法律的形式确定了中国环境保护方面的基本范围、任务和政策。1989 年的第三次全国环境保护会议出台五项环境管理制度，同年，正式施行了《中华人民共和国环境保护法》，中国环境工作开始走上制度化的发展道路。

这一阶段中国环境保护制度逐步发展成为环境管理八大制度和由大气污染、水污染、噪声污染防治等方面的法规组成的环境保护政策法规和制度体系。在环境管理模式上逐步从初期的“三废治理”，逐步发展到源头预防、全过程控制的管理模式，逐步建立健全环境统计、环境监测系统、环境影响评价、环境考核制度体系等多种环境管理机制。从而使中国特色的环境管理和执法机构、体系和制度得到快速的发展和完善。

3. 发展阶段（20 世纪 90 年代）

进入 20 世纪 90 年代，社会主义市场经济得到快速发展，中国也从实施一般型环境政策逐步转向开创循环经济型政策，实行污染防治与生态保护并重的指导方针。1992 年，联合国环境与发展大会将可持续发展观念引入中国，并被迅速转化为中国环境与发展十大对策，即：① 转变传统发展模式，走持续发展道路；② 采取有效措施，防治工业污染；③ 开展城市环境综合整治，治理城市“四害”；④ 改善能源结构，提高能源利用效率；⑤ 推广生态农业，支持植树造林，加强生物多样性保护；⑥ 加强环境科学研究，发展环保产业；⑦ 运用经济手段保护环境；⑧ 加强环境教育，提高全民族环境意识；⑨ 健全环境法制，强化环境管理；⑩ 制定国家环境发展行动计划。这一阶段一个具有里程碑意义的事件就是1994年制定的《中国21世纪议程》，明确指出了经济建设与环境保护协调发展，是中国发展经济、保护环境的基本方针。

4. 整合阶段（21世纪初以来）

进入21世纪，中国上至政府下到普通公众都对发展进行了深入的反思和再认识，产生了科学发展观和和谐社会等新的发展理念，发展循环经济被作为社会和谐问题中的一个重要方面，受到全社会更加广泛和深刻的关注。国家制定和修改了一大批法律法规，主要包括《循环经济促进法》、《清洁生产促进法》、《环境影响评价法》、《放射性污染防治法》、《固体废物污染环境防治法》、《防沙治沙法》、《水法》、《危险废物经营许可证管理办法》、《排污费征收使用管理条例》等，在生产者责任延伸、规划环评、环境赔偿举证责任倒置、强制清洁生产审核、污染限期治理决定授权和超标违法等方面作出了新的规定。“十五”以来，中国明显增大了资源环境治理投资力度（“十五”期间投资6000多亿元），直接支持了100多个相关项目。这一阶段，中国创新了许多独具特色的政策手段，开始意识到将原来的污染治理和清洁生产等环境管理政策整合起来，把可持续发展的理念渗透到经济社会发展的各个部分和全过程之中，因而提出了知识经济、生态经济、循环经济等理念。不仅重视单项政策手段的引进、选择和优化，更加注重政策的修正与调整，以及各种政策工具之间的补充与混合应用，从而为循环经济政策体系建立与完善奠定了坚实的基础。

二、发展的基本框架

2005年7月2日国务院发布了《关于加快发展循环经济的若干意见》（国发［2005］22号）以及2008年颁布的《循环经济促进法》对中国发展循环经济的指导思想、基本原则、发展目标、主要指标、重点工作与环节等作出了较为全面、翔实的阐述，成为迄今为止中国最全面、最权威论述循环经济发展实质问题的纲领性文件，成为指导中国近期乃至今后较长时期内循环经济发展的路线、方针和原则的文件，见表8－1。

表8－1　中国发展循环经济的主要政策思路（详见国发［2005］22号）

指导思想	以邓小平理论和“三个代表”重要思想为指导，树立和落实科学发展观，以提高资源生产率和减少废物排放为目标，以技术创新和制度为动力，强化节约资源和保护环境意识，加强法制建设，完善政策措施，发挥市场机制作用，促进循环经济发展。

续表

基本原则	坚持走新型工业化道路，形成有利于节约资源、保护环境的生产方式和消费方式；坚持推进经济结构调整，加快技术进步，加强监督管理，提高资源利用效率，减少废物的产生和排放；坚持以企业为主体，政府调控、市场引导、公众参与，形成有利于促进循环经济发展的政策体系和社会氛围。
发展目标	力争到2010年建立比较完善的发展循环经济法律法规体系、政策支持体系、体制与技术创新体系和激励约束机制。资源利用效率大幅度提高，废物最终处置量明显减少，建成大批符合循环发展要求的典型企业。推进绿色消费，完善再生资源回收利用体系。建设一批符合循环经济发展要求的工业（农业）园区和资源节约型、环境友好型城市。

除综合性循环经济政策以外，中国的环境政策体系还涉及环境经济政策、环境管理政策、环境技术政策、环境产业政策、环境贸易政策、环境国际合作政策，以及环境保护规划和行业发展规划，见表8－2。

表8－2　　　　与循环经济相关的政策构成

环境经济政策	投资政策 投资鼓励政策 投资禁止或限制政策 财政和税收政策 信贷政策 价格政策 预算政策 收费政策 节约型社会政策 资源综合利用政策
环境管理政策	强制淘汰政策 技术推广管理政策 认证认可政策 能源标识管理 规划和区域环境评价政策 土地管理政策 生物安全管理政策 自然保护区和农牧业环境管理 林业政策 城镇环境管理政策 西部开发政策 环境行政审批政策 行政管理体制

续表

环境技术政策	各类防治技术、技术政策大纲、技术导则等
环境产业政策	国家产业政策 环保产业政策 高新技术产业政策 汽车产业政策
环境贸易政策	外商投资政策 货物进口/出口环境管理 技术进出口环境管理 化学品进口/出口环境管理 技术性贸易措施 WTO 与环境贸易
环境保护规划和行业发展规划	国民经济五年规划 综合性环境规划 重点流域和区域环境规划 资源和能源规划 行业发展规划

资料来源：国家环境保护总局政策法规司．中国环境政策全书．2005．中国环境科学出版社．

1．相关法律法规

中国循环经济相关的法律主要由三部分构成，即资源与能源相关的法律、废弃物管理与环境保护法律，以及相关的生产消费和宏观经济领域的法律，见图 8－3。其中，2003 年正式实施的《清洁生产促进法》第 9 条明确提出：“调整产业结构，发展循环经济，促进企业在资源和废物综合利用等领域进行合作，实现资源的高效利用和循环使用。”《节约能源法》、《环境影响评价法》、《可再生能源法》等也提出了发展循环经济相关方面的要求。而 2004 年修订的《固体废物污染环境防治法》第 3 条则从废弃物管理的角度提出要实行减少固体废物的产生量和危害性，充分合理利用固体废物和无害化处置固体废物的原则，促进清洁生产和循环经济发展。

此外，国家及各地方政府还出台了一些配套的法规、条例、意见、办法等，促进循环经济相关法律的实施，如《节能专项规划》、《废旧家电及电子产品回收处理管理条例》、《清洁生产审核办法》、《中国节水技术大纲》和《循环经济促进法》等法规。陕西、辽宁、江苏等省及沈阳、太原等城市先后制定的地方清洁生产政策和法规；贵阳市颁布并实施的《贵阳市建设循环经济生态城市条例》等，也为依法推进循环经济的发展奠定了基础。

2．重要管理制度

自 20 世纪 70 年代以来，中国除制定了渐成体系的法律政策外，还出台了一系列独具特色的管理制度，主要应用于污染防治方面。具体如下：

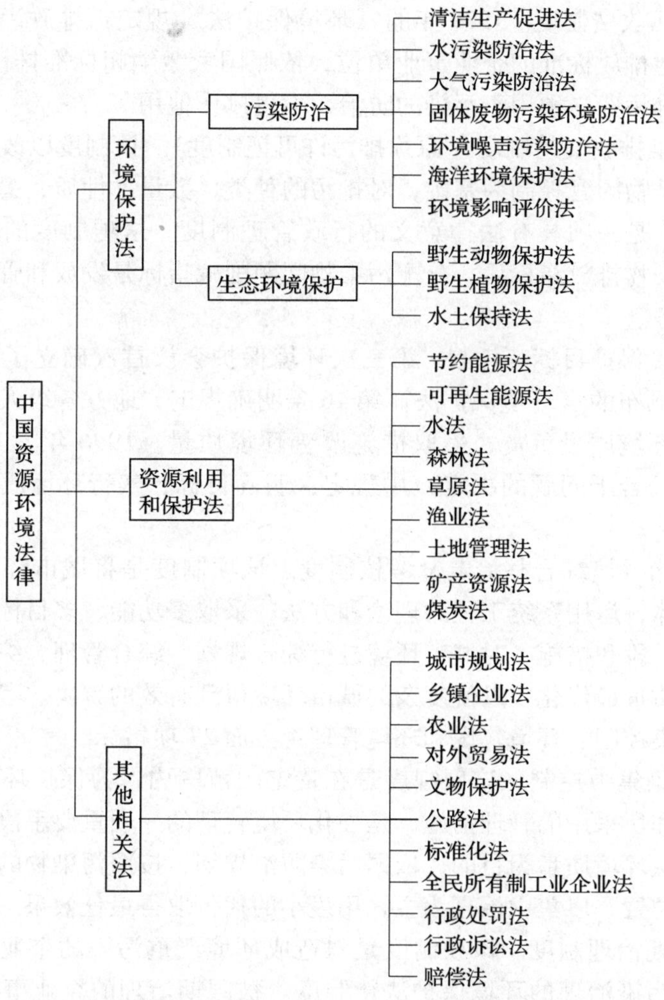

图 8－3　中国资源环境法律汇总

（1）“三同时”制度。1972 年首次提出的这项制度是指建设项目中的环境保护设施必须与主体工程同时设计、同时施工、同时投产使用，这是中国最早的环境管理制度。1986 年对该项制度进行了修改和完善，并由国务院环境保护委员会、国家计委、国家经委联合颁布了《建设项目环境保护管理办法》，具体规定了“三同时”的内容。

（2）环境影响评价制度。1979 年颁布的《环境保护法（试行）》规定了环境影响评价的内容，即在进行建设活动之前，对建设项目选址、设计和建成投产使用后可能对周围环境产生的不良影响进行调查、预测和评定，提出防治措施，并按照法定程序进行的法律制度。2002 年通过的《环境影响评价法》成为该项制度的法律基础。

（3）排污收费制度。1989年的《环境保护法》规定：排放污染物超过国家或者地方规定排放标准的企业事业单位，依照国家缴纳超标准排污费负责治理，征收的超标排污费必须用于污染的防治，不得挪作他用。

（4）污染排放交易制度（原称排污许可证制度）。该制度以改善环境质量为目标，以污染物问题控制为基础，对排污的种类、数量、性质、去向、方式等作出具体规定，是一项具有法律意义的行政管理制度。这项制度的基础是问题控制，确定污染物排放指标后，分配污染物问题削减指标是发放和管理排污许可证最核心的任务。

（5）环境保护目标责任制。第三次环境保护会议首次确立了环境目标责任制。1989年颁布的《环境保护法》第16条明确规定，地方各级人民政府，应当对本辖区的环境质量负责，采取措施改善环境质量。1996年发布的《国务院关于环境保护若干问题的决定》中规定：明确目标，实行环境质量行政领导负责制。

（6）城市环境综合整治定量考核制度。该项制度是将城市环境作为一个系统、一个整体，运用系统工程的理论和方法，采取多功能、多目标、多层次的综合的战略、手段和措施，对城市环境进行综合规划、综合管理、综合控制，以换取城市环境质量最优化，以使复杂的城市环境得到有效的解决。考核内容包括环境质量、污染控制、环境建设和环境管理4方面27项指标。

（7）污染集中控制。该项制度是在特定的范围内，为保护环境所建立的集中治理设施和所采用的管理措施，是强化环境管理的一项重要手段。污染集中控制以改善区域环境质量为目的，依据污染防治规划，按照污染物的性质、分类和所处的地理位置，以集中治理为主，用最小的代价取得最佳效果。

（8）限期治理制度。该项制度是对造成环境严重污染的企业事业单位，限定时间进行污染治理的环境保护法律制度。被限期治理的企业事业单位必须如期完成治理任务。对经限期治理逾期未完成治理任务的单位，除依照国家规定加收超标准排污费外，还可根据所造成的危害后果处以罚款，或者责令停业、关闭。

3. 配套经济政策

为调动企业开展资源综合利用的积极性和主动性，国家制定并实施了一系列鼓励开展资源综合利用的优惠政策，以经济激励的方式促进循环经济在中、微观层面的发展。先后制定了两批《当前国家重点鼓励发展的产业、产品和技术目录》，并由原经贸委、财政部、税务总局联合发布了一些有关的优惠政策，并取得了较好的成效（见表8-3，表8-4），涉及对利废企业和产品实行税收减免优惠政策、电力二氧化硫的排污交易政策、农业生态补偿政策，以及排污权有偿分配等。

表 8-3　　　　主要经济措施在中国的应用情况

手　段	实施时间	实施部门	作用对象	实施范围
超标排污费	1982	环保部门	企业事业	全国
污水排污费	1991	环保部门	企业事业	全国
排污设施有偿使用费	1993	城建部门	企业事业、个体经济经营者	全国
污水处理费	不详	城建部门	企业事业、居民	青岛、泰安、合肥、上海、北京、深圳
垃圾处理费	不详	城建部门	居民	全国
SO_2 收费（试点）	1992	环保部门	工业燃烧锅炉、电厂	2省9市
生态环境补偿费（试点）	1989	环保部门	开采者	广西、江苏、福建、陕西榆林、山西、贵州、新疆等
矿产资源税和补偿费	1986	税收部门、矿产部门	开采者	全国
综合利用税收优惠	1984	税收部门	综合利用企业	全国
排污许可交易（试点）	1985	环保部门	排污交易企业	上海、沈阳、济南、太原等
“三同时”保证金	1989	环保部门	新建污染企业	抚顺、绥化、江苏
治理设施运行保证金	1995	环保部门	企业事业	常熟
废物交换市场	1989	交换中心	综合利用企业	上海、沈阳
废物回收押金	不详	物资部门	可再用固体废弃物	全国
环保投资渠道	1984	综合计划部门、财政部门、金融部门	企业事业	全国
补贴	1982	环保部门、财政部门	治理污染企业	全国
减征消费税	不详	税收部门	企业（生产销售欧Ⅲ排放标准汽车）	全国
矿产资源费	1994	环保部门	开采者	全国
排污权有偿分配	2003	环保部门	工业废水	江苏、浙江

表 8-4　　主要污染控制手段的效果评价

政策手段	总体评价	环境有效性	经济有效性	公平性	管理成本	可接受性
环境影响评价	+ +	+ +	+ +	+ +	+ +	+ +
"三同时"	+ +	+ +	+ +	+	+ +	+
限期治理	+	+ +	+	+	+ +	+
环境目标责任制	-	-	+	-	-	-
总量控制	+ +	+ +	+ +	+ +	+	+ +
ISO14000 审核	-	+	+	-	-	-
清洁生产审计	+ +	+ +	+ +	+	+	+
排污收费	+ +	+ +	+ +	+ +	+ +	+ +
"三同时"保证金	-	-	-	-	-	-
削减补贴	-	+	-	-	-	-
排污权交易	+	+	+	+	+	-

注：每种政策手段的评价标准为"-"差；"+"一般；"+ +"好；"+ + +"很好。

资料来源：曹东等. 中国工业污染经济学. 中国环境科学出版社. 1999 年，第 234 页

目前，中国的环境税费所得首先汇成财政资金，再用于各个产业的排放削减（约占税费总收入的 70% ~80%），然后用于中央的行政管理，最后剩余的资金又被退还给相应的企业用作环境改善。

三、相关政策进展

改革开放以来，我国政府在法律、法规、政策、标准等方面，出台了约束和激励措施，构建有利于资源节约和环境保护的政策体系，为循环经济的发展创造了制度环境。根据国家发展和改革委员会的规划，到 2010 年，中国将建立起比较完善的循环经济法律法规体系、政策支持体系、技术创新体系和有效的约束激励机制。根据国家发改委提出的政策导向，循环经济的理念被贯穿到"十一五"规划的编制工作中，无论是规划纲要，还是各类专项规划、区域规划以及城市总体规划，都把发展循环经济放在突出位置。国家已经提出了循环经济法律法规框架和《循环经济促进法》立法建议，为加快循环经济的工作奠定了良好基础。

1. 完善法律法规

2003 年 1 月 1 日正式实施的《清洁生产促进法》第九条提出："调整产业结构，发展循环经济，促进企业在资源和废弃物综合利用等领域进行合作，实现资源的高效利用和循环利用。"《节约能源法》、《环境影响评价法》、《可再生能源法》等，均提出了发展循环经济相关方面的要求。2004 年修订的《固体废弃物污染环境防治法》第三条提出："国家对固体废弃物污染环境的防治，实行减少固体废弃物的产生量和危害性、充分合理利用固体废弃物和无害化处置固体废弃

物的原则，促进清洁生产和循环经济发展”。国家发改委出台了《节能专项规划》，提出近期的十大重点节能工程。《废旧电器及电子产品回收处理管理条例》、《清洁生产审核办法》、《中国节水技术大纲》等法规相继出台。各地也出台了地方性法规，到 2003 年，陕西、辽宁、江苏等省及沈阳、太原等城市先后制定了地方清洁生产政策和法规，贵阳市颁布并实施了《贵阳市建设循环经济生态城市条例》。所有这些为依法推进循环经济的发展奠定了基础。

2. 制定优惠政策

作为循环经济的重要内容，资源综合利用、废旧物资回收、环保产业等，一直是国家鼓励和支持的工作。为调动企业开展资源综合利用的积极性和主动性，国家制定并实施了一系列鼓励开展资源综合利用的优惠政策。例如，1996 年国务院批转的国家经贸委等部门《关于进一步开展资源综合利用的意见》，将资源综合利用确定为社会经济发展中的一项长远的战略方针。在财政部、国家税务总局、国家发改委进行的有关税收优惠政策研究中，将节能、资源综合利用、环保产业等确定为税收优惠的对象，将继续给予扶持。

3. 增加绿色投资

2005 年，国家出台的煤炭、钢铁、汽车等产业政策，均将资源节约和环境友好放在了重要位置。近年来，国家在财政预算、国债投资上，开始向资源节约和环境保护领域倾斜，城市污水处理厂建设、植树造林、天然林保护、退耕还林还草、水利工程等公共领域的项目投资强度明显加大。国家发改委还在国债项目中专门增加了对循环经济项目的投资。财政部加大了财政转移支付力度，加快中西部地区的生态建设和环境保护。2006 年开始，分批次开展循环经济试点项目，国家投资 30 亿元人民币，在全国范围内开展循环经济型区域，生态工业园区、生态型企业多个层次，以及废弃物再生资源产业化、可再生能源等不同领域的循环经济试点。

4. 改革价格体系

在价格政策上，国家近年来加大了对资源性产品定价机制的改革力度，探索资源环境产权制度改革；实行峰谷电价、分时电价，探索水价改革，并取得初步经验。改变矿产资源以产量定税收的思路，开展招、排、挂等市场定价体制机制的探索；鼓励多种所有制企业和社会资金进入资源勘察和开发领域。在消费政策上，有关部门开始研究制定限制过度包装的法规，工商部门加大执法力度，减少了月饼的过度包装和搭售其他产品的现象。在进出口政策上，国家不断调整资源性产品的进出口政策，降低资源性产品出口退税的税率，禁止一些高能耗、高污染的资源性产品，如钢铁、电解铝等的出口；鼓励国内企业“走出去”，开发国内外两种资源，利用国内外两个市场，优先满足国内经济快速增长对资源的需求。

总之，国家采取了法律的、行政的、经济的和技术的措施，实施了一些包括价格、税收等利用市场机制的经济政策：调整产业结构，依法淘汰了一批技术落后、浪费资源、污染严重、治理无望的生产工艺、设备和企业，减轻工业污染负荷，缓解了结构性污染问题；优化能源结构，尽可能减少煤炭在能源中的比例，推广清洁煤技术，开发煤变油、煤变气项目，大力发展水电，积极开发可再生能源；严格控制新的污染和生态破坏，对所有建设项目实行环境影响评价制度，努力做到增产不增污，甚至减污。所有这些，对于促进循环经济的发展，转变生产方式发挥了积极作用。

四、《循环经济促进法》主要特点

大力发展循环经济，推动经济结构调整和发展方式转变，是我们应对挑战的重要手段。2008 年 8 月 29 日，《循环经济促进法》经十一届全国人大常委会第四次会议审议通过，于 2009 年 1 月 1 日起施行，标志着我国循环经济法制建设迈出了关键的一步。该法明确规定了促进循环经济发展的各项重要法律制度和措施，这些制度和措施的落实，将为我国循环经济的发展发挥重要的推动作用。

1．循环经济发展规划制度

规划是政府履行宏观调控、经济调节、公共服务职责的重要手段和依据。很多国家在重要资源开发、基础设施建设等战略性和涉及国民经济重要布局的问题上都采取了编制规划的措施。发展循环经济的涉及面十分广泛，具有很强的战略性和宏观性。同时，循环经济的发展存在长期性和复杂性，需要综合协调各方面的因素。因此，发展循环经济必须通过规划措施加以保障。

我国在推行循环经济的实践过程中，规划始终扮演着重要的角色。先期的试点示范单位几乎都制定了相应的循环经济规划。比如，贵阳市围绕产业、基础设施和生态环保三大体系制定了综合性的循环经济型生态城市规划。江苏省制定了省级循环经济建设规划，分解成循环型农业、循环型工业、循环型服务业和循环型社会 4 个组成部分。

2005 年，国务院发布的《关于加快发展循环经济的若干意见》明确提出，要“把发展循环经济作为编制有关规划的重要指导原则。各级政府及有关部门要用循环经济理念指导编制‘十一五’规划和各类区域规划、城市总体规划，以及矿产资源可持续利用、节能、节水、资源综合利用等专项规划，对资源消耗、节约、循环利用、废物排放和环境状况作出分析，明确目标、重点和政策措施”。其后，原国家环保总局在《关于推进循环经济发展的指导意见》中提出加强对循环经济发展的规划和指导，“制定循环经济发展战略和规划，根据我国环保工作的需要，组织制定推进循环经济发展、建设环境友好型社会的战略和计划”。

目前，循环经济规划已经成为我国发展循环经济的重要内容和有效工具。德国、日本等发达国家发展循环经济、建设循环型社会的实践也表明，循环经济发展需要规划发挥强有力的指导作用。

《循环经济促进法》第6条规定了发展循环经济在综合性规划中的地位。县级以上人民政府编制国民经济和社会发展规划及年度计划，县级以上人民政府有关部门编制环境保护、科学技术等规划，应当包括发展循环经济的内容。

《循环经济促进法》第12条规定了循环经济发展规划和具体内容。循环经济发展规划的编制工作由循环经济发展综合管理部门牵头。同时，考虑到发展循环经济离不开环境保护、科技、农业、建设等部门的支持，循环经济发展综合管理部门在编制循环经济发展规划时要会同环境保护等有关行政主管部门共同进行。循环经济发展规划应当按照有利于资源节约、有利于环境保护和改善生态系统、有利于统筹协调循环经济发展与其他社会经济活动、有利于促进经济社会可持续发展的原则进行编制。循环经济发展规划编制后，报同级人民政府批准后公布施行。

循环经济发展规划应当包括规划目标、适用范围、主要内容、重点任务和保障措施等，并明确规定资源产出率、废物再利用和资源化率等指标。规划的主要内容是要明确资源节约型和环境友好型社会的各项要求，以国民经济和社会发展规划、区域规划为基础，开展资源节约、减量、再利用和再循环的综合规划，同时针对重点或突出问题开展重要专项规划（节水、节能、废物循环等）、重点区域规划（工业带、农业区、矿区等）和重大问题研究工作，尤其重视城乡规划和园区建设。城乡规划和建设应当按照循环经济要求，实施节能、节水、节地、节材，发展再生水回用、可再生能源的使用。地方各级人民政府应当根据生态功能区划、资源条件和环境容量发展区域经济，对新建、扩建和已建的产业集中区和开发区进行规划、建设、运营和改造。规划的重点任务是要在充分考虑资源条件、产业布局、市场需求以及经济和环境成本的前提下，根据区域特点和发展形势在生产、流通和消费领域有侧重地选择重点行业和企业开展节能、节水、节材、节地和综合利用活动。规划的保障措施是要加强分类指导，明确建立循环经济评价指标体系，完善相关法律法规，建立有效的激励和约束机制，探索在市场经济条件下推动循环经济发展，建设资源节约型、环境友好型社会的思路和对策措施。

资源产出率和废物再利用和资源化率是循环经济发展的两个重要指标。根据国家发改委、原国家环保总局、国家统计局联合编制发布的《循环经济评价指标体系》，资源产出率属于资源产出指标，主要是指消耗一次资源（包括煤、石油、铁矿石、10种有色金属稀土矿、磷矿、石灰石、沙石等）所产生的国内生产总值（按不变价计算）。该项指标越高，表明自然资源利用效益越好。废物再利用和资源化率属于资源综合利用指标，主要反映工业固体废物、工业废水、城市生活垃圾等废物的资源化程度以及反映传统的五大类废旧物资回收利用状况，体现了废物转化为资源、节约使用资源、循环利用资源的要求，即"资源化"

的成效。

2. 总量调控制度

总量调控，即污染物排放和资源消耗总量控制，是指将某一区域作为一个完整的系统，将排入该区域的污染物总量和可利用的资源量控制在一定数量之内，以满足该区域的环境质量要求和资源可持续利用要求。当前一些地方的经济增长建立在过度消耗资源和污染环境的基础上，对这种不可持续的发展方式必须有必要的总量控制措施，以推动各地和企业按照国家的要求，根据本地的资源和环境承载能力安排产业结构和经济规模，积极主动地采取节能、节地、节水、减排等循环经济措施。

"九五"、"十五"期间，我国在污染源的管理制度中已经实行了环境污染物排放总量控制管理。国家规定在总量控制区域的排污单位排放污染物时，不仅污染物排放浓度要达标，而且污染物的排放总量不得超过总量控制指标。第十届全国人大四次会议批准的《国民经济和社会发展第十一个五年规划纲要》明确要求全面推行节水、节能、节地、节材以及资源综合利用，并把实现单位 GDP 能耗降低 20% 和主要污染物排放减少 10% 作为"十一五"期间的约束性指标。2007 年原国家环保总局对未按期完成"十一五"污染物总量削减指标的地区或行业，超过污染物总量控制指标、国家主要控制断面不能满足环境功能区划要求的河流流域、多次发生特大重大环境污染事故、环境风险隐患突出的行政区域，先后采取了"区域限批"、"行业限批"和"流域限批"等措施。实践证明，总量控制是推动地方政府调整产业结构、抓好环境治理、提升环境管理能力的有效手段。

《循环经济促进法》第 13 条规定了主要污染物排放、建设用地和用水三项总量控制指标，这些指标分别在《水污染防治法》、《土地管理法》、《水法》中就已经作出过规定。县级以上地方人民政府应根据这些总量控制指标，全面优化本行政区域的产业结构，限制发展高物耗、高污染的产业，促进传统产业的技术改造和经济结构调整，推动循环经济的发展。

3. 循环经济的评价指标体系和考核制度

指标体系是由一系列相互联系、相互制约的指标组成的科学的、完整的数据整体，它应反映出所要解决问题的各项目标状况。循环经济评价指标体系不仅可以使政府明确循环经济发展进程中需要优先考虑的问题，帮助决策者和公众了解和认识循环经济发展的有效信息，还能对循环经济发展水平进行科学评判，找出存在的问题，校正发展方向。循环经济评价指标体系是评价区域或者企业循环经济发展状况的基础，也是对区域社会、经济、生态环境系统协调发展状况进行综合评价的依据和标准。建立一套行之有效、能够反映我国基本国情的循环经济评价指标体系，既是建立循环经济评价制度、评判循环经济发展质量、考核政府发展循环经济绩效的重要依据，又是政府为企业提供资金倾斜、技术支持、税收优惠的主要参考。《关于加快发展循环经济的若干意见》指出，有关部门要加快建立循环经济评价指标体系，逐步纳入国民经济和社会发展计划。

循环经济考核制度与循环经济评价指标体系紧密相连。循环经济考核制度就是要根据既定的评价指标进行考核，将主要评价指标的要求通过考核制度应用到实际中去。对各级政府发展循环经济的状况进行考核，将循环经济主要评价指标纳入党政领导干部政绩考核评价体系，从制度上进行约束，对于推动各级政府实现发展观念的更新和经济增长方式的转变，体现科学发展观和正确政绩观的内在要求，体现经济、社会和环境全面协调发展的要求，均具有重要意义。建立循环经济考核制度，有助于解决过去以 GDP（国内生产总值）指标作为考核地方领导政绩主要标准的弊端，也有助于解决当前对循环经济发展状况评价标准不一等问题，从而为区域和企业发展循环经济提供科学的基础。

在全国人大常委会审议本法的过程中，部分常委会组成人员对循环经济评价指标体系和考核制度提出了不同看法。有的委员认为，发展循环经济要注重引导，不宜过多地设置考核指标。还有的委员提出，循环经济的评价指标体系不健全，而且仍在发展变化中，统计数据不完整且质量不高，还难以作为考核依据。全国人大常委会经过反复研究后，认为循环经济评价指标体系和考核机制对循环经济的发展具有重要意义，应当在法律中明确加以规定。

2007 年 6 月，国家发改委会同原国家环保总局、国家统计局等有关部门编制了《循环经济评价指标体系》，主要从资源产出、资源消耗、资源综合利用和废物排放 4 个方面入手，在宏观和工业园区两个层面上分别规定了 22 个和 14 个循环经济评价指标。宏观层面的循环经济评价指标主要用于对全社会和各地发展循环经济状况进行总体的定量判断，为制定和实施循环经济发展规划提供依据。工业园区评价指标主要用于定量评价和描述园区内循环经济发展情况，为工业园区发展循环经济提供指导。

4. 以生产者为主的责任延伸制度

在民法、产品责任法等传统的法律领域，产品的生产者只对产品本身的质量承担责任。随着环境法律的发展以及循环经济理念的推广，这一责任制度面临着重大变革。生产者不仅要为产品的质量负责，同时还应依法承担产品废弃后的回收、利用、处置等责任，也就是说，生产者的责任已经从单纯的生产阶段、产品使用阶段逐步延伸到产品废弃后的回收、利用和处置阶段，相应地对其设计也提出了更高的要求，这就是生产者责任延伸制度的基本内涵。生产者责任延伸的最初目的在于鼓励生产者在产品设计中更多地考虑环境影响，后来又被赋予了更广泛的含义，被看成是“污染者负担原则”的深化和延伸。经济合作与发展组织（OECD）1997 年将生产者责任延伸界定为：“产品的制造商和进口商应承担其产品在整个生命周期中环境影响责任的主要部分，包括材料选择、生产工艺以及使用和弃置过程造成的影响”。生产者责任延伸体现的是产品生命周期原则，即生产者必须在产品完整的生命周期内对该产品造成的环境影响负责，特别是要承担产品的回收、循环利用及最终处置责任。因此，生产者责任延伸不但包括通常所理解的末端延伸责任，也包括源头延伸责任，如要求生产者采用有利于产品废物回收、再生利用和无害化处置的原材料。生产者责任延伸制度涉及的不仅仅是生产者的责任，还有销售者、消费者等的共同责任。

生产者责任延伸制度在一些国家立法中得到了确认，并经实践证明具有积极意义。在我国法律法规中，严格意义上的生产者责任延伸规定比较少。《清洁生产促进法》第 27 条规定："生产、销售被列入强制回收目录的产品和包装物的企业，必须在产品报废和包装物使用后对该产品和包装物进行回收。"《固体废物污染环境防治法》第 18 条也作了类似规定："生产、销售、进口依法被列入强制回收目录的产品和包装物的企业，必须按照国家有关规定对该产品和包装进行回收。"这些强制回收的规定，基本体现了生产者责任延伸的思想。但是这些规定，只限于强制回收一种方式，而没有考虑回收过程中销售者和消费者的相应责任，规定并不全面，而且过于原则化，缺乏可操作性。

借鉴国外的立法经验，并综合考虑我国发展循环经济的实际需要和现实可能性，《循环经济促进法》第 15 条规定的以生产者为主的责任延伸制度包括以下几个要点：

（1）生产者的回收和利用责任。生产列入强制回收名录的产品或者包装物的企业，必须对废弃的产品或者包装物负责回收，对其中可以利用的负责利用，对因不具备技术经济条件而不适合利用的负责无害化处置。由于生产者不仅要对产品的性能负责，而且必须承担回收和利用废弃的产品或者包装物的责任，这就使得生产者必须考虑包括原材料、生产工艺、产品使用过程以及废弃等各个环节对环境的影响，提高资源利用效率。

（2）销售者、其他组织或废物利用处置企业的回收和利用责任。由于企业产品、生产情况的不同，可采取的回收利用方式也不同。生产者可以建立自己独立的专用产品回收利用体系，也可以由行业协会组织建立本行业的废弃产品及其包装物回收、利用和处置的服务体系。如果废弃产品或者包装物的回收处置或者利用过程通用性强，生产者可以选择销售者、其他组织或废物利用处置企业进行回收利用和处置，这样可以避免中小产品制造企业因难以独立完成产品回收利用而退出市场，从而保持市场的竞争性。但是委托回收利用和处置废弃产品或者包装物，并不能随意进行，而是应当依照法律的规定或合同的约定进行。

（3）消费者的回收和利用责任。按照谁污染谁治理的原则，虽然生产者应承担产品包装物回收、利用或处置的主要责任，但由于消费者是使用者和受益者，也应当承担一定的责任。依照本条第三款，消费者应当将列入国家强制回收目录的废弃产品或者包装物交给生产者或者其委托回收的销售者或者其他组织，不能擅自丢弃。

（4）强制回收目录。建立和完善以生产者为主的责任延伸制度，由“污染者负责”发展为“生产者责任延伸”，给企业增加了新的义务，会增加企业的生产经营成本。因此，在确定企业的责任时，要考虑生产者的责任具体延伸到何种程度才能既发挥有效的激励作用，又不挫伤生产者的积极性，并保证有效的经济增长。当前，在国外的法律和政策实践中，以生产者为主的责任延伸制度还主要限于电子和电器产品领域内，如电视机、空调、冰箱、洗衣机等。本法总体上对以生产者为主的责任延伸制度规定得比较原则，国务院循环经济发展综合管理部门应当制定强制回收的产品和包装物的名录及管理办法，根据产品对环境的危害情况和企业的承受能力，有区别、有步骤地实施以生产者为主的责任延伸制度。目前国家发改委正在起草《包装物回收利用管理办法》，其中对包装物的回收利用将有比较具体的规定。

5. 重点企业监督管理制度

重点企业监督管理制度，是指国家对资源消耗高、污染物排放量大的重点行业中，年综合能源消费量、用水量超过国家规定总量的重点企业采取更为严格的监督管理措施的一种制度。

重点企业监督管理制度是以我国特定的国情为背景提出来的。我国目前正处在工业化加速发展的阶段，钢铁、有色金属、煤炭、电力、石油加工、化工、建材、建筑、造纸、印染等主要工业行业资源消耗高、资源利用效率低、污染物排放量大，其中大企业在资源消耗中又占很大比重。统计显示，2006 年，钢铁、有色、煤炭、电力、化工等行业的 922 家重点耗能企业的能源消耗占全国一次能源消费总量的 31.5%。为了保证节能减排的各项规划目标得以实现，当前和今后一个时期对重点行业的高耗能、高耗水企业进行重点管理是十分必要的。抓住了这些重点企业，就等于抓住了资源节约和循环利用的关键。《清洁生产促进法》中规定的对重点企业的清洁生产审核制度可以认为是重点企业监管制度的雏形。2006 年国家发改委启动了“千家企业节能行动”，涉及钢铁、有色、煤炭、电力、石油石化、化工、建材、纺织、造纸等九个重点耗能行业年综合能源消费量 18 万吨标准煤以上的企业，共 998 家。据统计，加入“千家企业节能行动”的企业主要产品单位能耗明显降低，电力、钢铁、水泥、石油化工、有色、化工、造纸等行业主要产品单位能耗下降了 3% ~10.5%，实现节能 2000 万吨标准煤。2007 年，原国家环保总局明确提出，要推进重点行业、重点企业、重点工程节能降耗。以火电行业为重点，大力削减石化、钢铁、有色、水泥行业的大气污染物排放；以造纸行业为主攻方向，重点抓好化工、酿造、印染行业的水污染物削减工作。在投资方面，严格限制高耗能、高耗水、高污染和浪费资源的产业及工业园区的盲目发展；继续发布铜冶炼、铝、煤炭、水泥、电石、焦化、钢铁、电力等 11 个行业结构调整的指导意见。这些都可以认为是重点企业监督管理制度的实践。

全国人大环资委于2007年8月提请十届全国人大常委会第二十九次会议审议的草案中规定了以名录制和标准的方式对能耗、水耗高的重点企业进行重点监督管理。具体规定是：有关部门制定重点企业名录，重点企业应当制定严于国家标准或者行业标准的单位产品能耗限额企业标准和取水定额企业标准，并报送综合经济管理部门和标准化主管部门备案。重点企业对标准的实施情况进行审核，综合经济管理部门可以对标准的实施情况进行检查，并定期公布标准的实施情况。在征求意见和审议的过程中，有关部门和一些常委会组成人员对这一规定提出了不同意见，认为节能法对企业产品能耗限额标准等问题已作出规定，水法对企业水耗管理也已规定了节约用水、取水许可、计划用水和定额用水制度，不必再重复规定。综合考虑各种因素后，为了更好地同《节约能源法》、《水法》等法律保持衔接，颁布后的法律仅对重点企业监督管理制度作出了原则规定，对重点能源消费单位的节能监督管理，依照《节约能源法》的规定执行；对重点用水单位的监督管理，由国务院循环经济发展综合管理部门会同国务院有关部门规定具体办法。

6. 循环经济产业政策

产业政策是指国家根据国民经济发展的内在要求，调整产业结构和产业组织形式，并使供给结构能够有效地适应需求结构要求的政策措施。产业政策是国家对经济进行宏观调控的重要机制，不仅是促进产业结构调整的有效手段，更是各级政府规范和引导产业发展的主要依据，对市场准入、淘汰落后技术、工艺、设备和产品也有重要作用。

发展循环经济涉及国家宏观管理的大量产业政策。在推动资源能源节约、提高资源使用效率、促进清洁生产、废物综合利用等方面，这些政策均有不少有效的管理规定。目前我国的循环经济实践和试点活动，应当说与这些政策规定的推动是分不开的。继续发挥产业政策的作用，进行经济活动行为的调控，对循环经济的有效发展极其重要。

《循环经济促进法》第6条规定国家制定产业政策，应当符合发展循环经济的要求，即有关部门研究制定产业结构政策、组织政策、区域布局政策等内容时，应当体现循环经济的概念，促进“减量化、再利用、资源化”的开展。通过产业政策，对市场准入进行了进一步指导性规范性的规定。

《循环经济促进法》第18条规定了国务院循环经济发展综合管理部门会同国务院环境保护等有关主管部门，定期发布鼓励、限制和淘汰的技术、工艺、设备、材料和产品名录。通过产业政策和相关的产业、产品和技术目录引导产业投资和发展方向，是国家调控经济发展和产业结构的重要手段，也是国家提高能源和资源利用效率、保护环境的重要手段。90年代以来，国家制定和修订的一系列有关环境和资源保护的法律和法规中，对生产技术、工艺、设备、材料和产品的生产、销售和使用，大多从环境与资源保护的角度，作出了有关鼓励、限制和淘汰的规定。例如，《清洁生产促进法》第11条规定，国务院经济贸易行政主管部门会同国务院有关行政主管部门定期发布清洁生产技术、工艺、设备和产品导向目录。第12条规定，国家对浪费资源和严重污染环境的落后生产技术、工艺、设备和产品实行限期淘汰制度。国务院经济贸易行政主管部门会同国务院有关行政主管部门制定并发布限期淘汰的生产技术、工艺、设备以及产品的名录。同时，国务院有关部门也发布了相关的产业政策和名录。在鼓励发展的名录方面，2000年国家发改委修订发布的《当前国家重点鼓励发展的产业、产品和技术目录》，提出了国家重点鼓励发展的产业、产品和技术的原则是符合可持续发展战略，有利于节约资源和改善生态环境，并提出了相关的目录。2000年原国家经贸委、国家税务总局发布了《当前国家鼓励发展的环保产业设备（产品）目录（第一批）》，2004年国家发展和改革委员会、财政部、国家税务总局发布了《资源综合利用目录（2003年修订）》，通过税收优惠等方式对有关产业加以扶持。2000年和2003年原国家经贸委、国家环保总局分别发布了《国家重点行业清洁生产技术导向目录》（第一批、第二批），涉及了冶金、石化、机械、有色金属等多个重点行业和100余项清洁生产技术。此外，2005年12月，国家发改委发布了《产业结构调整指导目录》，对鼓励、限制和淘汰的产业作了具体规定。

7. 激励措施

促进循环经济发展，仅靠行政强制手段是不够的，必须依法建立合理的激励机制，调动各方面的积极性，引导和支持全社会发展循环经济。对此，《循环经济促进法》在第五章“激励措施”中作出了规定。具体包括财政、税收、金融、价格、政府采购五个方面。

（1）财政措施包括：① 国务院和省、自治区、直辖市人民政府设立发展循环经济的有关专项资金，支持循环经济的科技研究开发、循环经济技术和产品的示范与推广、重大循环经济项目的实施、发展循环经济的信息服务等。具体办法由国务院财政部门会同国务院循环经济发展综合管理等有关部门制定。② 国务院和省、自治区、直辖市人民政府及其有关部门应当安排财政性资金支持循环经济重大科技攻关项目的自主创新研究、应用示范和产业化发展列入国家或者省级科技发展规划和高技术产业发展规划。

（2）对促进循环经济发展的产业活动给予税收优惠，并运用税收等措施鼓励进口先进的节能、节水、节材等技术、设备和产品，限制耗能高、污染重的产品的出口。企业采用或者生产列入国家清洁生产、资源综合利用等鼓励目录的技术、工艺、设备和产品的，按照国家有关规定享受税收优惠。

（3）金融措施包括：① 县级以上人民政府循环经济发展综合管理部门在制定和实施投资计划时，应当将节能、节水、节地、节材、资源综合利用等项目列为重点投资领域。② 对符合国家产业政策的节能、节水、节地、节材、资源综合利用等项目，金融机构应当给予优先贷款等信贷支持，并积极提供配套金融服务。③对生产、进口或者使用列入淘汰目录的技术、工艺、设备、材料或者产品的企业，金融机构不得提供任何形式的授信支持。

（4）价格措施包括：①实行有利于资源节约和合理利用的价格政策，引导单位和个人节约和合理使用水、电、气等资源性产品。②国务院和省、自治区、直辖市人民政府的价格主管部门按照国家产业政策，对资源高消耗行业中的限制类项目，实行限制性的价格政策。③对利用余热、余压、煤层气以及煤矸石、煤泥、垃圾等低热值燃料的并网发电项目，价格主管部门按照有利于资源综合利用的原则确定其上网电价。此外，还规定省、自治区、直辖市人民政府可以根据本行政区域经济社会发展状况，实行垃圾排放收费制度。

（5）实行有利于循环经济发展的政府采购政策。使用财政性资金进行采购的，应当优先采购节能、节水、节材和有利于保护环境的产品及再生产品。

第三节　循环经济政策体系的改革方向

在资源和环境双重束缚下，循环经济模式成为中国现阶段及未来经济发展的必然选择。但现实表明，实现从传统经济到循环经济模式的转换并非易事。今后中国要实现这种转型，必须在立法、经济激励和公众参与等方面建立一个完整的、相互补充的政策体系框架。

一、政策调整重点

要全面推进循环经济战略，必须对我们现有的生活方式和经济运行模式实施全面的重构。这里的重构既包括生产体系又包括消费体系。生产与消费互为因果。发达国家经验表明，消费领域废弃物的回收和再利用环节一方面可以向生产领域源源不断地提供大量的再生资源，减轻末端处理压力，拉长产业链，创造新的就业机会；另一方面可以通过生产责任者延伸制度使企业强化对资源的减量化、再利用、再循环和无害化。同时，这也对政策体系提出了新的要求，主要体现在政策重点的调整方面。具体地讲，循环经济发展政策包括“引导”两个“转变”。

1. 引导行为方式转变

发展循环经济模式的核心是生产方式的转变，其追求的理想化模式是“零排放”。在这个经济系统中，经济活动被组织成为“资源—产品—再生资源（废弃物）—产品”的反馈式闭环流程。经济系统内部以网络状的方式互相联系，进行物质交换，从而形成“低输入、高利用、零排放”的模式。正如魏茨察克在《四倍跃进》一书中所阐述的：我们正让越来越少的人多产，他们用掉了更多的资源，也更霸道地使世界上全部劳动力的三分之一的人处于社会边缘地位。

我们需要一个合理的经济激励机制，允许我们去使用更多的人和更少的资源。

2. 引导消费观念转变

我们也必须承认，随着中国工业化进程的深入，特别是人均 GDP 超过 1000 美元后，消费升级步伐加快，消费结构出现明显变化，消费型社会特征显露，西方奢侈消费模式开始盛行。所以，中国必须大力弘扬循环经济的生活方式，倡导绿色消费，广泛宣传，发扬优良传统，建立节约型的社会消费模式，避免重蹈“大量生产、大量消费、大量废弃”的覆辙。循环经济政策要引导由传统消费观念向绿色消费观念的转变，由奢侈型消费向满足公平型消费转变。

二、政策设计原则

只有完善的政策体系才能保障循环经济的实现，在建立循环经济发展的政策保障体系时，应遵循以下几个基本原则。

1. 预防原则

预防原则要求避免废弃物的产生和对废弃物进行利用。预防原则对于从源头上减少废弃物的产生以及利用废弃物，从而减少废弃物的总量，具有十分重要的意义。由于产品在设计和生产阶段是最容易达到规避和利用废料的目的的阶段，所以在循环经济法中，预防原则主要转化为产品设计者和生产者的责任，要求他们向消费者提供的产品在符合环保要求的前提下，应尽可能少地产生废弃物，同时鼓励他们尽可能采用可利用的废弃物作为产品的材料。

2. 污染者付费原则

污染者付费原则要求对废弃物产生负有责任的人有义务对废弃物加以清除或进行环保型利用。根据该原则，污染者首先应承担废弃物回收、分类、利用和清除的义务，在依法免除该项义务的情况下，有义务支付他人代其履行这些义务的费用。

虽然污染者付费原则解决的是废弃物产生后的处置问题，但废弃物数量与清除费用的挂钩，促使“污染者”把避免废弃物的产生放在首位，有利于他们循环经济意识的提高。因此，从这一意义上说，污染者付费原则又强化了预防原则。把该原则转化为具体条款所要解决的一个关键问题是“污染者”的定义，也就是责任主体的归咎问题。与“污染者”对应的术语是废弃物制造者和拥有者，其中包括消费者、生产者和经营者。他们都应在各自的责任范围内承担“付费”的责任。

3. 合作原则

合作原则是指在循环经济的运行过程中国家应吸收经济界和公众参与废弃物管理，共同完成废弃物管理的任务。该原则背后的理念是：循环经济法宗旨的实现，仅仅依靠国家的力量是不够的，需要依靠国家、经济界及公众之间的合作。

三、政策基本类型

发展循环经济，靠的是“三位一体”的发展模式，即政府、企业、公众的共同行动。也就是说，发展循环经济可以有三套机制和三种政策工具进行选择，即现代政府—国家行政体制，企业—市场机制，非政府组织—社会机制，相应的政策工具包括规制性政策、市场性政策以及参与性政策。推进循环经济的政策矩阵如表 8 – 5 所示，这是循环经济多元政策工具的组合。

表 8 – 5　　　　　　　　　　循环经济政策矩阵

	规制性政策	市场性政策		参与性政策
		利用市场	创建市场	
资源管理 3R 循环污染控制	法律法规	减少补贴	明确产权	信息公开
	规划计划 标准 禁令 许可证 配额	环境税 使用费 押金—返还制度 专项补贴 绿色采购	民营化和权力分散 配额交易	公众参与

资料来源：臧漫丹.《城市循环经济的治理理论与应用研究》. 同济大学博士学位论文，2006 年 3 月

政策主体将通过组合的政策工具，即规制性政策、市场性政策、参与性政策发挥作用。规制性政策、市场性政策、参与性政策构成了全方位的推动循环经济发展的政策体系（见图 8 – 4）。

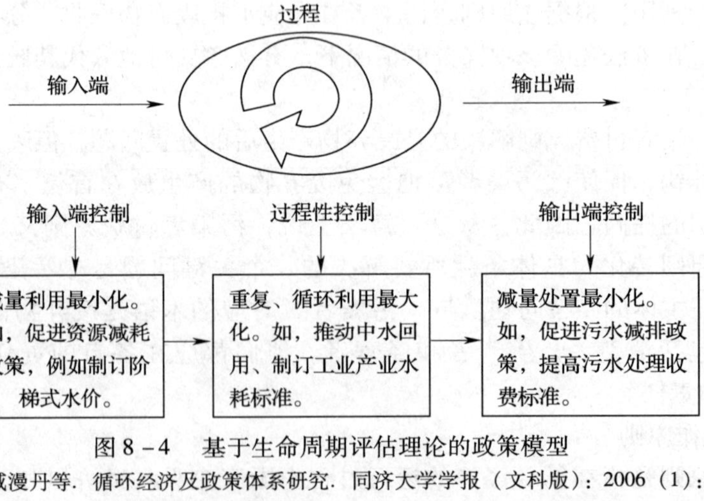

图 8 – 4　基于生命周期评估理论的政策模型

资料来源：臧漫丹等. 循环经济及政策体系研究. 同济大学学报（文科版）：2006（1）：112 – 118

由于中国仍处于传统线性经济模式中，我们现有的环境法规和政策体系大多采取末端控制、指令性控制，在资源输入端和污染排放端缺少有效的经济控制手段和社会参与手段，这不利于发挥企业和社会的积极性。循环经济发展要求强化

基于市场机制的方法，发挥企业主体的积极性。目前的市场价格体系不但不能反映资源的稀缺性，反而因为回收利用的材料价格高于原材料的价格，不利于原材料的节约和二次材料的大量利用，在污染排放端又缺乏强有力的经济约束。循环经济还要求运用社会机制，制定参与性政策，强调非政府非营利的社会组织的作用。目前的政策体系较少考虑采用市场性和参与性的政策，排除了市场主体企业和社会力量在推进循环经济中的作用，客观上造成企业和社会参与积极性不足的缺陷。

第四节　完善政策体系的措施

从长远来讲，循环经济是人类生存和发展的唯一选择，然而，由于循环经济思想的前瞻性和长远性，并不是每个企业和消费者都具有能够理解并主动地实施它的理念。因此，国家和政府在建立循环经济战略的任务上负有不可推卸的责任。政府应该制定一系列有效的政策来引导和促进企业和消费者实施这项战略。

一、规制性政策

政府规制性的主要作用在于它的可靠性和制裁能力，是中国目前最常见的循环经济管理手段，例如标准、禁令、许可证和配额等。在某些市场不健全的情况下，规制政策可能是惟一可行的手段，如对于特别危险的有害物质的控制最好通过彻底禁止的办法，在污染源数量较少的场合，这种政策也往往最为可行。由于这些手段能够保证结果的确定性，因此常常为政府和政策制定者所偏爱。但是这些方法的成功依赖于昂贵的监督和执法措施，由于它们要以花费巨大的直接成本和间接成本为基础，因此要谨慎地使用。

1．法律法规

循环经济要在全社会铺开离不开法律的支撑。中国在落实国家现行的有利于循环经济发展的相关法律法规基础上，应调整和制定促进循环经济发展的法律法规，激励产业生态学的发展，加快工业生态系统建设，使各项工作有法可依。

（1）应首先结合中国已先行的、在不同层面实践循环经济试验示范点的现状，开展“循环经济”的立法调研工作，在条件成熟时，由国务院的综合职能部门国家发改委会同国家环保部等部门先出台促进循环经济立法的相关管理条例，进而从制定《循环经济促进法》开始，明确建立循环型社会的宗旨、基本原则，以及循环经济法规的调整范围，全面引入循环经济的指导思想，然后可通过制定一个法律群来连接循环经济法作为过渡，最后逐步完善与建立符合国情的促进发展循环经济的法规、政策与管理体系。

（2）加快制定有利于促进国家与地方建立循环型社会的相关行政法规。在尚未完成建立国家循环型社会立法的指导性原则前，可由全国人大常委会授权国务院制定促进循环型社会的行政法规，如《绿色消费鼓励条例》、《资源有效利用处理条例》、《废弃物利用与处理管理条例》、《废弃物利用与处理企业的生产运营管理规定》等。与此同时，国家可以鼓励省、自治区、直辖市根据地方经济、社会发展的现实条件和环境问题，因地制宜地制定建立循环型社会的地方法规，促进地区循环经济的发展。

(3) 完善中国的循环经济立法，可以借鉴德国有关循环经济发展的经验，通过比较、分析、研究，寻找具有中国特色的循环经济立法模式。首先应当在环境基本法——《中华人民共和国环境保护法》中，将循环经济作为一项原则予以规定，从而为生态环境单行法的制订提供法律依据。根据国家提出的循环经济法律框架，积极贯彻实施《循环经济促进法》，逐步在社会各个领域建立循环经济发展的准则和体系。

其次是要进一步完善《中华人民共和国清洁生产促进法》，制订《中华人民共和国废旧汽车回收条例》等一系列子法，使循环经济法律形成一个完整体系。研究制定节能、节水、资源综合利用等促进资源有效利用的法律法规和规章，当前要抓紧制定《资源综合利用条例》、《再生资源回收利用管理条例》；研究制定废旧电器及电子产品、废旧轮胎、建筑废弃物、包装废弃物等资源化利用的法规和规章；各级地方人民政府要根据本地区实际，积极推进相关法规建设和现有法律法规的贯彻落实。

建立循环经济法律体系的目的，是要通过法律具有的强制性特征实现“资源消费—产品—再生资源”这一封闭性的良性循环，实现社会经济的可持续发展，为此，在循环经济法律制度中要强化企业从产品设计到回收本企业废旧产品的全程义务，大力推进循环经济的实施。同时，考虑建立生产者与消费者责任延伸制度，通过该制度明确生产商、销售商、消费者对废弃物回收、处理和再利用的权利与义务。

2. 规划计划

以发展循环经济的思路指导制定和实施国家和地方层次的循环经济发展战略以及循环经济发展规划，是各级政府促进循环经济的重要手段。各级发展改革部门要加强对发展循环经济的专题研究，把发展循环经济作为重要指导原则，用循环经济理念指导编制各类专项规划、区域规划和城市总体规划；同时，加快组织编制节能、节水、资源综合利用等专项规划，明确目标、重点和政策措施。

制定和实施循环经济具体推进计划。各级发展改革（经贸）部门要会同有关部门，根据本地区实际，制定和实施循环经济发展的推进计划。国务院有关部门要研究制定矿产资源集约利用，能源和水资源节约利用，重点领域、重点资源消耗行业、主要大宗废弃物循环利用等循环经济发展重点环节的具体推进计划。

制定循环经济发展中长期战略目标和推进计划。在重点行业形成一批具有较高资源生产率、较低污染物排放率的循环经济企业和工业园区；在重点领域建立和完善资源回收利用体系；形成若干符合循环经济发展模式的城市。力争大幅度提高中国资源生产率，显著削减污染物的产生和排放。初步建立以资源消耗低、环境污染少、经济效益好为基本特征的国民经济体系和资源节约型社会，形成中国特色的循环经济发展模式。此外，逐步建立循环经济评价指标体系，将循环经济指标体系纳入国民经济和社会发展规划。

3. 标准规范

标准体系与技术规范体系的建立是发展循环经济的重要保证，也有利于建立政府、企业与公众参与的综合决策机制。因此要加快循环经济发展相关标准规范的制定。首先，从“节流”的角度出发，行业标准需要完善。行业标准的效力虽不及各级法律法规，但其有效的制约作用构成对法律法规体系的重要补充。相关部门加快制定高物耗、高能耗行业市场准入标准，完善主要用能设备能效标准，组织修订主要耗能行业节能设计规范，制订重点行业的清洁生产评价指标体系，建立强制性产品能效标识制度，做到资源的节约利用与污染预防。

其次，鉴于国外物质流分析与物质流管理在循环经济发展中的核心调控作用，中国应开展国家、区域、行业和重要物质层次的物质流分析，在区域层次引入物质流管理的方法。基于物质流分析理论建立的循环型社会建设的三个量化评价指标比较简单易行，可操作性强，目标可衡量程度高。

中国目前还没有制定循环经济的目标，由于循环经济内涵的丰富性，其评价指标和目标设定必然也是比较复杂的，但是为了便于操作，应该借鉴国际经验，在目标设定上，应紧密围绕物质流方式的改变和生态效率的提高，以实现经济增长与资源损耗、环境退化的脱钩为目的，并在现实中简便易行，可操作、可比较、可衡量。根据中国循环经济的优先领域，研究建立以资源生产率、资源消耗降低率、资源回收利用率、资源循环利用率、废弃物最终处置降低率为基本框架的循环经济评价指标体系。

二、市场性政策

循环经济的特征是低开采、高利用、低排放，所有的物质和能源要能在不断进行的经济循环中得到合理和持久的利用，把经济活动对自然环境的影响降低到尽可能小的程度。然而，循环经济相关产业的最重要行为主体——企业一般被界定为营利性的经济组织，其追求的是企业价值最大化，这一目标常用利润最大化来代替。所以在市场机制作用下，企业对矿产资源的开采、利用政策与污染物的排放政策完全根据经济成本与经济收益的比较来确定。由于循环经济相关产业的经济活动具有一定的外部性，在存在外部性时市场资源配置并不是有效率的，市场均衡并没有使整个社会的总收益达到最大，从而要求政府的干预。市场性政策是政府利用市场机制，将价值流动作为推动物质流运动的原动力，利用市场与价格信号来适当配置资源，干预经济主体行为。

支持循环经济发展的市场性政策主要有两种类型：利用市场型政策和创建市场型政策。现分述如下。

1. 利用市场型政策

在资源环境的治理过程中，最为有利的政策是利用市场与价格信号来适当配置资源。韩国与中国同属发展中国家，借鉴其做法有一定的参考价值。从2002年起，韩国将之前的“废弃物预付金制度”改为“废弃物再利用责任制”，即从限制废弃改为回收和循环利用。为什么韩国人会参与其中呢？重要原因来自于韩国政府推出的为优秀环保企业挂牌、减税和提供融资等奖励办法，取得了明显成效。我们认为，针对中国的具体情况，以下几点做法值得考虑。

（1）实施税费改革。当前应尽快制定对可持续发展具有导向性的《环境污染税法》，这是促进经济增长方式转变、解决污染问题的根本之策。在税收的征取上，可以考虑像德国对废弃物产生企业征税一样，谁排放得多谁交得多，谁也别想吃“免费的午餐”。

调整资源使用的税率，合理收取资源使用费。建议对企业征收新鲜材料税、产品包装税、特别消费税，促使企业少用原生材料，扩大资源的再循环，避免对资源的低水平维护或过度使用，为循环经济的建设创造市场条件。对参与循环工业的企业采取减免税费的方式，鼓励企业和社区参与生态工业链的建设，改善管理维护水平，共享开发自然资源的利益。

（2）改进补贴政策。逐步减少或取消扭曲能源、资源价格及其他损坏环境行为的补贴，由此带来的潜在节约可以满足可持续发展的资金需求，将重点由对能源和资源的补贴转向对科研、服务和环境保护的补贴，有步骤地取消能源、资源价格的补贴。中国将积极利用“绿箱政策”（Green Box Policy）和《反补贴协定》，对企业技术改造进行补贴，同时建立清洁生产项目基金，为企业技术改造提供帮助。

如果简单地想对企业征收产品包装税等材料税或者对排污企业征收污染排放费，那么在利益的驱动下，企业会采取寻租的方式千方百计地逃避，或是“合理避税”，或是逃税漏税。人有一种天性，喜欢奖励而不喜惩罚。那么我们为什么不先对所有的企业征税，其后对表现好的企业退税或适当奖励，而对那些该实际征收的企业不再返还税收呢？这种做法有些类似于出口创汇企业的出口退税，照顾到了公平，鼓励了企业的积极性。那么在进一步的税收费率的制定上就可以灵活一些，通过税款的二次分配，使得工商行政管理部门的工作也得到回报。

（3）完善价格政策。价格主管部门要积极调整资源性产品与最终产品的比价关系，完善自然资源价格形成机制，发挥市场配置资源的基础性作用，促进资源的合理开发、节约使用、高效利用和有效保护，扩大水资源费征收范围并适当提高征收标准，合理调整城市供水价格，优先提高城市污水处理费征收标准，合理确定再生水价格，加快推进对居民生活用水实行阶梯式计量水价制度，逐步提高水利工程供水价格，完善农业水费计收办法。对于目前国内的电力紧缺现状，加大实施峰谷电价和丰枯电价力度，扩大执行范围，拉大差价，并在有条件的地区实行尖峰电价和季节电价，同时，对高耗能企业要适当制定针对性电价。以华东地区为例，既然在炎热的夏季，上海的电力供应要先保证，江浙的企业与居民要忍受高温的煎熬，那么就有充分理由对上海市民收取比平时更高的电费，因为受市场供求关系支配，有人在愿意支付更高价格的情况下必定要迫使电力供应的平均市场价格上升。上海人不应该有怨言。对国家淘汰和限制类项目及高耗能企业按国家产业政策实行差别电价。积极探索建立生态恢复和环境保护的经济补偿机制。各级地方人民政府价格主管部门要研究制定并落实各项促进循环经济发展的价格政策。

（4）研究建立生产者责任延伸制度和消费者付费制度。通过建立生产者责任延伸制度，明确生产商、销售商、消费者对废弃物回收、处理和再利用的义务；研究建立大宗废旧资源回收处理收费或押金制。各级财政和环保部门应根据本地区的实际情况，从排污费中拿出一定比例的资金，用于支持企业实施清洁生产项目，积极开展大宗废弃物回收处理体系的试点，促进循环经济发展。

2．创建市场型政策

在资源和环境管理中，往往缺乏市场机制或市场发育不完善，这就需要创建市场。明确产权、建立可交易的许可证与排污权制度以及建立国际补偿都是通过创建市场发展循环经济的手段。

（1）实行民营化和权力分化。通过民营化实现政府与非政府部门的配合。实行政企分开，将原来由政府包揽的生活垃圾回收和处置、园林绿化等领域，通过委托、授权、承包、合同等形式，进行市场化运作。把政府进行循环经济教育的事务转交给社区和行业协会，这样既可以节省开支又可以提高效率。

（2）加大重点领域投资力度。要通过建立投融资制衡机制，积极改善投资环境，实行优惠政策，利用各种融资手段筹集建设资金，支持循环型工业规划项目的落实实施。同时，简化投资的审批程序，对与循环型工业规划相关的投资给予优先立项和审批。

各级投资主管部门在制定和实施国家投资计划和地方投资计划时，要把发展循环经济列入投资重点，对一些重大项目给予投资和资金补助或贷款贴息支持，发挥政府投资对社会投资的引导作用。

各级金融机构要对发展循环经济的重点项目给予贷款支持。为加快循环经济发展，国家在公共财政预算中设立循环经济发展专项资金，用于支持发展循环经济的政策研究、技术推广、示范试点、宣传培训等。国家发展改革委、财政部要抓紧研究促进节能、节水的鼓励政策，完善资源综合利用的税收优惠政策，鼓励再生资源的回收利用。地方各级财政主管部门要积极支持循环经济的发展。

（3）建立废旧资源再利用和无害化处置产业链。废旧资源综合利用在中国具有较长的历史，形成了一定的规模，产生了不小的经济和环境效益。但总体情况仍是规模小，回收体系不健全，政策不配套，产业化程度低，利用水平和附加值低。在市场经济转轨过程中，这一情况有所加剧，特别是在生活垃圾的回收和再利用方面问题突出。随着中国逐渐进入消费型社会之后，一些新的废弃物如包装物、家电和办公电子用品、汽车和建筑材料等问题已开始突显，而且也是可以大有作为的领域。所以，壮大中国废旧资源再利用产业是推动中国循环经济发展的一个重要帮手。

根据发达国家经验，相对于生产领域，消费领域是发展循环经济的“助推器”，是重要的战略环节。生产与消费互为因果。发达国家经验表明，消费领域废弃物的回收和再利用环节一方面可以向生产领域源源不断地提供大量的再生资源，减轻末端处理压力，拉长产业链，创造新的就业机会；另一方面可以通过生产者责任延伸制度使企业强化对资源的减量化、再利用、再循环和无害化。另外，从技术经济可行性看，消费领域废弃物的再利用环节在中国更容易取得突破性进展。

（4）建立绿色核算体系研究与试点。开展绿色国民经济核算研究和试点示范，逐步改革现行的经济核算体系，将生态环境资源的存量消耗、折旧、保护与损失费用纳入经济绩效考核之中。然而，由于以前较低的技术、工业化水平以及资本的限制，地方企业不能满足经济发展的需要。中国政府鼓励外商进入这些行业，从而提高国家的技术管理水平，扩大融资渠道。

三、参与性政策

一般说来，循环经济战略的制定和推行是政府行为，政府是推动循环经济的社会主导力量，而公众则是推动循环经济的社会基本力量，没有公众层面的广泛参与，循环经济的实现是不可想象的，公众的参与方式和参与程度决定着可持续发展目标和循环经济目标实现的进程。中国的发展要纳入经济、社会、环境相互协调和可持续发展的轨道，只有政府管理部门自上而下的推动，没有广大公众自下而上的参与，是不可能成功的。因此，如何促进广大公众理解和参与循环经济发展，发挥社会公众在循环经济中的积极性和创造性，是中国贯彻实施可持续发展战略、推动循环经济发展的重要课题。

1. 信息化推进

循环型社会本身就是一个即时获取信息并作出相应反馈和调整的动态过程，完备的信息系统是发展循环经济所必需的。传统的信息系统虽然可以完成环境统计、报表处理、属性数据查询等工作，但无法处理具有空间分布特征的信息。循环经济的发展不断对环境信息的采集、管理、发掘、加工提出新的更高的要求。全面、及时、准确地发掘、掌握和处理各种环境信息是提高环保事业科学化管理水平的必要条件，而现代信息技术在显著提高环境保护工作效率的同时，也在影响着环境保护工作的观念和方式。

利用信息网络技术加速建设循环型工业的信息支持系统，充分发挥信息对推行清洁生产、工业生态园、废弃物交换系统建设的重要支持作用。大力开展循环经济的管理咨询服务，为企业产品开发设计、生产过程控制、经营管理等方面提供重要决策信息，支持循环型工业建设的分类指导。建立国家级工业发展的清洁技术储备库，采用服务器——客户端开发相应的技术查询用户系统。

环境信息公开，是一种全新的环境管理手段，而一体化网络、互联网技术等基于现代信息技术的新闻传媒的盛行，有利于环境信息的公开化。特别值得一提的是，挪威十分重视环境保护的宣传和教育工作以及与公众、新闻媒体的沟通。为了加强公众对环境信息的了解和对环境保护的参与，经过两年的起草和议会审查并经挪威国王批准，《挪威环境信息法》于2004年初正式生效施行。该法的立法目的是确保公众环境信息渠道。环境信息公开化承认公众的环境知情权和批评权，通过公布必要的事实和数据，组织专家与公众开展对话和交流，从相关知识、技术、政策等方面作详细分析讨论，借用公众舆论和公众监督，对环境污染和生态破坏的制造者施加压力，从而让公众了解更多的情况和概念，认清当前环境形势，充分发挥个人和个体组织在保护环境、防止身体健康和环境受到损害、环境事务决策等方面的作用，使公众更广泛地参与有关环境问题决策，促进公众参与到消除潜在隐患的循环经济活动中去。因此，我们应像挪威那样，制定中国环境信息公开的法律法规，规定政府机构、法人和自然人在收集、提供环境信息方面的义务和责任及违者应承担相应的法律责任。

各地区、各部门要积极支持建立循环经济信息系统和技术咨询服务体系，向社会发布有关循环经济技术、管理和政策等方面的信息，使公众能够及时适当地获得有关循环经济发展的资料信息；充分发挥行业协会等中介机构和科研单位、大专院校的作用，建立行业循环经济发展技术中心，提供技术开发与推广、信息咨询等服务。

2. 公众意识提升

公众环境意识的提升需要一个渐进的过程，形成公众参与的驱动机制，从立法上明确公众参与的程序、公众表达意见的处理、公众意见的效力等，强化公众参与。进而通过完善信访制度、举报制度和质询制度，使公众能够在环境保护和循环经济等领域有效地使用司法和行政程序，保护自身合法权益和社会公共利益，实现对可持续发展和循环型社会建设的参与，并主动提升环境知识和环保意识。

（1）以宣传促发展。在宣传上，可以考虑学习国外自上而下三个层面的做法，从政府，到企业，再到个人。

政府一方面须建立起宏观监督机制，对循环经济进行总体指引和监督，规范行业制度。按照国际原则推行环境标志制度，研究建立促进中国循环经济的环境标志，推动对企业或产品的评估认定，促使企业在研制、开发、原料和能源选择、生产、使用、回收利用、处置的整个生命周期过程符合循环经济要求。大力推行分级污染排放标准和总量控制，制定国家统一要求的污染物排放控制标准，鼓励企业自愿实施。另一方面可以通过举办讲座、研讨会、经验交流会等方式加强对发展循环经济的相关知识的普及。

利用经济、法律等各种方式促进企业进行清洁生产与生态发展等循环经济自律，树立起遵守国际国内的绿色行业规范意识。同时也不妨考虑建立生产者与消费者责任延伸制度，明确生产商、销售商、消费者对废弃物回收、处理和再利用的权利与义务。除此以外，鉴于环境保护与循环经济内在的统一性，应允许或鼓励成立宣传环保的民间组织。中国目前的“中华环保世纪行”、北京市部分高校组建的环保类非营利机构通过向国际组织申请活动经费在城市社区与广袤的偏远农村开展了废弃物循环利用、资源利用等方面的宣传，增强了民众的环保意识。

大力推进个人绿色消费理念，把节能、节水、节材、节粮、垃圾分类回收，减少一次性产品使用等与发展循环经济密切相关的资源节约活动逐步变成全体公民的自觉行为，建立人们和环境友好的社会公共道德准则。但必须明确一点：不同的人群要区别对待。对于幼小的孩童，要通过从小开始的教育，不断地进行道德培养并灌输相关环保知识，使其耳濡目染，使节俭的思想在其心灵扎根。对于成年人，试图建立人们和环境友好的社会公共道德准则是核心工作。因为他们有自己独立的思考能力与不同的道德水平，所以能进行宣传的内容主要也就是让其建立循环经济的概念等，但若通过简单的说教，意义不大，效果极差。最有效的办法还是要通过经济手段刺激其行为，通过法律手段规范其行为。

(2) 建设环境文化。发展循环经济需要广大公众牢固树立全面发展、协调发展和可持续发展的思想，这离不开环境文化的发展，因为环境文化既是发展循环经济的先导，也是循环经济成长的基础。环境文化工作者可以从以下几个方面把循环经济的理念深深扎根于人民群众之中：① 要推出一大批好的有关循环经济的科普宣传作品。② 要翻译国外的有关法律法规，为编制中国有关法律提供借鉴。③ 教育部在有条件的高等学校设立循环经济学学科。④ 设立国家级环保优秀大奖，鼓励单位和个人关注、支持、实践环保。

总之，环境保护是重要的公共事务，是关系公众切身利益的大事。广大公众应转变思想观念，明确认识到公众参与环保是自己的权利，而这样的权利和权益是国家法律赋予的，政府和部门有义务来回应和保护。公众参与不是施舍，也不是过去那种以政府为主体，动员组织群众参与减少一次性产品使用的活动等，与环境保护工作密切相关的资源节约活动逐步变成全体公民的自觉行为，建立人们和环境友好的社会公共道德准则。在引导全社会公众的参与的过程中要使公众充分认识到：① 循环经济能够降低资源消耗、解决资源短缺瓶颈。② 循环经济是实现新兴工业化道路的唯一道路。③ 循环经济是创造新的经济增长点，扩大就业，使人力资源优势得到充分发挥的有效途径。④ 循环经济将获得社会、经济和环境的“共赢”。提高全社会对发展循环经济重大意义的认识，增强资源忧患意识，最终有利于推动循环经济发展，促使社会经济实现可持续发展。

中国的循环经济发展刚刚起步，从国内外数十年来循环经济政策的变迁中，我们可以得到以下启示：首先，循环经济的推广和发展要依靠大众的力量，公民个人与非政府组织是推动政策成功的中坚力量；其次，拥有相应的强制性政策基础是发展循环经济的必要前提，以法律确定个人和企业应负责任，并制定政策来引入相关利益方并要求他们承担责任是至关重要的方法。为了使发展循环经济有法可依、有章可循，应该制定相应的法律法规，用法律法规来提高、规范和约束政府、社会、企业以及国民在发展循环经济中的社会责任和相应的义务；最后，利用市场机制与市场手段，运用循环经济的原理能够带来长期效益。例如在任何废弃物循环利用中，采用“污染者付费”的原则都可以从源头上削减废弃物。着眼于效率也体现了企业与整个经济降低成本的潜力，在生产中寻求生态有效的策略不仅激发了创造力和商业机会，也能在国内外提升竞争力。

第九章　企业实施循环经济的基本途径

推动循环经济发展的主体是企业。循环经济在微观层面上要求企业大力推进节约降耗，提高资源利用效率，实行减量化，减少自然资源的消耗；全面推行清洁生产，从生产和服务的源头减少污染物的产生；加强资源综合利用，最大限度地利用各种废物和再生资源，减少废弃物的最终处置量；根据资源条件和产业布局，延长和拓宽产业链条，促进产业间的共生耦合；积极发展环保产业，为资源高效利用和循环利用提供物质技术保障。企业层面完成上述循环经济任务的过程是一个渐进过程，必须抓住关键的举措逐步推进。

第一节　规范企业自身的环境行为，建立环境管理体系

循环经济重在对资源的高效利用和循环利用，但它是通过保护环境，控制废弃物产生和将废弃物再资源化而获得的。当前经济发展的最大获益领域正从净化废物的末端处理向前位移到减少废物的前沿，依靠维护环境去取得最大经济效益已成为企业追求的目标。ISO14000（由 ISO 指定的国际环境管理标准）的宗旨是预防污染产生，目的是规范企业的环境行为，主要手段是建立环境管理体系。因为企业实施循环经济，必须首先加强环境管理，建立起环境管理体系，努力通过环境管理体系标准 ISO14000 的认证。

一、转变观念树立和落实科学发展观

提高企业的环境保护意识，努力实现经济增长速度和结构、质量、效益相统一。经济发展和人口资源、环境相协调。在推进发展中，必须充分考虑资源和环境的承受力。企业要从单纯的追求 GDP 增长，转变到经济和环境并重发展的观念，自觉地约束自身的环境行为，建立自觉的、有效的环境管理体系。

二、ISO14000 标准

ISO14000 是国际标准化组织（ISO）第 207 技术委员会（TC207）从 1993 年开始制定的系列环境管理国际标准的总称，它同以往各国自定的环境排放标准和产品的技术标准等不同，是一个国际性标准，对全世界工业、商业、政府等所有组织改善环境管理行为具有统一标准的功能。它由环境管理体系（EMS）、环境管理体系审核（EA）、环境标志（EL）环境行为评价（EPE）、生命周期评估（LCA）、环境管理（EM）、产品标准中的环境因素（EAPS）等 7 个部分组成。

其标准号从 14001 至 14100，共 100 个。

我国于 1997 年 4 月 1 日由国家技术监督局将已公布的五项国际标准 ISO14001、ISO14004、ISO14010、ISO14011、ISO14012 等同于国家标准 GB/T 24001、GB/T 24004、GB/T 24010、GB/T 24011 和 GB/T 24012 正式发布。这五个标准及其简介如下。

1. ISO14001（GB/T 24001—1996）环境管理体系——规范及使用指南规范

该标准规定了对环境管理体系的要求，描述了对一个组织的环境管理体系进行认证/注册和（或）自我声明可以进行客观审核的要求。通过实施这个标准，使相关者确信组织已建立了完善的环境管理体系。

2. ISO14004（GB/T 24004—1996）环境管理体系——原理、体系和支撑技术通用指南

该标准对环境管理体系要素进行阐述，向组织提供了建立、改进或保持有效环境管理体系的建议，是指导企业建立和完善环境管理体系的工具和教科书。

3. ISO14010（GB/T 24010—1996）环境审核指南——通用原则

该标准规定了环境审核的通用原则，包括了有关环境审核及相关的术语和定义。任何组织、审核员和委托方为验证与帮助改进环境绩效而进行的环境审核活动都应满足本指南推荐的做法。

4. ISO14011（GB/T 24011—1996）环境审核指南——审核程序、环境管理体系审核

该标准规定了策划和实施环境管理体系审核的程序，以判定是否符合环境管理体系的审核准则，包括环境管理体系审核的目的、作用和职责，审核的步骤及审核报告的编制等内容。

5. ISO14012（GB/T 24012—1996）环境管理审核指南——环境管理审核员的资格要求

该标准提出了对环境审核员的审核组长的资格要求，适用于内部和外部审核员，包括对他们的教育、工作经历、培训、素质和能力，以及如何保持能力和道德规范都作了规定。

这一系列标准是以 ISO14001 为核心，针对组织的产品、服务活动逐渐展开，形成全面、完整评价方法。可以说，这一系列标准向各国及组织的环境管理部门提供了一整套实现科学管理的体系，体现了市场条件下环境管理的思想和方法。

第二节　制定产品实施绿色制造与循环经济细则，全面推行清洁生产

实施绿色制造与循环经济是一个极其复杂的系统工程，产品生产系统消耗种

类繁多，消耗情况复杂，制造过程中对环境的污染状况多样、程度不一。因此，企业需要研究制定一整套实施绿色制造与循环经济的细则。而清洁生产是从源头减污增效，保护环境与人。

一、绿色制造概念

绿色制造是一个综合考虑环境影响和资源效率的产品制造模式，其目标是使得产品从设计、制造、包装、运输、使用到报废处理在整个产品生命周期中，对环境的负面影响最小，资源效率最高。

在技术层面上，绿色制造包含：绿色产品设计技术、绿色制造技术、产品的回收和循环再造技术，它是精益生产、柔性生产、敏捷制造的延伸和发展；作为一种指导思想，绿色制造则充满诗意并洋溢着温暖的人文关怀；具体到企业，绿色制造体现了企业家的公共道德和社会责任。

绿色设计是绿色制造的关键和第一关。它是指在产品及其生命周期过程的设计中，充分考虑对资源和环境的影响，在充分考虑产品的功能、质量、开发周期和成本的同时，优化各有关设计因素，使得产品及其制造过程对环境的总体影响减到最小。绿色设计在很大程度上决定了材料、工艺、包装和产品寿命终结后处理的绿色性。

二、绿色制造的主要内容

（1）绿色设计理论和方法，简化产品结构，建立绿色产品设计指标评价体系，提出绿色设计工具，并与其他设计工具（如 CAD、CAE、CAPP 等）集成，形成集成环境。积极推行产品的生态设计。首先，要从产品设计抓起，在设计中选用无污染、低污染、可再生利用的材料。选用科技含量高、资源消耗低、环境污染少的技术和工艺，选用便于高效拆洗、综合利用的技术方案。这就是世人推崇的生态设计，即一切环境问题都要解决在设计之中。

（2）绿色材料，减少所用材料的品种和数量，选用易加工、低能耗、少污染、容易再回收的材料。

（3）绿色产品清洁生产技术，面向环保的生产技术和产品包装技术。

（4）产品可拆卸、可回收技术。

（5）面向环境、能源、材料的绿色制造技术。

三、按照循环经济和绿色制造理念，制定产品具有可操作性的实施“减量化、再利用、再循环”细则

“3R”是循环经济的基本操作原则，产品是企业实施循环经济的基本单位，因此通过产品落实“3R”原则是企业实施循环经济的最有效手段和最重要的工作。企业制定产品的“3R”规范主要应从材料选用、结构设计、生产工艺、产

品包装、物流运输、产品报废处理与回收利用等几个方面进行，使产品能减量化、易于再利用、在生产和使用后能再循环利用。

在企业制定“规范”的基础上，再由行业组织和国家制定产品的“3R”标准。

四、全面推行清洁生产

清洁生产是指不断采取改进设计、使用清洁的能源和原料、采用先进的工艺技术与设备，改善管理、综合利用等措施，从源头削减污染、提高资源效率、减少或者避免生产、服务和产品使用过程中污染物的产生和排放，以减轻或者消除对人类健康和环境的危害。

清洁生产又称“无公害工艺”和“少废无废工艺”。清洁生产的主要内涵是“三清洁”，即使用清洁的能源和原材料，采用清洁的生产过程，生产清洁的产品。

1. 推行清洁生产的目的

促进清洁生产，减少和避免污染物的产生，保护和改善企业生产环境、保障人体健康、提高资源利用效率，促使经济与社会可持续发展。

2. 实施清洁生产的途径

实施清洁生产的途径主要是清洁产品和清洁工艺两个方面。前者指根据污染预防的宗旨设计无毒无害、可回收利用、可处置、可重新加工的清洁产品；后者则指在生产过程中最大限度减少废弃物的产生量和毒性，建立起从原料投入到废弃物循环利用的市场闭合圈。在目前科技发展水平条件下，工业原料经过加工后，全部变成产品而不产生废料或物料流失的工艺还不多，因此二产企业目前推进清洁生产，宜于先易后难，先从单个的每一工序、每一流程着手，通过革新工艺和设备，减少废物量和毒性，改善劳动条件，必要时也可采用末端治理“三废”的技术。

3. 应采取的措施

企业在推行清洁生产过程中，进行技术改造过程中，应当采取如下措施。

（1）采用无毒、无害，或者低毒、低害的原料，替代毒性大、危害严重的原料。

（2）采用资源利用率高、污染物产生量少的工艺和设备，替代资源利用率低、污染物产生量多的工艺和设备。

（3）对生产过程中的废物、废水和余热等进行综合利用或者循环利用。

（4）采用能够达到国家或者地方规定的污染物排放标准和污染物排放总量控制指标的污染防治技术。

（5）产品和产品包装的设计，应当考虑其在生命周期中对人类健康和环境的影响。优先选择无毒、无害、易于降解或者便于回收利用的方案。

企业对产品进行合理的、适度的绿色包装，减少包装材料的过度使用和包装废弃物的产生。

（6）企业应当在经济技术可行条件下，对生产和服务过程中产生的废物、余热等自行回收利用，或者转让给有条件的其他企业和个人进行利用，变废为宝。

（7）生产、销售被国家列入强制回收目录的产品和包装物的企业，必须在产品报废和包装物使用后，由企业和相关部门对该产品和包装物进行回收。

第三节　建立健全废弃物分类回收体系

各种废弃产品实施回收利用、再资源化的关键和当务之急是要按照国际上治理环境污染的通则——“谁污染，谁负责”，缴纳环境处置费，建立有偿回收机制和分类回收体系，不能以禁代替回收，才能保证各种废弃的产品、产品包装得到有效的收集与处置。

一、资源回收体系

资源通常以原料的形式从环境进入经济系统，在不同的环节以废弃物和污染的形式返回环境。在区域、社会范围内的资源回收是人们接触最多的，关注也是最多的。而在企业内部之间的资源回收受到的关注则较少。本文讨论的重点是数量庞大，种类繁多的产品经过消费者使用后，在丧失了生产设计之初的功能后，这些“产品”所具有的两种属性：① 占据空间；② 以一定方式被加工组合的新资源。应上述两种属性而生的是两大社会经济系统：生活垃圾处置系统与废品回收再资源化系统。前者是为了防止对应性造成的危害，后者则是为了在节约资源过程中获得利益。按照循环经济理念，垃圾是放错了地方的资源。

1.“谁污染，谁负责”

这是国际上通用的环境管理通则。采取经济手段是废弃产品、废弃包装的资源回收再利用的基础工作，是实施循环经济，贯彻废弃物回收再资源化的资金保证。企业要自觉贯彻这一环境管理通则，缴纳环境处置费、污染治理费，建立有偿回收机制。

2. 废品（垃圾）分类是回收利用、再资源化的前提

在区域和社会层面废弃物回收与城市生活管理是分不开的，而城市生活垃圾分类又是决定垃圾是否能成资源的最重要环节。

城市生活垃圾分类主要承担两方面责任：回收可再生资源，即生活垃圾的资源化；分类各种不可回收垃圾。前者目的在于提高资源利用率，节约社会资源，它属于循环经济建设的一个环节。后者可以使后续垃圾处理能更具针对性，提高垃圾处理效率，最大程度利用垃圾蕴含的资源，同时减轻垃圾填埋的压力。

废品回收要求可回收物尽量成分单一、表面洁净；同时因为分别对待，每一类废品的数量会相应减少，需要短期的存放以累积数量，或者增加运输成本。因

此废品的末端回收对前端分类活动、临时储存设备和转运设备有较高要求和较大投入。

二、日本的经验

日本是一个高度重视环境保护和资源回收利用的国家。经过50多年的建设已成为世界上第一个循环型社会的国家，有着健全的垃圾分类处理回收体系。他们认为任何一个社会、家庭、商店、企业、街道都是从事生产活动、生活活动后产生垃圾源的一个分子。他们将产生的垃圾及其回收体系分成4类：

（1）可燃垃圾（树叶、菜叶、蛋壳、木屑……），经运输、中转至垃圾中间处理厂进行焚烧处理，产生的灰烬通过灰熔融设施进行粉碎处理，垃圾最终填埋处理。

（2）不可燃垃圾（鞋、书包、皮带、碗、球……），经运输、中转至不燃垃圾中转站，经运输至不燃垃圾处理中心，不燃垃圾粉碎处理，垃圾最终填埋处理。

（3）粗大垃圾（各种车辆、衣柜、被褥、桌椅……），经运输至粗大垃圾中转站，粗大垃圾破碎处理设施，粗大垃圾中间处理厂处理，回收资源、能源，垃圾最终填埋处理。

产生粗大垃圾的家庭、商店、企业、街道要处理粗大垃圾时，必须向各区（町）回收中心缴纳环境处置费后，回收中心再按照约定时间取走粗大垃圾。

（4）资源垃圾：（餐盒、托盘、塑料瓶、易拉罐、玻璃瓶、废书报、各种塑料袋、包装袋……），超市回收/市町村回收，工厂回收处理，根据资源有效利用促进法由工厂再资源化、再商品化生成再生产品，处理过程中产生的余热用于取暖、温水泳池。

2007年横滨市将垃圾分类的门类从5种增加到了10种，为此该市向市民发放了一本27页的关于如何给垃圾分类的手册，该手册重点部分包含的详细说明竟然有518条之多。而人口少得多的上胜市早在4年前就将垃圾分类的种类确定为34种，后来又逐步把垃圾分类的种类增至44种。东京的最大超市——东急超市也有10种回收箱，用以分类回收各种废弃的食品包装。

日本的各地方有权决定当地垃圾分类门类，所以各地垃圾分类种类也有差异，但是基本上都在7类以上。细致的垃圾分类和良好的环境意识使得居民投放的垃圾可回收价值极高。由于不像中国那样有流动的回收者从垃圾桶捡拾废品，通常进入垃圾桶的各种废品最终都能被有效地收集和集中，然后再被分类送至相关企业进行处置生产相应的再资源化产品。

日本的各种产品都有自己对应的回收体系，由企业负责。FPCO株式会社是一个从事制造、回收聚苯乙烯发泡餐盒、托盘的企业，年销售量13128t。该企业在全日本自主回收点就有6900个，其中在超市就有6682个，在市町村回收中心也有20个，每月回收量高达550t。

第四节　开发循环经济关键技术与设备

技术创新对发展循环经济至关重要，没有循环经济的支撑技术循环经济的发展就等于无米之炊，难以推进。企业是发展循环经济的主力军，加快研发各种循环经济的关键技术与设备，发展绿色技术是企业的重要任务。

过去的科研与技术开发只重视劳动生产率和GDP的提高，对于劳动力相对富裕、资源相对紧缺、环境污染相对严重的中国来说，今后应更加重视提高资源产出率、资源利用率、资源综合利用水平、再生资源回收利用率，减少环境负荷与污染，保护环境等绿色技术的开发和推广。

一、技 术 组 成

循环经济的技术支撑体系是由替代技术、减量技术、再利用技术、再资源化技术、系统化技术等支撑技术组成。

（1）替代技术。通过开发和使用新资源、新材料、新产品、新工艺，替代原来所用资源、材料、产品和工艺的技术，以提高资源利用率，减轻生产和消费过程对环境的压力为目标的技术。

（2）减量技术。选用较少的物资和能源消耗的工艺路线达到既定生产目的，在源头节约资源和减少污染的技术。以减少自然资源消耗，降低废物处置，提高资源生产率为目标的技术。

（3）再利用技术。延长原料或产品的使用周期，通过多次反复使用，促进物资再利用，减少资源消耗的技术。

（4）再资源化技术。将生产或消费过程中产生的废弃物再次变为有用的资源或产品的技术。

（5）系统化技术。从系统工程的角度考虑，通过构建合理的产品组合、产业组合、技术组合，实现物资、能量、资金、技术的优化使用的技术，如多产品联产和产业共生技术。

多产品联产通过多种产品的联合生产提高了资源利用率，对生产过程中消耗的原材料和能源进行科学的分配来生产不同产品，或者对资源进行深加工，对副产品进行充分开发利用，都可实现多产品联产。

产业共生将不同的产业、行业耦合在一起共同生产来提高资源利用效率。某一个行业生产过程的产品或废弃物，可能正好是另一个行业生产过程所需的原料。在空间上将具有耦合效应的产业配置在一起，可大幅度地提高生产效率，减少废弃物的生成以及不必要的资源消耗。

二、恰 当 选 择

不同产业、不同企业要结合自己产品特点发展本产业、本企业的绿色技术支撑体系，发展适合本产业、本企业的循环经济关键技术与设备，建立本产业、本企业的绿色技术支撑体系。要以发展高新技术为基础，以开发经济体系生态链接技术为关键，积极采用清洁生产技术，采用无害或低害新工艺、新技术，大力降低原材料和能源的消耗，实现少投入、高产出、低污染，尽可能把对环境污染的排放物消除在生产过程之中。通过构筑技术平台，在企业上形成“食物链”，在产业上形成“产业群落”，在区域上形成循环经济“生态系统”。

三、日本的经验

日本循环型社会的建成取得成功的原因之一，就是有自主知识产权的世界一流水平的实施循环经济的关键技术与设备。在日本塑料及塑料包装物使用后均采用各种塑料再利用技术进行处理。

1. 日本废弃塑料回收再利用技术（见表9－1）

表9－1　　塑料再生利用技术

<table>
<tr><th>分　类</th><th colspan="2">技术与再利用方法</th><th>在欧洲的称呼</th></tr>
<tr><td>材料再生法利用</td><td colspan="2">再生利用：塑料原料化
塑料产品化</td><td>机械工程再利用
（Mechanical Recycle）</td></tr>
<tr><td rowspan="4">塑料再生利用</td><td colspan="2">原料、单体化</td><td rowspan="4">进料存货再利用
（Feedstock Recycle）</td></tr>
<tr><td colspan="2">高炉还原剂</td></tr>
<tr><td colspan="2">焦炭炉化学原料化</td></tr>
<tr><td>气化
油化</td><td>化学原料化
燃料</td></tr>
<tr><td>热能再利用
（能源回收）</td><td colspan="2">水泥炉
垃圾发电
制成固体燃料</td><td>能源再生
（Energy Recovery）</td></tr>
</table>

其技术有下述三大类：

（1）材料再生利用技术；

（2）塑料再生利用技术；

（3）热能再生利用技术。

2. 日本昭和电工株式会社采用塑料再利用法——气化技术

对废弃PSP餐盒、托盘、塑料袋及其他各种废弃塑料进行回收处理，生产各种纺织品原料和化工产品的技术设备，是一种划时代的化学再生利用设备。2001年荣获日本经济产业省颁发的“ZERO—EMISSION ECO—TOWN”奖。其技术工艺系统见图9－1，昭和电工气化成套设备处理能力为64000t，外形见图9－2。

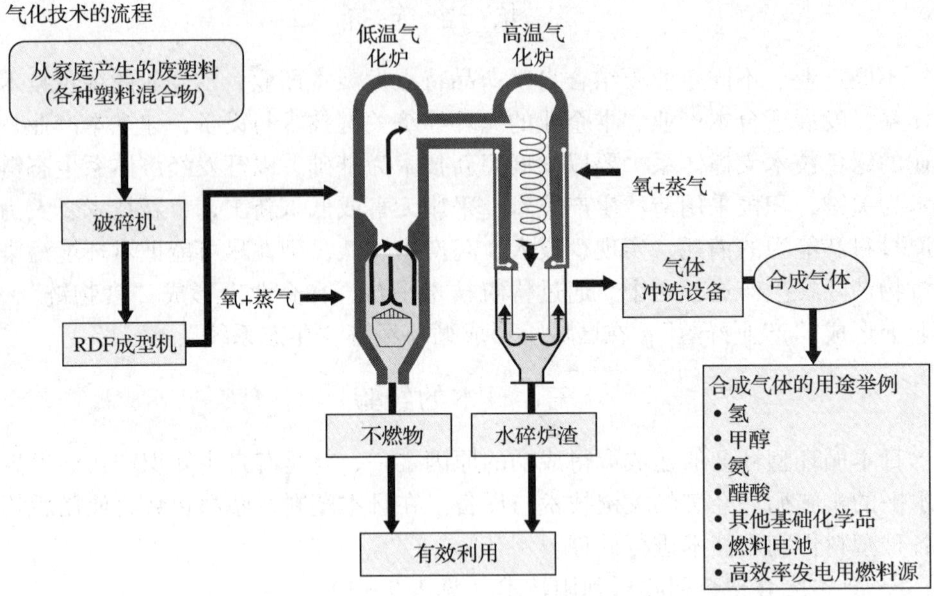

图 9－1　气化技术工艺系统

图 9－2　昭和电工（株）川崎事务所气化成套设备

塑料本来是以石油为原料的产品。使用气化技术，就可以从使用过的塑料中制造出与用石油所提炼的石脑油所制成的化学制品的原料相同的物质，比如合成纤维等等。这是一种回收废弃塑料新的处理技术——气体化的完全性化学再生利用法。

在这个设施里，将使用过的塑料气体升华，制成合成氨气体，生产氨纶。

昭和电工的气体化工艺流程具有全新的四大特征：

（1）采用低温气化炉和高温气化炉的两阶段加热。

（2）塑料在1400℃以上的高温下完全气化，生成氢气和一氧化碳。

（3）不需区分乙烯塑料和氯乙烯塑料，也不需区分塑料的种类，可以将几乎所有的塑料都作为再生利用的原料。

（4）包括灰分在内，全部可以再生利用，是垃圾为零的完全性化学再生利用设施。

这一技术的普及，将垃圾场地的不足、石油资源的枯竭等现代社会中所存在的环境资源问题加以解决，可以期待，会起到史无前例的巨大效果。

第五节　建设循环经济工业园

循环经济工业园是一种以污染预防为出发点，以物资循环利用为特征，以社会、经济、环境可持续发展为最终目标的工业园区。它运用生态学规律把区域内的社会经济活动组织成若干个“资源—产品—再生资源”的反馈流程，在生产和消费的源头努力控制废弃物的产生，对可利用的产品和废弃物循环利用，对最终不能利用的产品进行合理处理、处置，实现物质生产与消费的“低开采、高利用、低排放”，最大限度地利用资源和能源、减少污染物排放，促进环境与经济的和谐发展。

行业主管部门、地方政府和企业要把建设循环经济工业园区作为企业内部、企业与企业间层面实现资源回收、物资循环利用、实施循环经济的重要举措，推动循环经济发展。

一、循环经济工业园区的基本特征

（1）工业园区本质上是一种生态经济区，把清洁生产、资源综合利用、生态设计和可持续消费融为一体，运用生态学规律来指导人类社会的经济活动，实现社会效益、经济效益和环境效益的“多赢”。

（2）工业园区需要以宏观经济政策的调整和法律制度的重建作为保障。

（3）工业园区具体活动主要集中在企业层面实施清洁生产和资源循环利用；区域层面建立共生企业间或产业间的生态工业网络；以及社会层面建立废物回收和再利用体系。

（4）工业园区强调在区域和社会层面上的一、二、三产间的物资循环和流动。

二、建设循环经济工业园区的基本原则

工业园区的规划和建立遵循“减量、再用、循环”为内容的行为原则（即3R原则）。

（1）减量原则。要求减少进入生产和消费流程的物质量，即用较少的原料和能源投入满足既定的生产或消费需求，在经济活动的源头就做到节约资源和减少污染。在生产中，常要求产品体积小型化和产品重量轻型化，产品包装追求简单朴实而不是豪华浪费；在生活中，减少人们对物品的过度需求，从而达到减少废弃物排放的目的。

（2）再用原则。要求产品和包装能够以初始的形式被多次使用。在生产中，常要求制造商使用标准尺寸进行设计，以便于更换部件而不必更换整个产品，同时鼓励发展再制造产业；在生活中，鼓励人们购买能够重复使用的物品、饮料瓶和包装物。

（3）循环原则。要求生产出来的产品在完成其使用功能后能重新变成可以利用的资源而不是无用的垃圾。物资循环通常有两种方式，一是资源循环利用后形成与原来相同的产品，二是资源循环利用后形成不同的新产品。循环原则要求消费者和生产者购买循环物料比例大的产品，以使循环经济的整个过程实现闭合。

以上原则中，减量原则属于输入端方法，旨在减少进入生产和消费过程的物质量；再利用原则属于过程性方法，目的是提高产品和服务的利用效率；再循环原则是输出端方法，通过把废物再次变成资源以减少末端处理负荷。

“3R”原则重要性是不一样的。循环经济的根本目标是要求在经济过程中系统地避免和减少废物，再利用和再循环都应建立在对经济过程进行了充分的资源削减的基础之上。

三、循环经济工业园区建设的三种形式

工业园区硬件建设体现在具体的项目实施上，主要集中在企业、区域和社会三个层面。企业层面的循环经济要求实现清洁生产和污染排放最小化；区域层面的循环经济要求企业之间建立工业生态系统或生态工业园区，实现企业间废物相互交换；社会层面的循环经济要求废物得到再利用和再循环，产品消费过程中和消费后进行物资循环。不同地区的工业园区建设内容不一定相同，现分类简述如下。

1. 循环型企业

在所选择的企业实现清洁生产，提高生态效率，用清洁生产技术改造落后的工艺技术，最大限度地降低单位产品物耗、能耗、水耗和污染物排放。

在一些用水量较大的企业中，开展中水回用，实现废水的资源化，在有条件

的企业实现废水“零排放”。在大型联合企业中，引入关键联结技术，开展物流、能流的梯级利用，开发利用企业的废弃资源，形成废弃物和副产品的循环利用生态链。

2. 生态工业园区

运用工业生态学和循环经济理论，对现有工业园区分类指导，建设生态工业园，提升现有经济技术开发区和高新技术开发区的档次和竞争力，引导老工业区的改造。可包括以下几个方面：

（1）生态工业型经济开发区。用生态工业思想改造现有经济技术开发区和高新技术开发区。在现有园区内引进生态工业和循环经济理念，采用生命周期观点和生态设计方法，使产品生命周期中资源消耗最少、废物产生最小、易于拆卸回收，由此优化产品结构，并合理构建和完善产品链，从而提高资源效率，降低环境排放，为园区寻找新的增长点，促进园区的持续发展。对新建的开发区按照循环经济理念进行整体规划和选择入园企业，构建合理的产业和产品链网，实现园区工业结构最优组合。

（2）用循环经济指导老工业区改造。在老工业区改造中引入循环经济理念，逐步建立新型的工业组织形态，以循环经济指导老工业区的改造，实现结构调整和产品调整。

（3）资源枯竭地区经济转型。在资源枯竭地区，以循环经济理念为指导，调整资源开采型企业产品结构，建立生态工业网络，开发二次资源，催生新的经济增长点，促进经济转型。

3. 资源循环型社会

建立城市生活垃圾以及其他废旧物分类、回收、再造系统，建立城市及区域中水回用系统、生态型产业系统、信息系统等，初步建设起资源循环型社会。

循环经济的建设范围不仅涉及第二产业，而且也涉及第一、三产业。对于第一产业，要求科学地使用化肥、农药、农用薄膜和饲料添加剂，改进种植和养殖技术，实现农产品的优质、无害和农业生产废物的资源化，防止农业环境污染。

禁止将有毒、有害废物用做肥料或者用于造田。建立工农业之间的产业共生联系，形成新型生态产业。对于第三产业，要求餐饮、娱乐、宾馆等服务性企业采用节能、节水和其他有利于环境保护的技术和设备，减少使用或者不使用浪费资源、污染环境的消费品。废物进行分类回收，为再循环创造条件。建筑工程应当采用节能、节水等有利于环境与资源保护的建筑设计方案、建筑和装修材料、建筑构配件及设备。建筑废物实现产生量最小化和再利用。消费者应树立绿色消费的理念，自觉参与循环资源的回收活动，促进循环型社会的建立。

在循环经济示范区建设中，要将第一、二、三产业作为整体进行考虑，统一规划三产内部和三产之间的物资循环和能量流动，使区域内的人类活动与自然环境之间形成协调、优化的关系。

第六节　建立评价指标体系

为了工业企业在实施循环经济中取得相应效果，必须制定评价指标体系。

一、制定评价指标体系的依据和考核范围

实施循环经济的途径如同清洁生产一样，主要有生产过程和产品两个方面。这两个方面均应满足循环经济的内涵要求，该内涵要求可用指标化的方法表示。

（一）生产过程方面

生产过程方面的评价指标体系包括5类，每类中又可细分如下。

1. 能源、资源有害性能最小化

（1）能源是否清洁能源。对环境无污染的属于清洁能源，有石油轻制品、天然气、可再生资源和清洁煤净化技术等；

（2）资源对环境的污染的减少率；

（3）原材料资源是否属再生资源，不可再生资源应尽量少用；

（4）原材料资源含毒性减少率；

（5）生产中使用氟氯烃物质为零。

2. 能源、资源投入最小化

（1）资源材料的消耗减少率；

（2）辅助材料的消耗减少率；

（3）生产能源的消耗减少率；

（4）生产水资源的消耗减少率。

3. 废物排出量最小化

（1）生产过程中排放的废气减少率；

（2）生产过程中排出的废液减少率；

（3）生产过程中排出的废物减少率；

（4）生产过程中排出的剧毒化学物质，如二噁英、重金属残留物、氮氧化物、有机溶剂挥发物的减少率；

（5）生产过程中排出的影响人们肺部健康的粉尘减少率；

（6）废弃物的重量或体积的减少率；

（7）废弃物在回收再利用时排出的二次污染的减少率。

4. 能源、资源使用效率最大化

（1）原材料边角废料和碎屑的减少率；

（2）原材料边角废料和碎屑的回收利用提高率；

（3）资源在生产流程、加工设备和流程过程中物料流失的减少率；

（4）资源的循环利用提高率；

（5）能源的产品产量提高率；

（6）水资源循环利用的提高率。

5. 环境改变最小化

生产对环境造成的影响可能有多方面，但人们关心的有以下几方面：

（1）废弃物处理引起的温室效应降低率；

（2）废弃物处理引起的臭氧层破坏率；

（3）废弃物处理引起的酸雨效应降低率；

（4）废弃物处理引起的水质污染降低率。

（二）产品方面

包括无毒无害、减量化、可回收再利用、易处置4类。考察这些要求的范围，理论上应是产品生命周期全过程。

1. 无毒无害

（1）产品含有有毒成分减低率是否在规定范围内；

（2）材料中可能含有有害成分的降低率。

2. 减量化

（1）单件产品原材料消耗降低率；

（2）单件产品辅助材料消耗降低率；

（3）废弃物在清洗、干燥时，能源、公共资源及化学物质的消耗减少率。

3. 可回收再利用

（1）产品回收重复利用次数的提高率；

（2）产品回收重复利用提高率；

（3）产品回收再利用提高率；

（4）废弃物在清洗、干燥、再利用的适用性提高率；

（5）废弃物焚烧时回收的燃料热能提高率。

4. 易处置

（1）废弃物能在短期内自行降解的提高率；

（2）废弃物能实行分类回收的可靠性提高率。

二、实施循环经济的效益评价指标

在进行生产过程和产品两方面评价后，还需进行效益评价。

1. 功能性能

是否达到产品原技术要求，效益评价必须在完全满足产品功能性要求的前提下进行。

2. 资源环境效益

实行循环经济后，由于污染物减少和资源、能源消耗减少带来的社会效益与资源环境效益。

3. 经济效益

实行循环经济后，生产成本是否下降而带来了经济效益。

如果只有资源环境效益，而生产成本却提高了，则称为只具有边缘效益，还应对实施清洁生产和循环经济的方案进行改进。循环经济追求的目标应是既有资源环境效益，又有经济效益的全面效益。

附录一

国内外相关政策法规、指令、公约、决定、指南

1 国务院关于加快发展循环经济的若干意见

（2005年7月2日）

改革开放以来，我国在推动资源节约和综合利用，推行清洁生产方面，取得了积极成效。但是，传统的高消耗、高排放、低效率的粗放型增长方式仍未根本转变，资源利用率低，环境污染严重。同时，存在法规、政策不完善，体制、机制不健全，相关技术开发滞后等问题。21世纪头20年，我国将处于工业化和城镇化加速发展阶段，面临的资源和环境形势十分严峻。为抓住重要战略机遇期，实现全面建设小康社会的战略目标，必须大力发展循环经济，按照“减量化、再利用、资源化”原则，采取各种有效措施，以尽可能少的资源消耗和尽可能小的环境代价，取得最大的经济产出和最少的废物排放，实现经济、环境和社会效益相统一，建设资源节约型和环境友好型社会。为此，提出如下意见。

一、发展循环经济的指导思想、基本原则和主要目标

（一）指导思想

以邓小平理论和“三个代表”重要思想为指导，树立和落实科学发展观，以提高资源生产率和减少废物排放为目标，以技术创新和制度创新为动力，强化节约资源和保护环境意识，加强法制建设，完善政策措施，发挥市场机制作用，促进循环经济发展。

（二）基本原则

坚持走新型工业化道路，形成有利于节约资源、保护环境的生产方式和消费方式；坚持推进经济结构调整，加快技术进步，加强监督管理，提高资源利用效率，减少废物的产生和排放；坚持以企业为主体，政府调控、市场引导、公众参与相结合，形成有利于促进循环经济发展的政策体系和社会氛围。

（三）发展目标

力争到2010年建立比较完善的发展循环经济法律法规体系、政策支持体系、体制与技术创新体系和激励约束机制。资源利用效率大幅度提高，废物最终处置

量明显减少，建成大批符合循环经济发展要求的典型企业。推进绿色消费，完善再生资源回收利用体系。建设一批符合循环经济发展要求的工业（农业）园区和资源节约型、环境友好型城市。

（四）主要指标

力争到2010年，我国消耗每吨能源、铁矿石、有色金属、非金属矿等十五种重要资源产出的GDP比2003年提高25%左右；每万元GDP能耗下降18%以上。农业灌溉水平均有效利用系数提高到0.5，每万元工业增加值取水量下降到120立方米。矿产资源总回收率和共伴生矿综合利用率分别提高5个百分点。工业固体废物综合利用率提高到60%以上；再生铜、铝、铅占产量的比重分别达到35%、25%、30%，主要再生资源回收利用量提高65%以上。工业固体废物堆存和处置量控制在4.5亿t左右；城市生活垃圾增长率控制在5%左右。（注：上述有关指标将根据“十一五”规划作相应调整）

二、发展循环经济的重点工作和重点环节

（五）重点工作

一是大力推进节约降耗，在生产、建设、流通和消费各领域节约资源，减少自然资源的消耗。二是全面推行清洁生产，从源头减少废物的产生，实现由末端治理向污染预防和生产全过程控制转变。三是大力开展资源综合利用，最大限度实现废物资源化和再生资源回收利用。四是大力发展环保产业，注重开发减量化、再利用和资源化技术与装备，为资源高效利用、循环利用和减少废物排放提供技术保障。

（六）重点环节

一是资源开采环节要统筹规划矿产资源开发，推广先进适用的开采技术、工艺和设备，提高采矿回采率、选矿和冶炼回收率，大力推进尾矿、废石综合利用，大力提高资源综合回收利用率。二是资源消耗环节要加强对冶金、有色、电力、煤炭、石化、化工、建材（筑）、轻工、纺织、农业等重点行业能源、原材料、水等资源消耗管理，努力降低消耗，提高资源利用率。三是废物产生环节要强化污染预防和全过程控制，推动不同行业合理延长产业链，加强对各类废物的循环利用，推进企业废物“零排放”；加快再生水利用设施建设以及城市垃圾、污泥减量化和资源化利用，降低废物最终处置量。四是再生资源产生环节要大力回收和循环利用各种废旧资源，支持废旧机电产品再制造；建立垃圾分类收集和分选系统，不断完善再生资源回收利用体系。五是消费环节要大力倡导有利于节约资源和保护环境的消费方式，鼓励使用能效标识产品、节能节水认证产品和环境标志产品、绿色标志食品和有机标志食品，减少过度包装和一次性用品的使用。政府机构要实行绿色采购。

三、加强对循环经济发展的宏观指导

（七）把发展循环经济作为编制有关规划的重要指导原则

各级政府及有关部门要用循环经济理念指导编制“十一五”规划和各类区域规划、城市总体规划，以及矿产资源可持续利用、节能、节水、资源综合利用等专项规划，对资源消耗、节约、循环利用、废物排放和环境状况作出分析，明确目标、重点和政策措施。

（八）建立循环经济评价指标体系和统计、核算制度

发展和改革委员会要会同统计局、环保总局等有关部门加快研究建立循环经济评价指标体系，逐步纳入国民经济和社会发展计划，并建立循环经济的统计核算制度。地方各级人民政府有关部门要积极开展循环经济的统计核算，加强对循环经济主要指标的分析。

（九）制定和实施循环经济推进计划

地方各级人民政府要组织发展改革（经贸）、环境保护等有关部门，根据本地区实际，制定和实施循环经济发展的推进计划。国务院有关部门要研究制定矿产资源集约利用、能源和水资源节约利用、清洁生产，以及重点行业、重点领域发展循环经济的推进计划。

（十）加快经济结构调整和优化区域布局

加强宏观调控，遏制盲目投资、低水平重复建设，限制高耗能、高耗水、高污染产业的发展。大力发展高技术产业，加快用高新技术和先进适用技术改造传统产业，淘汰落后工艺、技术和设备，实现传统产业升级；推进企业重组，提高产业集中度和规模效益；大力发展集约化农业。发展改革委要抓紧制定《产业结构调整暂行规定》、《产业结构调整指导目录》以及加快服务业发展的指导意见，推进产业结构优化升级。同时，要根据资源环境条件和区域特点，用循环经济的发展理念指导区域发展、产业转型和老工业基地改造。开发区和重化工业集中地区，要按照循环经济要求进行规划、建设和改造，对进入的企业要提出土地、能源、水资源利用及废物排放综合控制要求，围绕核心资源发展相关产业，发挥产业集聚和工业生态效应，形成资源高效循环利用的产业链，提高资源产出效率。

四、加快循环经济技术开发和标准体系建设

（十一）加快循环经济技术开发和标准体系建设

国务院有关部门和地方各级人民政府有关部门要加大科技投入，支持循环经济共性和关键技术的研究开发。积极引进和消化、吸收国外先进的循环经济技术，组织开发共伴生矿产资源和尾矿综合利用技术、能源节约和替代技术、能量梯级利用技术、废物综合利用技术、循环经济发展中延长产业链和相关产业链接技术、“零排放”技术、有毒有害原材料替代技术、可回收利用材料和回收处理

技术、绿色再制造技术以及新能源和可再生能源开发利用技术等，提高循环经济技术支撑能力和创新能力。

（十二）抓紧制定循环经济技术政策

发展和改革委员会要会同科技、环保等有关部门研究制定发展循环经济的技术政策、技术导向目录，以及国家鼓励发展的节能、节水、环保装备目录。支持引进国外发展循环经济的核心技术，加快新技术、新工艺、新设备的推广应用。

（十三）建立循环经济技术咨询服务体系

各地区、各部门要积极支持建立循环经济信息系统和技术咨询服务体系，及时向社会发布有关循环经济技术、管理和政策等方面的信息，开展信息咨询、技术推广、宣传培训等。充分发挥行业协会、节能技术服务中心、清洁生产中心等中介机构和科研单位、大专院校的作用。

（十四）制定和完善促进循环经济的标准体系

要加快制定高耗能、高耗水及高污染行业市场准入标准和合格评定制度，制定重点行业清洁生产评价指标体系和涉及循环经济的有关污染控制标准。加强节能、节水等资源节约标准化工作，完善主要用能设备及建筑能效标准、重点用水行业取水定额标准和主要耗能（水）行业节能（水）设计规范。建立和完善强制性产品能效标识、再利用品标识、节能建筑标识和环境标志制度，开展节能、节水、环保产品认证以及环境管理体系认证。

五、建立和完善促进循环经济发展的政策机制

（十五）加大对循环经济投资的支持力度

各级投资主管部门在制定和实施投资计划时，要加大对发展循环经济的支持。对发展循环经济的重大项目和技术开发、产业化示范项目，政府要给予直接投资或资金补助、贷款贴息等支持，并发挥政府投资对社会投资的引导作用。各类金融机构应对促进循环经济发展的重点项目给予金融支持。

（十六）利用价格杠杆促进循环经济发展

调整资源性产品与最终产品的比价关系，理顺自然资源价格，逐步建立能够反映资源性产品供求关系的价格机制。发展和改革委员会要积极调整水、热、电、天然气等价格政策，促进资源的合理开发、节约使用、高效利用和有效保护。逐步提高水利工程供水价格；完善农业水费计收办法；调整城市供水价格，合理确定再生水价格，大力推进阶梯式水价、超计划、超定额用水加价制度。扩大峰谷电价和丰枯电价执行范围，拉大差价，在有条件的地区加快实行尖峰电价和季节电价；对高耗能行业中淘汰类、限制类项目，严格执行按国家产业政策制定的差别电价政策。加大供热体制和供热价格改革力度，逐步建立基本热价和计量热价共同构成的热价形成机制，实行差别热价和煤热联动政策。逐步理顺天然气与其他产品的比价关系，建立天然气价格与可替代能源价格挂钩的机制。地方各级

人民政府价格主管部门要研究制定并落实各项促进循环经济发展的价格政策。

（十七）制定支持循环经济发展的财税和收费政策

财政部门要积极安排资金，支持发展循环经济的政策研究、技术推广、示范试点、宣传培训等，并会同有关部门积极落实清洁生产专项资金。各级财政和环保部门要安排排污资金，加大对企业符合循环经济要求的污染防治项目的投入力度。有关部门要加快研究建立促进节能、节水产品和节能环保型汽车、节能省地型建筑推广的鼓励政策。继续完善资源综合利用的税收优惠政策，调整和完善有利于促进再生资源回收利用的税收政策，加快建立大宗废旧资源回收处理收费制度。适时出台燃油税，完善消费税制。积极研究以资源量为基础的矿产资源补偿费征收办法，进一步扩大水资源费征收范围并适当提高征收标准，优先提高城市污水处理费征收标准，全面开征城市生活垃圾处理费。研究完善限制国内紧缺资源及高耗能产品出口的政策。在理顺现有收费和资金来源渠道的基础上，积极探索建立和完善企业生态环境恢复补偿机制。政府采购目录要优先考虑节能、节水和环保认证产品。

六、坚持依法推进循环经济发展

（十八）加强法规体系建设

要结合我国国情，加快研究建立和健全循环经济的法律法规体系。当前要抓紧制定节能、节水、资源综合利用等促进资源有效利用以及废旧家电、电子产品、废旧轮胎、建筑废物、包装废物、农业废物等资源化利用的法规和规章。研究建立生产者责任延伸制度，明确生产商、销售商、回收和使用单位以及消费者对废物回收、处理和再利用的法律义务。

（十九）加大依法监督管理的力度

各地区、各部门要认真贯彻落实《中华人民共和国节约能源法》、《中华人民共和国可再生能源法》、《中华人民共和国清洁生产促进法》、《中华人民共和国固体废物污染环境防治法》和《中华人民共和国环境影响评价法》等有关法律法规。依法加强对矿产资源集约利用、节能、节水、资源综合利用、再生资源回收利用的监督管理工作，引导企业树立经济与资源、环境协调发展的意识，建立健全资源节约管理制度。各级环境保护部门要将发展循环经济与环境保护工作紧密结合，严格执行环境影响评价和“三同时”制度，逐步实行排污许可证制度；严格控制污染物排放总量，加强对企业废物排放和处置的监督管理，降低排放强度；鼓励有条件的企业在自愿的基础上，开展环境管理体系认证。

（二十）依法推行清洁生产

认真实施《中华人民共和国清洁生产促进法》，加快企业清洁生产审核，积极实施清洁生产审核方案。对污染物排放超过国家和地方规定的标准或者总量控制指标的企业，以及使用有毒、有害原料进行生产或者在生产中排放有毒、有害物质的企业，要依法强制实施清洁生产审核，监督实施清洁生产方案。发展和改革委员会、环保总局要在全国范围内组织开展创建清洁生产先进企业、环境友好企业活动，引导企业加快实施清洁生产。

七、加强对发展循环经济工作的组织和领导

（二十一）加强组织领导

各地区、各部门要从战略和全局的高度，充分认识发展循环经济的重大意义，增强紧迫性和责任感，结合本地区、本部门实际，抓紧制定具体的实施方案，采取切实有效措施，加快推进循环经济发展。发展和改革委员会牵头，会同环保总局等有关部门建立健全推进循环经济发展的协调工作机制，做好组织协调和指导推动工作，及时解决推进循环经济发展中遇到的重大问题。有关部门要在各自的职责范围内积极落实各项政策措施，加快推动循环经济发展。地方各级人民政府要确定一位领导同志负责循环经济发展工作，明确有关部门的职责分工，做到层层有责任、逐级抓落实。

（二十二）开展循环经济示范试点

发展和改革委员会要会同环保总局等有关部门和省级人民政府，在重点行业、重点领域、产业园区和城市组织开展循环经济试点工作，探索发展循环经济的有效模式。通过试点，提出发展循环经济的重大技术和项目领域，进一步完善促进再生资源循环利用、降低污染排放强度的政策措施，提出按循环经济模式规划、建设、改造工业园区以及建设资源节约型、环境友好型城市的思路，树立一批先进典型，为加快发展循环经济提供示范。

（二十三）加强宣传教育和培训

各地区、各部门要动员社会各方面力量，大力开展形式多样的节约资源和保护环境的宣传活动，提高全社会对发展循环经济重大意义的认识，把节约资源、保护环境变成全体公民的自觉行为。要将树立资源节约和环境保护意识的相关内容编入教材，在中小学中开展国情教育、节约资源和保护环境的教育。要组织开展相关管理和技术人员的知识培训，增强意识，掌握相关知识和技能。编写消费行为导则和资源节约公约，引导合理消费，规范消费行为，开展多种形式的实践活动，逐步形成节约资源、保护环境的消费方式。

2　中华人民共和国循环经济促进法

（2008 年 8 月 29 日第十一届全国人民代表大会常务委员会第四次会议通过）

目　录

第一章　总　　则

第一条　为了促进循环经济发展，提高资源利用效率，保护和改善环境，实现可持续发展，制定本法。

第二条　本法所称循环经济，是指在生产、流通和消费等过程中进行的减量化、再利用、资源化活动的总称。

本法所称减量化，是指在生产、流通和消费等过程中减少资源消耗和废物产生。

本法所称再利用，是指将废物直接作为产品或者经修复、翻新、再制造后继续作为产品使用，或者将废物的全部或者部分作为其他产品的部件予以使用。

本法所称资源化，是指将废物直接作为原料进行利用或者对废物进行再生利用。

第三条　发展循环经济是国家经济社会发展的一项重大战略，应当遵循统筹规划、合理布局，因地制宜、注重实效，政府推动、市场引导，企业实施、公众参与的方针。

第四条　发展循环经济应当在技术可行、经济合理和有利于节约资源、保护环境的前提下，按照减量化优先的原则实施。

在废物再利用和资源化过程中，应当保障生产安全，保证产品质量符合国家规定的标准，并防止产生再次污染。

第五条　国务院循环经济发展综合管理部门负责组织协调、监督管理全国循环经济发展工作；国务院环境保护等有关主管部门按照各自的职责负责有关循环经济的监督管理工作。

县级以上地方人民政府循环经济发展综合管理部门负责组织协调、监督管理本行政区域的循环经济发展工作；县级以上地方人民政府环境保护等有关主管部门按照各自的职责负责有关循环经济的监督管理工作。

第六条　国家制定产业政策，应当符合发展循环经济的要求。

县级以上人民政府编制国民经济和社会发展规划及年度计划，县级以上人民政府有关部门编制环境保护、科学技术等规划，应当包括发展循环经济的内容。

第七条　国家鼓励和支持开展循环经济科学技术的研究、开发和推广，鼓励开展循环经济宣传、教育、科学知识普及和国际合作。

第八条 县级以上人民政府应当建立发展循环经济的目标责任制，采取规划、财政、投资、政府采购等措施，促进循环经济发展。

第九条 企业事业单位应当建立健全管理制度，采取措施，降低资源消耗，减少废物的产生量和排放量，提高废物的再利用和资源化水平。

第十条 公民应当增强节约资源和保护环境意识，合理消费，节约资源。

国家鼓励和引导公民使用节能、节水、节材和有利于保护环境的产品及再生产品，减少废物的产生量和排放量。

公民有权举报浪费资源、破坏环境的行为，有权了解政府发展循环经济的信息并提出意见和建议。

第十一条 国家鼓励和支持行业协会在循环经济发展中发挥技术指导和服务作用。县级以上人民政府可以委托有条件的行业协会等社会组织开展促进循环经济发展的公共服务。

国家鼓励和支持中介机构、学会和其他社会组织开展循环经济宣传、技术推广和咨询服务，促进循环经济发展。

第二章　基本管理制度

第十二条 国务院循环经济发展综合管理部门会同国务院环境保护等有关主管部门编制全国循环经济发展规划，报国务院批准后公布施行。设区的市级以上地方人民政府循环经济发展综合管理部门会同本级人民政府环境保护等有关主管部门编制本行政区域循环经济发展规划，报本级人民政府批准后公布施行。

循环经济发展规划应当包括规划目标、适用范围、主要内容、重点任务和保障措施等，并规定资源产出率、废物再利用和资源化率等指标。

第十三条 县级以上地方人民政府应当依据上级人民政府下达的本行政区域主要污染物排放、建设用地和用水总量控制指标，规划和调整本行政区域的产业结构，促进循环经济发展。

新建、改建、扩建建设项目，必须符合本行政区域主要污染物排放、建设用地和用水总量控制指标的要求。

第十四条 国务院循环经济发展综合管理部门会同国务院统计、环境保护等有关主管部门建立和完善循环经济评价指标体系。

上级人民政府根据前款规定的循环经济主要评价指标，对下级人民政府发展循环经济的状况定期进行考核，并将主要评价指标完成情况作为对地方人民政府及其负责人考核评价的内容。

第十五条 生产列入强制回收名录的产品或者包装物的企业，必须对废弃的产品或者包装物负责回收；对其中可以利用的，由各该生产企业负责利用；对因不具备技术经济条件而不适合利用的，由各该生产企业负责无害化处置。

对前款规定的废弃产品或者包装物，生产者委托销售者或者其他组织进行回收的，或者委托废物利用或者处置企业进行利用或者处置的，受托方应当依照有关法律、行政法规的规定和合同的约定负责回收或者利用、处置。

对列入强制回收名录的产品和包装物，消费者应当将废弃的产品或者包装物交给生产者或者其委托回收的销售者或者其他组织。

强制回收的产品和包装物的名录及管理办法，由国务院循环经济发展综合管理部门规定。

第十六条 国家对钢铁、有色金属、煤炭、电力、石油加工、化工、建材、建筑、造纸、印染等行业年综合能源消费量、用水量超过国家规定总量的重点企业，实行能耗、水耗的重点监督管理制度。

重点能源消费单位的节能监督管理，依照《中华人民共和国节约能源法》的规定执行。

重点用水单位的监督管理办法，由国务院循环经济发展综合管理部门会同国务院有关部门规定。

第十七条 国家建立健全循环经济统计制度，加强资源消耗、综合利用和废物产生的统计管理，并将主要统计指标定期向社会公布。

国务院标准化主管部门会同国务院循环经济发展综合管理和环境保护等有关主管部门建立健全循环经济标准体系，制定和完善节能、节水、节材和废物再利用、资源化等标准。

国家建立健全能源效率标识等产品资源消耗标识制度。

第三章 减 量 化

第十八条 国务院循环经济发展综合管理部门会同国务院环境保护等有关主管部门，定期发布鼓励、限制和淘汰的技术、工艺、设备、材料和产品名录。

禁止生产、进口、销售列入淘汰名录的设备、材料和产品，禁止使用列入淘汰名录的技术、工艺、设备和材料。

第十九条 从事工艺、设备、产品及包装物设计，应当按照减少资源消耗和废物产生的要求，优先选择采用易回收、易拆解、易降解、无毒无害或者低毒低害的材料和设计方案，并应当符合有关国家标准的强制性要求。

对在拆解和处置过程中可能造成环境污染的电器电子等产品，不得设计使用国家禁止使用的有毒有害物质。禁止在电器电子等产品中使用的有毒有害物质名录，由国务院循环经济发展综合管理部门会同国务院环境保护等有关主管部门制定。

设计产品包装物应当执行产品包装标准，防止过度包装造成资源浪费和环境污染。

第二十条 工业企业应当采用先进或者适用的节水技术、工艺和设备，制定并实施节水计划，加强节水管理，对生产用水进行全过程控制。

工业企业应当加强用水计量管理，配备和使用合格的用水计量器具，建立水耗统计和用水状况分析制度。

新建、改建、扩建建设项目，应当配套建设节水设施。节水设施应当与主体工程同时设计、同时施工、同时投产使用。

国家鼓励和支持沿海地区进行海水淡化和海水直接利用，节约淡水资源。

第二十一条 国家鼓励和支持企业使用高效节油产品。

电力、石油加工、化工、钢铁、有色金属和建材等企业，必须在国家规定的范围和期限内，以洁净煤、石油焦、天然气等清洁能源替代燃料油，停止使用不符合国家规定的燃油发电机组和燃油锅炉。

内燃机和机动车制造企业应当按照国家规定的内燃机和机动车燃油经济性标准，采用节油技术，减少石油产品消耗量。

第二十二条 开采矿产资源，应当统筹规划，制定合理的开发利用方案，采用合理的开采顺序、方法和选矿工艺。采矿许可证颁发机关应当对申请人提交的开发利用方案中的开采回采率、采矿贫化率、选矿回收率、矿山水循环利用率和土地复垦率等指标依法进行审查；审查不合格的，不予颁发采矿许可证。采矿许可证颁发机关应当依法加强对开采矿产资源的监督管理。

矿山企业在开采主要矿种的同时，应当对具有工业价值的共生和伴生矿实行综合开采、合理利用；对必须同时采出而暂时不能利用的矿产以及含有有用组分的尾矿，应当采取保护措施，防止资源损失和生态破坏。

第二十三条 建筑设计、建设、施工等单位应当按照国家有关规定和标准，对其设计、建设、施工的建筑物及构筑物采用节能、节水、节地、节材的技术工艺和小型、轻型、再生产品。有条件的地区，应当充分利用太阳能、地热能、风能等可再生能源。

国家鼓励利用无毒无害的固体废物生产建筑材料，鼓励使用散装水泥，推广使用预拌混凝土和预拌砂浆。

禁止损毁耕地烧砖。在国务院或者省、自治区、直辖市人民政府规定的期限和区域内，禁止生产、销售和使用黏土砖。

第二十四条 县级以上人民政府及其农业等主管部门应当推进土地集约利用，鼓励和支持农业生产者采用节水、节肥、节药的先进种植、养殖和灌溉技术，推动农业机械节能，优先发展生态农业。

在缺水地区，应当调整种植结构，优先发展节水型农业，推进雨水集蓄利用，建设和管护节水灌溉设施，提高用水效率，减少水的蒸发和漏失。

第二十五条 国家机关及使用财政性资金的其他组织应当厉行节约、杜绝浪费，带头使用节能、节水、节地、节材和有利于保护环境的产品、设备和设施，节约使用办公用品。国务院和县级以上地方人民政府管理机关事务工作的机构会同本级人民政府有关部门制定本级国家机关等机构的用能、用水定额指标，财政部门根据该定额指标制定支出标准。

城市人民政府和建筑物的所有者或者使用者，应当采取措施，加强建筑物维护管理，延长建筑物使用寿命。对符合城市规划和工程建设标准，在合理使用寿命内的建筑物，除为了公共利益的需要外，城市人民政府不得决定拆除。

第二十六条 餐饮、娱乐、宾馆等服务性企业，应当采用节能、节水、节材和有利于保护环境的产品，减少使用或者不使用浪费资源、污染环境的产品。

本法施行后新建的餐饮、娱乐、宾馆等服务性企业，应当采用节能、节水、节材和有利于保护环境的技术、设备和设施。

第二十七条 国家鼓励和支持使用再生水。在有条件使用再生水的地区，限制或者禁止将自来水作为城市道路清扫、城市绿化和景观用水使用。

第二十八条 国家在保障产品安全和卫生的前提下，限制一次性消费品的生产和销售。具体名录由国务院循环经济发展综合管理部门会同国务院财政、环境保护等有关主管部门制定。

对列入前款规定名录中的一次性消费品的生产和销售，由国务院财政、税务和对外贸易等主管部门制定限制性的税收和出口等措施。

第四章 再利用和资源化

第二十九条 县级以上人民政府应当统筹规划区域经济布局，合理调整产业结构，促进企业在资源综合利用等领域进行合作，实现资源的高效利用和循环使用。

各类产业园区应当组织区内企业进行资源综合利用，促进循环经济发展。

国家鼓励各类产业园区的企业进行废物交换利用、能量梯级利用、土地集约利用、水的分类利用和循环使用，共同使用基础设施和其他有关设施。

新建和改造各类产业园区应当依法进行环境影响评价，并采取生态保护和污染控制措施，确保本区域的环境质量达到规定的标准。

第三十条 企业应当按照国家规定，对生产过程中产生的粉煤灰、煤矸石、尾矿、废石、废料、废气等工业废物进行综合利用。

第三十一条 企业应当发展串联用水系统和循环用水系统，提高水的重复利用率。

企业应当采用先进技术、工艺和设备，对生产过程中产生的废水进行再生利用。

第三十二条 企业应当采用先进或者适用的回收技术、工艺和设备，对生产过程中产生的余热、余压等进行综合利用。

建设利用余热、余压、煤层气以及煤矸石、煤泥、垃圾等低热值燃料的并网发电项目，应当依照法律和国务院的规定取得行政许可或者报送备案。电网企业应当按照国家规定，与综合利用资源发电的企业签订并网协议，提供上网服务，并全额收购并网发电项目的上网电量。

第三十三条 建设单位应当对工程施工中产生的建筑废物进行综合利用；不具备综合利用条件的，应当委托具备条件的生产经营者进行综合利用或者无害化处置。

第三十四条 国家鼓励和支持农业生产者和相关企业采用先进或者适用技术，对农作物秸秆、畜禽粪便、农产品加工业副产品、废农用薄膜等进行综合利用，开发利用沼气等生物质能源。

第三十五条 县级以上人民政府及其林业主管部门应当积极发展生态林业，鼓励和支持林业生产者和相关企业采用木材节约和代用技术，开展林业废弃物和次小薪材、沙生灌木等综合利用，提高木材综合利用率。

第三十六条 国家支持生产经营者建立产业废物交换信息系统，促进企业交流产业废物信息。

企业对生产过程中产生的废物不具备综合利用条件的，应当提供给具备条件的生产经营者进行综合利用。

第三十七条 国家鼓励和推进废物回收体系建设。

地方人民政府应当按照城乡规划，合理布局废物回收网点和交易市场，支持废物回收企业和其他组织开展废物的收集、储存、运输及信息交流。

废物回收交易市场应当符合国家环境保护、安全和消防等规定。

第三十八条 对废电器电子产品、报废机动车船、废轮胎、废铅酸电池等特定产品进行拆解或者再利用，应当符合有关法律、行政法规的规定。

第三十九条 回收的电器电子产品，经过修复后销售的，必须符合再利用产品标准，并在显著位置标识为再利用产品。

回收的电器电子产品，需要拆解和再生利用的，应当交售给具备条件的拆解企业。

第四十条 国家支持企业开展机动车零部件、工程机械、机床等产品的再制造和轮胎翻新。

销售的再制造产品和翻新产品的质量必须符合国家规定的标准，并在显著位置标识为再制造产品或者翻新产品。

第四十一条 县级以上人民政府应当统筹规划建设城乡生活垃圾分类收集和资源化利用设施，建立和完善分类收集和资源化利用体系，提高生活垃圾资源化率。

县级以上人民政府应当支持企业建设污泥资源化利用和处置设施，提高污泥综合利用水平，防止产生再次污染。

第五章　激励措施

第四十二条 国务院和省、自治区、直辖市人民政府设立发展循环经济的有关专项资金，支持循环经济的科技研究开发、循环经济技术和产品的示范与推广、重大循环经济项目的实施、发展循环经济的信息服务等。具体办法由国务院财政部门会同国务院循环经济发展综合管理等有关主管部门制定。

第四十三条 国务院和省、自治区、直辖市人民政府及其有关部门应当将循环经济重大科技攻关项目的自主创新研究、应用示范和产业化发展列入国家或者省级科技发展规划和高技术产业发展规划，并安排财政性资金予以支持。

利用财政性资金引进循环经济重大技术、装备的，应当制定消化、吸收和创新方案，报有关主管部门审批并由其监督实施；有关主管部门应当根据实际需要建立协调机制，对重大技术、装备的引进和消化、吸收、创新实行统筹协调，并给予资金支持。

第四十四条 国家对促进循环经济发展的产业活动给予税收优惠，并运用税收等措施鼓励进口先进的节能、节水、节材等技术、设备和产品，限制在生产过程中耗能高、污染重的产品的出口。具体办法由国务院财政、税务主管部门制定。

企业使用或者生产列入国家清洁生产、资源综合利用等鼓励名录的技术、工艺、设备或者产品的，按照国家有关规定享受税收优惠。

第四十五条 县级以上人民政府循环经济发展综合管理部门在制定和实施投资计划时，应当将节能、节水、节地、节材、资源综合利用等项目列为重点投资领域。

对符合国家产业政策的节能、节水、节地、节材、资源综合利用等项目，金融机构应当给予优先贷款等信贷支持，并积极提供配套金融服务。

对生产、进口、销售或者使用列入淘汰名录的技术、工艺、设备、材料或者产品的企业，金融机构不得提供任何形式的授信支持。

第四十六条 国家实行有利于资源节约和合理利用的价格政策，引导单位和个人节约和合理使用水、电、气等资源性产品。

国务院和省、自治区、直辖市人民政府的价格主管部门应当按照国家产业政策，对资源高消耗行业中的限制类项目，实行限制性的价格政策。

对利用余热、余压、煤层气以及煤矸石、煤泥、垃圾等低热值燃料的并网发电项目，价格主管部门按照有利于资源综合利用的原则确定其上网电价。

省、自治区、直辖市人民政府可以根据本行政区域经济社会发展状况，实行垃圾排放收费制度。收取的费用专项用于垃圾分类、收集、运输、储存、利用和处置，不得挪作他用。

国家鼓励通过以旧换新、押金等方式回收废物。

第四十七条 国家实行有利于循环经济发展的政府采购政策。使用财政性资金进行采购的，应当优先采购节能、节水、节材和有利于保护环境的产品及再生产品。

第四十八条 县级以上人民政府及其有关部门应当对在循环经济管理、科学技术研究、产品开发、示范和推广工作中做出显著成绩的单位和个人给予表彰和奖励。

企业事业单位应当对在循环经济发展中做出突出贡献的集体和个人给予表彰和奖励。

第六章 法律责任

第四十九条 县级以上人民政府循环经济发展综合管理部门或者其他有关主管部门发现违反本法的行为或者接到对违法行为的举报后不予查处，或者有其他不依法履行监督管理职责行为的，由本级人民政府或者上一级人民政府有关主管部门责令改正，对直接负责的主管人员和其他直接责任人员依法给予处分。

第五十条 生产、销售列入淘汰名录的产品、设备的，依照《中华人民共和国产品质量法》的规定处罚。

使用列入淘汰名录的技术、工艺、设备、材料的，由县级以上地方人民政府循环经济发展综合管理部门责令停止使用，没收违法使用的设备、材料，并处五万元以上二十万元以下的罚款；情节严重的，由县级以上人民政府循环经济发展综合管理部门提出意见，报请本级人民政府按照国务院规定的权限责令停业或者关闭。

违反本法规定，进口列入淘汰名录的设备、材料或者产品的，由海关责令退运，可以处十万元以上一百万元以下的罚款。进口者不明的，由承运人承担退运责任，或者承担有关处置费用。

第五十一条 违反本法规定，对在拆解或者处置过程中可能造成环境污染的电器电子等产品，设计使用列入国家禁止使用名录的有毒有害物质的，由县级以上地方人民政府产品质量监督部门责令限期改正；逾期不改正的，处二万元以上二十万元以下的罚款；情节严重的，由县级以上地方人民政府产品质量监督部门向本级工商行政管理部门通报有关情况，由工商行政管理部门依法吊销营业执照。

第五十二条 违反本法规定，电力、石油加工、化工、钢铁、有色金属和建材等企业未在规定的范围或者期限内停止使用不符合国家规定的燃油发电机组或者燃油锅炉的，由县级以上地方人民政府循环经济发展综合管理部门责令限期改正；逾期不改正的，责令拆除该燃油发电机组或者燃油锅炉，并处五万元以上五十万元以下的罚款。

第五十三条 违反本法规定，矿山企业未达到经依法审查确定的开采回采率、采矿贫化率、选矿回收率、矿山水循环利用率和土地复垦率等指标的，由县级以上人民政府地质矿产主管部门责令限期改正，处五万元以上五十万元以下的罚款；逾期不改正的，由采矿许可证颁发机关依法吊销采矿许可证。

第五十四条 违反本法规定，在国务院或者省、自治区、直辖市人民政府规定禁止生产、销售、使用黏土砖的期限或者区域内生产、销售或者使用黏土砖的，由县级以上地方人民政府指定的部门责令限期改正；有违法所得的，没收违法所得；逾期继续生产、销售的，由地方人民政府工商行政管理部门依法吊销营业执照。

第五十五条 违反本法规定，电网企业拒不收购企业利用余热、余压、煤层气以及煤矸石、煤泥、垃圾等低热值燃料生产的电力的，由国家电力监管机构责令限期改正；造成企业损失的，依法承担赔偿责任。

第五十六条 违反本法规定，有下列行为之一的，由地方人民政府工商行政管理部门责令限期改正，可以处五千元以上五万元以下的罚款；逾期不改正的，依法吊销营业执照；造成损失的，依法承担赔偿责任：

（一）销售没有再利用产品标识的再利用电器电子产品的；

（二）销售没有再制造或者翻新产品标识的再制造或者翻新产品的。

第五十七条 违反本法规定，构成犯罪的，依法追究刑事责任。

第七章 附 则

第五十八条 本法自2009年1月1日起施行。

3 中华人民共和国环境保护法

（1989年12月26日第七届全国人民代表大会常务委员会第十一次会议通过 1989年12月26日中华人民共和国主席令第22号发布 自公布之日起施行）

第一章 总 则

第一条 为保护和改善生活环境与生态环境，防治污染和其他公害，保障人体健康，促进社会主义现代化建设的发展，制定本法。

第二条 本法所称环境，是指影响人类社会生存和发展的各种天然的和经过人工改造的自然因素的总体，包括大气、水、海洋、土地、矿藏、森林、草原、野生物、自然遗迹、人文遗迹、自然保护区、风景名胜区、城市和乡村等。

第三条 本法适用于中华人民共和国领域和中华人民共和国管辖的其他海域。

第四条 国家制定的环境保护规划必须纳入国民经济和社会发展计划，国家采取有利于环境保护的经济、技术政策和措施，使环境保护工作同经济建设和社会发展相协调。

第五条 国家鼓励环境保护科学教育事业的发展，加强环境保护科学技术的研究和开发，提高环境保护科学技术水平，普及环境保护的科学知识。

第六条 一切单位和个人都有保护环境的义务，并有权对污染和破坏环境的单位和个人进行检举和控告。

第七条 国务院环境保护行政主管部门，对全国环境保护工作实施统一监督管理。县级以上地方人民政府环境保护行政主管部门，对本辖区的环境保护工作实施统一监督管理。

国家海洋行政主管部门、港务监督、渔政渔港监督、军队环境保护部门和各级公安、交通、铁道、民航管理部门，依照有关法律的规定对环境污染防治实施监督管理。县级以上人民政府的土地、矿产、林业、农业水利行政主管部门，依照有关法律的规定对资源的保护实施监督管理。

第八条 对保护和改善环境有显著成绩的单位和个人，由人民政府给予奖励。

第二章　环境监督管理

第九条 国务院环境保护行政主管部门制定国家环境质量标准。

省、自治区、直辖市人民政府对国家环境质量标准中未作规定的项目，可以制定地方环境质量标准，并报国务院环境保护行政主管部门备案。

第十条 国务院环境保护行政主管部门根据国家环境质量标准和国家经济、技术条件，制定国家污染物排放标准。

省、自治区、直辖市人民政府对国家污染物排放标准中未作规定的项目，可以制定地方污染物排放标准；对国家污染物排放标准中已作规定的项目，可以制定严于国家污染物排放标准的地方污染物排放标准。地方污染物排放标准须报国务院环境保护行政主管部门备案。

凡是向已有地方污染物排放标准的区域排放污染物的，应当执行地方污染物排放标准。

第十一条 国务院环境保护行政主管部门建立监测制度，制定监测规范，会同有关部门组织监测网络，加强对环境监测的管理。

国务院和省、自治区、直辖市人民政府的环境保护行政主管部门，应当定期发布环境状况公报。

第十二条 县级以上人民政府的环境保护行政主管部门，应当会同有关部门对管辖范围内的环境状况进行调查和评价，拟订环境保护计划，经计划部门综合平衡后，报同级人民政府批准实施。

第十三条 建设污染环境的项目，必须遵守国家有关建设项目环境保护管理的规定。建设项目的环境影响报告书，必须对建设项目产生的污染和对环境的影响作出评价，规定防治措施，经项目主管部门预审并依照规定的程序报环境保护行政主管部门批准。环境影响报告书经批准后，计划部门方可批准建设项目设计任务书。

第十四条 县级以上人民政府环境保护行政主管部门或者其他依照法律规定

行使环境监督管理权的部门，有权对管辖范围内的排污单位进行现场检查。被检查的单位应当如实反映情况，提供必要的资料。检查机关应当为被检查的单位保守技术秘密和业务秘密。

第十五条 跨行政区的环境污染和环境破坏的防治工作，由有关地方人民政府协商解决，或者由上级人民政府协调解决，作出决定。

第三章 保护和改善环境

第十六条 地方各级人民政府，应当对本辖区的环境质量负责，采取措施改善环境质量。

第十七条 各级人民政府对具有代表性的各种类型的自然生态系统区域，珍稀、濒危的野生动植物自然分布区域，重要的水源涵养区域，具有重大科学文化价值的地质构造、著名溶洞和化石分布区、冰川、火山、温泉等自然遗迹，以及人文遗迹、古树名木，应当采取措施加以保护，严禁破坏。

第十八条 在国务院、国务院有关主管部门和省、自治区、直辖市人民政府规定的风景名胜区、自然保护区和其他需要特别保护的区域内，不得建设污染环境的工业生产设施；建设其他设施，其污染物排放不得超过规定的排放标准。已经建成的设施，其污染物排放超过规定排放标准的，限期治理。

第十九条 开发利用自然资源，必须采取措施保护生态环境。

第二十条 各级人民政府应当加强对农业环境的保护，防治土壤污染、土地沙化、盐渍化、贫瘠化、沼泽化、地面沉降和防治植被破坏、水土流失、水源枯竭、种源灭绝以及其他生态失调现象的发生和发展，推广植物病虫害的综合防治，合理使用化肥、农药及植物生长激素。

第二十一条 国务院和沿海地方人民政府应当加强对海洋环境的保护。向海洋排放污染物、倾倒废弃物，进行海岸工程建设和海洋石油勘探开发，必须依照法律的规定，防止对海洋环境的污染损害。

第二十二条 制定城市规划，应当确定保护和改善环境的目标和任务。

第二十三条 城乡建设应当结合当地自然环境的特点，保护植被、水域和自然景观，加强城市园林、绿地和风景名胜区的建设。

第四章 防治环境污染和其他公害

第二十四条 产生环境污染和其他公害的单位，必须把环境保护工作纳入计划，建立环境保护责任制度；采取有效措施，防治在生产建设或者其他活动中产生的废气、废水、废渣、粉尘、恶臭气体、放射性物质以及噪声、振动、电磁波辐射等对环境的污染和危害。

第二十五条 新建工业企业和现有工业企业的技术改造，应当采用资源利用率高、污染物排放量少的设备和工艺，采用经济合理的废弃物综合利用技术和污染物处理技术。

第二十六条 建设项目中防治污染的设施，必须与主体工程同时设计、同时施工、同时投产使用。防治污染的设施必须经原审批环境影响报告书的环境保护行政主管部门验收合格后，该建设项目方可投入生产或者使用。

防治污染的设施不得擅自拆除或者闲置，确有必要拆除或者闲置的，必须征得所在地的环境保护行政主管部门同意。

第二十七条 排放污染物的企业事业单位，必须依照国务院环境保护行政主管部门的规定申报登记。

第二十八条 排放污染物超过国家或者地方规定的污染物排放标准的企业事业单位，依照国家规定缴纳超标准排污费，并负责治理。水污染防治法另有规定的，依照水污染防治法的规定执行。

征收的超标准排污费必须用于污染的防治，不得挪作他用，具体使用办法由国务院规定。

第二十九条 对造成环境严重污染的企业事业单位，限期治理。

中央或省、自治区、直辖市人民政府直接管辖的企业事业单位的限期治理，由省、自治区、直辖市人民政府决定。市、县或者市、县以下人民政府管辖的企业事业单位的限期治理，由市、县人民政府决定。被限期治理的企业事业单位必须如期完成治理任务。

第三十条 禁止引进不符合我国环境保护规定要求的技术和设备。

第三十一条 因发生事故或者其他突然性事件，造成或者可能造成污染事故的单位，必须立即采取措施处理，及时通报可能受到污染危害的单位和居民，并向当地环境保护行政主管部门和有关部门报告，接受调查处理。

可能发生重大污染事故的企业事业单位，应当采取措施，加强防范。

第三十二条 县级以上地方人民政府环境保护行政主管部门，在环境受到严重污染威胁居民生命财产安全时，必须立即向当地人民政府报告，由人民政府采取有效措施，解除或者减轻危害。

第三十三条 生产、储存、运输、销售、使用有毒化学物品和含有放射性物质的物品，必须遵守国家有关规定，防止污染环境。

第三十四条 任何单位不得将产生严重污染的生产设备转移给没有污染防治能力的单位使用。

第五章　法 律 责 任

第三十五条 违反本法规定，有下列行为之一的，环境保护行政主管部门或者其他依照法律规定行使环境监督管理权的部门可以根据不同情节，给予警告或者处以罚款：

（一）拒绝环境保护行政主管部门或者其他依照法律规定行使环境监督管理

权的部门现场检查或者在被检查时弄虚作假的。

（二）拒报或者谎报国务院环境保护行政主管部门规定的有关污染物排放申报事项的。

（三）不按国家规定缴纳超标准排污费的。

（四）引进不符合我国环境保护规定要求的技术和设备的。

（五）将产生严重污染的生产设备转移给没有污染防治能力的单位使用的。

第三十六条 建设项目的防治污染设施没有建成或者没有达到国家规定的要求，投入生产或者使用的，由批准该建设项目的环境影响报告书的环境保护行政主管部门责令停止生产或者使用，可以并处罚款。

第三十七条 未经环境保护行政主管部门同意，擅自拆除或者闲置防治污染的设施，污染物排放超过规定的排放标准的，由环境保护行政主管部门责令重新安装使用，并处罚款。

第三十八条 对违反本法规定，造成环境污染事故的企业事业单位，由环境保护行政主管部门或者其他依照法律规定行使环境监督管理权的部门根据所造成的危害后果处以罚款；情节较重的，对有关责任人员由其所在单位或者政府主管机关给予行政处分。

第三十九条 对经限期治理逾期未完成治理任务的企业事业单位，除依照国家规定加收超标准排污费外，可以根据所造成的危害后果处以罚款，或者责令停业、关闭。前款规定的罚款由环境保护行政主管部门决定。责令停业、关闭，由作出限期治理决定的人民政府决定；责令中央直接管辖的企业事业单位停业、关闭，须报国务院批准。

第四十条 当事人对行政处罚不服的，可以在接到处罚通知之日起 15 日内，向作出处罚决定的机关的上一级机关申请复议；对复议决定不服的，可以在接到复议通知之日起 15 日内，向人民法院起诉。当事人也可以在接到处罚通知之日起 15 日内，直接向人民法院起诉。当事人逾期不申请复议，也不向人民法院起诉，又不履行处罚决定的，由作出处罚决定的机关申请人民法院强制执行。

第四十一条 造成环境污染危害的，有责任排除危害，并对直接受到损害的单位或者个人赔偿损失。

赔偿责任和赔偿金额的纠纷，可以根据当事人的请求，由环境保护行政主管部门或者其他依照法律规定行使环境监督管理权的部门处理，当事人对处理决定不服的，可以向人民法院起诉。当事人也可以直接向人民法院起诉。

完全由于不可抗拒的自然灾害，并经及时采取合理措施，仍然不能避免造成环境污染损害的，免于承担责任。

第四十二条 因环境污染损害赔偿提起诉讼的时效期间为 3 年，从当事人知道或者应当知道受到污染损害起时计算。

第四十三条 违反本法规定，造成重大环境污染事故，导致公私财产重大损失或者人身伤亡的严重后果的，对直接责任人员依法追究刑事责任。

第四十四条 违反本法规定，造成土地、森林、草原、水、矿产、渔业、野生动植物等资源的破坏的，依照有关法律的规定承担法律责任。

第四十五条 环境保护监督管理人员滥用职权、玩忽职守、徇私舞弊的，由其所在单位或者上级主管机关给予行政处分；构成犯罪的，依法追究刑事责任。

第六章 附 则

第四十六条 中华人民共和国缔结或者参加的与环境保护有关的国际公约，同中华人民共和国的法律有不同规定的，适用国际公约的规定，但中华人民共和国声明保留的条款除外。

第四十七条 本法自公布之日起施行。《中华人民共和国环境保护法（试行）》同时废止。

4 中华人民共和国固体废物污染环境防治法

（1995 年 10 月 30 日第八届全国人民代表大会常务委员会第十六次会议通过
2004 年 12 月 29 日第十届全国人民代表大会常务委员会第十三次会议修订
2005 年 4 月 1 日施行）

第一章 总 则

第一条 为了防治固体废物污染环境，保障人体健康，维护生态安全，促进经济社会可持续发展，制定本法。

第二条 本法适用于中华人民共和国境内固体废物污染环境的防治。

固体废物污染海洋环境的防治和放射性固体废物污染环境的防治不适用本法。

第三条 国家对固体废物污染环境的防治，实行减少固体废物的产生量和危害性、充分合理利用固体废物和无害化处置固体废物的原则，促进清洁生产和循环经济发展。

国家采取有利于固体废物综合利用活动的经济、技术政策和措施，对固体废物实行充分回收和合理利用。

国家鼓励、支持采取有利于保护环境的集中处置固体废物的措施，促进固体废物污染环境防治产业发展。

第四条 县级以上人民政府应当将固体废物污染环境防治工作纳入国民经济和社会发展计划，并采取有利于固体废物污染环境防治的经济、技术政策和措施。

国务院有关部门、县级以上地方人民政府及其有关部门组织编制城乡建设、土地利用、区域开发、产业发展等规划，应当统筹考虑减少固体废物的产生量和危害性、促进固体废物的综合利用和无害化处置。

第五条 国家对固体废物污染环境防治实行污染者依法负责的原则。

产品的生产者、销售者、进口者、使用者对其产生的固体废物依法承担污染防治责任。

第六条 国家鼓励、支持固体废物污染环境防治的科学研究、技术开发、推广先进的防治技术和普及固体废物污染环境防治的科学知识。

各级人民政府应当加强防治固体废物污染环境的宣传教育，倡导有利于环境保护的生产方式和生活方式。

第七条 国家鼓励单位和个人购买、使用再生产品和可重复利用产品。

第八条 各级人民政府对在固体废物污染环境防治工作以及相关的综合利用活动中作出显著成绩的单位和个人给予奖励。

第九条 任何单位和个人都有保护环境的义务，并有权对造成固体废物污染环境的单位和个人进行检举和控告。

第十条 国务院环境保护行政主管部门对全国固体废物污染环境的防治工作实施统一监督管理。国务院有关部门在各自的职责范围内负责固体废物污染环境防治的监督管理工作。

县级以上地方人民政府环境保护行政主管部门对本行政区域内固体废物污染环境的防治工作实施统一监督管理。县级以上地方人民政府有关部门在各自的职责范围内负责固体废物污染环境防治的监督管理工作。

国务院建设行政主管部门和县级以上地方人民政府环境卫生行政主管部门负责生活垃圾清扫、收集、储存、运输和处置的监督管理工作。

第二章 固体废物污染环境防治的监督管理

第十一条 国务院环境保护行政主管部门会同国务院有关行政主管部门根据国家环境质量标准和国家经济、技术条件，制定国家固体废物污染环境防治技术标准。

第十二条 国务院环境保护行政主管部门建立固体废物污染环境监测制度，制定统一的监测规范，并会同有关部门组织监测网络。

大、中城市人民政府环境保护行政主管部门应当定期发布固体废物的种类、产生量、处置状况等信息。

第十三条 建设产生固体废物的项目以及建设贮存、利用、处置固体废物的项目，必须依法进行环境影响评价，并遵守国家有关建设项目环境保护管理的规定。

第十四条 建设项目的环境影响评价文件确定需要配套建设的固体废物污染环境防治设施，必须与主体工程同时设计、同时施工、同时投入使用。固体废物污染环境防治设施必须经原审批环境影响评价文件的环境保护行政主管部门验收合格后，该建设项目方可投入生产或者使用。对固体废物污染环境防治设施的验收应当与对主体工程的验收同时进行。

第十五条 县级以上人民政府环境保护行政主管部门和其他固体废物污染环境防治工作的监督管理部门，有权依据各自的职责对管辖范围内与固体废物污染环境防治有关的单位进行现场检查。被检查的单位应当如实反映情况，提供必要的资料。检查机关应当为被检查的单位保守技术秘密和业务秘密。

检查机关进行现场检查时，可以采取现场监测、采集样品、查阅或者复制与固体废物污染环境防治相关的资料等措施。检查人员进行现场检查，应当出示证件。

第三章　固体废物污染环境的防治

第一节　一 般 规 定

第十六条 产生固体废物的单位和个人，应当采取措施，防止或者减少固体废物对环境的污染。

第十七条 收集、储存、运输、利用、处置固体废物的单位和个人，必须采取防扬散、防流失、防渗漏或者其他防止污染环境的措施；不得擅自倾倒、堆放、丢弃、遗撒固体废物。

禁止任何单位或者个人向江河、湖泊、运河、渠道、水库及其最高水位线以下的滩地和岸坡等法律、法规规定禁止倾倒、堆放废弃物的地点倾倒、堆放固体废物。

第十八条 产品和包装物的设计、制造，应当遵守国家有关清洁生产的规定。国务院标准化行政主管部门应当根据国家经济和技术条件、固体废物污染环境防治状况以及产品的技术要求，组织制定有关标准，防止过度包装造成环境污染。

生产、销售、进口依法被列入强制回收目录的产品和包装物的企业，必须按照国家有关规定对该产品和包装物进行回收。

第十九条 国家鼓励科研、生产单位研究、生产易回收利用、易处置或者在环境中可降解的薄膜覆盖物和商品包装物。

使用农用薄膜的单位和个人，应当采取回收利用等措施，防止或者减少农用薄膜对环境的污染。

第二十条 从事畜禽规模养殖应当按照国家有关规定收集、储存、利用或者处置养殖过程中产生的畜禽粪便，防止污染环境。

禁止在人口集中地区、机场周围、交通干线附近以及当地人民政府划定的区域露天焚烧秸秆。

第二十一条 对收集、储存、运输、处置固体废物的设施、设备和场所，应当加强管理和维护，保证其正常运行和使用。

第二十二条 在国务院和国务院有关主管部门及省、自治区、直辖市人民政府划定的自然保护区、风景名胜区、饮用水水源保护区、基本农田保护区和其他需要特别保护的区域内，禁止建设工业固体废物集中储存、处置的设施、场所和生活垃圾填埋场。

第二十三条 转移固体废物出省、自治区、直辖市行政区域储存、处置的，应当向固体废物移出地的省、自治区、直辖市人民政府环境保护行政主管部门提出申请。移出地的省、自治区、直辖市人民政府环境保护行政主管部门应当商经接受地的省、自治区、直辖市人民政府环境保护行政主管部门同意后，方可批准转移该固体废物出省、自治区、直辖市行政区域。未经批准的，不得转移。

第二十四条 禁止中华人民共和国境外的固体废物进境倾倒、堆放、处置。

第二十五条 禁止进口不能用作原料或者不能以无害化方式利用的固体废物；对可以用作原料的固体废物实行限制进口和自动许可进口分类管理。

国务院环境保护行政主管部门会同国务院对外贸易主管部门、国务院经济综合宏观调控部门、海关总署、国务院质量监督检验检疫部门制定、调整并公布禁止进口、限制进口和自动许可进口的固体废物目录。

禁止进口列入禁止进口目录的固体废物。进口列入限制进口目录的固体废物，应当经国务院环境保护行政主管部门会同国务院对外贸易主管部门审查许可。进口列入自动许可进口目录的固体废物，应当依法办理自动许可手续。

进口的固体废物必须符合国家环境保护标准，并经质量监督检验检疫部门检验合格。

进口固体废物的具体管理办法，由国务院环境保护行政主管部门会同国务院对外贸易主管部门、国务院经济综合宏观调控部门、海关总署、国务院质量监督检验检疫部门制定。

第二十六条 进口者对海关将其所进口的货物纳入固体废物管理范围不服的，可以依法申请行政复议，也可以向人民法院提起行政诉讼。

第二节 工业固体废物污染环境的防治

第二十七条 国务院环境保护行政主管部门应当会同国务院经济综合宏观调控部门和其他有关部门对工业固体废物对环境的污染作出界定，制定防治工业固体废物污染环境的技术政策，组织推广先进的防治工业固体废物污染环境的生产工艺和设备。

第二十八条 国务院经济综合宏观调控部门应当会同国务院有关部门组织研究、开发和推广减少工业固体废物产生量和危害性的生产工艺和设备，公布限期淘汰产生严重污染环境的工业固体废物的落后生产工艺、落后设备的名录。

生产者、销售者、进口者、使用者必须在国务院经济综合宏观调控部门会同国务院有关部门规定的期限内分别停止生产、销售、进口或者使用列入前款规定的名录中的设备。生产工艺的采用者必须在国务院经济综合宏观调控部门会同国务院有关部门规定的期限内停止采用列入前款规定的名录中的工艺。

列入限期淘汰名录被淘汰的设备，不得转让给他人使用。

第二十九条 县级以上人民政府有关部门应当制定工业固体废物污染环境防治工作规划，推广能够减少工业固体废物产生量和危害性的先进生产工艺和设备，推动工业固体废物污染环境防治工作。

第三十条 产生工业固体废物的单位应当建立、健全污染环境防治责任制度，采取防治工业固体废物污染环境的措施。

第三十一条 企事业单位应当合理选择和利用原材料、能源和其他资源，采用先进的生产工艺和设备，减少工业固体废物产生量，降低工业固体废物的危害性。

第三十二条 国家实行工业固体废物申报登记制度。

产生工业固体废物的单位必须按照国务院环境保护行政主管部门的规定，向所在地县级以上地方人民政府环境保护行政主管部门提供工业固体废物的种类、产生量、流向、储存、处置等有关资料。

前款规定的申报事项有重大改变的，应当及时申报。

第三十三条 企业事业单位应当根据经济、技术条件对其产生的工业固体废物加以利用；对暂时不利用或者不能利用的，必须按照国务院环境保护行政主管部门的规定建设储存设施、场所，安全分类存放，或者采取无害化处置措施。

建设工业固体废物储存、处置的设施、场所，必须符合国家环境保护标准。

第三十四条 禁止擅自关闭、闲置或者拆除工业固体废物污染环境防治设施、场所；确有必要关闭、闲置或者拆除的，必须经所在地县级以上地方人民政府环境保护行政主管部门核准，并采取措施，防止污染环境。

第三十五条 产生工业固体废物的单位需要终止的，应当事先对工业固体废物的储存、处置的设施、场所采取污染防治措施，并对未处置的工业固体废物作出妥善处置，防止污染环境。

产生工业固体废物的单位发生变更的，变更后的单位应当按照国家有关环境保护的规定对未处置的工业固体废物及其储存、处置的设施、场所进行安全处置或者采取措施保证该设施、场所安全运行。变更前当事人对工业固体废物及其储存、处置的设施、场所的污染防治责任另有约定的，从其约定；但是，不得免除当事人的污染防治义务。

对本法施行前已经终止的单位未处置的工业固体废物及其储存、处置的设施、场所进行安全处置的费用，由有关人民政府承担；但是，该单位享有的土地使用权依法转让的，应当由土地使用权受让人承担处置费用。当事人另有约定的，从其约定；但是，不得免除当事人的污染防治义务。

第三十六条 矿山企业应当采取科学的开采方法和选矿工艺，减少尾矿、矸石、废石等矿业固体废物的产生量和储存量。

尾矿、矸石、废石等矿业固体废物贮存设施停止使用后，矿山企业应当按照国家有关环境保护规定进行封场，防止造成环境污染和生态破坏。

第三十七条 拆解、利用、处置废弃电器产品和废弃机动车船，应当遵守有关法律、法规的规定，采取措施，防止污染环境。

第三节 生活垃圾污染环境的防治

第三十八条 县级以上人民政府应当统筹安排建设城乡生活垃圾收集、运输、处置设施，提高生活垃圾的利用率和无害化处置率，促进生活垃圾收集、处置的产业化发展，逐步建立和完善生活垃圾污染环境防治的社会服务体系。

第三十九条 县级以上地方人民政府环境卫生行政主管部门应当组织对城市生活垃圾进行清扫、收集、运输和处置，可以通过招标等方式选择具备条件的单位从事生活垃圾的清扫、收集、运输和处置。

第四十条 对城市生活垃圾应当按照环境卫生行政主管部门的规定，在指定的地点放置，不得随意倾倒、抛撒或者堆放。

第四十一条 清扫、收集、运输、处置城市生活垃圾，应当遵守国家有关环境保护和环境卫生管理的规定，防止污染环境。

第四十二条 对城市生活垃圾应当及时清运，逐步做到分类收集和运输，并积极开展合理利用和实施无害化处置。

第四十三条 城市人民政府应当有计划地改进燃料结构，发展城市煤气、天然气、液化气和其他清洁能源。

城市人民政府有关部门应当组织净菜进城，减少城市生活垃圾。

城市人民政府有关部门应当统筹规划，合理安排收购网点，促进生活垃圾的回收利用工作。

第四十四条 建设生活垃圾处置的设施、场所，必须符合国务院环境保护行政主管部门和国务院建设行政主管部门规定的环境保护和环境卫生标准。

禁止擅自关闭、闲置或者拆除生活垃圾处置的设施、场所；确有必要关闭、闲置或者拆除的，必须经所在地县级以上地方人民政府环境卫生行政主管部门和环境保护行政主管部门核准，并采取措施，防止污染环境。

第四十五条 从生活垃圾中回收的物质必须按照国家规定的用途或者标准使用，不得用于生产可能危害人体健康的产品。

第四十六条 工程施工单位应当及时清运工程施工过程中产生的固体废物，并按照环境卫生行政主管部门的规定进行利用或者处置。

第四十七条 从事公共交通运输的经营单位，应当按照国家有关规定，清扫、收集运输过程中产生的生活垃圾。

第四十八条 从事城市新区开发、旧区改建和住宅小区开发建设的单位，以及机场、码头、车站、公园、商店等公共设施、场所的经营管理单位，应当按照国家有关环境卫生的规定，配套建设生活垃圾收集设施。

第四十九条 农村生活垃圾污染环境防治的具体办法，由地方性法规规定。

第四章 危险废物污染环境防治的特别规定

第五十条 危险废物污染环境的防治，适用本章规定；本章未作规定的，适用本法其他有关规定。

第五十一条 国务院环境保护行政主管部门应当会同国务院有关部门制定国家危险废物名录，规定统一的危险废物鉴别标准、鉴别方法和识别标志。

第五十二条 对危险废物的容器和包装物以及收集、储存、运输、处置危险废物的设施、场所，必须设置危险废物识别标志。

第五十三条 产生危险废物的单位，必须按照国家有关规定制定危险废物管理计划，并向所在地县级以上地方人民政府环境保护行政主管部门申报危险废物的种类、产生量、流向、储存、处置等有关资料。

前款所称危险废物管理计划应当包括减少危险废物产生量和危害性的措施以及危险废物储存、利用、处置措施。危险废物管理计划应当报产生危险废物的单位所在地县级以上地方人民政府环境保护行政主管部门备案。

本条规定的申报事项或者危险废物管理计划内容有重大改变的，应当及时申报。

第五十四条 国务院环境保护行政主管部门会同国务院经济综合宏观调控部门组织编制危险废物集中处置设施、场所的建设规划，报国务院批准后实施。

县级以上地方人民政府应当依据危险废物集中处置设施、场所的建设规划组织建设危险废物集中处置设施、场所。

第五十五条 产生危险废物的单位，必须按照国家有关规定处置危险废物，不得擅自倾倒、堆放；不处置的，由所在地县级以上地方人民政府环境保护行政主管部门责令限期改正；逾期不处置或者处置不符合国家有关规定的，由所在地县级以上地方人民政府环境保护行政主管部门指定单位按照国家有关规定代为处置，处置费用由产生危险废物的单位承担。

第五十六条 以填埋方式处置危险废物不符合国务院环境保护行政主管部门规定的，应当缴纳危险废物排污费。危险废物排污费征收的具体办法由国务院规定。

危险废物排污费用于污染环境的防治，不得挪作他用。

第五十七条 从事收集、储存、处置危险废物经营活动的单位，必须向县级以上人民政府环境保护行政主管部门申请领取经营许可证；从事利用危险废物经营活动的单位，必须向国务院环境保护行政主管部门或者省、自治区、直辖市人民政府环境保护行政主管部门申请领取经营许可证。具体管理办法由国务院规定。

禁止无经营许可证或者不按照经营许可证规定从事危险废物收集、储存、利用、处置的经营活动。

禁止将危险废物提供或者委托给无经营许可证的单位从事收集、储存、利用、处置的经营活动。

第五十八条 收集、储存危险废物，必须按照危险废物特性分类进行。禁止混合收集、储存、运输、处置性质不相容而未经安全性处置的危险废物。

储存危险废物必须采取符合国家环境保护标准的防护措施，并不得超过一年；确需延长期限的，必须报经原批准经营许可证的环境保护行政主管部门批准；法律、行政法规另有规定的除外。

禁止将危险废物混入非危险废物中储存。

第五十九条 转移危险废物的，必须按照国家有关规定填写危险废物转移联单，并向危险废物移出地设区的市级以上地方人民政府环境保护行政主管部门提出申请。移出地设区的市级以上地方人民政府环境保护行政主管部门应当商经接受地设区的市级以上地方人民政府环境保护行政主管部门同意后，方可批准转移该危险废物。未经批准的，不得转移。

转移危险废物途经移出地、接受地以外行政区域的，危险废物移出地设区的市级以上地方人民政府环境保护行政主管部门应当及时通知沿途经过的设区的市级以上地方人民政府环境保护行政主管部门。

第六十条 运输危险废物，必须采取防止污染环境的措施，并遵守国家有关危险货物运输管理的规定。

禁止将危险废物与旅客在同一运输工具上载运。

第六十一条 收集、储存、运输、处置危险废物的场所、设施、设备和容器、包装物及其他物品转作他用时，必须经过消除污染的处理，方可使用。

第六十二条 产生、收集、储存、运输、利用、处置危险废物的单位，应当制定意外事故的防范措施和应急预案，并向所在地县级以上地方人民政府环境保护行政主管部门备案；环境保护行政主管部门应当进行检查。

第六十三条 因发生事故或者其他突发性事件，造成危险废物严重污染环境的单位，必须立即采取措施消除或者减轻对环境的污染危害，及时通报可能受到污染危害的单位和居民，并向所在地县级以上地方人民政府环境保护行政主管部门和有关部门报告，接受调查处理。

第六十四条 在发生或者有证据证明可能发生危险废物严重污染环境、威胁居民生命财产安全时，县级以上地方人民政府环境保护行政主管部门或者其他固体废物污染环境防治工作的监督管理部门必须立即向本级人民政府和上一级人民政府有关行政主管部门报告，由人民政府采取防止或者减轻危害的有效措施。有关人民政府可以根据需要责令停止导致或者可能导致环境污染事故的作业。

第六十五条 重点危险废物集中处置设施、场所的退役费用应当预提，列入投资概算或者经营成本。具体提取和管理办法，由国务院财政部门、价格主管部门会同国务院环境保护行政主管部门规定。

第六十六条 禁止经中华人民共和国过境转移危险废物。

第五章 法 律 责 任

第六十七条 县级以上人民政府环境保护行政主管部门或者其他固体废物污染环境防治工作的监督管理部门违反本法规定，有下列行为之一的，由本级人民政府或者上级人民政府有关行政主管部门责令改正，对负有责任的主管人员和其他直接责任人员依法给予行政处分；构成犯罪的，依法追究刑事责任：

（一）不依法作出行政许可或者办理批准文件的；

（二）发现违法行为或者接到对违法行为的举报后不予查处的；

（三）有不依法履行监督管理职责的其他行为的。

第六十八条 违反本法规定，有下列行为之一的，由县级以上人民政府环境保护行政主管部门责令停止违法行为，限期改正，处以罚款：

（一）不按照国家规定申报登记工业固体废物，或者在申报登记时弄虚作假的；

（二）对暂时不利用或者不能利用的工业固体废物未建设储存的设施、场所安全分类存放，或者未采取无害化处置措施的；

（三）将列入限期淘汰名录被淘汰的设备转让给他人使用的；

（四）擅自关闭、闲置或者拆除工业固体废物污染环境防治设施、场所的；

（五）在自然保护区、风景名胜区、饮用水水源保护区、基本农田保护区和其他需要特别保护的区域内，建设工业固体废物集中储存、处置的设施、场所和生活垃圾填埋场的；

（六）擅自转移固体废物出省、自治区、直辖市行政区域储存、处置的；

（七）未采取相应防范措施，造成工业固体废物扬散、流失、渗漏或者造成其他环境污染的；

（八）在运输过程中沿途丢弃、遗撒工业固体废物的。

有前款第一项、第八项行为之一的，处五千元以上五万元以下的罚款；有前款第二项、第三项、第四项、第五项、第六项、第七项行为之一的，处一万元以上十万元以下的罚款。

第六十九条 违反本法规定，建设项目需要配套建设的固体废物污染环境防治设施未建成、未经验收或者验收不合格，主体工程即投入生产或者使用的，由审批该建设项目环境影响评价文件的环境保护行政主管部门责令停止生产或者使用，可以并处十万元以下的罚款。

第七十条 违反本法规定，拒绝县级以上人民政府环境保护行政主管部门或者其他固体废物污染环境防治工作的监督管理部门现场检查的，由执行现场检查的部门责令限期改正；拒不改正或者在检查时弄虚作假的，处二千元以上二万元以下的罚款。

第七十一条 从事畜禽规模养殖未按照国家有关规定收集、储存、处置畜禽粪便，造成环境污染的，由县级以上地方人民政府环境保护行政主管部门责令限期改正，可以处五万元以下的罚款。

第七十二条 违反本法规定，生产、销售、进口或者使用淘汰的设备，或者采用淘汰的生产工艺的，由县级以上人民政府经济综合宏观调控部门责令改正；情节严重的，由县级以上人民政府经济综合宏观调控部门提出意见，报请同级人民政府按照国务院规定的权限决定停业或者关闭。

第七十三条 尾矿、矸石、废石等矿业固体废物储存设施停止使用后，未按照国家有关环境保护规定进行封场的，由县级以上地方人民政府环境保护行政主管部门责令限期改正，可以处五万元以上二十万元以下的罚款。

第七十四条 违反本法有关城市生活垃圾污染环境防治的规定，有下列行为之一的，由县级以上地方人民政府环境卫生行政主管部门责令停止违法行为，限期改正，处以罚款：

（一）随意倾倒、抛撒或者堆放生活垃圾的；

（二）擅自关闭、闲置或者拆除生活垃圾处置设施、场所的；

（三）工程施工单位不及时清运施工过程中产生的固体废物，造成环境污染的；

（四）工程施工单位不按照环境卫生行政主管部门的规定对施工过程中产生的固体废物进行利用或者处置的；

（五）在运输过程中沿途丢弃、遗撒生活垃圾的。

单位有前款第一项、第三项、第五项行为之一的，处五千元以上五万元以下的罚款；有前款第二项、第四项行为之一的，处一万元以上十万元以下的罚款。个人有前款第一项、第五项行为之一的，处二百元以下的罚款。

第七十五条 违反本法有关危险废物污染环境防治的规定，有下列行为之一的，由县级以上人民政府环境保护行政主管部门责令停止违法行为，限期改正，处以罚款：

（一）不设置危险废物识别标志的；

（二）不按照国家规定申报登记危险废物，或者在申报登记时弄虚作假的；

（三）擅自关闭、闲置或者拆除危险废物集中处置设施、场所的；

（四）不按照国家规定缴纳危险废物排污费的；

（五）将危险废物提供或者委托给无经营许可证的单位从事经营活动的；

（六）不按照国家规定填写危险废物转移联单或者未经批准擅自转移危险废

物的；

（七）将危险废物混入非危险废物中储存的；

（八）未经安全性处置，混合收集、储存、运输、处置具有不相容性质的危险废物的；

（九）将危险废物与旅客在同一运输工具上载运的；

（十）未经消除污染的处理将收集、储存、运输、处置危险废物的场所、设施、设备和容器、包装物及其他物品转作他用的；

（十一）未采取相应防范措施，造成危险废物扬散、流失、渗漏或者造成其他环境污染的；

（十二）在运输过程中沿途丢弃、遗撒危险废物的；

（十三）未制定危险废物意外事故防范措施和应急预案的。

有前款第一项、第二项、第七项、第八项、第九项、第十项、第十一项、第十二项、第十三项行为之一的，处一万元以上十万元以下的罚款；有前款第三项、第五项、第六项行为之一的，处二万元以上二十万元以下的罚款；有前款第四项行为的，限期缴纳，逾期不缴纳的，处应缴纳危险废物排污费金额一倍以上三倍以下的罚款。

第七十六条 违反本法规定，危险废物产生者不处置其产生的危险废物又不承担依法应当承担的处置费用的，由县级以上地方人民政府环境保护行政主管部门责令限期改正，处代为处置费用一倍以上三倍以下的罚款。

第七十七条 无经营许可证或者不按照经营许可证规定从事收集、储存、利用、处置危险废物经营活动的，由县级以上人民政府环境保护行政主管部门责令停止违法行为，没收违法所得，可以并处违法所得三倍以下的罚款。

不按照经营许可证规定从事前款活动的，还可以由发证机关吊销经营许可证。

第七十八条 违反本法规定，将中华人民共和国境外的固体废物进境倾倒、堆放、处置的，进口属于禁止进口的固体废物或者未经许可擅自进口属于限制进口的固体废物用作原料的，由海关责令退运该固体废物，可以并处十万元以上一百万元以下的罚款；构成犯罪的，依法追究刑事责任。进口者不明的，由承运人承担退运该固体废物的责任，或者承担该固体废物的处置费用。

逃避海关监管将中华人民共和国境外的固体废物运输进境，构成犯罪的，依法追究刑事责任。

第七十九条 违反本法规定，经中华人民共和国过境转移危险废物的，由海关责令退运该危险废物，可以并处五万元以上五十万元以下的罚款。

第八十条 对已经非法入境的固体废物，由省级以上人民政府环境保护行政主管部门依法向海关提出处理意见，海关应当依照本法第七十八条的规定作出处罚决定；已经造成环境污染的，由省级以上人民政府环境保护行政主管部门责令进口者消除污染。

第八十一条 违反本法规定，造成固体废物严重污染环境的，由县级以上人民政府环境保护行政主管部门按照国务院规定的权限决定限期治理；逾期未完成治理任务的，由本级人民政府决定停业或者关闭。

第八十二条 违反本法规定，造成固体废物污染环境事故的，由县级以上人民政府环境保护行政主管部门处二万元以上二十万元以下的罚款；造成重大损失的，按照直接损失的百分之三十计算罚款，但是最高不超过一百万元，对负有责任的主管人员和其他直接责任人员，依法给予行政处分；造成固体废物污染环境重大事故的，并由县级以上人民政府按照国务院规定的权限决定停业或者关闭。

第八十三条 违反本法规定，收集、储存、利用、处置危险废物，造成重大环境污染事故，构成犯罪的，依法追究刑事责任。

第八十四条 受到固体废物污染损害的单位和个人，有权要求依法赔偿损失。

赔偿责任和赔偿金额的纠纷，可以根据当事人的请求，由环境保护行政主管部门或者其他固体废物污染环境防治工作的监督管理部门调解处理；调解不成的，当事人可以向人民法院提起诉讼。当事人也可以直接向人民法院提起诉讼。

国家鼓励法律服务机构对固体废物污染环境诉讼中的受害人提供法律援助。

第八十五条 造成固体废物污染环境的，应当排除危害，依法赔偿损失，并采取措施恢复环境原状。

第八十六条 因固体废物污染环境引起的损害赔偿诉讼，由加害人就法律规定的免责事由及其行为与损害结果之间不存在因果关系承担举证责任。

第八十七条 固体废物污染环境的损害赔偿责任和赔偿金额的纠纷，当事人可以委托环境监测机构提供监测数据。环境监测机构应当接受委托，如实提供有关监测数据。

第六章 附 则

第八十八条 本法下列用语的含义：

（一）固体废物，是指在生产、生活和其他活动中产生的丧失原有利用价值或者虽未丧失利用价值但被抛弃或者放弃的固态、半固态和置于容器中的气态的物品、物质以及法律、行政法规规定纳入固体废物管理的物品、物质。

（二）工业固体废物，是指在工业生产活动中产生的固体废物。

（三）生活垃圾，是指在日常生活中或者为日常生活提供服务的活动中产生的固体废物以及法律、行政法规规定视为生活垃圾的固体废物。

（四）危险废物，是指列入国家危险废物名录或者根据国家规定的危险废物鉴别标准和鉴别方法认定的具有危险特性的固体废物。

（五）储存，是指将固体废物临时置于特定设施或者场所中的活动。

（六）处置，是指将固体废物焚烧和用其他改变固体废物的物理、化学、生物特性的方法，达到减少已产生的固体废物数量、缩小固体废物体积、减少或者消除其危险成分的活动，或者将固体废物最终置于符合环境保护规定要求的填埋场的活动。

（七）利用，是指从固体废物中提取物质作为原材料或者燃料的活动。

第八十九条 液态废物的污染防治，适用本法；但是，排入水体的废水的污染防治适用其他有关法律，不适用本法。

第九十条 中华人民共和国缔结或者参加的与固体废物污染环境防治有关的国际条约与本法有不同规定的，适用国际条约的规定；但是，中华人民共和国声明保留的条款除外。

第九十一条 本法自2005年4月1日起施行。

5 国务院关于环境保护若干问题的决定

（1996年8月3日）

为进一步落实环境保护基本国策，实施可持续发展战略，贯彻《中华人民共和国国民经济和社会发展“九五”计划和2010年远景目标纲要》，实现到2000年力争使环境污染和生态破坏加剧的趋势得到基本控制，部分城市和地区的环境质量有所改善的环境保护目标，特作如下决定：

一、明确目标，实行环境质量行政领导负责制

要实施污染物排放总量控制，抓紧建立全国主要污染物排放总量指标体系和定期公布的制度。

到2000年，全国所有工业污染源排放污染物要达到国家或地方规定的标准；各省、自治区、直辖市要使本辖区主要污染物排放总量控制在国家规定的排放总量指标内，环境污染和生态破坏加剧的趋势得到基本控制；直辖市及省会城市、经济特区城市、沿海开放城市和重点旅游城市的环境空气、地面水环境质量，按功能分区分别达到国家规定的有关标准；淮河、太湖要实现水体变清；海河、辽河、滇池、巢湖的地面水水质应有明显改善。

地方各级人民政府对本辖区环境质量负责，实行环境质量行政领导负责制。要根据上述目标，制订本辖区切实控制主要污染物排放量、改善环境质量的具体目标和措施，并报上级人民政府备案。

地方各级人民政府及其主要领导人要依法履行环境保护的职责，坚决执行环境保护法律、法规和政策。要将辖区环境质量作为考核政府主要领导人工作的重要内容。

各级人民政府要把环境保护工作摆上重要议事日程，定期研究和及时解决环境保护问题，并形成制度。

二、突出重点，认真解决区域环境问题

地方各级人民政府要坚决贯彻执行《中华人民共和国水污染防治法》，切实加强水污染防治工作，确保工农业生产和人民生活用水安全。要重点保护好与人民生活密切相关的饮用水源，依法划定生活饮用水源保护区并严格管理。要加强流域水污染防治工作，对实现水污染物达标排放仍不能达到国家规定的水环境质量标准的水体，应依法实施重点污染物排放的总量控制制度和核定制度。要重点治理淮河、海河、辽河和太湖、巢湖、滇池的水污染。要加强其他河流、湖泊、水库和近海海域的水污染防治工作。

地方各级人民政府要按照《中华人民共和国大气污染防治法》，做好大气污染防治工作，重点防治燃煤产生的大气污染，控制二氧化硫和酸雨污染加重的趋势。国家环保局要尽快会同有关部门依法提出酸雨控制区和二氧化硫污染控制区的划定意见和目标要求，报国务院批准后执行。

城市人民政府要加强城市环境综合整治工作，重点防治废水、废气、废渣和噪声污染。“九五”期间，设市城市，特别是非农业人口50万以上的城市，要多方筹措和集中建设资金，因地制宜建设城市污水集中处理设施，认真解决城市水环境污染问题。采暖地区城市要推行集中供热等清洁供热方式，不得再建分散的供热锅炉房。进一步提高城市燃气化率，替代直接燃用原煤。到2000年，大、中城市要实现市区内民用炉灶燃用固硫型煤或其他清洁燃料。要优先发展各种形式的城市公共交通。鼓励采用机动车清洁燃料等措施，减轻车辆尾气污染。大、中城市要逐步推行城市生活垃圾袋装，实现分类收集、储存、运输和无害化处置。要采取积极措施控制环境噪声污染，减少噪声扰民。

地方各级人民政府要按照国务院的有关规定采取切实措施，加强对乡镇企业环境管理。要全面规划、合理布局、分类指导，因地制宜地发展少污染和无污染的产业，并与村镇建设相结合，相对集中建设乡镇企业，大幅度提高乡镇企业处理污染能力，根本扭转乡镇企业对环境污染和生态破坏加剧的状况。责成国家环保局会同农业部、国家计委、国家经贸委等部门抓紧制订有关加强乡镇企业环境保护工作的具体规定。

三、严格把关，坚决控制新污染

所有大、中、小型新建、扩建、改建和技术改造项目（以下简称建设项目），要提高技术起点，采用能耗物耗小、污染物产生量少的清洁生产工艺，严禁采用国家明令禁止的设备和工艺。建设对环境有影响的项目必须依法严格执行环境影响评价制度和环境保护设施与主体工程同时设计、同时施工、同时投产的

“三同时”制度。在建设项目总投资中，必须确保有关环境保护设施建设的投资。建设项目建成投入生产或使用后，必须确保稳定达到国家或地方规定的污染物排放标准。要把环境容量作为建设项目环境影响评价的重要依据。在污染严重的地区，应实行“以新带老”，确保污染物排放总量的减少。

在建设项目审批和竣工验收过程中，对不符合环境保护标准和要求的建设项目，环境保护行政主管部门不得批准建设项目环境影响报告书或环境保护设施竣工验收报告，其他各有关审批机关一律不得批准建设或投产使用；有关银行不予贷款。各级环境保护行政主管部门要严格建设项目的环境保护管理和日常监督监测工作，对建设项目环境影响评价审批、环境保护设施“三同时”的审查和验收负全部责任。各级计划、经贸、建设、工商、土地管理和其他有关部门要按照各自职责严把项目审批、登记、规划、用地、设计、竣工验收关。地方各级人民政府的领导干部不得违反国家有关建设项目环境保护管理的法规，擅自批准建设未经环境影响评价的项目。凡违反规定的，必须追究有关审批机关和审批人员的责任。

行政监察部门要依照本部门职责和有关规定，加强对政府及环境保护行政主管部门等有关部门贯彻执行环境保护法规的工作情况进行执法监察，并就发现的问题提出相应的监察建议和处理意见。

自本决定发布之日起，对没有执行环境影响评价制度，擅自建设或投产使用的新建项目，由县级以上环境保护行政主管部门提出处理意见，报县级以上人民政府责令其停止建设或停止投产使用；对验收时达标，但投入生产或使用后不能稳定达到国家或地方规定的污染物排放标准的新项目，由县级以上环境保护行政主管部门责令其停止超标排放污染物，同时报请县级以上人民政府责令其停产整顿。

四、限期达标，加快治理老污染

自本决定发布之日起，现有排污单位超标排放污染物的，由县级以上人民政府或其委托的环境保护行政主管部门依法责令限期治理。限期治理的期限可视不同情况定为1~3年；对逾期未完成治理任务的，由县级以上人民政府依法责令其关闭、停业或转产。国家环保局、国家计委、国家经贸委要对重点限期治理项目进行指导、监督、检查。

排污单位必须保证环境保护设施的正常运行。未经环境保护行政主管部门批准，随意停止或闲置环境保护设施造成污染物排放超标的，由环境保护行政主管部门责令其恢复正常运行，并依法予以处罚。

在1996年9月30日以前，对现有年产5000t以下的造纸厂、年产折牛皮3万张以下的制革厂、年产500t以下的染料厂，以及采用“坑式”和“萍乡式”、“天地罐”和“敞开式”等落后方式炼焦、炼硫的企业，由县级以上人民政府责令取缔；对土法炼砷、炼汞、炼铅锌、炼油、选金和农药、漂染、电镀以及生产石棉制品、放射性制品等企业，由县级以上地方人民政府责令其关闭或停产。对逾期未按规定取缔、关闭或停产的，要追究有关地方人民政府主要领导人及有关企业负责人的责任。

五、采取有效措施，禁止转嫁废物污染

依据《控制危险废物越境转移及其处置巴塞尔公约》的规定，我国禁止境外危险废物向境内转移。各级环境保护、外经贸、海关等部门要依照《中华人民共和国固体废物污染环境防治法》等有关规定，严格把住进口关，坚决禁止境外危险废物和生活垃圾向我国转移；确需进口作为原料的其他废物，必须符合国家规定，经审查许可，方可进口。对违反国家规定，擅自批准、验放和未经批准擅自进口废物的单位和个人，要依法从严惩处。国内废物需要跨省、自治区、直辖市储存和处置的，须经移出地和接收地省级环境保护行政主管部门批准。放射性固体废物需要跨省、自治区、直辖市储存和处置的，由国家环保局批准。

六、维护生态平衡，保护和合理开发自然资源

地方各级人民政府要切实加强淡水、土地、森林、草原、矿产、海洋、动植物、气候等自然资源和国土生态环境的保护，在维护生态平衡的前提下合理进行开发利用。要发展生态农业，控制农药、化肥、农膜等对农田和水源的污染；加强矿区等废弃土地的复垦和生态环境的治理；大力开展植树造林，坚决制止乱砍滥伐，努力提高森林覆盖率，加快水土流失地区的综合治理；恢复发展草原植被，防止过量放牧，禁止在草原和沙化地区砍挖灌木、药材及其他固沙植物，积极采用防沙、固沙技术，防治土地荒漠化。

积极保护生物多样性。发展自然保护区和风景名胜区及城市园林绿地并加强保护、建设和管理。坚决取缔自然保护区和风景名胜区内各种破坏自然资源和环境的非法开发建设活动。

要加强污染事故和灾害的预警和应急工作，努力减少对生态环境的影响和对人民生命财产造成的损失。

七、完善环境经济政策，切实增加环境保护投入

国务院有关部门要按照“污染者付费、利用者补偿、开发者保护、破坏者恢复”的原则，在基本建设、技术改造、综合利用、财政税收、金融信贷及引进外资等方面，抓紧制定、完善促进环境保护、防止环境污染和生态破坏的经济政策和措施。在制定区域和资源开发、城市发展和行业发展规划，调整产业结构和生产力布局等经济建设和社会发展重大决策时，必须综合考虑经济、社会和环境效益，进行环境影响论证。各省、自治区、直辖市应遵循经济建设、城乡建

设、环境建设同步规划、同步实施、同步发展的方针，切实增加环境保护投入，逐步提高环境污染防治投入占本地区同期国民生产总值的比重，并建立相应的考核检查制度。

国务院有关部门要尽快制定限制氯氟化碳、哈龙、含铅汽油生产、进口和使用的有关政策，建立并完善有偿使用自然资源和恢复生态环境的经济补偿机制。要按照“排污费高于污染治理成本”的原则，提高现行排污收费标准，促使排污单位积极治理污染。要加强排污费征收、使用和管理。各级环境保护行政主管部门和地方各级人民政府要足额征收排污费。对征收的排污费、罚没收入要严格实行“收支两条线”的管理制度，按规定使用，不得挪用、截留。建设城市污水集中处理设施的城市，可按照国家规定向排污者收取污水处理费。

八、严格环保执法，强化环境监督管理

各级环境保护行政主管部门必须切实履行环境保护工作统一监督管理的职能，加强环境监理执法队伍建设，严格环保执法，规范执法行为，完善执法程序，提高执法水平。县级以上人民政府应设立环境保护监督管理机构，独立行使环境保护的统一监督管理职责。地方各级环境保护行政主管部门主要负责人的任免，应征求上一级环境保护行政主管部门的意见。

县级以上人民政府的有关部门，要依照有关法律的规定，实施对环境污染防治和资源保护的监督管理。

要进一步健全环境保护的法律法规体系和管理体系，开展经常性的环境保护行政执法检查活动，严肃查处有法不依、执法不严、违法不究和以言代法、以权代法、以罚代刑等违法违纪行为。构成犯罪的，应依法追究其刑事责任。

九、积极开展环境科学研究，大力发展环境保护产业

国家、地方和有关部门的各项中长期科技发展规划和年度计划，应优先安排环境保护科学技术研究及开发工作。要重点研究节能降耗、清洁生产、污染防治、生物多样性和生态保护等重大环境科研课题，努力采用高新技术及实用技术。加强基础环境科学和环境标准及监测技术的研究，大力推广应用科技成果。

要继续认真贯彻《国务院办公厅转发国务院环境保护委员会关于积极发展环境保护产业若干意见的通知》（国办发〔1990〕64 号），制定鼓励和优惠政策，大力发展环境保护产业。要提高环境保护产品和环境工程的质量和技术水平，对生产性能先进可靠、经济高效的环境保护产品的企业，在固定资产投资等方面优先予以扶持，促进环境保护产业形成规模。

十、加强宣传教育，提高全民环境意识

环境保护关系到全民族的生存和发展，保护环境实质上就是保护生产力。各

地区、各部门都要进一步提高对环境保护工作重要性的认识，进一步加强环境保护宣传教育，广泛普及和宣传环境科学知识和法律知识，切实增强全民族的环境意识和法制观念。

各地区、各部门必须把环境保护法律知识作为干部和职工培训的重要内容，提高各级领导干部和人民群众遵守环境保护法律法规的自觉性。大、中、小学要开展环境教育。建立公众参与机制，发挥社会团体的作用，鼓励公众参与环境保护工作，检举和揭发各种违反环境保护法律法规的行为。

报纸、广播、电视等新闻媒介，应当及时报道和表彰环境保护工作中的先进典型，公开揭露和批评污染、破坏生态环境的违法行为。对严重污染、破坏生态环境的单位和个人予以曝光，发挥新闻舆论的监督作用。

各地区、各部门在参加有关国际活动时，应认真贯彻和积极宣传我国政府关于全球性环境问题的原则立场，维护我国和发展中国家的权益。

国务院责成国家环保局会同监察部等有关部门监督检查本决定的贯彻执行情况，向国务院作出报告。

6　中华人民共和国大气污染防治法

（2000 年 4 月 29 日第九届全国人民代表大会常务委员会第十五次会议通过）

第一章　总　则

第一条　为防治大气污染，保护和改善生活环境和生态环境，保障人体健康，促进经济和社会的可持续发展，制定本法。

第二条　国务院和地方各级人民政府，必须将大气环境保护工作纳入国民经济和社会发展计划，合理规划工业布局，加强防治大气污染的科学研究，采取防治大气污染的措施，保护和改善大气环境。

第三条　国家采取措施，有计划地控制或者逐步削减各地方主要大气污染物的排放总量。

地方各级人民政府对本辖区的大气环境质量负责，制定规划，采取措施，使本辖区的大气环境质量达到规定的标准。

第四条　县级以上人民政府环境保护行政主管部门对大气污染防治实施统一监督管理。

各级公安、交通、铁道、渔业管理部门根据各自的职责，对机动车船污染大气实施监督管理。

县级以上人民政府其他有关主管部门在各自职责范围内对大气污染防治实施监督管理。

第五条 任何单位和个人都有保护大气环境的义务，并有权对污染大气环境的单位和个人进行检举和控告。

第六条 国务院环境保护行政主管部门制定国家大气环境质量标准。省、自治区、直辖市人民政府对国家大气环境质量标准中未作规定的项目，可以制定地方标准，并报国务院环境保护行政主管部门备案。

第七条 国务院环境保护行政主管部门根据国家大气环境质量标准和国家经济、技术条件制定国家大气污染物排放标准。

省、自治区、直辖市人民政府对国家大气污染物排放标准中未作规定的项目，可以制定地方排放标准；对国家大气污染物排放标准中已作规定的项目，可以制定严于国家排放标准的地方排放标准。地方排放标准须报国务院环境保护行政主管部门备案。

省、自治区、直辖市人民政府制定机动车船大气污染物地方排放标准严于国家排放标准的，须报经国务院批准。

凡是向已有地方排放标准的区域排放大气污染物的，应当执行地方排放标准。

第八条 国家采取有利于大气污染防治以及相关的综合利用活动的经济、技术政策和措施。

在防治大气污染、保护和改善大气环境方面成绩显著的单位和个人，由各级人民政府给予奖励。

第九条 国家鼓励和支持大气污染防治的科学技术研究，推广先进适用的大气污染防治技术；鼓励和支持开发、利用太阳能、风能、水能等清洁能源。

国家鼓励和支持环境保护产业的发展。

第十条 各级人民政府应当加强植树种草、城乡绿化工作，因地制宜地采取有效措施做好防沙治沙工作，改善大气环境质量。

第二章 大气污染防治的监督管理

第十一条 新建、扩建、改建向大气排放污染物的项目，必须遵守国家有关建设项目环境保护管理的规定。

建设项目的环境影响报告书，必须对建设项目可能产生的大气污染和对生态环境的影响作出评价，规定防治措施，并按照规定的程序报环境保护行政主管部门审查批准。

建设项目投入生产或者使用之前，其大气污染防治设施必须经过环境保护行政主管部门验收，达不到国家有关建设项目环境保护管理规定的要求的建设项目，不得投入生产或者使用。

第十二条 向大气排放污染物的单位，必须按照国务院环境保护行政主管部门的规定向所在地的环境保护行政主管部门申报拥有的污染物排放设施、处理设施和在正常作业条件下排放污染物的种类、数量、浓度，并提供防治大气污染方面的有关技术资料。

前款规定的排污单位排放大气污染物的种类、数量、浓度有重大改变的，应当及时申报；其大气污染物处理设施必须保持正常使用，拆除或者闲置大气污染物处理设施的，必须事先报经所在地的县级以上地方人民政府环境保护行政主管部门批准。

第十三条 向大气排放污染物的，其污染物排放浓度不得超过国家和地方规定的排放标准。

第十四条 国家实行按照向大气排放污染物的种类和数量征收排污费的制度，根据加强大气污染防治的要求和国家的经济、技术条件合理制定排污费的征收标准。

征收排污费必须遵守国家规定的标准，具体办法和实施步骤由国务院规定。

征收的排污费一律上缴财政，按照国务院的规定用于大气污染防治，不得挪作他用，并由审计机关依法实施审计监督。

第十五条 国务院和省、自治区、直辖市人民政府对尚未达到规定的大气环境质量标准的区域和国务院批准划定的酸雨控制区、二氧化硫污染控制区，可划定为主要大气污染物排放总量控制区。主要大气污染物排放总量控制的具体办法由国务院规定。

大气污染物总量控制区内有关地方人民政府依照国务院规定的条件和程序，按照公开、公平、公正的原则，核定企业事业单位的主要大气污染物排放总量，核发主要大气污染物排放许可证。

有大气污染物总量控制任务的企业事业单位，必须按照核定的主要大气污染物排放总量和许可证规定的排放条件排放污染物。

第十六条 在国务院和省、自治区、直辖市人民政府划定的风景名胜区、自然保护区、文物保护单位附近地区和其他需要特别保护的区域内，不得建设污染环境的工业生产设施；建设其他设施，其污染物排放不得超过规定的排放标准。在本法施行前企业事业单位已经建成的设施，其污染物排放超过规定的排放标准的，依照本法第四十八条的规定限期治理。

第十七条 国务院按照城市总体规划、环境保护规划目标和城市大气环境质量状况，划定大气污染防治重点城市。

直辖市、省会城市、沿海开放城市和重点旅游城市应当列入大气污染防治重点城市。

未达到大气环境质量标准的大气污染防治重点城市，应当按照国务院或者国务院环境保护行政主管部门规定的期限，达到大气环境质量标准。该城市人民政府应当制定限期达标规划，并可以根据国务院的授权或者规定，采取更加严格的措施，按期实现达标规划。

第十八条 国务院环境保护行政主管部门会同国务院有关部门，根据气象、地形、土壤等自然条件，可以对已经产生、可能产生酸雨的地区或者其他二氧化硫污染严重的地区，经国务院批准后，划定为酸雨控制区或者二氧化硫污染控制区。

第十九条 企业应当优先采用能源利用效率高、污染物排放量少的清洁生产工艺，减少大气污染物的产生。

国家对严重污染大气环境的落后生产工艺和严重污染大气环境的落后设备实行淘汰制度。

国务院经济综合主管部门会同国务院有关部门公布限期禁止采用的严重污染大气环境的工艺名录和限期禁止生产、禁止销售、禁止进口、禁止使用的严重污染大气环境的设备名录。

生产者、销售者、进口者或者使用者必须在国务院经济综合主管部门会同国务院有关部门规定的期限内分别停止生产、销售、进口或者使用列入前款规定的名录中的设备。生产工艺的采用者必须在国务院经济综合主管部门会同国务院有关部门规定的期限内停止采用列入前款规定的名录中的工艺。

依照前两款规定被淘汰的设备，不得转让给他人使用。

第二十条 单位因发生事故或者其他突然性事件，排放和泄漏有毒有害气体和放射性物质，造成或者可能造成大气污染事故、危害人体健康的，必须立即采取防治大气污染危害的应急措施，通报可能受到大气污染危害的单位和居民，并报告当地环境保护行政主管部门，接受调查处理。

在大气受到严重污染，危害人体健康和安全的紧急情况下，当地人民政府应当及时向当地居民公告，采取强制性应急措施，包括责令有关排污单位停止排放污染物。

第二十一条 环境保护行政主管部门和其他监督管理部门有权对管辖范围内的排污单位进行现场检查，被检查单位必须如实反映情况，提供必要的资料。检查部门有义务为被检查单位保守技术秘密和业务秘密。

第二十二条 国务院环境保护行政主管部门建立大气污染监测制度，组织监测网络，制定统一的监测方法。

第二十三条 大、中城市人民政府环境保护行政主管部门应当定期发布大气环境质量状况公报，并逐步开展大气环境质量预报工作。

大气环境质量状况公报应当包括城市大气环境污染特征、主要污染物的种类及污染危害程度等内容。

第三章　防治燃煤产生的大气污染

第二十四条 国家推行煤炭洗选加工，降低煤的硫分和灰分，限制高硫分、高灰分煤炭的开采。新建的所采煤炭属于高硫分、高灰分的煤矿，必须建设配套的煤炭洗选设施，使煤炭中的含硫分、含灰分达到规定的标准。

对已建成的所采煤炭属于高硫分、高灰分的煤矿，应当按照国务院批准的规划，限期建成配套的煤炭洗选设施。

禁止开采含放射性和砷等有毒有害物质超过规定标准的煤炭。

第二十五条 国务院有关部门和地方各级人民政府应当采取措施，改进城市能源结构，推广清洁能源的生产和使用。

大气污染防治重点城市人民政府可以在本辖区内划定禁止销售、使用国务院环境保护行政主管部门规定的高污染燃料的区域。该区域内的单位和个人应当在当地人民政府规定的期限内停止燃用高污染燃料，改用天然气、液化石油气、电或者其他清洁能源。

第二十六条 国家采取有利于煤炭清洁利用的经济、技术政策和措施，鼓励和支持使用低硫分、低灰分的优质煤炭，鼓励和支持洁净煤技术的开发和推广。

第二十七条 国务院有关主管部门应当根据国家规定的锅炉大气污染物排放标准，在锅炉产品质量标准中规定相应的要求；达不到规定要求的锅炉，不得制造、销售或者进口。

第二十八条 城市建设应当统筹规划，在燃煤供热地区，统一解决热源，发展集中供热。在集中供热管网覆盖的地区，不得新建燃煤供热锅炉。

第二十九条 大、中城市人民政府应当制定规划，对饮食服务企业限期使用天然气、液化石油气、电或者其他清洁能源。

对未划定为禁止使用高污染燃料区域的大、中城市市区内的其他民用炉灶，限期改用固硫型煤或者使用其他清洁能源。

第三十条 新建、扩建排放二氧化硫的火电厂和其他大中型企业，超过规定的污染物排放标准或者总量控制指标的，必须建设配套脱硫、除尘装置或者采取其他控制二氧化硫排放、除尘的措施。

在酸雨控制区和二氧化硫污染控制区内，属于已建企业超过规定的污染物排放标准排放大气污染物的，依照本法第四十八条的规定限期治理。

国家鼓励企业采用先进的脱硫、除尘技术。

企业应当对燃料燃烧过程中产生的氮氧化物采取控制措施。

第三十一条 在人口集中地区存放煤炭、煤矸石、煤渣、煤灰、砂石、灰土等物料，必须采取防燃、防尘措施，防止污染大气。

第四章 防治机动车船排放污染

第三十二条 机动车船向大气排放污染物不得超过规定的排放标准。

任何单位和个人不得制造、销售或者进口污染物排放超过规定排放标准的机动车船。

第三十三条 在用机动车不符合制造当时的在用机动车污染物排放标准的，

不得上路行驶。

省、自治区、直辖市人民政府规定对在用机动车实行新的污染物排放标准并对其进行改造的，须报经国务院批准。

机动车维修单位，应当按照防治大气污染的要求和国家有关技术规范进行维修，使在用机动车达到规定的污染物排放标准。

第三十四条 国家鼓励生产和消费使用清洁能源的机动车船。

国家鼓励和支持生产、使用优质燃料油，采取措施减少燃料油中有害物质对大气环境的污染。单位和个人应当按照国务院规定的期限，停止生产、进口、销售含铅汽油。

第三十五条 省、自治区、直辖市人民政府环境保护行政主管部门可以委托已取得公安机关资质认定的承担机动车年检的单位，按照规范对机动车排气污染进行年度检测。

交通、渔政等有监督管理权的部门可以委托已取得有关主管部门资质认定的承担机动船舶年检的单位，按照规范对机动船舶排气污染进行年度检测。

县级以上地方人民政府环境保护行政主管部门可以在机动车停放地对在用机动车的污染物排放状况进行监督抽测。

第五章 防治废气、尘和恶臭污染

第三十六条 向大气排放粉尘的排污单位，必须采取除尘措施。

严格限制向大气排放含有毒物质的废气和粉尘；确需排放的，必须经过净化处理，不超过规定的排放标准。

第三十七条 工业生产中产生的可燃性气体应当回收利用，不具备回收利用条件而向大气排放的，应当进行防治污染处理。

向大气排放转炉气、电石气、电炉法黄磷尾气、有机烃类尾气的，须报经当地环境保护行政主管部门批准。

可燃性气体回收利用装置不能正常作业的，应当及时修复或者更新。在回收利用装置不能正常作业期间确需排放可燃性气体的，应当将排放的可燃性气体充分燃烧或者采取其他减轻大气污染的措施。

第三十八条 炼制石油、生产合成氨、煤气和燃煤焦化、有色金属冶炼过程中排放含有硫化物气体的，应当配备脱硫装置或者采取其他脱硫措施。

第三十九条 向大气排放含放射性物质的气体和气溶胶，必须符合国家有关放射性防护的规定，不得超过规定的排放标准。

第四十条 向大气排放恶臭气体的排污单位，必须采取措施防止周围居民区受到污染。

第四十一条 在人口集中地区和其他依法需要特殊保护的区域内，禁止焚烧沥青、油毡、橡胶、塑料、皮革、垃圾以及其他产生有毒有害烟尘和恶臭气体物质。

禁止在人口集中地区、机场周围、交通干线附近以及当地人民政府划定的区域露天焚烧秸秆、落叶等产生烟尘污染的物质。

除前两款外，城市人民政府还可以根据实际情况，采取防治烟尘污染的其他措施。

第四十二条 运输、装卸、贮存能够散发有毒有害气体或者粉尘物质的，必须采取密闭措施或者其他防护措施。

第四十三条 城市人民政府应当采取绿化责任制、加强建设施工管理、扩大地面铺装面积、控制渣土堆放和清洁运输等措施，提高人均占有绿地面积，减少市区裸露地面和地面尘土，防治城市扬尘污染。

在城市市区进行建设施工或者从事其他产生扬尘污染活动的单位，必须按照当地环境保护的规定，采取防治扬尘污染的措施。

国务院有关行政主管部门应当将城市扬尘污染的控制状况作为城市环境综合整治考核的依据之一。

第四十四条 城市饮食服务业的经营者，必须采取措施，防治油烟对附近居民的居住环境造成污染。

第四十五条 国家鼓励、支持消耗臭氧层物质替代品的生产和使用，逐步减少消耗臭氧层物质的产量，直至停止消耗臭氧层物质的生产和使用。

在国家规定的期限内，生产、进口消耗臭氧层物质的单位必须按照国务院有关行政主管部门核定的配额进行生产、进口。

第六章 法律责任

第四十六条 违反本法规定，有下列行为之一的，环境保护行政主管部门或者本法第四条第二款规定的监督管理部门可以根据不同情节，责令停止违法行为，限期改正，给予警告或者处以五万元以下罚款：

（一）拒报或者谎报国务院环境保护行政主管部门规定的有关污染物排放申报事项的；

（二）拒绝环境保护行政主管部门或者其他监督管理部门现场检查或者在被检查时弄虚作假的；

（三）排污单位不正常使用大气污染物处理设施，或者未经环境保护行政主管部门批准，擅自拆除、闲置大气污染物处理设施的；

（四）未采取防燃、防尘措施，在人口集中地区存放煤炭、煤矸石、煤渣、煤灰、砂石、灰土等物料的。

第四十七条 违反本法第十一条规定，建设项目的大气污染防治设施没有建成或者没有达到国家有关建设项目环境保护管理的规定的要求，投入生产或者使用的，由审批该建设项目的环境影响报告书的环境保护行政主管部门责令停止生产或者使用，可以并处一万元以上十万元以下罚款。

第四十八条 违反本法规定，向大气排放污染物超过国家和地方规定排放标准的，应当限期治理，并由所在地县级以上地方人民政府环境保护行政主管部门处一万元以上十万元以下罚款。限期治理的决定权限和违反限期治理要求的行政处罚由国务院规定。

第四十九条 违反本法第十九条规定，生产、销售、进口或者使用禁止生产、销售、进口、使用的设备，或者采用禁止采用的工艺的，由县级以上人民政府经济综合主管部门责令改正；情节严重的，由县级以上人民政府经济综合主管部门提出意见，报请同级人民政府按照国务院规定的权限责令停业、关闭。

将淘汰的设备转让给他人使用的，由转让者所在地县级以上地方人民政府环境保护行政主管部门或者其他依法行使监督管理权的部门没收转让者的违法所得，并处违法所得两倍以下罚款。

第五十条 违反本法第二十四条第三款规定，开采含放射性和砷等有毒有害物质超过规定标准的煤炭的，由县级以上人民政府按照国务院规定的权限责令关闭。

第五十一条 违反本法第二十五条第二款或者第二十九条第一款的规定，在当地人民政府规定的期限届满后继续燃用高污染燃料的，由所在地县级以上地方人民政府环境保护行政主管部门责令拆除或者没收燃用高污染燃料的设施。

第五十二条 违反本法第二十八条规定，在城市集中供热管网覆盖地区新建燃煤供热锅炉的，由县级以上地方人民政府环境保护行政主管部门责令停止违法行为或者限期改正，可以处五万元以下罚款。

第五十三条 违反本法第三十二条规定，制造、销售或者进口超过污染物排放标准的机动车船的，由依法行使监督管理权的部门责令停止违法行为，没收违法所得，可以并处违法所得一倍以下的罚款；对无法达到规定的污染物排放标准的机动车船，没收销毁。

第五十四条 违反本法第三十四条第二款规定，未按照国务院规定的期限停止生产、进口或者销售含铅汽油的，由所在地县级以上地方人民政府环境保护行政主管部门或者其他依法行使监督管理权的部门责令停止违法行为，没收所生产、进口、销售的含铅汽油和违法所得。

第五十五条 违反本法第三十五条第一款或者第二款规定，未取得所在地省、自治区、直辖市人民政府环境保护行政主管部门或者交通、渔政等依法行使监督管理权的部门的委托进行机动车船排气污染检测的，或者在检测中弄虚作假的，由县级以上人民政府环境保护行政主管部门或者交通、渔政等依法行使监督管理权的部门责令停止违法行为，限期改正，可以处五万元以下罚款；情节严重的，由负责资质认定的部门取消承担机动车船年检的资格。

第五十六条 违反本法规定，有下列行为之一的，由县级以上地方人民政府环境保护行政主管部门或者其他依法行使监督管理权的部门责令停止违法行为限期改正，可以处五万元以下罚款：

（一）未采取有效污染防治措施，向大气排放粉尘、恶臭气体或者其他含有有毒物质气体的；

（二）未经当地环境保护行政主管部门批准，向大气排放转炉气、电石气、电炉法黄磷尾气、有机烃类尾气的；

（三）未采取密闭措施或者其他防护措施，运输、装卸或者贮存能够散发有毒有害气体或者粉尘物质的；

（四）城市饮食服务业的经营者未采取有效污染防治措施，致使排放的油烟对附近居民的居住环境造成污染的。

第五十七条 违反本法第四十一条第一款规定，在人口集中地区和其他依法需要特殊保护的区域内，焚烧沥青、油毡、橡胶、塑料、皮革、垃圾以及其他产生有毒有害烟尘和恶臭气体的物质的，由所在地县级以上地方人民政府环境保护行政主管部门责令停止违法行为，处二万元以下罚款。

违反本法第四十一条第二款规定，在人口集中地区、机场周围、交通干线附近以及当地人民政府划定的区域内露天焚烧秸秆、落叶等产生烟尘污染的物质的，由所在地县级以上地方人民政府环境保护行政主管部门责令停止违法行为；情节严重的，可以处二百元以下罚款。

第五十八条 违反本法第四十三条第二款规定，在城市市区进行建设施工或者从事其他产生扬尘污染的活动，未采取有效扬尘防治措施，致使大气环境受污染的，限期改正，处二万元以下罚款；对逾期仍未达到当地环境保护规定要求的，可以责令其停工整顿。

前款规定的对因建设施工造成扬尘污染的处罚，由县级以上地方人民政府建设行政主管部门决定；对其他造成扬尘污染的处罚，由县级以上地方人民政府指定的有关主管部门决定。

第五十九条 违反本法第四十五条第二款规定，在国家规定的期限内，生产或者进口消耗臭氧层物质超过国务院有关行政主管部门核定配额的，由所在地省、自治区、直辖市人民政府有关行政主管部门处二万元以上二十万元以下罚款；情节严重的，由国务院有关行政主管部门取消生产、进口配额。

第六十条 违反本法规定，有下列行为之一的，由县级以上人民政府环境保护行政主管部门责令限期建设配套设施，可以处二万元以上二十万元以下罚款：

（一）新建的所采煤炭属于高硫分、高灰分的煤矿，不按照国家有关规定建设配套的煤炭洗选设施的；

（二）排放含有硫化物气体的石油炼制、合成氨生产、煤气和燃煤焦化以及有色金属冶炼的企业，不按照国家有关规定建设配套脱硫装置或者未采取其他脱硫措施的。

第六十一条 对违反本法规定，造成大气污染事故的企业事业单位，由所在地县级以上地方人民政府环境保护行政主管部门根据所造成的危害后果处直接经济损失百分之五十以下罚款，但最高不超过五十万元；情节较重的，对直接负责的主管人员和其他直接责任人员，由所在单位或者上级主管机关依法给予行政处分或者纪律处分；造成重大大气污染事故，导致公私财产重大损失或者人身伤亡的严重后果，构成犯罪的，依法追究刑事责任。

第六十二条 造成大气污染危害的单位，有责任排除危害，并对直接遭受损失的单位或者个人赔偿损失。

赔偿责任和赔偿金额的纠纷，可以根据当事人的请求，由环境保护行政主管部门调解处理；调解不成的，当事人可以向人民法院起诉。当事人也可以直接向人民法院起诉。

第六十三条 完全由于不可抗拒的自然灾害，并经及时采取合理措施，仍然不能避免造成大气污染损失的，免于承担责任。

第六十四条 环境保护行政主管部门或者其他有关部门违反本法第十四条第三款的规定，将征收的排污费挪作他用的，由审计机关或者监察机关责令退回挪用款项或者采取其他措施予以追回，对直接负责的主管人员和其他直接责任人员依法给予行政处分。

第六十五条 环境保护监督管理人员滥用职权、玩忽职守的，给予行政处分；构成犯罪的，依法追究刑事责任。

第七章 附 则

第六十六条 本法自2000年9月1日起施行。

7 中华人民共和国清洁生产促进法

（2002年6月29日第九届全国人民代表大会常务委员会第二十八次会议通过）

目 录

第一章　总　　则

第一条　为了促进清洁生产，提高资源利用效率，减少和避免污染物的产生，保护和改善环境，保障人体健康，促进经济与社会可持续发展，制定本法。

第二条　本法所称清洁生产，是指不断采取改进设计、使用清洁的能源和原料、采用先进的工艺技术与设备、改善管理、综合利用等措施，从源头削减污染，提高资源利用效率，减少或者避免生产、服务和产品使用过程中污染物的产生和排放，以减轻或者消除对人类健康和环境的危害。

第三条　在中华人民共和国领域内，从事生产和服务活动的单位以及从事相关管理活动的部门依照本法规定，组织、实施清洁生产。

第四条　国家鼓励和促进清洁生产。国务院和县级以上地方人民政府，应当将清洁生产纳入国民经济和社会发展计划以及环境保护、资源利用、产业发展、区域开发等规划。

第五条　国务院经济贸易行政主管部门负责组织、协调全国的清洁生产促进工作。国务院环境保护、计划、科学技术、农业、建设、水利和质量技术监督等行政主管部门，按照各自的职责，负责有关的清洁生产促进工作。

县级以上地方人民政府负责领导本行政区域内的清洁生产促进工作。县级以上地方人民政府经济贸易行政主管部门负责组织、协调本行政区域内的清洁生产促进工作。县级以上地方人民政府环境保护、计划、科学技术、农业、建设、水利和质量技术监督等行政主管部门，按照各自的职责，负责有关的清洁生产促进工作。

第六条　国家鼓励开展有关清洁生产的科学研究、技术开发和国际合作，组织宣传、普及清洁生产知识，推广清洁生产技术。

国家鼓励社会团体和公众参与清洁生产的宣传、教育、推广、实施及监督。

第二章　清洁生产的推行

第七条　国务院应当制定有利于实施清洁生产的财政税收政策。

国务院及其有关行政主管部门和省、自治区、直辖市人民政府，应当制定有利于实施清洁生产的产业政策、技术开发和推广政策。

第八条　县级以上人民政府经济贸易行政主管部门，应当会同环境保护、计划、科学技术、农业、建设、水利等有关行政主管部门制定清洁生产的推行规划。

第九条　县级以上地方人民政府应当合理规划本行政区域的经济布局，调整产业结构，发展循环经济，促进企业在资源和废物综合利用等领域进行合作，实现资源的高效利用和循环使用。

第十条　国务院和省、自治区、直辖市人民政府的经济贸易、环境保护、计划、科学技术、农业等有关行政主管部门，应当组织和支持建立清洁生产信息系统和技术咨询服务体系，向社会提供有关清洁生产方法和技术、可再生利用的废物供求以及清洁生产政策等方面的信息和服务。

第十一条 国务院经济贸易行政主管部门会同国务院有关行政主管部门定期发布清洁生产技术、工艺、设备和产品导向目录。

国务院和省、自治区、直辖市人民政府的经济贸易行政主管部门和环境保护、农业、建设等有关行政主管部门组织编制有关行业或者地区的清洁生产指南和技术手册，指导实施清洁生产。

第十二条 国家对浪费资源和严重污染环境的落后生产技术、工艺、设备和产品实行限期淘汰制度。国务院经济贸易行政主管部门会同国务院有关行政主管部门制定并发布限期淘汰的生产技术、工艺、设备以及产品的名录。

第十三条 国务院有关行政主管部门可以根据需要批准设立节能、节水、废物再生利用等环境与资源保护方面的产品标志，并按照国家规定制定相应标准。

第十四条 县级以上人民政府科学技术行政主管部门和其他有关行政主管部门，应当指导和支持清洁生产技术和有利于环境与资源保护的产品的研究、开发以及清洁生产技术的示范和推广工作。

第十五条 国务院教育行政主管部门，应当将清洁生产技术和管理课程纳入有关高等教育、职业和技术培训体系。

县级以上人民政府有关行政主管部门组织开展清洁生产的宣传和培训，提高国家工作人员、企业经营管理者和公众的清洁生产意识，培养清洁生产管理和技术人员。

新闻出版、广播影视、文化等单位和有关社会团体，应当发挥各自优势做好清洁生产宣传工作。

第十六条 各级人民政府应当优先采购节能、节水、废物再生利用等有利于环境与资源保护的产品。

各级人民政府应当通过宣传、教育等措施，鼓励公众购买和使用节能、节水、废物再生利用等有利于环境与资源保护的产品。

第十七条 省、自治区、直辖市人民政府环境保护行政主管部门，应当加强清洁生产实施的监督；可以按照促进清洁生产的需要，根据企业污染物的排放情况，在当地主要媒体上定期公布污染物超标排放或者污染物排放总量超过规定限额的污染严重企业的名单，为公众监督企业实施清洁生产提供依据。

第三章 清洁生产的实施

第十八条 新建、改建和扩建项目应当进行环境影响评价，对原料使用、资源消耗、资源综合利用以及污染物产生与处置等进行分析论证，优先采用资源利用率高以及污染物产生量少的清洁生产技术、工艺和设备。

第十九条 企业在进行技术改造过程中，应当采取以下清洁生产措施：

（一）采用无毒、无害或者低毒、低害的原料，替代毒性大、危害严重的原料；

（二）采用资源利用率高、污染物产生量少的工艺和设备，替代资源利用率低、污染物产生量多的工艺和设备；

（三）对生产过程中产生的废物、废水和余热等进行综合利用或者循环使用；

（四）采用能够达到国家或者地方规定的污染物排放标准和污染物排放总量控制指标的污染防治技术。

第二十条 产品和包装物的设计，应当考虑其在生命周期中对人类健康和环境的影响，优先选择无毒、无害、易于降解或者便于回收利用的方案。

企业应当对产品进行合理包装，减少包装材料的过度使用和包装性废物的产生。

第二十一条 生产大型机电设备、机动运输工具以及国务院经济贸易行政主管部门指定的其他产品的企业，应当按照国务院标准化行政主管部门或者其授权机构制定的技术规范，在产品的主体构件上注明材料成分的标准牌号。

第二十二条 农业生产者应当科学地使用化肥、农药、农用薄膜和饲料添加剂，改进种植和养殖技术，实现农产品的优质、无害和农业生产废物的资源化，防止农业环境污染。

禁止将有毒、有害废物用作肥料或者用于造田。

第二十三条 餐饮、娱乐、宾馆等服务性企业，应当采用节能、节水和其他有利于环境保护的技术和设备，减少使用或者不使用浪费资源、污染环境的消费品。

第二十四条 建筑工程应当采用节能、节水等有利于环境与资源保护的建筑设计方案、建筑和装修材料、建筑构配件及设备。

建筑和装修材料必须符合国家标准。禁止生产、销售和使用有毒、有害物质超过国家标准的建筑和装修材料。

第二十五条 矿产资源的勘查、开采，应当采用有利于合理利用资源、保护环境和防止污染的勘查、开采方法和工艺技术，提高资源利用水平。

第二十六条 企业应当在经济技术可行的条件下对生产和服务过程中产生的废物、余热等自行回收利用或者转让给有条件的其他企业和个人利用。

第二十七条 生产、销售被列入强制回收目录的产品和包装物的企业，必须在产品报废和包装物使用后对该产品和包装物进行回收。强制回收的产品和包装物的目录和具体回收办法，由国务院经济贸易行政主管部门制定。

国家对列入强制回收目录的产品的包装物，实行有利于回收利用的经济措施；县级以上地方人民政府经济贸易行政主管部门应当定期检查强制回收产品和包装物的实施情况，并及时向社会公布检查结果。具体办法由国务院经济贸易行政主管部门制定。

第二十八条 企业应当对生产和服务过程中的资源消耗以及废物的产生情况进行监测，并根据需要对生产和服务实施清洁生产审核。

污染物排放超过国家和地方规定的排放标准或者超过经有关地方人民政府核定的污染物排放总量控制指标的企业，应当实施清洁生产审核。

使用有毒、有害原料进行生产或者在生产中排放有毒、有害物质的企业，应当定期实施清洁生产审核，并将审核结果报告所在地的县级以上地方人民政府环境保护行政主管部门和经济贸易行政主管部门。

清洁生产审核办法，由国务院经济贸易行政主管部门会同国务院环境保护行政主管部门制定。

第二十九条 企业在污染物排放达到国家和地方规定的排放标准的基础上，可以自愿与有管辖权的经济贸易行政主管部门和环境保护行政主管部门签订进一步节约资源、削减污染物排放量的协议。该经济贸易行政主管部门和环境保护行政主管部门应当在当地主要媒体上公布该企业的名称以及节约资源、防治污染的成果。

第三十条 企业可以根据自愿原则，按照国家有关环境管理体系认证的规定，向国家认证认可监督管理部门授权的认证机构提出认证申请，通过环境管理体系认证，提高清洁生产水平。

第三十一条 根据本法第十七条规定，列入污染严重企业名单的企业，应当按照国务院环境保护行政主管部门的规定公布主要污染物的排放情况，接受公众监督。

第四章 鼓励措施

第三十二条 国家建立清洁生产表彰奖励制度。对在清洁生产工作中作出显著成绩的单位和个人，由人民政府给予表彰和奖励。

第三十三条 对从事清洁生产研究、示范和培训，实施国家清洁生产重点技术改造项目和本法第二十九条规定的自愿削减污染物排放协议中载明的技术改造项目，列入国务院和县级以上地方人民政府同级财政安排的有关技术进步专项资金的扶持范围。

第三十四条 在依照国家规定设立的中小企业发展基金中，应当根据需要安排适当数额用于支持中小企业实施清洁生产。

第三十五条 对利用废物生产产品的和从废物中回收原料的，税务机关按照国家有关规定，减征或者免征增值税。

第三十六条 企业用于清洁生产审核和培训的费用，可以列入企业经营成本。

第五章 法 律 责 任

第三十七条 违反本法第二十一条规定，未标注产品材料的成分或者不如实标注的，由县级以上地方人民政府质量技术监督行政主管部门责令限期改正；拒不改正的，处以五万元以下的罚款。

第三十八条 违反本法第二十四条第二款规定，生产销售有毒、有害物质超过国家标准的建筑和装修材料的，依照产品质量法和有关民事、刑事法律的规定，追究行政、民事、刑事法律责任。

第三十九条 违反本法第二十七条第一款规定，不履行产品或者包装物回收义务的，由县级以上地方人民政府经济贸易行政主管部门责令限期改正；拒不改正的，处以十万元以下的罚款。

第四十条 违反本法第二十八条第三款规定，不实施清洁生产审核或者虽经审核但不如实报告审核结果的，由县级以上地方人民政府环境保护行政主管部门责令限期改正；拒不改正的，处以十万元以下的罚款。

第四十一条 违反本法第三十一条规定，不公布或者未按规定要求公布污染物排放情况的，由县级以上地方人民政府环境保护行政主管部门公布，可以并处十万元以下的罚款。

第六章 附 则

第四十二条 本法自2003年1月1日起施行。

8 循环经济示范区规划指南（试行）

（2003年12月31日国家环保总局印发）

循环经济示范区（以下简称示范区）是一种以污染预防为出发点，以物质循环流动为特征，以社会、经济、环境可持续发展为最终目标的示范区域。它运用生态学规律把区域内的社会经济活动组织成若干个“资源—产品—再生资源”的反馈流程，在生产和消费的源头努力控制废弃物的产生，对可利用的产品和废物循环利用，对最终不能利用的产品进行合理处理处置，实现物质生产、消费的“低开采、高利用、低排放”，最大限度地高效利用资源和能源，减少污染物排放，促进环境与经济的和谐发展。

一、示范区的基本特征

示范区比生态工业园区的内容更丰富，影响更广泛。其主要特征如下：

1. 示范区本质上是一种生态经济区，把清洁生产、资源综合利用、生态设计和可持续消费融为一体，运用生态学规律来指导人类社会的经济活动，实现社会效益、经济效益和环境效益的“多赢”。

2. 示范区需要以宏观经济政策的调整和法律制度的重建作为保障。

3. 示范区具体活动主要集中在企业层面实施清洁生产和资源循环利用；区域层面建立共生企业间或产业间的生态工业网络；以及社会层面建立废物回收和再利用体系。

4. 示范区强调在区域和社会层面上的第一、二、三产业间的物质循环和流动。

二、示范区规划的指导思想和基本原则

1. 指导思想

从可持续发展的高度，将发展循环经济与发挥区域比较优势、提高市场竞争力相结合，与引进高新技术、提高经济增长质量相结合，与区域改造和产业结构调整相结合，与生态保护和区域环境综合整治相结合，促进社会经济的生产和消费模式的根本转变。

2. 基本原则

示范区的规划和建立遵循“减量、再用、循环”为内容的行为原则（即3R原则）。

（1）减量原则。要求减少进入生产和消费流程的物质量，即用较少的原料和能源投入满足既定的生产或消费需求，在经济活动的源头就做到节约资源和减少污染。在生产中，常要求产品体积小型化和产品重量轻型化，产品包装追求简单朴实而不是豪华浪费；在生活中，减少人们对物品的过度需求，从而达到减少废弃物排放的目的。

（2）再用原则。要求产品和包装能够以初始的形式被多次使用。在生产中，常要求制造商使用标准尺寸进行设计，以便于更换部件而不必更换整个产品，同时鼓励发展再制造产业；在生活中，鼓励人们购买能够重复使用的物品、饮料瓶和包装物。

（3）循环原则。要求生产出来的产品在完成其使用功能后能重新变成可以利用的资源而不是无用的垃圾。物质循环通常有两种方式，一是资源循环利用后形成与原来相同的产品，二是资源循环利用后形成不同的新产品。循环原则要求消费者和生产者购买循环物质比例大的产品，以使循环经济的整个过程实现闭合。

以上原则中，减量原则属于输入端方法，旨在减少进入生产和消费过程的物质量；再利用原则属于过程性方法，目的是提高产品和服务的利用效率；再循环原则是输出端方法，通过把废物再次变成资源以减少末端处理负荷。

“3R”原则重要性是不一样的。循环经济的根本目标是要求在经济过程中系

统地避免和减少废物，再利用和再循环都应建立在对经济过程进行了充分的资源削减的基础之上。

三、示范区的规划步骤

示范区规划可分为以下几个步骤进行：

1. 组建规划队伍。建立规划队伍，包括领导机构和技术机构。

2. 现状调研。主要调查和分析当地自然条件、社会经济背景、主要的环境问题；分析现有经济运行模式的特点、主要存在问题。

3. 建设目标确定。针对示范区建设的指标体系（见后文）中各类指标，提出循环经济建设的总体目标和具体目标，目标应尽可能量化和易于考核。

4. 方案设计。包括总体框架设计、产业发展规划（包括生态工业、生态农业、循环型服务业、循环再生产业等）、城市基础设施建设规划、生态景观建设规划、重点实施项目筛选、项目详细规划、法律法规制定、支持系统设计。

5. 投资和效益分析。包括示范区建设的投资预算，社会、经济、环境效益分析。

四、示范区的硬件建设

示范区硬件建设体现在具体的项目实施上，主要集中在企业、区域和社会三个层面。企业层面的循环经济要求实现清洁生产和污染排放最小化；区域层面的循环经济要求企业之间建立工业生态系统或生态工业园区，实现企业间废物相互交换；社会层面的循环经济要求废物得到再利用和再循环，产品消费过程中和消费后进行物质循环。不同地区的示范区建设内容不一定相同，以下仅针对三个层面给出一般性介绍：

1. 建设循环型企业

在所选择的企业实现清洁生产，提高生态效率，用清洁生产技术改造落后的工艺技术，最大限度地降低单位产品物耗、能耗、水耗和污染物排放；

在一些用水量较大的企业中，开展中水回用，实现废水的资源化，在有条件的企业实现废水“零排放”；在大型联合企业中，引入关键联结技术，开展物流、能流的梯级利用，开发利用企业的废弃资源，形成废弃物和副产品的循环利用生态链。

2. 建设生态工业园区

运用工业生态学和循环经济理论，对现有工业园区分类指导，建设生态工业园，提升现有经济技术开发区和高新技术开发区的档次和竞争力，引导老工业区的改造。可包括以下几个方面：

（1）建立生态工业型经济开发区

用生态工业思想改造现有经济技术开发区和高新技术开发区。在现有园区内引进生态工业和循环经济理念，采用生命周期观点和生态设计方法，使产品生命周期中资源消耗最少、废物产生最少、易于拆卸回收，由此优化产品结构，并合理构建和完善产品链，从而提高资源效率，降低环境排放，为园区寻找新的增长点，促进园区的持续发展。对新建的开发区按照循环经济理念进行整体规划和选择入园企业，构建合理的产业和产品链网，实现园区工业结构最优组合。

（2）用循环经济指导老工业区改造

在老工业区改造中引入循环经济理念，逐步建立新型的工业组织形态，以循环经济指导老工业区的改造，结构调整和产品调整。

（3）资源枯竭地区经济转型

在资源枯竭地区，以循环经济理念为指导，调整资源开采型企业产品结构，建立生态工业网络，开发二次资源，催生新的经济增长点，促进经济转型。

3．建设资源循环型社会

建立城市生活垃圾以及其他废旧物分类、回收、再造系统，城市及区域中水回用系统，生态型产业系统，信息系统等初步建设起循环型社会。

循环经济的建设范围不仅涉及第二产业，而且也涉及第一、三产业。对于第一产业，要求科学地使用化肥、农药、农用薄膜和饲料添加剂，改进种植和养殖技术，实现农产品的优质、无害和农业生产废物的资源化，防止农业环境污染。

禁止将有毒、有害废物用作肥料或者用于造田。建立工农业之间的产业共生联系，形成新型生态产业。对于第三产业，要求餐饮、娱乐、宾馆等服务性企业，采用节能、节水和其他有利于环境保护的技术和设备，减少使用或者不使用浪费资源、污染环境的消费品。废物进行分类回收，为再循环创造条件。建筑工程应当采用节能、节水等有利于环境与资源保护的建筑设计方案、建筑和装修材料、建筑构配件及设备。建筑废物实现产生量最小化和再利用。消费者应树立绿色消费的理念，自觉参与循环资源的回收活动，促进循环型社会的建立。

在循环经济示范区建设中，要将第一、二、三产业作为整体进行考虑，统一规划三产内部和三产之间的物质循环和能量流动，使区域内的人类活动与自然环境之间形成协调、优化的关系。

五、示范区的软件建设

1．法律法规支撑体系设计

（1）建立发展循环经济的法律法规体系

制定地方（城市、省）的循环经济发展条例和相关的实施细则。

（2）制定推动发展循环经济的优惠政策

制定优惠的财政、税收、投资、土地、排污费返还政策和其他经济激励政策；基建和技改项目审批中鼓励循环经济示范区内的建设项目；进一步提高污水处理费，征收垃圾处理费，使污水处理厂和垃圾处理场运行达到保本微利水平。

制定废物资源化，再利用的激励性经济政策。制定政策明确生产者和消费者的责任和义务。

（3）制定鼓励绿色消费和绿色采购的政策

绿色消费是循环经济发展的内在动力。建立政府绿色采购制度，优先采购再生利用产品和经过清洁生产审核、通过 ISO14001 认证的企业的产品以及通过认证的环境标志产品；在使用中，注意节约及多次重复利用，回收废弃办公用品。通过政府的表率作用，引导社会团体和企业积极参与绿色消费活动。

2. 技术支撑体系设计

循环经济的技术支撑体系包括环境工程技术、废弃物资源化利用技术和清洁生产技术等。要重点开发或运用生态工业的关键联结技术，如城市生活垃圾资源化技术、水回用技术、工业废物资源化技术、生物化工联结技术；能源的梯级利用技术；开发和运用煤矸石等大宗工业废物的综合利用、深加工等二次资源开发技术，建立生态工业技术研发基地，促进高新技术产业化。

六、示范区建设的指标体系

示范区应按照下述四类指标体系进行规划建设：

1. 经济发展指标：如经济发展水平指标（GDP 年平均增长率、人均 GDP、万元 GDP 综合能耗、万元 GDP 新鲜水消耗等）；经济发展潜力指标（科技投入占 GDP 的比例、科技进步对 GDP 的贡献率等）。

2. 循环经济特征指标：建设有若干个具有示范意义的循环型企业、生态工业园区和资源循环型社区。主要有三类指标：

一是资源生产率，用来综合表示产业和人民生活中有效利用资源情况资源生产率 = GDP/天然资源投入量（也称直接物质投入量）。二是循环利用率，表示投入到经济社会的物质总量中循环利用量所占的比率，包括水资源重复利用率、原材料重复利用率、能源重复利用率、城市中水回用率、废电器回收利用率、废纸回收利用率、废塑料回收利用率、废金属包装物回收利用率、城市垃圾的分类回收率等。三是最终处理量，表示城市废弃物和工业废弃物最终处置量。三类指标中，前两类应尽量高，后两类应尽量低。

3. 生态环境保护指标：如环境保护指标（环境质量、污染物排放达标情况、污染物处理处置等）；环境绩效指标（万元 GDP 工业废水产生量、万元 GDP 工业固体废物产生量、万元 GDP 工业废气产生量、万元 GDP 有毒有害废物产生总量）；生态建设指标（可再生能源所占比例、人均公共绿地面积、园区绿地覆盖率等）；生态环境改善潜力（环保投资占 GDP 的比重等）。

4. 绿色管理指标：如政策法规制度指标（促进循环经济建设的地方政策法规和文件的制定、促进循环经济建设的地方政策法规和文件的实施等）；管理与意识指标（开展清洁生产的企业所占比例、园区企业 ISO14001 认证率、循环经济知识培训、循环经济的社会认知率、信息系统建设等）。

七、示范区规划文本的编制

以下给出示范区规划文本的基本内容，具体规划中应当根据实际情况，有所侧重、增删和调整：

摘要

1. 地区社会、经济和环境概况，存在的主要经济、社会、环境问题及分析

2. 建设必要性和有利条件

（1）必要性

（2）有利条件

3. 建设目标和原则

（1）总体目标

（2）具体目标

（3）建设原则

4. 总体设计

（1）循环经济建设总体框架

（2）主要物流、能流和元素代谢

（3）第一、二、三产业循环方案

5. 产业发展规划

（1）生态工业发展规划

（2）生态农业发展规划

（3）循环型社会发展规划

6. 城市基础设施建设规划

7. 生态景观建设规划

8. 重点建设项目及分析，项目清单表

9. 建设投资和效益分析

（1）总投资

（2）融资渠道

（3）经济效益、社会效益、环境效益

10. 法律法规、政策

（1）法律法规

（2）鼓励政策（土地政策、税收政策、补贴政策、信贷政策、排污收费返还等）

11. 组织机构和保障措施

（1）领导小组、实施小组、专家小组

（2）保障措施（如信息网络、新技术开发、中介组织、宣传教育、环境管

理体系、清洁生产审核等)

9 循环经济示范区申报、命名和管理规定（试行）

（2003年12月31日国家环保总局印发）

总　则

一、为了推动我国循环经济的发展，促进循环经济示范区（以下简称“示范区”）的建设，规范示范区申报、审批和管理程序，更好地发挥示范区建设对改善城市和地区环境、减少废物排放、大幅度提高资源和能源利用率的作用，特制定本规定。

二、本规定所指的循环经济示范区是一种以污染预防为出发点，以物质循环流动为特征，以社会、经济、环境可持续发展为最终目标，最大限度地高效利用资源和能源，减少污染物排放的示范区域。示范区一般在省、市开展试点和示范。

三、示范区建设要遵循“减量、再用、循环”原则（“3R”原则）。减量原则要求用较少的原料和能源投入来达到既定的生产或消费目的，再用原则要求产品和包装容器能够尽可能多次以初始形式被使用，避免一次性用品的泛滥。循环原则要求生产出来的物品在完成其使用功能后尽可能多地再生利用或资源化，产品和废物的循环利用，必须适当进行，不产生新的环境污染。

四、本规定适用于示范区的申报、规划编制和论证、审批和命名、监督管理、组织实施等。

申　报

五、示范区建设须由建设单位向省级环保部门提出创建申请，经其审查后上报国家环保总局。

六、示范区申报条件为：

1. 设立领导机构和相关工作机构；

2. 地区经济建设在全国具有一定的区域代表性和示范性；

3. 在企业、区域和社会层面存在循环经济的典型或雏形；

4. 具有在整个经济活动和全社会形成“资源—产品—再生资源”循环经济模式或建设循环型社会的条件；

5. 具有较好的社会、经济和环境发展水平，在经济发展、环境保护、社会进步等方面具有建设示范区的基础条件。

七、示范区申报应提交建设单位申请报告，包括本地区基本情况、循环经济区创建意义、基本思路、基础条件、预期目标、建设内容及进度安排等。

规划编制和论证

八、示范区创建申请经过国家环保总局同意后，示范区建设单位可组织编制示范区规划（必要时应包括重要项目的初步可行性研究报告）。

规划编制工作应委托具有示范区规划编制经验的单位进行。

九、规划应按国家环保总局制定的《循环经济示范区规划指南》编写，对示范区建设的总体思路、建设内容、重点项目、保障措施等做出重点分析，以使规划能指导示范区建设实践。

十、示范区规划编制完成后，应由园区建设单位向省级环保部门提交规划送审稿，由其审查后上报国家环保总局。

国家环保总局组织专家委员会对规划进行论证。

十一、专家委员会应由工业生态、循环经济、环境保护、城市和区域规划以及所涉及行业的国内知名专家组成。

十二、专家论证包括实地考核、听取规划汇报、提问、讨论及评议、形成专家论证意见等步骤，专家委员会重点对示范区建设的意义、建设条件是否成熟、建设目标是否明确和合理、建设内容是否符合循环经济要求、是否有可行的项目、是否提出有效的保障措施以及是否具有全国示范效应等方面进行论证。

十三、示范区规划经过专家论证通过后，建设单位应按规划开展建设。经过一段时间建设试点后，建设单位可向省级环保部门提出示范区命名申请，并由其上报国家环保总局。

审批和命名

十四、示范区建设单位提出命名申请后，应提交以下材料：

1. 按专家论证意见修改的规划报批稿（必要时应包括重要项目的初步可行性研究报告）；

2. 专家论证意见；

3. 示范区创建工作背景情况说明；

4. 示范区建设的组织机构名单；

5. 地方政府已有或拟给予示范区建设的优惠政策和配套措施。

十五、国家环保总局对报送的材料进行审查，并报总局局务会批准。对符合条件的申请单位批准为循环经济示范区，并授予统一规格的标牌。

十六、示范区命名格式为：示范区所在地名 +“循环经济示范省（市）”。

十七、示范区建设在其地方政府设立的领导机构领导下，按批准的规划内容和时间实施。若需对建设项目作重大调整，应报告国家环保总局并征得其同意。

监 督 管 理

十八、示范区建设单位应每季度向国家环保总局报告示范区建设和发展情况与存在问题等，年终上报年度总结。国家环保总局以《循环经济和生态工业简讯》形式，发布全国循环经济示范区发展的最新信息。《循环经济和生态工业简讯》由国家清洁生产中心负责承办。

十九、国家环保总局组织专家组对示范区进行定期考核、检查，对成绩显著的给予表彰和奖励。

二十、出现以下情况的示范区，国家环保总局责成其限期整改，限期整改后仍然不符合标准的撤其命名：

1. 示范区建设机构管理不善，不能及时报告示范区发展动态；

2. 示范区中的重点企业严重违反国家环境保护法规，污染物排放不达标；

3. 未按示范区规划的要求和目标推进示范区的建设，示范区建设项目作重大调整未及时报告，使示范区建设滞后或成效不明显。

组 织 实 施

二十一、国家环保总局负责协调推动循环经济在全国的试点工作，组织制定示范区规划指南，组织制订循环经济发展指标体系，对各地示范区建设进行指导。

二十二、国家清洁生产中心作为示范区建设的技术支持单位，协助国家环保总局对示范区建设进行技术指导和监督检查，研究循环经济国内外进展情况，定期发布全国循环经济发展信息。

二十三、各省、自治区、直辖市环保行政主管部门按照国家环保总局的统一要求，协调、指导本辖区内的示范区建设和环境监督、管理，会同当地有关部门组织编制示范区建设的总体规划，推进示范区建设工作，积极配合地方人民政府落实规划和出台相关的优惠政策和支持措施。

二十四、示范区所在地方人民政府对示范区建设可提供以下支持：

1. 示范区建设纳入当地国民经济和社会发展计划，作为调整区域经济结构、推动产业升级的重大战略措施，认真组织实施，确保建设目标的实现；

2. 据国家有关产业政策，结合地区实际，制定促进示范区快速、健康发展的地方性法规和政策；

3. 有利于示范区发展的管理体制，动员和组织有关部门，支持示范区建设；

4. 创造良好的投资环境，以利于示范区引进技术、人才和资金；

5. 依靠企业自愿行为，按照市场规律，组织建设示范区；

6. 开展循环经济的宣传和培训，建立激励政策和措施。

二十五、示范区企业要按照循环经济的基本原则，在从事业务活动中，根据“3R”原则，有责任采取措施控制原材料的使用量，对可利用的产品和废物进行循环利用，对最终不能利用的产品进行合理处理处置。

二十六、示范区建设单位应按照国家的规定，采取必要的措施，确保资源的循环利用。按照示范区规划分期分批实施示范区建设项目，坚持以企业为主体、政府指导和推动的原则，建立符合市场机制的建设、管理和服务等运作模式；制定相应的管理制度；协助企业建立企业间的共生组织和产业链，高标准完成示范区建设。

10　生态工业示范园区规划指南（试行）

（2003 年 12 月 31 日国家环保总局印发）

生态工业示范园区（以下简称园区）是依据清洁生产要求、循环经济理念和工业生态学原理而设计建立的一种新型工业园区。它通过物流或能流传递等方式把不同工厂或企业连接起来，形成共享资源和互换副产品的产业共生组合，使一家工厂的废弃物或副产品成为另一家工厂的原料或能源，模拟自然系统，在产业系统中建立“生产者—消费者—分解者”的循环途径，寻求物质闭环循环、能量多级利用和废物产生最小化。

一、生态工业示范园区的特征和类型

1. 园区具有以下主要特征：

（1）紧密围绕当地的自然条件、行业优势和区位优势，进行生态工业示范园区的设计和运行；

（2）通过园区内各单元间的副产物和废物交换、能量和废水的梯级利用以及基础设施的共享，实现资源利用的最大化和废物排放的最小化；

（3）通过现代化管理手段、政策手段以及新技术（如信息共享、节水、能源利用、再循环和再使用、环境监测和可持续交通技术）的采用，保证园区的稳定和持续发展；

（4）通过园区环境基础设施的建设、运行，企业、园区和整个社区的环境状况得到持续改进。

2. 园区主要有以下两种类型：

（1）具有行业特点的生态工业园区，例如广西贵港国家生态工业（糖业）示范园区；

（2）具有区域特点的国家生态工业示范园区，例如对现有经济技术开发区和高新技术开发区改造的生态工业园区。

此外，按照当前的建设状态和园区单元间联系程度的不同，生态工业园区可

分为以下几种类型：

（1）已具有较好生态工业雏形的工业区域或园区。建设重点是在完善已有的生态工业链的基础上，形成稳定的生态工业网。

（2）尚未建成或尚不具有规模的园区。建设重点是以生态工业的理论和方法，指导建设一个新的工业园区。

（3）门类较多、企业数量大的工业区域或园区（如我国的大批国家和地方级的科技园区和经济技术开发区）。建设重点是在这些园区中引进生态工业和循环经济理念，采用生命周期观点和生态设计方法，使产品生命周期中资源消耗最少、废物产生最小、易于拆卸回收，由此优化产品结构，并合理构建和完善产品链，从而提高资源效率，降低环境排放，为园区寻找新的增长点，促进园区的持续发展。

（4）虚拟园区。其园区企业在地理上分散，但仍然组成一个生态工业系统。建设重点是从废物循环利用、资源梯级利用入手，遵循市场价值规律，规划建设生态工业网络，建立企业间稳定、持久的物质和能量流动关系。

二、园区规划的指导思想和基本原则

1. 指导思想

从可持续发展的高度，将发展生态工业与发挥区域比较优势、提高市场竞争力相结合，与引进高新技术、提高经济增长质量相结合，与区域改造和产业结构调整相结合，与生态保护和区域环境综合整治相结合。

2. 基本原则

园区规划应遵循以下原则：

（1）与自然和谐共存原则：园区应与区域自然生态系统相结合，保持尽可能多的生态功能。对于现有工业园区，按照可持续发展的要求进行产业结构的调整和传统产业的技术改造，大幅度提高资源利用效率，减少污染物产生和对环境的压力。新建园区的选址应充分考虑当地的生态环境容量，调整列入生态敏感区的工业企业，最大限度地降低园区对局地景观和水文背景、区域生态系统以及对全球环境造成的影响。

（2）生态效率原则：在园区布局、基础设施、建筑物构造和工业过程中，应全面实施清洁生产。通过园区各企业和企业生产单元的清洁生产，尽可能降低本企业的资源消耗和废物产生；通过各企业或单元间的副产品交换，降低园区总的物耗、水耗和能耗；通过物料替代、工艺革新，减少有毒有害物质的使用和排放；在建筑材料、能源使用、产品和服务中，鼓励利用可再生资源和可重复利用资源。贯彻“减量第一”的最基本的要求，使园区各单元尽可能降低资源消耗和废物产生。

（3）生命周期原则：要加强原材料入园前以及产品、废物出园后的生命周期管理，最大限度地降低产品全生命周期的环境影响。应鼓励生产和提供资源、能源消耗低的产品和服务；鼓励生产和提供对环境少害、无害和使用中安全的产品和服务；鼓励生产和提供可以再循环、再使用和进行安全处置的产品和服务。

(4) 区域发展原则：尽可能将园区与社区发展和地方特色经济相结合，将园区建设与区域生态环境综合整治相结合。要通过培训和教育计划、工业开发、住房建设、社区建设等，加强园区与社区间的联系。要将园区规划纳入当地的社会经济发展规划，并与区域环境保护规划方案相协调。

(5) 高科技、高效益原则：大力采用现代化生物技术、生态技术、节能技术、节水技术、再循环技术和信息技术，采纳国际上先进的生产过程管理和环境管理标准，要求经济效益和环境效益实现最佳平衡，实现"双赢"。

(6) 软硬件并重原则：硬件指具体工程项目（工业设施、基础设施、服务设施）的建设。软件包括园区环境管理体系的建立、信息支持系统的建设、优惠政策的制定等。园区建设必须突出关键工程项目，突出项目（企业）间工业生态链建设，以项目为基础。同时必须建立和完善软件建设，使园区得到健康、持续发展。

三、园区规划的步骤

园区规划可分为以下几个步骤进行：

1. 规划队伍建设：建立规划队伍，包括领导机构和技术机构。

2. 园区规划范围：根据实际情况选择园区范围，原则上不得占用新的土地作为工业用地。需充分利用现有工业区域、污染的废弃地区（此时，园区可作为生态恢复或经济再开发的举措，例如美国马里兰州 Baltimore、弗吉尼亚州 Cape Charles 等生态工业园区）或当前运行的工业园区，进行生态工业园区建设规划。

3. 现状调研阶段：主要调查和分析园区以及周围区域内当前的自然条件、社会经济背景，现有行业和企业状况，物流、水流和能流，废物产生和处置，现有生态工业雏形，环境容量和环境标准，可能的废物利用渠道，可能形成的产业链等。

4. 规划目标确定：针对园区建设的指标体系（见后文）中各类指标，提出园区建设的总体目标和具体目标，目标应尽可能量化和易于考核。

5. 方案设计阶段，包括：

(1) 总体框架设计：根据现状分析结果，结合规划目标，进行物流、水流、能流、信息流的集成分析，从而给出园区的总体框架设计，包括主要的工业链、空间布局和功能分区的设计。

(2) 产业发展规划：主要行业的发展定位、产品规模、支持项目等。

(3) 入园项目筛选和入园项目指南：筛选和提出最初的入园项目（包括工业项目、基础设施、服务设施）。由于园区一般是一种开放式结构，因而需对今后的入园项目制订入园项目指南。

(4) 政策设计：制订相应的园区管理措施、鼓励政策。

(5) 支持系统设计：如企业孵化器、信息共享设施、废物交换系统、教育培训、研究和开发、环境管理体系、清洁生产审核等。

6. 投资和效益分析：包括园区的投资预算，社会、经济、环境效益分析。

四、园区的规划方法和技术

1. 对于各类生态工业园区，规划方法的共同特点是：

（1）园区规划应建立在传统的城市和区域规划、园区规划和环境规划方法的基础上。传统的规划方法，如系统规划法、数学规划法、空间规划技术（如GIS工具）等均能在生态工业示范园区规划中发挥作用。

（2）由于生态工业本身的特点，规划中应纳入清洁生产、生态效率、工业代谢、副产品交换、生态设计、生命周期分析、联合培训计划、公众参与等思想和相应的方法。

2. 物质集成

物质集成主要是根据园区产业规划，确定成员间上下游关系，并根据物质供需方的要求，运用过程集成技术，调整物质流动的方向、数量和质量，完成工业生态网的构建。尽可能考虑资源（包括水、油和溶剂等）回收利用或梯级利用，最大限度地降低对物质资源的消耗。

物质集成可从三个层次来体现生态工业的思想：在企业内部，要实施清洁生产；在企业之间，将废物作为潜在的原料或副产品相互利用，通过物质、能量和信息的交换，优化园区内所有物质的使用和减少有毒物质的使用；在园区之外，充分利用物质需求信息，形成辐射区域，使园区在整个经济循环中发挥链接作用，拓展物质和能量循环空间。

可以建立物资和废物交换中心，负责各企业物资的交换和副产品与废物的处置。

3. 水系统集成

水系统集成是物质集成的特例。水系统的目标是节水，应考虑水的多用途使用策略。传统上，将水的质量水平分成饮用水和废水。近年来，在一些企业、宾馆、学校、小区出现了所谓的“中水”（相当于工业上的循环水）回用概念。生态工业示范园区中，可以将水细分成更多的等级，例如超纯水（用于半导体芯片制造）、去离子水（用于生物或制药工艺）、饮用水（用于厨房、餐厅、喷水池）、清洗水（用于清洗车辆、建筑物）和灌溉水（用于草坪、灌木、树木等景观园艺）等。由于下一级使用的水质要求较低，因而可以采用上一级使用后的出水。例如目前许多企业采用的水循环利用系统，即“清水—第一次清循环水—第二次浊循环水”的循环过程以及蒸汽冷凝回用、间接冷却水循环利用、封闭水循环等技术，都可以在生态工业园区中跨企业采用。

在水的多用途使用时，有时需要进行必要的水处理，以除去进水中的有害固体物质和液体物质，尽量提高水的纯净度。

处理后的水再回用于同一工段，或用于质量要求低一级的用水。水处理方法可根据不同的情形采用冷却、分离、过滤、超滤、反渗透、消毒、沉淀、生物处理、湿地处理等工艺。水处理设施可作为生态工业示范园区的一部分，并且在经济上自负盈亏。

4. 能源集成

能源集成不仅要求园区内各企业寻求各自的能源使用实现效率最大化，而且园区要实现总能源的优化利用，最大限度地使用可再生资源（包括太阳能、风能、生物质能等）。在某些情况下，园区总能源消耗量甚至可能减少50%。一种途径是能源的梯级利用。根据能量品位逐级利用，提高能源利用效率。在园区内根据不同行业、产品、工艺的用能质量需求，规划和设计能源梯级利用流程，可使能源在产业链中得到充分利用。

另一种途径是热电联产。我国的热电联产已经有40多年的历史，在园区中，应因地制宜地利用工业锅炉或改造中低压凝汽机组为热电联产，向园区和社区供热、供电，从而达到节约能源，改善环境，提高供热质量的作用，同时节约成本、提高经济效益。

5. 技术集成

关键技术种类的长期发展创新，是园区可持续发展的一个决定性因素。在园区内推行清洁生产、实现绿色管理是实现园区可持续发展的具体途径。为此园区的规划和建设中，从产品设计开始，按照产品生命周期的原则，依据生态设计的理念，引进和改进现有企业的生产工艺，应用高新技术、抗风险技术、园区内废物使用和交换技术、信息技术、管理技术等以满足生态工业的要求，建立最小化消耗资源、极少产生废物和污染物的高新技术系统。

6. 信息共享

配备完善的信息交换系统，或建立信息交换中心，是保持园区活力和不断发展的重要条件。园区内各企业之间有效的物质循环和能量集成，必须以了解彼此供求信息为前提，同时生态工业园的建设是一个逐步发展和完善的过程，其中需要大量的信息支持。这些信息包括园区有害及无害废物的组成、废物的流向和废物的去向信息，相关生态链上产业（包括其辐射产业）的生产信息、市场发展信息、技术信息、法律法规信息、人才信息、相关工业生态其他领域的信息等。

信息交换系统的主要功能是：提供园区信息管理系统，便于物质和能量在园区、周围社区和区域内进行流动和交换；通过示范、宣贯等手段，扮演教育和营销角色，以宣传生态工业原理，帮助企业特别是中小企业理解环境问题和环境法规，克服生态工业运行的障碍；提供有关提高能源效率、节约资源、废物最小化、清洁生产技术和应急反应等的指南和建议。

7. 设施共享

设施共享是生态工业园区的特点之一。实现设施共享可减少能源和资源的消耗，提高设备的使用效率，避免重复投资。

对于一些资金尚不十分充足的中小型企业而言尤其重要。园区内的共享设施包括：

（1）基础设施，如污水集中处理厂、固体废物回收和再生中心、消防设施、绿地等；

（2）交通工具，如班车、其他运输和交通设备；

（3）仓储设施，如入园成员间闲置的仓库等；

（4）闲置的其他维护设备、施工设备等；

（5）培训设施等。

五、园区建设的指标体系

园区应按照下述四类指标体系进行规划建设：

1. 经济发展指标：如经济发展水平指标（GDP 年平均增长率、人均 GDP、万元 GDP 综合能耗、万元 GDP 新鲜水消耗等）；经济发展潜力指标（科技投入占 GDP 的比例、科技进步对 GDP 的贡献率等）。

2. 生态工业特征指标：如有无成熟的生态工业链；重复利用指标（水资源重复利用率、原材料重复利用率、能源重复利用率等）；柔性特征指标（产品种类、原材料的可替代性等）；基础设施建设指标（如信息网络系统、废物处理共享设施等）。

3. 生态环境保护指标：如环境保护指标（环境质量、污染物排放达标情况、污染物处理处置等）；环境绩效指标（万元 GDP 工业废水产生量、万元 GDP 工业固体废物产生量、万元 GDP 工业废气产生量、万元 GDP 有毒有害废物产生总量）；生态建设指标（可再生能源所占比例、人均公共绿地面积、园区绿地覆盖率等）；生态环境改善潜力（环保投资占 GDP 的比重等）。

4. 绿色管理指标：如政策法规制度指标（园区内部管理制度的制定、园区内部管理制度的实施、企业管理制度的制定、企业管理制度的实施等）；管理与意识指标（开展清洁生产的企业所占比例、园区企业 ISO14001 认证率、生态工业培训等）。

六、生态工业园区中的企业孵化器

企业孵化器起源于 20 世纪 50 年代的美国，它是一种新型的社会经济组织，通过提供研发、生产、经营的场地，通讯、网络、办公等方面的共享设施，系统的培训、咨询以及政策、融资、法律和市场推广等方面的支持，降低企业的创业风险，提高企业的成活率和成功率。

生态工业园区中的企业孵化器主要功能如下：

1．为生态工业技术研发和成果转化提供不断优化的孵化环境和条件；

2．允许各企业间共享设施和相互合作；

3．及时提供市场信息和技术信息；

4．通过当地的学校，为企业提供人员培训；

5．支持风险融资、市场营销、会计、组织设计和其他商业活动；

6．提供公共的法律、文秘和簿记服务以及办公和电讯设备。

企业孵化器可以是以营利为目的的企业实体，也可以是非营利机构。对于各类生态工业园区而言，比较适用的是后一种，即非营利机构形式。

七、生态工业园区规划文本的编制

以下给出生态工业园区规划文本的基本内容，具体规划工作中各园区应当根据实际情况，有所侧重、增删和调整：

摘要

1．区域社会、经济和环境概况

（1）社区、城市、区域的情况

（2）园区现状、产业类别、结构、主要资源等状况

（3）存在的问题及分析

2．园区建设必要性和有利条件

（1）必要性

（2）有利条件

3．规划目标和原则

（1）总体目标

（2）具体目标

（3）规划原则

4．园区总体设计

（1）现有建设条件分析

（2）生态工业园区的总体框架（包括主要工业链）

（3）生态工业园区的空间布局和功能分区

（4）生态工业园区的产业发展规划

5．园区工业代谢分析

（1）主要物质代谢分析

（2）能量流动分析

6．园区建设项目

（1）园区建设项目清单及说明（包括工业项目、基础设施、服务设施等）

（2）园区建设项目指南

7．园区投资和效益分析

（1）总投资

（2）融资渠道

（3）经济效益、社会效益、环境效益

8．组织机构和保障措施

（1）领导小组、管理委员会（协调办公室）、投资开发公司

（2）园区管理制度（如果是改造现有园区，须注意与现有园区的管理制度相结合）

（3）鼓励政策（土地政策、税收政策、补贴政策、信贷政策、排污收费返还等）

（4）支持体系（如信息系统、新技术开发、企业孵化器、环境管理体系、清洁生产审核等）

11　国家生态工业示范园区申报、命名和管理规定（试行）

（2003 年 12 月 31 日国家环保总局印发）

总　则

一、为了促进我国生态工业的发展，推动国家生态工业示范园区（以下简称“园区”）的建设，规范园区申报、命名和监管程序，更好地发挥园区建设对改造、提升地区经济和改善环境的作用，特制定本规定。

二、本规定所指的生态工业园区是依据清洁生产要求和循环经济理念及工业生态学原理而设计建立的一种新型工业园区。生态工业园区是循环经济在工业领域一定区域层次的具体体现。

三、园区一般分为以下两种类型：一种是具有行业特点的生态工业园区；另一种是具有区域特点的生态工业园区，即对现有经济技术开发区或高新技术开发区改造的生态工业园区，以及新规划建设的生态工业园区。建设何种园区取决于地方优势、行业优势、产业特点及资源条件。

四、园区建设遵循自愿性、高起点、因地制宜、经济社会和环境协调发展四项原则，遵守国家或地方关于园区建设的各项法律、法规和政策，并是在已经国家批准的各类园区或大企业集团自有土地基础上进行。

五、本规定适用于园区的申报、规划编制和论证、审批和命名、监督管理、组织实施等。

申　报

六、园区建设须由园区建设单位向省级环保行政主管部门提出创建申请，经

其审查后上报国家环保总局。

七、国家生态工业示范园区申报条件为：

1. 建设单位设置了相关工作机构和领导机构，并得到地方人民政府的支持；

2. 建设单位具有一定的经济实力和建设园区的基础条件；

3. 园区建设能充分利用当地资源优势和区位优势；

4. 园区建设在全国具有一定的区域或行业的代表性和示范性；

5. 具有一定的生态工业雏形，具备形成产业生态链的条件，园区建设有利于区域可持续发展和区域环境质量的改善；

6. 园区内生态环境质量较好，所有企业遵守国家法律法规，污染物排放达到国家或地方规定的污染物排放标准。

八、园区申报应提交建设单位申请报告，包括生态工业园区建设单位基本情况、创建意义、基本思路、基础条件、预期目标、建设内容及进度安排等。

规划编制和论证

九、园区创建申请经过国家环保总局同意后，园区建设单位可组织编制园区建设规划（必要时应包括重要项目的初步可行性研究报告）。

规划编制工作应委托具有园区建设规划编制经验的单位进行。

十、规划应按国家环保总局制定的《生态工业示范园区规划指南》编写，对园区建设的总体思路、建设内容、重点项目、保障措施等做出重点分析，以使规划能指导园区建设实践。

十一、园区规划编制完成后，园区建设单位向省级环保部门提交方案送审稿，由其审查后上报国家环保总局。国家环保总局组织专家委员会对规划进行论证。

十二、专家委员会应由工业生态、循环经济、环境保护、城市和区域规划以及所涉及行业的国内知名专家组成。

十三、专家论证包括实地考核、听取规划汇报、提问、讨论及评议、形成专家论证意见等步骤，专家委员会重点对园区建设的意义、建设条件是否成熟、建设目标是否明确和合理、建设内容是否符合生态工业要求、是否有可行的项目、是否提出有效的保障措施以及是否具有全国示范效应等方面进行论证。

十四、园区规划经专家论证通过后，园区建设单位应按规划开展建设。经过一段时间建设试点后，园区建设单位可向省级环保部门提出示范园区命名申请，并由其上报国家环保总局。

审查和命名

十五、园区建设单位提出命名申请时，应提交以下材料：

1. 按专家论证意见修改的规划报批稿（必要时应包括重要项目的初步可行性研究报告）；

2. 专家论证意见；

3. 园区创建工作背景情况说明；

4. 园区建设的组织机构名单；

5. 地方政府给予园区建设的优惠政策和配套措施；

6. 建设试点的情况。

十六、国家环保总局对报送的材料进行审查，对符合条件的申请园区命名为国家生态工业示范园区，授予统一规格的标牌。

十七、国家生态工业示范园区命名方式为：园区所在地名+“国家生态工业”+行业名称+“示范园区”。

十八、园区建设在地方政府设立的管理机构领导下，按规划确立的建设内容和时间实施。若需对建设项目作重大调整，应组织专家论证，确定其是否符合国家生态工业示范园区建设方向，并报国家环保总局备案。园区建设项目或企业应建立相应环境管理体系。

监督管理

十九、园区建设单位应每年年终上报年度总结，向国家环保总局报告园区建设和发展情况、效益与存在问题等。国家环保总局以《循环经济和生态工业简讯》形式，发布全国生态工业、循环经济发展的最新信息。《循环经济和生态工业简讯》由国家清洁生产中心负责承办。

二十、国家环保总局会同省级环保部门和当地人民政府对园区进行定期考核、检查，对成绩显著的给予表彰和奖励。

二十一、对出现以下情况的园区，国家环保总局责成其限期整改，限期整改后仍然不符合标准的撤销其命名：

1. 园区建设机构管理不善，不能及时报告园区发展动态；

2. 园区中的企业严重违反国家环境保护法规，污染物排放不达标；

3. 园区中的主要企业经济效益差，并直接影响到园区的可持续发展；

4. 未按园区规划的要求和目标推进园区的建设，园区建设项目作重大调整未及时报告，使园区建设滞后或成效不明显。

组织实施

二十二、国家环保总局负责协调推动生态工业在全国的示范工作，组织制定园区规划编制指南和生态工业发展的指标体系，对各地园区建设进行指导。

二十三、国家清洁生产中心作为全国生态工业推广、示范的技术支持单位，负责国内外生态工业发展的跟踪及研究，协助国家环保总局制定园区规划指南、技术指标体系和对各地园区建设进行技术指导，定期发布全国生态工业发展信息。

二十四、各省、自治区、直辖市环保行政主管部门按照国家环保总局的统一要求，协调、指导本辖区内的园区建设和加强环境管理、监督工作，积极配合地方人民政府，争取出台相关的优惠政策和支持措施。

二十五、园区所在地方人民政府应对园区建设提供以下支持：

1. 把园区建设纳入当地国民经济和社会发展计划，作为调整区域经济结构、推动产业升级的重大战略措施，认真组织实施，促进建设目标的实现；

2. 根据国家有关产业政策，结合地区实际，制订促进园区快速、健康发展的地方性法规和政策；

3. 建立有利于园区发展的管理体制，动员和组织有关部门，支持园区建设；

4. 创造良好的投资环境，以利于园区引进技术、人才和资金；

5. 依靠企业自愿行为，按照市场规律，组织建设园区；

6. 开展生态工业的宣传和培训，建立激励政策和措施。

二十六、园区建设单位应在地方政府领导下，按照园区规划分期分批实施园区建设项目，坚持以企业为主体、政府指导和推动的原则，建立符合市场机制的建设、管理和服务等运作模式；制定相应的管理制度；协助企业建立企业间的共生组织和产业链，高标准完成园区建设。

12 生态县、生态市、生态省建设指标（修订稿）

2008－01－15

一、生态县（含县级市）建设指标

1. 基本条件

（1）制订了《生态县建设规划》，并通过县人大审议、颁布实施。国家有关环境保护法律、法规、制度及地方颁布的各项环保规定、制度得到有效的贯彻执行。

（2）有独立的环保机构。环境保护工作纳入乡镇党委、政府领导班子实绩考核内容，并建立相应的考核机制。

（3）完成上级政府下达的节能减排任务。三年内无较大环境事件，群众反映的各类环境问题得到有效解决。外来入侵物种对生态环境未造成明显影响。

（4）生态环境质量评价指数在全省名列前茅。

（5）全县 80% 的乡镇达到全国环境优美乡镇考核标准并获命名。

2. 建设指标

	序号	名　　称	单位	指标	说明
经济发展	1	农民年人均纯收入 经济发达地区 县级市（区） 县 经济欠发达地区 县级市（区） 县	元/人	 ≥8000 ≥6000 ≥6000 ≥4500	约束性指标
	2	单位 GDP 能耗	吨标煤/万元	≤0.9	约束性指标
	3	单位工业增加值新鲜水耗 农业灌溉水有效利用系数	m^3/万元	≤20 ≥0.55	约束性指标
	4	主要农产品中有机、绿色及无公害产品种植面积的比重	%	≥60	参考性指标
生态环境保护	5	森林覆盖率 山区 丘陵区 平原地区 高寒区或草原区林草覆盖率	%	 ≥75 ≥45 ≥18 ≥90	约束性指标
	6	受保护地区占国土面积比例 山区及丘陵区 平原地区	%	 ≥20 ≥15	约束性指标
	7	空气环境质量	—	达到功能区标准	约束性指标
	8	水环境质量 近岸海域水环境质量	—	达到功能区标准，且省控以上断面过境河流水质不降低	约束性指标
	9	噪声环境质量	—	达到功能区标准	约束性指标
	10	主要污染物排放强度 化学需氧量（COD） 二氧化硫（SO_2）	千克/万元（GDP）	<3.5 <4.5 且不超过国家总量控制指标	约束性指标
	11	城镇污水集中处理率 工业用水重复率	%	≥80 ≥80	约束性指标

续表

	序号	名　　称	单位	指标	说明
生态环境保护	12	城镇生活垃圾无害化处理率 工业固体废物处置利用率	%	≥90 ≥90 且无危险废物排放	约束性指标
	13	城镇人均公共绿地面积	m^2	≥12	约束性指标
	14	农村生活用能中清洁能源所占比例	%	≥50	参考性指标
	15	秸秆综合利用率	%	≥95	参考性指标
	16	规模化畜禽养殖场粪便综合利用率	%	≥95	约束性指标
	17	化肥施用强度（折纯）	千克/公顷	<250	参考性指标
	18	集中式饮用水源水质达标率 村镇饮用水卫生合格率	%	100	约束性指标
	19	农村卫生厕所普及率	%	≥95	参考性指标
	20	环境保护投资占GDP的比重	%	≥3.5	约束性指标
社会进步	21	人口自然增长率	‰	符合国家或当地政策	约束性指标
	22	公众对环境的满意率	%	>95	参考性指标

二、生态市（含地级行政区）建设指标

1. 基本条件

（1）制定了《生态市建设规划》，并通过市人大审议、颁布实施。国家有关环境保护法律、法规、制度及地方颁布的各项环保规定、制度得到有效的贯彻执行。

（2）全市县级（含县级）以上政府（包括各类经济开发区）有独立的环保机构。环境保护工作纳入县（含县级市）党委、政府领导班子实绩考核内容，并建立相应的考核机制。

（3）完成上级政府下达的节能减排任务。三年内无较大环境事件，群众反映的各类环境问题得到有效解决。外来入侵物种对生态环境未造成明显影响。

（4）生态环境质量评价指数在全省名列前茅。

（5）全市80%的县（含县级市）达到国家生态县建设指标并获命名；中心城市通过国家环保模范城市考核并获命名。

2. 建设指标

	序号	名　　称	单位	指标	说明
经济发展	1	农民年人均纯收入 经济发达地区 经济欠发达地区	元/人	 ≥8000 ≥6000	约束性指标
	2	第三产业占GDP比例	%	≥40	参考性指标
	3	单位GDP能耗	吨标煤/万元	≤0.9	约束性指标
	4	单位工业增加值新鲜水耗 农业灌溉水有效利用系数	m^3/万元	≤20 ≥0.55	约束性指标
	5	应当实施强制性清洁生产企业通过验收的比例	%	100	约束性指标
生态环境保护	6	森林覆盖率 山区 丘陵区 平原地区 高寒区或草原区林草覆盖率	%	 ≥70 ≥40 ≥15 ≥85	约束性指标
	7	受保护地区占国土面积比例	%	≥17	约束性指标
	8	空气环境质量	—	达到功能区标准	约束性指标
	9	水环境质量 近岸海域水环境质量	—	达到功能区标准，且城市无劣V类水体	约束性指标
	10	主要污染物排放强度 化学需氧量（COD） 二氧化硫（SO_2）	千克/万元（GDP）	 <4.0 <5.0 不超过国家总量控制指标	约束性指标
	11	集中式饮用水源水质达标率	%	100	约束性指标

续表

	序号	名称	单位	指标	说明
生态环境保护	12	城市污水集中处理率	%	≥85	约束性指标
		工业用水重复率		≥80	
	13	噪声环境质量	—	达到功能区标准	约束性指标
	14	城镇生活垃圾无害化处理率 工业固体废物处置利用率	%	≥90 ≥90 且无危险废物排放	约束性指标
	15	城镇人均公共绿地面积	m^2/人	≥11	约束性指标
	16	环境保护投资占 GDP 的比重	%	≥3.5	约束性指标
社会进步	17	城市化水平	%	≥55	参考性指标
	18	采暖地区集中供热普及率	%	≥65	参考性指标
	19	公众对环境的满意率	%	>90	参考性指标

三、生态省建设指标

1．基本条件

（1）制定了《生态省建设规划纲要》，并通过省人大常委会审议、颁布实施。国家有关环境保护法律、法规、制度及地方颁布的各项环保规定、制度得到有效的贯彻执行。

（2）全省县级（含县级）以上政府（包括各类经济开发区）有独立的环保机构。环境保护工作纳入市（含地级行政区）党委、政府领导班子实绩考核内容，并建立相应的考核机制。

（3）完成国家下达的节能减排任务。三年内无重大环境事件，群众反映的各类环境问题得到有效解决。外来入侵物种对生态环境未造成明显影响。

（4）生态环境质量评价指数位居国内前列或不断提高。

（5）全省 80% 的地市达到生态市建设指标并获命名。

2．建设指标

	序号	名　　称	单位	指标	说明
经济发展	1	农民年人均纯收入 东部地区 中部地区 西部地区	元/人	 ≥8000 ≥6000 ≥4500	约束性指标
	2	城镇居民年人均可支配收入 东部地区 中部地区 西部地区	元/人	 ≥16000 ≥14000 ≥12000	约束性指标
	3	环保产业比重	%	≥10	参考性指标
生态环境保护	4	森林覆盖率 山区 丘陵区 平原地区 高寒区或草原区林草覆盖率	%	 ≥65 ≥35 ≥12 ≥80	约束性指标
	5	受保护地区占国土面积比例	%	≥15	约束性指标
	6	退化土地恢复率	%	≥90	参考性指标
	7	物种保护指数	—	≥0.9	参考性指标
	8	主要河流年水消耗量 省内河流 跨省河流	—	 <40% 不超过国家分配的水资源量	参考性指标
	9	地下水超采率	%	0	参考性指标
	10	主要污染物排放强度 化学需氧量（COD） 二氧化硫（SO_2）	千克/万元（GDP）	 <5.0 <6.0 且不超过国家总量控制指标	约束性指标
	11	降水 pH 值年均值 酸雨频率	%	≥5.0 <30	约束性指标
	12	空气环境质量	—	达到功能区标准	约束性指标

续表

	序号	名　称	单位	指标	说明
生态环境保护	13	水环境质量 近岸海域水环境质量	—	达到功能区标准，且过境河流水质达到国家规定要求	约束性指标
	14	环境保护投资占 GDP 的比重	%	≥3.5	约束性指标
社会进步	15	城市化水平	%	≥50	参考性指标
	16	基尼系数	—	0.3～0.4	参考性指标

四、指 标 解 释

（一）生态县

第一部分　基本条件

1. 制订了《生态县建设规划》，并通过县人大审议、颁布实施。国家有关环境保护法律、法规、制度及地方颁布的各项环保规定、制度得到有效的贯彻执行。

指标解释：

按照《生态县、生态市建设规划编制大纲（试行）》（环办〔2004〕109号），组织编制或修订完成生态县（市、区）建设规划。通过有关专家论证后，由当地政府提请同级人大审议通过后颁布实施。

规划文本和批准实施的文件报国家环保总局备案。规划应实施 2 年以上。

严格执行国家和地方的生态环境保护法律法规，并根据当地的生态环境状况，制定本地区生态环境保护与建设的政策措施；严格执行项目建设和资源开发的环境影响评价和“三同时”制度。主要工业污染源达标率100%，小造纸、小化工、小制革、小印染、小酿造等不符合国家产业政策的企业全部关停。

数据来源：当地政府或各有关部门的文件、实施计划。

2. 有独立的环保机构。环境保护工作纳入乡镇党委、政府领导班子实绩考核内容，并建立相应的考核机制。

指标解释：

设有独立的环保机构，将环境保护纳入党政领导干部政绩考核。成立以政府主要负责人为组长、有关部门负责人参加的创建工作领导小组，下设办公室。评优创先活动实行环保一票否决。

数据来源：当地政府或各有关部门的文件。

3. 完成上级政府下达的节能减排任务。三年内无较大环境事件，群众反映的各类环境问题得到有效解决。外来入侵物种对生态环境未造成明显影响。

指标解释：

按照国务院印发的《节能减排综合性工作方案》，明确各乡镇各部门实现节能减排的目标任务和总体要求，完成年度节能减排任务。

较大环境事件，指“国家突发环境事件应急预案”规定的较大环境事件（Ⅲ级）以上（含Ⅲ级）的环境事件，具体要求详见上述预案。及时查处、反馈群众投诉的各类环境问题。

外来入侵物种指在当地生存繁殖，对当地生态或者经济构成破坏的外来物种。

数据来源：发展改革、环保等部门。

4. 生态环境质量评价指数在全省名列前茅。

指标解释：

按照《生态环境状况评价技术规范（试行）》（HJ/T 192—2006）开展区域生态环境质量状况评价。

生态环境质量评价指数连续三年在全省排名前 10 位（不含已命名生态县的排名）。

数据来源：环保部门。

5. 全县 80% 的乡镇达到全国环境优美乡镇考核标准并获命名。

指标解释：

全县（含县级市、区）80% 的乡镇（街道）被命名为“全国环境优美乡镇（街道）”。

数据来源：环保部门。

第二部分　建设指标

1. 农民年人均纯收入

指标解释：

指乡镇辖区内农村常住居民家庭总收入中，扣除从事生产和非生产经营费用支出、缴纳税款、上交承包集体任务金额以后剩余的，可直接用于进行生产性、非生产性建设投资、生活消费和积蓄的那一部分收入。

数据来源：统计部门。

2. 单位 GDP 能耗

指标解释：

指万元国内生产总值的耗能量。计算公式为：

$$\text{单位 GDP 能耗} = \frac{\text{总能耗（吨标煤）}}{\text{国内生产总值（万元）}}$$

数据来源：统计、经济综合管理、能源管理等部门。

3. 单位工业增加值新鲜水耗、农业灌溉水有效利用系数

（1）单位工业增加值新鲜水耗

指标解释：

工业用新鲜水量指报告期内企业厂区内用于生产和生活的新鲜水量（生活用水单独计量且生活污水不与工业废水混排的除外），它等于企业从城市自来水取用的水量和企业自备水用量之和。工业增加值指全部企业工业增加值，不限于规模以上企业工业增加值。计算公式为：

$$\text{单位工业增加值新鲜水耗} = \frac{\text{工业用新鲜水量}(m^3)}{\text{工业增加值}(\text{万元})}$$

数据来源：统计、经贸、水利、环保等部门。

（2）农业灌溉水有效利用系数

指标解释：

指田间实际净灌溉用水总量与毛灌溉用水总量的比值。毛灌溉用水总量指在灌溉季节从水源引入的灌溉水量；净灌溉用水总量指在同一时段内进入田间的灌溉用水量。计算公式为：

$$\text{农业灌溉水有效利用系数} = \frac{\text{净灌溉用水总量}}{\text{毛灌溉用水总量}} \times 100\%$$

数据来源：水利、农业、统计部门。

4. 主要农产品中有机、绿色及无公害产品种植面积的比重

指标解释：

指有机、绿色及无公害产品种植面积与农作物播种总面积的比例。有机、绿色及无公害产品种植面积不能重复统计。计算公式为：

$$\text{有机、绿色及无公害产品种植面积的比重} = \frac{\text{有机、绿色及无公害产品种植面积}}{\text{农作物种植总面积}} \times 100\%$$

数据来源：农业、林业、环保、质检、统计部门。

5. 森林覆盖率

指标解释：

森林覆盖率指森林面积占土地面积的比例。高寒区或草原区林草覆盖率是指区内林地、草地面积之和与总土地面积的百分比。计算公式为：

$$\text{林草覆盖率} = \frac{\text{林草地面积之和}}{\text{土地总面积}} \times 100\%$$

数据来源：统计、林业、农业、国土资源部门。

6. 受保护地区占国土面积比例

指标解释：

指辖区内各类（级）自然保护区、风景名胜区、森林公园、地质公园、生态功能保护区、水源保护区、封山育林地等面积占全部陆地（湿地）面积的百

分比，上述区域面积不得重复计算。

数据来源：统计、环保、建设、林业、国土资源、农业等部门。

7. 空气环境质量

指标解释：

指辖区空气环境质量达到国家有关功能区标准要求，目前执行 GB 3095—1996《环境空气质量标准》和 HJ 14—1996《环境空气质量功能区划分原则与技术方法》。

数据来源：环保部门。

8. 水环境质量、近岸海域水环境质量

指标解释：

按规划的功能区要求达到相应的国家水环境或海水环境质量标准。目前采用 GB 3838—2002《地表水环境质量标准》、GB/T 14848—93《地下水环境质量标准》和 GB 3097—1997《海水水质标准》。

省控以上断面过境河流水质不降低。

数据来源：环保部门。

9. 噪声环境质量

指标解释：

指城市区域按规划的功能区要求达到相应的国家声环境质量标准。目前采用 GB 3096—93《城市区域环境噪声标准》。

数据来源：环保部门。

10. 主要污染物排放强度

指标解释：

指单位 GDP 所产生的主要污染物数量。按照节能减排的总体要求，本指标计算化学需氧量（COD）和二氧化硫（SO_2）的排放强度。计算公式为：

$$\text{主要污染物排放强度} = \frac{\text{全年 COD 或 } SO_2 \text{ 排放总量(千克)}}{\text{全年国内生产总值(万元)}}$$

COD 和 SO_2 的排放不得超过国家总量控制指标，且近三年逐年下降。

数据来源：环保部门。

11. 城镇污水集中处理率、工业用水重复率

（1）城镇污水集中处理率

指标解释：

城镇污水集中处理率指城市及乡镇建成区内经过污水处理厂二级或二级以上处理，或其他处理设施处理（相当于二级处理），且达到排放标准的生活污水量与城镇建成区生活污水排放总量的百分比。计算公式为：

$$\text{生活污水集中处理率} = \frac{\text{二级污水处理厂处理量} + \text{一级污水处理厂、排江、排海工程处理量} \times 0.7 + \text{氧化塘、氧化沟、沼气池及湿地处理系统处理量} \times 0.5}{\text{城镇建成区生活污水排放总量}} \times 100\%$$

数据来源：建设、环保部门。

（2）工业用水重复率

指标解释：

指工业重复用水量占工业用水总量的比值。计算公式为：

$$工业用水重复率 = \frac{工业重复用水量}{工业用水总量} \times 100\%$$

数据来源：统计、发展改革、经贸、环保部门。

12. 城镇生活垃圾无害化处理率、工业固体废物处置利用率

指标解释：

城镇生活垃圾无害化处理率指城市及建制镇生活垃圾资源化量占垃圾清运量的比值。工业固体废物处置利用率指工业固体废物处置及综合利用量占工业固体废物产生量的比值。无危险废物排放。有关标准采用 GB 18599—2001《一般工业固体废弃物储存、处置场污染控制标准》、GB 18485—2001《生活垃圾焚烧污染控制标准》、GB 16889—1997《生活垃圾填埋污染控制标准》。

数据来源：环保、建设、卫生部门。

13. 城镇人均公共绿地面积

指标解释：

指城镇公共绿地面积的人均占有量。公共绿地包括公共人工绿地、天然绿地，以及机关、企事业单位绿地。

数据来源：统计、建设部门。

14. 农村生活用能中清洁能源所占比例

指标解释：

指农村用于生活的全部能源中清洁能源所占的比例。清洁能源是指环境污染物和温室气体零排放或者低排放的一次能源，主要包括天然气、核电、水电及其他新能源和可再生能源等。

数据来源：统计、经贸、能源、农业、环保等部门。

15. 秸秆综合利用率

指标解释：

指综合利用的秸秆数量占秸秆总量的比例。秸秆综合利用包括秸秆气化、饲料、秸秆还田、编织、燃料等。计算公式为：

$$秸秆综合利用率 = \frac{综合利用的秸秆数量}{农村秸秆总量} \times 100\%$$

数据来源：统计、农业、环保部门。

16. 规模化畜禽养殖场粪便综合利用率

指标解释：

指集约化、规模化畜禽养殖场通过还田、沼气、堆肥、培养料等方式利用的畜禽粪便量与畜禽粪便产生总量的比例。有关标准按照 GB 18596—2001《畜禽

养殖业污染物排放标准》和《畜禽养殖污染防治管理办法》执行。

数据来源：环保、农业部门。

17. 化肥施用强度（折纯）

指标解释：

指本年内单位面积耕地实际用于农业生产的化肥数量。化肥施用量要求按折纯量计算。折纯量是指将氮肥、磷肥、钾肥分别按含氮、含五氧化二磷、含氧化钾的百分之百成分进行折算后的数量。复合肥按其所含主要成分折算。计算公式为：

$$\text{化肥施用强度} = \frac{\text{化肥施用量(千克)}}{\text{耕地面积(公顷)}}$$

数据来源：农业、统计、环保部门。

18. 集中式饮用水源水质达标率、村镇饮用水卫生合格率

（1）集中式饮用水源水质达标率

指标解释：

指城镇集中饮用水水源地，其地表水水源水质达到 GB 3838—2002《地表水环境质量标准》Ⅲ类标准和地下水水源水质达到 GB/T 14848—1993《地下水质量标准》Ⅲ类标准的水量占取水总量的百分比。计算公式为：

$$\text{集中式饮用水源水质达标率} = \frac{\text{各饮用水水源地取水水质达标量之和}}{\text{各饮用水水源地取水量之和}} \times 100\%$$

数据来源：建设、卫生、环保等部门。

（2）村镇饮用水卫生合格率

指标解释：

指以自来水厂或手压井形式取得饮用水的农村人口占农村总人口的百分率，雨水收集系统和其他饮水形式的合格与否需经检测确定。饮用水水质符合国家生活饮用水卫生标准的规定，且连续三年未发生饮用水污染事故。计算公式为：

$$\text{村镇饮用水卫生合格率} = \frac{\text{取得合格饮用水农村人口数}}{\text{农村人口总数}} \times 100\%$$

数据来源：环保、卫生、建设等部门。

19. 农村卫生厕所普及率

指标解释：

指使用卫生厕所的农户数占农户总户数的比例。卫生厕所标准执行 GB 19379—2003《农村户厕卫生标准》。

数据来源：卫生、建设部门。

20. 环境保护投资占 GDP 的比重

指标解释：

指用于环境污染防治、生态环境保护和建设投资占当年国内生产总值（GDP）的比例。要求近三年污染治理和生态环境保护与恢复投资占 GDP 比重不降低或持续提高。计算公式为：

$$环保投资占 GDP 的比重 = \frac{污染防治投资 + 生态环境保护和建设投资}{国内生产总值(GDP)} \times 100\%$$

数据来源：统计、发展改革、建设、环保部门。

21. 人口自然增长率

指标解释：

指在一定时期内（通常为一年）人口净增加数（出生人数减死亡人数）与该时期内平均人数（或期中人数）之比，采用千分率表示。计算公式为：

$$人口自然增长率 = \frac{本年出生人数 - 本年死亡人数}{年平均人数} \times 1000‰$$

数据来源：计划生育、统计部门。

22. 公众对环境的满意率

指标解释：

指公众对环境保护工作及环境质量状况的满意程度。

数据来源：现场问卷调查。

（二）生态市

第一部分　基本条件

指标解释参照生态县的相关内容。“生态环境质量评价指数在全省名列前茅”是指生态环境质量评价指数连续三年在全省排名前3位（不含已命名生态市的排名）。

第二部分　建设指标

1. 农民年人均纯收入

指标解释参照生态县的相关内容。

2. 第三产业占 GDP 比例

指标解释：

指第三产业的产值占国内生产总值的比例。计算公式为：

$$第三产业占 GDP 比例 = \frac{第三产业产值}{国内生产总值(GDP)} \times 100\%$$

数据来源：统计部门。

3. 单位 GDP 能耗

指标解释参照生态县的相关内容。

4. 单位工业增加值新鲜水耗、农业灌溉水有效利用系数

指标解释参照生态县的相关内容。

5. 应当实施强制性清洁生产企业通过验收的比例

指标解释：

《清洁生产促进法》规定：污染物排放超过国家和地方规定的排放标准或者

超过经有关地方人民政府核定的污染物排放总量控制标准的企业，应当实施清洁生产审核；使用有毒、有害原料进行生产或者在生产中排放有毒、有害物质的企业，应当定期实施清洁生产审核。同时规定，省级环保部门在当地主要媒体上定期公布污染物超标排放或者污染物排放总量超过规定限额的污染严重企业的名单。

数据来源：经贸、环保、统计部门。

6. 森林覆盖率

指标解释参照生态县的相关内容。

7. 受保护地区占国土面积比例

指标解释参照生态县的相关内容。

8. 空气环境质量

指标解释参照生态县的相关内容。

9. 水环境质量、近岸海域水环境质量

指标解释参照生态县的相关内容。

10. 主要污染物排放强度

指标解释参照生态县的相关内容。

11. 集中式饮用水源水质达标率

指标解释参照生态县的相关内容。

12. 城市污水集中处理率、工业用水重复率

（1）城市污水集中处理率

指标解释：

是指城市市区经过城市污水处理厂二级或二级以上处理且达到排放标准的污水量与城市污水排放总量的百分比。计算公式为：

$$城市污水集中处理率=\frac{城市污水处理厂处理污水量(万吨)}{城市污水排放总量(万吨)}\times 100\%$$

数据来源：建设、环保部门。

（2）工业用水重复率

指标解释参照生态县的相关内容。

13. 噪声环境质量

指标解释参照生态县的相关内容。

14. 城镇生活垃圾无害化处理率、工业固体废物处置利用率

指标解释参照生态县的相关内容。

15. 城镇人均公共绿地面积

指标解释参照生态县的相关内容。

16. 环境保护投资占 GDP 的比重

指标解释参照生态县的相关内容。

17. 城市化水平

指标解释：

指城镇建成区内总人口占地区总人口的比重。计算公式为：

$$城市化水平 = \frac{城镇建成区内总人口数}{市(县)总人口数} \times 100\%$$

数据来源：统计部门。

18. 采暖地区集中供热普及率

指标解释：

指城市市区集中供热设备供热总容量占市区供热设备总容量的百分比。计算公式为：

$$市区集中供热普及率 = \frac{市区集中供热设备供热总容量(兆瓦)}{市区供热设备供热总容量(兆瓦)} \times 100\%$$

数据来源：建设部门。

19. 公众对环境的满意率

指标解释参照生态县的相关内容。

（三）生态省

第一部分　基本条件

指标解释参照生态县的相关内容。

第二部分　建设指标

1. 农民年人均纯收入

指标解释参照生态县的相关内容。

2. 城镇居民年人均可支配收入

指标解释：

指城镇居民家庭在支付个人所得税、财产税及其他经常性转移支出后所余下的人均实际收入。

数据来源：统计部门。

3. 环保产业比重

指标解释：

指环保产业产值占国内生产总值（GDP）的比重。环保产业是环境保护相关产业的简称，指国民经济结构中为环境污染防治、生态保护与恢复、有效利用资源、满足人民环境需求，为社会、经济可持续发展提供产品和服务支持的产业。它不仅包括污染控制与减排、污染清理及废物处理等方面提供产品与技术服务的狭义内涵，还包括涉及产品生命周期过程中对环境友好的技术与产品、节能技术、生态设计及与环境相关的服务等。

数据来源：统计、发展改革、经贸、环保部门。

4. 森林覆盖率

指标解释参照生态县的相关内容。

5. 受保护地区占国土面积比例

指标解释参照生态县的相关内容。

6. 退化土地恢复率

指标解释：

土地退化是指由于使用土地或由于一种营力或数种营力结合致使雨浇地、水浇地或草原、牧场、森林和林地的生物或经济生产力和复杂性下降或丧失，其中主要包括：（1）风蚀和水蚀致使土壤物质流失；（2）土壤的物理、化学和生物特性或经济特性退化；（3）自然植被长期丧失。本指标计算以水土流失为例，水利部规定小流域侵蚀治理达标标准是，土壤侵蚀治理程度达70%。其他土地退化，如沙漠化、盐渍化、矿产开发引起的土地破坏等也可类推。计算公式为：

$$退化土地恢复率 = \frac{已恢复的退化土地总面积}{退化土地总面积} \times 100\%$$

数据来源：水利、林业、国土、农业部门。

7. 物种保护指数

指标解释：

指考核年动植物物种现存数与生态省建设规划基准年动植物物种总数之比。计算公式为：

$$物种保护指数 = \frac{考核年动植物物种数}{基准年动植物物种数}$$

数据来源：林业、农业、环保部门。

8. 主要河流年水消耗量

指标解释：

对省域内主要河流，国际上通常将40%的水资源消耗作为临界值；对跨省主要河流，水资源的消耗不得超过国家分配的水资源量。

数据来源：水利部门。

9. 地下水超采率

指标解释：

指一年内区域地下水开发利用量超过可采地下水资源总量的比例。

数据来源：水利、国土资源、建设部门。

10. 主要污染物排放强度

指标解释参照生态县的相关内容。

11. 降水pH值年均值、酸雨频率

降水pH值年均值指一年降水酸度（pH值）的平均值。酸雨频率指一年的降水总次数中，pH值小于5.6的降水发生比例。

数据来源：环保部门。

12. 空气环境质量

指标解释参照生态县的相关内容。

13. 水环境质量，近岸海域水环境质量

指标解释参照生态县的相关内容。

14. 环境保护投资占 GDP 的比重

指标解释参照生态县的相关内容。

15. 城市化水平

指标解释参照生态市的相关内容。

16. 基尼系数

指标解释：

是用来反映社会收入分配平等状况的指数。基尼系数一般介于 0 ~ 1 之间，0 表示收入绝对平均，1 表示收入绝对不平均，小于 0.2 表示收入高度平均，大于 0.6 表示收入高度不平均。0.3 ~ 0.4 之间表示较为合理。国际上一般把 0.4 作为警戒线。

基尼系数的计算方法：按人均收入由低到高进行排序，分成若干组（如果不分组，则每一户或每一人为一组），计算每组收入占总收入比重（W_i）和人口比重（P_i），计算公式为：

$$G = 1 - \sum_{i=1}^{n} P_i \cdot (2Q_i - W_i)$$

其中：

$$Q_i = \sum_{k=1}^{i} W_k$$

或

$$G = 1 - \sum_{i=1}^{n} P_i \cdot (2\sum_{k=1}^{i} W_k - W_i)$$

数据来源：统计部门。

13　全国生态示范区建设试点验收暂行规定

（1998 年 11 月 9 日）

第一条　为规范全国生态示范区建设验收、命名的标准和程序，制定本规定。

第二条　本规定适用于全国生态示范区建设试点地区。省级生态示范区建设试点地区验收工作可参照本办法执行。

第三条　验收办法

1. 由试点地（市）、县（市）、区人民政府对照《全国生态示范区验收标准》（见附录一、二）进行自查，符合标准要求后，向所在省、自治区、直辖市环境保护局提出验收与命名申请。

2. 省、自治区、直辖市环境保护局负责组织专家对申请验收与命名的试点地区进行初审。初审合格后，由省、自治区、直辖市环境保护局将初审意见报国家环境保护总局，并附下列文件和资料：

试点地区人民政府申请验收与命名报告；

试点地区工作总结报告；

全国生态示范区建设指标完成情况表；

初审专家组关于示范区建设技术总结与效益分析报告。

3. 国家环境保护总局组织专家组对省、自治区、直辖市上报的资料和文件进行审核，并进行现场考察。试点地区所在省、自治区、直辖市环境保护局参与现场考核工作。

4. 专家组提交审核报告。

第四条 审批、命名与复查

1. 国家环境保护总局对专家组审核合格的试点地区进行审批，并颁发“全国生态示范区建设验收合格证书”，授予“全国生态示范区”称号。

2. 对授予“全国生态示范区”称号的地区实行动态管理，国家环境保护总局定期组织复查，对放松领导、工作滑坡、不符合标准的地区提出限期改进要求或取消其称号。

第五条 本规定自发布之日开始施行。

第六条 本规定由国家环境保护总局负责解释。

附录一 全国生态示范区验收标准

一、基本条件

1. 领导得力，机构健全。

2. 完成生态示范区建设规划，由试点地区人民政府或人大批准实施，并落实规划实施经费。

3. 效益显著。

二、全国生态示范区验收指标与标准（表）

指标	三类	二类	一类
1. 社会经济发展			
（1）农民年均纯收入/元	>1200	>2000	>3000
（2）城镇单位 GDP 能耗（1990 年不变价）（吨/万元）	<2.5	<2.0	<1.8
（3）人口自然增长率（‰）	符合当地计划生育政策	符合当地计划生育政策	符合当地计划生育政策

续表

指　标	三类	二类	一类
（4）村镇饮用水卫生合格率（%）	>60	>70	>80
2. 生态环境保护 （1）森林覆盖率（%）	达到国标或全国通用标准	达到国标或全国通用标准	达到国标或全国通用标准
（2）退化土地治理率（%）	>50	>60	>70
（3）灌溉定额（立方米/亩）	旱地<300 水田<500	<250 <400	<200 <300
（4）秸秆综合利用率（%）	60	70	80
（5）合理施用化肥农田比例（%）	>60	>70	>80
（6）畜禽粪便处理（资源化）率（%）	>80（20）	>90（30）	100（40）
（7）农林病虫害综合防治率（%）	>20	>30	>40
（8）工业污染源排放达标率（%）	100	100	100
（9）城镇大气环境质量	达到功能区标准	达到功能区标准	达到功能区标准
（10）水环境质量	达到功能区标准	达到功能区标准	达到功能区标准
（11）城镇固体废弃物处理率（%）	>50	>50	>60
（12）城镇噪声状况	达到功能区标准	达到功能区标准	达到功能区标准
（13）城镇人均公共绿地面积（m^2）	>7	>9	11
（14）受保护基本农田面积（%）	>80	>85	>90
（15）矿山土地复垦率（%）	>30	>40	>50
（16）受保护陆地（湿地）面积（%）	>10	>10	>10

附录二　全国生态示范区验收标准解释

第一部分　基本条件

一、领导得力，机构健全

1. 指标解释：原国家环境保护局《关于开展全国生态示范区建设试点工作的通知》（环然［1995］444 号）对此有明确要求，以后的文件又有补充，主要精神是：

（1）试点地区应有独立的环保机构、人员编制、办公设施等等。

（2）以政府主要负责人为主成立生态示范区建设领导小组，统一组织领导生态示范区建设，下设办公室。

（3）试点地区政府应通过适当形式批准生态示范区建设规划，并列入地方的国民经济与社会发展计划，并认真组织实施。

（4）生态示范区建设成效作为政府负责人政绩考核的重要指标。

（5）试点地区政府每年至少召开两次生态示范区建设的政府会议。

（6）模范执行国家环境保护法规；开展示范区建设以来，没有发生特大污染和生态破坏事故，没有出现滥捕、乱猎，滥采、乱挖和乱砍滥伐的恶性事件，能够严格执行国家和地方生态保护规划；“十五小”关停率 100%；严格执行资源开发环境影响评价和“三同时”制度。

2. 信息来源：地方政府文件副本或地方统计数据。

3. 验收要求：自公布为试点地区以来应有连续的文件和数据。

二、完成生态示范区建设规划，由试点地区人民政府或人大批准实施，并落实规划实施经费

1. 指标解释：按照（环办然字［1996］046 号）文要求编制生态示范区建设规划，由政府以适当形式批准实施，并报国家环保局备案。就实施规划中的重点内容（包括工程），已落实了建设经费或有了可靠的经费筹集渠道。

2. 数据来源：政府办公室、地方计委或各有关委办的文件、实施计划。

3. 验收要求：生态示范区建设规划文本，专家论证意见、名单和批准实施的文件齐全。说明资金筹集渠道、数量，落实程度。年度规划经费要求 80% 以上已到位或已落实。

三、效益显著

1. 指标解释：从生态环境保护与经济快速发展相结合的角度有明显的例证证实生态示范区建设已初见成效，大多数居民获益。

2. 信息来源：地方政府和主管局提供本地经济建设和生态保护的实例。

3. 验收要求：上述实例在当地社会经济可持续发展建设中是举足轻重的。

第二部分　验收指标

［社会经济发展］

一、农民人均年纯收入

1. 指标解释：指农民人均各种收入（包括实物按市价折算）之和，《中国农业年鉴》（1996 年）统计的 1995 年全国平均数为 1577.4 元。

2. 数据来源：地（市）、县（市）、区统计部门。

3. 验收要求：分三类地区按指标验收。

二、单位 GDP 能耗

1. 指标解释：单位 GDP 能耗是指县（市）总能耗与本县（市）国内生产总值之比。据 1997 年《统计年鉴》1996 年全国平均数为 2.0t/万元。计算公式为：

单位 GDP 能耗 = 县（市）总能耗（吨标煤）÷ 县（市）国内生产总值（万元）

2. 数据来源：地（市）、县（市）、区统计部门。

3. 验收要求：分三类地区按指标验收。

三、人口自然增长率

1. 指标解释：指在一定时期内（通常为一年）人口自然增加数（出生人数减死亡人数）与该时期内平均人数（或期中人数）之比，采用千分率表示。计算公式：

人口自然增长率 = [（本年出生人数 - 本年死亡人数）÷年平均人数] ×1000‰

2. 数据来源：地（市）、县（市）、区统计部门。

3. 验收要求：按符合国家计划生育政策的地区性指标验收。

四、村镇饮用水卫生合格率

1. 指标解释：指利用自来水厂和手压井形式取得饮用水的农村人口占农村总人口的百分率，雨水收集系统和其他饮水形式的合格与否需经检测确定。目前全国农村取得饮用水的四种形式：自来水厂，受益人口比例 48.01%；手压井，受益人口比例 23.63%；雨水收集系统，受益人口比例 0.45%；其他饮水形式，受益人口比例 16.84%。计算公式为：

村镇饮用水卫生合格率 =（取得合格饮用水的农村人口数 ÷ 农村人口总数） ×100%

2. 数据来源：地（市）、县（市）、区统计部门。

3. 验收要求：分三类地区按指标验收。

[生态环境保护]

一、森林覆盖率

1. 指标解释：指森林面积占土地面积的百分比，森林面积是指郁闭度 0.3 以上的乔木林地、经济林地和竹林地面积。国家特别规定了灌木林地、农田林网以及村旁、路旁、水旁、山旁、宅旁林木面积折算为森林面积的标准。《中华人民共和国森林法实施细则》推荐，山区一般达到 70% 以上，丘陵区一般达到 40% 以上，平原区一般达到 10% 以上的奋斗目标。

2. 数据来源：地（市）、县（市）、区统计部门。

3. 验收要求：按国家标准验收。

二、退化土地治理率

1. 指标解释：土地退化是指由于使用土地或由于一种营力或数种营力结合致使雨浇地、水浇地或草原、牧场、森林和林地的生物或经济生产力和复杂性下降或丧失，其中主要包括：（1）风蚀和水蚀致使土壤物质流失；（2）土壤的物理、化学和生物特性或经济特性退化；（3）自然植被长期丧失。本指标计算以水土流失为例，水利部规定小流域侵蚀治理达标标准是，土壤侵蚀治理程度达 70%。其他土地退化，如沙漠化、盐渍化等也可类推。计算公式为：

退化土地治理率（%） =（治理并有显著成效的土地面积 ÷ 退化土地总面积） ×100%

2. 数据来源：地（市）、县（市）、区土地局和专家评判。

3. 验收要求：分三类地区按指标验收。

三、灌溉定额（立方米/亩）

1. 指标解释：我国是淡水资源贫乏国家，农业用水占全国用水的88%左右，灌溉用水占83.4%。而灌溉用水的有效利用率仅30%左右。根据《中国水利百科全书》（第一部）提供的资料：北方干旱区定额在80～300m^3之间，南方水田200～500m^3之间，确定验收指标。

2. 数据来源：地（市）、县（市）、区水利局。

3. 验收要求：分三类地区南北两方按指标验收。

四、秸秆综合利用率（%）

1. 指标解释：指综合利用的秸秆数量占秸秆总量的百分数。秸秆的综合利用包括：生产燃气、饲料，秸秆还田，编织等。计算公式为：

秸秆综合利用率（%）=（综合利用的秸秆数量÷农村秸秆总量）×100%

2. 数据来源：地（市）、县（市）、区统计部门。

3. 验收要求：分三类地区按指标验收。

五、合理施用化肥农田比例（%）

1. 指标解释：指按当地土壤肥力状况合理施用化肥农田面积占农田总面积的百分比。计算公式为：

合理施用化肥农田比例（%）=（合理施用化肥农田面积÷农田总面积）×100%

2. 数据来源：地（市）、县（市）、区统计部门。

3. 验收要求：分三类地区按指标验收。

六、禽畜粪便处理（资源化）率（%）

1. 指标解释：指规模禽畜养殖场中禽畜粪便处理（资源化）的比例，公式为：

禽畜粪便处理（资源化）率（%）=［处理（资源化）数量÷禽畜粪便总量］×100%

2. 数据来源：地（市）、县（市）、区畜牧局和统计部门。

3. 验收要求：分三类地区按指标验收。

七、农村病虫害综合防治率（%）

1. 指标解释：指施用农药以外的综合防治作物病虫害面积的比例，主要防治措施如生物农药、天敌昆虫、栽培措施、育种措施等。计算公式为：

$$\text{农林病虫害综合防治率（\%）} = \left(\frac{\text{综合防治农作物病虫害面积}}{} \div \frac{\text{农作物病虫害总面积}}{}\right) \times 100\%$$

2. 数据来源：地（市）、县（市）、区农林部门。

3. 验收要求：分三类地区按指标验收。

八、工业污染源排放达标率（%）

1. 指标解释：指已达标排放的工业污染源数量占工业污染源总数的百分

比。按国务院发布的文件《关于环境保护若干问题的决定》执行，即到2000年所有工业企业污染源排放的污染物都要达到国家标准，可分年度实施。计算公式为：

$$\text{工业污染源排放达标率（\%）}=\left(\text{已达标的工业污染源数量}\div\text{工业污染源总数}\right)\times 100\%$$

2．数据来源：地（市）、县（市）、区环保局、监测站。

3．验收要求：分三类地区按指标验收。

九、城镇大气环境质量

1．指标解释：按规划的功能区要求达到相应的国家环境空气质量标准中的各项指标标准。目前执行GB 3095—1996《大气环境质量标准》。

2．数据来源：地（市）、县（市）、区环保局、监测站。

3．验收要求：按国家标准中规定的项目和指标验收。

十、水环境质量

1．指标解释：按规划的功能区要求达到相应的国家水环境质量标准。目前采用GB 3838—1988《地面水环境质量标准》和GB/T 14848—1993《地下水环境质量标准》。

2．数据来源：地（市）、县（市）、区环保局、监测站，自来水公司的监测数据。

3．验收要求：按国家标准中规定的项目和指标值验收。

十一、城镇固体废弃物处理率（%）

1．指标解释：指包括填埋、焚烧和资源化的城镇固体废弃物处理（矿山原有欠账不计在内，但应向上级报告可信的处置结果）率。计算公式为：

$$\text{城镇固体废弃物处理率（\%）}=\text{（无害化处理量}\div\text{固体废弃物总量）}\times 100\%$$

2．数据来源：地（市）、县（市）、区环卫局、环保局、畜牧局、矿产局。

3．验收要求：分三类地区按指标验收。

十二、城镇噪声状况

1．指标解释：按规划的功能区要求达到相应的国家声学环境质量标准。目前采用GB 3095—1993《城市区域环境噪声标准》。

2．数据来源：地（市）、县（市）、区环保局、监测站。

3．验收要求：按国家标准中规定的项目和指标值验收。

十三、城镇人均公共绿地面积

1．指标解释：指城镇范围内公共绿地的人均值，我国《城市规划定额指标暂行规定》（1986），提出城市公共绿地面积近期每人平均3～5平方米，远期每人平均7～11平方米。

2．数据来源：地（市）、县（市）、区城建局。

3．验收要求：分三类地区按指标验收。

十四、受保护基本农田面积（%）

1．指标解释：指基本农田保护区的面积占农田总面积的百分比。据 1996 年《中国农业年鉴》，1995 年底全国 70% 基本农田得到保护。

2．数据来源：地（市）、县（市）、区统计局、土地管理局，或农业局。

3．验收要求：分三类地区按指标验收。

十五、矿山土地复垦率（%）

1．指标解释：指矿山废弃地复垦面积占废弃地总面积的百分率。矿山废弃地是指那些采矿剥离土、废矿坑、尾矿、矿渣、矸石、洗选矿废水沉淀物等所占用的土地；土地复垦指利用工程与生物措施，使被破坏或占用的土地变成可供利用并具有综合效益的状态。据《全国土地复垦“九五”计划》，2000 年将达到 30%。

2．数据来源：地（市）、县（市）、区地矿局、环保局。

3．验收要求：分三类地区按指标验收。

十六、受保护陆地（湿地）面积（%）

1．指标解释：指国家级、省级、县（市）级自然保护陆地（湿地）面积占全部陆地（湿地）面积的百分比（对城市和部分农业县可酌情考虑）。

2．数据来源：地（市）、县（市）、区统计局、土地管理局，或农业局。

3．验收要求：分三类地区按指标验收。

［注：对一些特殊类型的生态示范区验收指标可由所在省、自治区、直辖市环境保护局提出调整意见，报国家环境保护总局批准实施］

附录三　全国生态示范区建设指标完成情况表

项　目	指标完成值
1．社会经济发展 （1）农民年均纯收入（元）	
（2）城镇单位 GDP 能耗（1990 年不变价）（吨/万元）	
（3）人口自然增长率（‰）	
（4）村镇饮用水卫生合格率（%）	
2．生态环境保护 （1）森林覆盖率（%）	
（2）退化土地治理率（%）	
（3）灌溉定额（立方米/亩）	
（4）秸秆综合利用率（%）	
（5）合理施用化肥农田比例（%）	
（6）畜禽粪便处理（资源化）率（%）	
（7）农林病虫害综合防治率（%）	

续表

项　目	指标完成值
（8）工业污染源排放达标率（%）	
（9）城镇大气环境质量	
（10）水环境质量	
（11）城镇固体废弃物处理率（%）	
（12）城镇噪声状况	
（13）城镇人均公共绿地面积（m^2）	
（14）受保护基本农田面积（%）	
（15）矿山土地复垦率（%）	
（16）受保护陆地（湿地）面积（%）	

14　中华人民共和国节约能源法

中华人民共和国主席令

第90号

《中华人民共和国节约能源法》已由中华人民共和国第八届全国人民代表大会常务委员会第二十八次会议于1997年11月1日通过，现予公布，自1998年1月1日起施行。

中华人民共和国主席　江泽民

1997年11月1日

第一章　总　　则

第一条　为了推进全社会节约能源，提高能源利用效率和经济效益，保护环境，保障国民经济和社会的发展，满足人民生活需要，制定本法。

第二条　本法所称能源，是指煤炭、原油、天然气、电力、焦炭、煤气、热力、成品油、液化石油气、生物质能和其他直接或者通过加工、转换而取得有用能的各种资源。

第三条　本法所称节能，是指加强用能管理，采取技术上可行、经济上合理以及环境和社会可以承受的措施，减少从能源生产到消费各个环节中的损失和浪费，更加有效、合理地利用能源。

第四条　节能是国家发展经济的一项长远战略方针。国务院和省、自治区、直辖市人民政府应当加强节能工作，合理调整产业结构、企业结构、产品结构和能源消费结构，推进节能技术进步，降低单位产值能耗和单位产品能耗，改善能源的开发、加工转换、输送和供应，逐步提高能源利用效率，促进国民经济向节能型发展。国家鼓励开发、利用新能源和可再生能源。

第五条 国家制定节能政策，编制节能计划，并纳入国民经济和社会发展计划，保障能源的合理利用，并与经济发展、环境保护相协调。

第六条 国家鼓励、支持节能科学技术的研究和推广，加强节能宣传和教育，普及节能科学知识，增强全民的节能意识。

第七条 任何单位和个人都应当履行节能义务，有权检举浪费能源的行为。

各级人民政府对在节能或者节能科学技术研究、推广中有显著成绩的单位和个人给予奖励。

第八条 国务院管理节能工作的部门主管全国的节能监督管理工作。国务院有关部门在各自的职责范围内负责节能监督管理工作。

县级以上地方人民政府管理节能工作的部门主管本行政区域内的节能监督管理工作。县级以上地方人民政府有关部门在各自的职责范围内负责节能监督管理工作。

第二章　节 能 管 理

第九条 国务院和地方各级人民政府应当加强对节能工作的领导，每年部署、协调、监督、检查、推动节能工作。

第十条 国务院和省、自治区、直辖市人民政府应当根据能源节约与能源开发并举，把能源节约放在首位的方针，在对能源节约与能源开发进行技术、经济和环境比较论证的基础上，择优选定能源节约、能源开发投资项目，制定能源投资计划。

第十一条 国务院和省、自治区、直辖市人民政府应当在基本建设、技术改造资金中安排节能资金，用于支持能源的合理利用以及新能源和可再生能源的开发。

市、县人民政府根据实际情况安排节能资金，用于支持能源的合理利用以及新能源和可再生能源的开发。

第十二条 固定资产投资工程项目的可行性研究报告，应当包括合理用能的专题论证。

固定资产投资工程项目的设计和建设，应当遵守合理用能标准和节能设计规范。

达不到合理用能标准和节能设计规范要求的项目，依法审批的机关不得批准建设；项目建成后，达不到合理用能标准和节能设计规范要求的，不予验收。

第十三条 禁止新建技术落后、耗能过高、严重浪费能源的工业项目。禁止新建的耗能过高的工业项目的名录和具体实施办法，由国务院管理节能工作的部门会同国务院有关部门制定。

第十四条 国务院标准化行政主管部门制定有关节能的国家标准。

对没有前款规定的国家标准的，国务院有关部门可以依法制定有关节能的行业标准，并报国务院标准化行政主管部门备案。

制定有关节能的标准应当做到技术上先进，经济上合理，并不断加以完善和改进。

第十五条 国务院管理节能工作的部门应当会同国务院有关部门对生产量大面广的用能产品的行业加强监督，督促其采取节能措施，努力提高产品的设计和制造技术，逐步降低本行业的单位产品能耗。

第十六条 省级以上人民政府管理节能工作的部门，应当会同同级有关部门，对生产过程中耗能较高的产品制定单位产品能耗限额。

制定单位产品能耗限额应当科学、合理。

第十七条 国家对落后的耗能过高的用能产品、设备实行淘汰制度。

淘汰的耗能过高的用能产品、设备的名录由国务院管理节能工作的部门会同国务院有关部门确定并公布。具体实施办法由国务院管理节能工作的部门会同国务院有关部门制定。

第十八条 企业可以根据自愿原则，按照国家有关产品质量认证的规定，向国务院产品质量监督管理部门或者国务院产品质量监督管理部门授权的部门认可的认证机构提出用能产品节能质量认证申请；经认证合格后，取得节能质量认证证书，在用能产品或者其包装上使用节能质量认证标志。

第十九条 县级以上各级人民政府统计机构应当会同同级有关部门，做好能源消费和利用状况的统计工作，并定期发布公报，公布主要耗能产品的单位产品能耗等状况。

第二十条 国家对重点用能单位要加强节能管理。

下列用能单位为重点用能单位：

（一）年综合能源消费总量 1 万吨标准煤以上的用能单位；

（二）国务院有关部门或者省、自治区、直辖市人民政府管理节能工作的部门指定的年综合能源消费总量 5000 吨以上不满 1 万吨标准煤的用能单位。

县级以上各级人民政府管理节能工作的部门应当组织有关部门对重点用能单位的能源利用状况进行监督检查，可以委托具有检验测试技术条件的单位依法进行节能的检验测试。

重点用能单位的节能要求、节能措施和管理办法，由国务院管理节能工作的部门会同国务院有关部门制定。

第三章 合理使用能源

第二十一条 用能单位应当按照合理用能的原则，加强节能管理，制定并组织实施本单位的节能技术措施，降低能耗。

用能单位应当开展节能教育，组织有关人员参加节能培训。

未经节能教育、培训的人员，不得在耗能设备操作岗位上工作。

第二十二条 用能单位应当加强能源计量管理，健全能源消费统计和能源利用状况分析制度。

第二十三条 用能单位应当建立节能工作责任制，对节能工作取得成绩的集体、个人给予奖励。

第二十四条 生产耗能较高的产品的单位，应当遵守依法制定的单位产品能耗限额。

超过单位产品能耗限额用能，情节严重的，限期治理。限期治理由县级以上人民政府管理节能工作的部门按照国务院规定的权限决定。

第二十五条 生产、销售用能产品和使用用能设备的单位和个人，必须在国务院管理节能工作的部门会同国务院有关部门规定的期限内，停止生产、销售国家明令淘汰的用能产品，停止使用国家明令淘汰的用能设备，并不得将淘汰的设备转让给他人使用。

第二十六条 生产用能产品的单位和个人，应当在产品说明书和产品标识上如实注明能耗指标。

第二十七条 生产用能产品的单位和个人，不得使用伪造的节能质量认证标志或者冒用节能质量认证标志。

第二十八条 重点用能单位应当按照国家有关规定定期报送能源利用状况报告。能源利用状况包括能源消费情况、用能效率和节能效益分析、节能措施等内容。

第二十九条 重点用能单位应当设立能源管理岗位，在具有节能专业知识、实际经验以及工程师以上技术职称的人员中聘任能源管理人员，并向县级以上人民政府管理节能工作的部门和有关部门备案。

能源管理人员负责对本单位的能源利用状况进行监督、检查。

第三十条 单位职工和其他城乡居民使用企业生产的电、煤气、天然气、煤等能源应当按照国家规定计量和交费，不得无偿使用或者实行包费制。

第三十一条 能源生产经营单位应当依照法律、法规的规定和合同的约定向用能单位提供能源。

第四章 节能技术进步

第三十二条 国家鼓励、支持开发先进节能技术，确定开发先进节能技术的重点和方向，建立和完善节能技术服务体系，培育和规范节能技术市场。

第三十三条 国家组织实施重大节能科研项目、节能示范工程，提出节能推广项目，引导企业事业单位和个人采用先进的节能工艺、技术、设备和材料。

国家制定优惠政策，对节能示范工程和节能推广项目给予支持。

第三十四条 国家鼓励引进境外先进的节能技术和设备，禁止引进境外落后的用能技术、设备和材料。

第三十五条 在国务院和省、自治区、直辖市人民政府安排的科学研究资金中应当安排节能资金，用于先进节能技术研究。

第三十六条 县级以上各级人民政府应当组织有关部门根据国家产业政策和节能技术政策，推动符合节能要求的科学、合理的专业化生产。

第三十七条 建筑物的设计和建造应当依照有关法律、行政法规的规定，采用节能型的建筑结构、材料、器具和产品，提高保温隔热性能，减少采暖、制冷、照明的能耗。

第三十八条 各级人民政府应当按照因地制宜、多能互补、综合利用、讲求效益的方针，加强农村能源建设，开发、利用沼气、太阳能、风能、水能、地热等可再生能源和新能源。

第三十九条 国家鼓励发展下列通用节能技术：

（一）推广热电联产、集中供热，提高热电机组的利用率，发展热能梯级利用技术，热、电、冷联产技术和热、电、煤气三联供技术，提高热能综合利用率；

（二）逐步实现电动机、风机、泵类设备和系统的经济运行，发展电机调速节电和电力电子节电技术，开发、生产、推广质优、价廉的节能器材，提高电能利用效率；

（三）发展和推广适合国内煤种的硫化床燃烧、无烟燃烧和气化、液化等洁净煤技术，提高煤炭利用效率；

（四）发展和推广其他在节能工作中证明技术成熟、效益显著的通用节能技术。

第四十条 各行业应当制定行业节能技术政策，发展、推广节能新技术、新工艺、新设备和新材料，限制或者淘汰能耗高的老旧技术、工艺、设备和材料。

第四十一条 国务院管理节能工作的部门应当会同国务院有关部门规定通用的和分行业的具体的节能技术指标、要求和措施，并根据经济和节能技术的发展情况适时修订，提高能源利用效率，降低能源消耗，使我国能源利用状况逐步赶上国际先进水平。

第五章 法律责任

第四十二条 违反本法第十三条规定，新建国家明令禁止新建的高耗能工业项目的，由县级以上人民政府管理节能工作的部门提出意见，报请同级人民政府按照国务院规定的权限责令停止投入生产或者停止使用。

第四十三条 生产耗能较高的产品的单位，违反本法第二十四条规定，超过单位产品能耗限额用能，情节严重，经限期治理逾期不治理或者没有达到治理要求的，可以由县级以上人民政府管理节能工作的部门提出意见，报请同级人民政府按照国务院规定的权限责令停业整顿或者关闭。

第四十四条 违反本法第二十五条规定，生产、销售国家明令淘汰的用能产品的，由县级以上人民政府管理产品质量监督工作的部门责令停止生产、销售国家明令淘汰的用能产品，没收违法生产、销售的国家明令淘汰的用能产品和违法所得，并处违法所得一倍以上五倍以下的罚款；可以由县级以上人民政府工商行政管理部门吊销营业执照。

第四十五条 违反本法第二十五条规定，使用国家明令淘汰的用能设备的，由县级以上人民政府管理节能工作的部门责令停止使用，没收国家明令淘汰的用能设备；情节严重的，县级以上人民政府管理节能工作的部门可以提出意见，报请同级人民政府按照国务院规定的权限责令停业整顿或者关闭。

第四十六条 违反本法第二十五条规定，将淘汰的用能设备转让他人使用的，由县级以上人民政府管理产品质量监督工作的部门没收违法所得，并处违法所得一倍以上五倍以下的罚款。

第四十七条 违反本法第二十六条规定，未在产品说明书和产品标识上注明能耗指标的，由县级以上人民政府管理产品质量监督工作的部门责令限期改正，可以处5万元以下的罚款。

违反本法第二十六条规定，在产品说明书和产品标识上注明的能耗指标不符合产品的实际情况的，除依照前款规定处罚外，依照有关法律的规定承担民事责任。

第四十八条 违反本法第二十七条规定，使用伪造的节能质量认证标志或者冒用节能质量认证标志的，由县级以上人民政府管理产品质量监督工作的部门责令公开改正，没收违法所得，可以并处违法所得一倍以上五倍以下的罚款。

第四十九条 国家工作人员在节能工作中滥用职权、玩忽职守、徇私舞弊，构成犯罪的，依法追究刑事责任；尚不构成犯罪的，给予行政处分。

第六章 附 则

第五十条 本法自1998年1月1日起施行。

15 防止倾倒废弃物和其他物质引起海洋污染公约

（1972年伦敦公约）

目标

防治任意向海洋中倾倒易对人类健康造成危害、危害生物资源及海洋生物、破坏良好环境、有碍于对海洋的合法利用的废弃物。公约的基本原则是禁止向海洋倾倒某些特定的废弃物，在倾倒其他废弃物前需要取得特别许可证，其余的倾倒物则需要取得一般许可证。附件对前两类废弃物作了规定。

范围

法定范围

本公约对任何国家都开放欢迎加入，但不对地区一体化组织开放。在召开公约协商会议时，政府间或非政府组织可以观察员身份参加。

地域范围

除了全球海洋外，公约还包括沿海国家的领域。

正式通过的时间和地点

1972 年 11 月 13 日。伦敦

生效

1975 年 8 月 30 日

加入状况

截至 1994 年 9 月 1 日，共有 73 个缔约方，有 5 个签约方尚未批准、接受或核准。

附属议定书、附件及机构

- 附件Ⅰ（“黑名单”）包括放射性废弃物、有机化合物，汞及其化合物以及难降解塑料；
- 附件Ⅱ（“灰名单”）包括含有大量铅、砷、铜、锌、氰化物、氟化物、农药产品及其副产品；
- 附件Ⅲ列有关于颁发许可证的标准，对废弃物的性质、倾倒地点的特性及处置方法都有具体的规定。

国际海事组织负责一切秘书事务，包括召集协商会议、准备并帮助制定判定例外或紧急情况的程序，交换缔约方的信息和通告。

与相关文件的协调

许可证制度对低强度放射性物质的要求收编了国际原子能机构的标准。

秘书处

通过国际海事组织（IMO）（见政府间组织）转。

财政

预算

活动经费列入国际海事组织常规预算之中，现没有有关公约的核心预算。

专项资金

无

规则和标准

缔约方应做到：

- 单独或集体促进有效控制海洋环境所有污染源的工作，采取一切可行的步骤防止倾倒废弃物和其他物质造成的海洋污染；
- 单独或集体采取有效措施防止因倾倒废弃物引起的海洋污染，并协调成员国的政策；
- 严禁倾倒除特别规定外的一切废弃物或其他物质；
- 任命一适当部门负责颁发许可证，记录倾倒活动、检测海洋状况并将情况报告给国际海事组织；
- 对在其管辖下的、在其领土注册的、悬挂国旗、在其领域领空内卸下任何准备倾倒的物质及据信涉及倾倒行为的船只或飞机采取一切应采取的措施以履行公约；
- 采取措施防止并惩罚违反公约的行为，开发制定在公海上有效适用的程序。

公约严禁倾倒列入附录Ⅰ（黑名单）中的废弃物或其他物质包括高放射性废弃物。附录Ⅱ（灰名单）中的如低放射性物质须在根据公约及其技术顾问制定的条件获得特别许可证后才能释放。列入附录Ⅲ中的物质在获得一般许可证以后可以倾倒。

1983 年通过了暂禁低放射性废弃物。1985 年对此进行了展期，后于 1988 年又延续了 5 年。1993 年，一项公约修正案永久确立了这一禁令并于 1994 年 2 月 21 日正式生效。在同一天，禁止了在海洋中焚化废弃物，并同意 1995 年 12 月 31 日之后将禁止向海洋中倾倒工业废弃物。国际原子能机构是该公约关于放射物质方面的顾问。

监督/履行

审评程序

每个缔约方都应采取相应措施防止并惩罚在其领域内发生的违约行为，各方也保证发布指示互相协作，共同工作，开发制定合作程序以运用本公约。

各缔约方应就其允许倾倒物的性质、数量、地点、时间及方式直接或通过区域秘书处向国际海事组织报告，还应向国际海事组织报告对海洋状况的监测以及在颁发许可证时所依据的标准、要求和办法。1991 年，25 个国家（36% 的缔约方）提交了国家报告。1992 年，提交报告的国家为 24 个（34% 的缔约方）。这些报告均为公开的。

缔约方协商会议负责监督衡量公约的遵守，通过通告倾倒行为及监测报告，协商会议对遵守情况实行一定的控制管理。但尚未建立正式的违反公约处罚程序、预先通报程序及多边协商程序。

协商会议采用的通告程序，需要各缔约方报告遵守监测结果和环境影响评价。目前，只有 60% 的缔约方履行了在这方面公约规定的义务。协商会议已谋求更有效地实施该公约。秘书处负责评审国家报告中的数据及信息，这些评审均为公开的，秘书处散发这些评审出版物的清单。目前还没有独立核实数据或信息。

观察或检查

公约中未作规定。

贸易制裁

无。

争端解决机制

有关公约的解释与履行方面的争端应通过谈判或其他达成一致的方式加以解决。在上述方法不能解决问题时，在争端各方同意的基础上，可提交国际法院或应其中一方的要求诉诸仲裁（具体程序未作规定）。

决策机构

政治机构

缔约方协商会议是本伦敦公约的管理机构，每年召开一次。在有三分之二成员国的要求下，亦可召开特别会议。

科学/技术机构

协商会议需要根据“海洋污染科学专家组”（GESAMP）的多学科专门知识就有关问题提出的建议，已建立特别小组针对类似海洋焚化等特殊问题提供建议。此外，在 1999 年成立了政府间海洋放射性废弃物处理专家委员会。

倾倒科学小组负责回答有关科学问题，评审附件条款，准备有害物质名单，制订监测计划的指导原则和普遍保持人们关于来自所有废弃物源的投入有害物质对海洋环境影响的意识。此外，这一小组还有责任就一些紧急日趋恶化的问题提醒协商会议关注。

出版物

国际海事组织新闻（季刊）及其他国际海事组织报告上刊有公约履行情况的最新信息。

16 保护臭氧层维也纳公约，包括关于臭氧层耗损物质蒙特利尔议定书

目标

- 保护人类健康和环境，使其免受改变或可能改变臭氧层的人类活动所造成的有害影响；
- 采取一致措施，控制已发现对臭氧层有破坏作用的人类活动；
- 合作进行科学研究和系统观测；
- 交流有关法规、科学和技术领域的信息。

范围

法定范围

面向所有国家和区域经济一体化组织。

地域范围

全球。

正式通过的时间和地点

1985 年 3 月 22 日，维也纳

生效

1988 年 9 月 22 日

加入状况

截止到 1994 年 9 月 12 日，包括欧洲经济共同体在内共有 141 个缔约方。有 1 个签约方尚未批准、接受或核准。

附属议定书、附件及机构

“关于耗损臭氧层物质的蒙特利尔议定书” 于 1987 年 9 月 16 日在蒙特利尔通过，1989 年 1 月 1 日生效。截止到 1994 年 9 月 12 日，包括欧洲经济共同体在内，共有 139 个缔约方，有两个签约方尚未批准。该议定书的基本目标是：

- 根据科学知识的发展，重视技术和经济上的考虑以及发展中国家的需求，采取措施逐步在全球完全消除排放耗损臭氧层物质从而保护臭氧层。

“关于耗损臭氧层物质的蒙特利尔议定书修正案”（伦敦修正案）于 1990 年

6 月 29 日在伦敦通过，1992 年 8 月 10 日生效。截止到 1994 年 9 月 12 日，包括欧洲经济共同体在内，共有 92 个缔约方。伦敦修正案在受控物质清单和过渡性物质清单中分别增加了 12 种和 34 种新的化学品，并有提供报告的要求。它还增加了有关技术转让和建立财政机制的条款，包括建立过渡性多边基金以帮助有资格的缔约方采取控制措施。该基金于 1991 年 1 月 1 日开始运行，由缔约方执委会管理，资金来自发达国家的捐助，人均 CFC_S年消费量大于 0.3 公斤和人均哈龙（halon）年消费量大于 0.2 千克的发展中国家也向多边基金提供捐助。

1991 年 3 月，对原受控物质削减时间表的强化调整自动生效。第三次缔约方会议增加了附件 D，即包含议定书附件 A 中所列受控物质的产品清单。自 1993 年 5 月 27 日起，缔约方不能从非缔约方进口这些产品。

“关于耗损臭氧层物质的蒙特利尔议定书修正案”（哥本哈根修正案）于 1992 年 11 月 25 日在哥本哈根通过，1994 年 6 月 14 日生效。到 1994 年 9 月 12 日，有 32 个缔约方。哥本哈根修正案提前了列在受控物质名单之内的许多耗损臭氧物质包括氢氧化氯烃（$HCHC_S$）和甲基溴的淘汰日期（见下文），并确定了捐助多边基金的财务安排（见下文）。

公约的“附件Ⅰ”提出了科学研究和系统观测臭氧层的重要问题。公约的“附件Ⅱ”描述了在其条款下需收集和共享的信息种类。

联合国秘书长为受托人。

世界气象组织（WMO）（见政府间组织）与联合国环境规划署（UNEP）（见政府间组织）共同对研究的政策和战略进行总协调。

秘书处

UNEP，Ozone Secretariat.
PO Box 30552
Nairobi，Kenya
电话：+254－2－621234
传真：+254－2－521930／226890／226886
电传：22068 UNEPKE
电报挂号：UNITERRA，NAIROBI

协调员

K. M. Sarma 先生

职员人数

4 名专业人员和 5 名辅助人员（1994 年 10 月）

实施蒙特利尔议定书多边基金秘书处

Montereal Trust Bldg.，
1800 McGill College Ave.，

Montreal H3A 3J6,

Canada

电话：+1－514－2821122

传真：+1－514－2820068

主任

Omar E. El－Arini 博士

职员人数

8 名专业人员和 7 名辅助人员（1991 年 10 月）

财政

预算

公约 1990～1991 两年的管理预算是 80 万美元，1991 年是 81.3 万美元，1992 年是 35.1 万美元，1993 年是 87.7 万美元。预算是由缔约方按照一致同意的评估清单捐助，并通过 UNEP（见政府间组织）管理的信托基金提供资金的。

1991～1994 年期间，实施蒙特利尔议定书的多边基金秘书处的管理预算是 900 万美元，其中大约有 200 万美元是由加拿大政府捐助用来在蒙特利尔建立秘书处的。

主要资助者

到 1994 年 8 月 31 日为止，1991～1994 年间，多边基金的主要捐助国是：美国、日本、德国、英国、西班牙和加拿大。

专项基金

维也纳公约信托基金和蒙特利尔议定书信托基金都为臭氧秘书处保留足够的资金用于会议服务及发展中国家的参与。1987 年签署的原来议定书为发展中国家按照一致同意的受控物质削减时间表履行责任设立了 10 年宽限期。过渡性多边基金建立于 1990 年，最初 3 年预算为 2.4 亿美元，以偿付发展中国家实施控制措施带来的经议定的增加费用。UNDP、世界银行和 UNEP（政府间组织）是基金的执行机构。1992 年伦敦修正案生效后，从 1993 年 1 月 1 日起，"过渡"基金正式成为多边基金。

在 1993 年 11 月召开的第五次缔约方会议上，批准了 1994～1996 年额度为 5.1 亿美元的 3 年预算。

1992 年 10 月，联合国工业发展组织（UNIDO）与执委会签署了协议，成为第四个执行机构。

规则和标准

蒙特利尔议定书缔约方承诺：

1. 采取控制措施以减少特定物质的生产和消费；

2. 控制与非缔约方的贸易；
3. 定期评价和审核控制措施；
4. 报告有关材料；
5. 在研究、开发、公众意识和信息交流方面进行合作；
6. 建立财政机制和进行技术转让以帮助发展中国家。

如果发展中国家认为由于没有按议定书提供足够的财政和技术援助而使其无法采取控制措施，则应通知臭氧秘书处，其他缔约方则可以考虑不对发出通知的缔约国动用不遵守程序，缔约方会议应通过均衡的投票程序作出决定：获得三分之二多数票，包括在发达国家和发展中国家中分别获得多数票。

经 1990 年伦敦第二次缔约方会议修订，对与耗损臭氧层物质有关的措施（见前面段落 1）的承诺包括到 2000 年淘汰指定清单上氟氯烃、哈龙、四氯化碳，还有到 2005 年淘汰甲基氯仿，以及制定上述各种类别化学品的过渡削减时间表。

伦敦修正案规定：到 1995 年减少 50% 的 CFC_S生产和消费，1997 年减少 85%，2000 年减少 100%。

1992 年召开的第四次缔约方会议通过了“哥本哈根修正案”，CFC_S四氯化碳和甲基氯仿的淘汰时间提前了 4 年以上的时间。缔约方还首次同意将用作水果和粮食防腐剂的甲基溴列入议定书的受控物质。新的协议也规定工业化国家应：

- 在 1994 年而不是 2000 年淘汰哈龙；
- 到 2030 年淘汰损害比 CFC_S小的 $HCFC_S$；

从 1990 年起以后，至少每 4 年，缔约方将基于科学、环境、技术和经济信息对为满足议定书所规定的控制措施进行评价。到目前为止，已在 1990 年和 1992 年完成这种评价，下一次评价将在 1995 年进行。

监督/履行

审评程序

维也纳公约缔约方向秘书处报告采取措施开展不同类型的科学研究和合作的情况概要，这些在每两年一次的缔约方会议上进行审评和讨论。这些报告是公开的。有 50% 的缔约方按照公约要求提交了报告。这些报告缔约方两年只交一次。

通过所要求的专门报告来衡量蒙特利尔议定书中义务的履行情况，而总的履行情况则通过缔约方之间以及与秘书处的协商和缔约方年度会议的审议来监督。

议定书缔约国向秘书处提交年度受控物质生产、进口和出口（包括向缔约方和非缔约方进口和出口）的统计数字。秘书处准备一份汇总的数据报告提交给缔约方年度会议，缔约方申报的数字是保密的，但秘书处的报告是公开的。

在 1991 年召开的第三次缔约方会议上，实施委员会注意到报告不能令人满意：当时的 71 个缔约方中，只有 31 个国家报告了 1986 年的完整数据，1986 年用作计算所需淘汰原有受控物质清单的基准年。另有19个国家报告了不完整的数据，6个国家报告没有数据和/或需要帮助，2个国家报告说它们的数据包括在另一个国家的数据中，其余13个国家（包括4个欧共体成员国）根本未报告数据。1990年缔约方会议增加了受控物质清单。有48个缔约方被要求报告1989年数据（这是1990年缔约方会议增加受控清单上物质的基准年），而仅有23个于1991年5月完成了，其中20个报告了完整的数据。到1993年9月30日，应该报告1991年数据的74个缔约方中，仅有13个国家完成了报告，规定报告每年情况的日期是下一年的9月30日，应该报告1992年数据的99个缔约方中，只有23个是在1993年9月30日之前报告的，占应报告数的23%。

报告是在为缔约方提供的信息保密的情况下准备的。报告包括充足信息，任何读者均可核对缔约方是否履行了议定书。

观察或检查

公约没有这种规定

环境监测计划

公约尚未进行这项工作。有WMO（见IGO_S）建立的全球臭氧观测系统是UNEP全球环境监测系统（GEMS）（见IGO_S）有关臭氧信息的唯一供给者。它大约有140个使用遥感技术的监测站遍布世界各地，可以提供臭氧的水平的垂直分布状况的数据以及总大气密度。

贸易制裁

贸易制裁已经包括在蒙特利尔议定书之中，这种限制的目的是通过防止不加入公约的国家获得竞争优势，和阻止向这些国家转移CFC_S生产设施来鼓励尽可能多的国家加入议定书。

每一个缔约方应禁止从任何非缔约方国家进口受控物质。从1993年1月1日起，任何缔约方都不得向非缔约方国家出口受控物质。自1993年5月27日起，任何缔约方不得从非缔约方进口列在议定书附件D中、含有议定书附件A中物质的产品。

争端解决机制

当批准公约时，缔约方可以书面形式声明，对于通过谈判或第三方调停未解决的争议，它愿接受下列一种或两种方式为争端解决的强制性办法：根据缔约方会议通过的程序进行仲裁，或将争端提交国际法院。如果缔约方还不接受任何一种程序，则争端应提交由争端各方组成的调解委员会调解，其建议“缔约方应诚恳地考虑”。

决策

政治机构

维也纳公约的基本管理机制是每两年召开一次缔约方大会。维也纳公约的缔约方会议董事会负责休会期间的事宜。

所有国家政府，无论是否议定书的缔约方都可参加缔约国大会，国际机构、工业和非政府组织都可派观察员参加会议，但非缔约方和观察员没有投票权。

蒙特利尔议定书的基本管理机构是缔约方年度会议，并建立了一个由10个缔约方组成的实施委员会，发展中国家和发达国家各占一半。委员会负责考虑并向缔约方会议报告任何引起其注意的违约行为。会议最终负责作出决定，并号召采取步骤以全面实施议定书（包括帮助缔约方履约的措施）。

缔约方不固定的工作组和蒙特利尔议定书董事会在大会休会期间开会，提出和谈判有关向缔约方会议提交的议定书修改和实施问题的建议。

多边基金执委会（见上文）由7个发展中国家和7个工业化国家共14个国家组成。执委会负责发展和监督有关特定运作政策、指南、管理协议的实施，包括为达到基金目标支付资金。它由设在蒙特利尔的秘书处协助工作。

执委会和基金秘书处的运作由多边基金支持。到1994年10月，执委会召开了14次会议，作出了有关政策问题的决定和超过2.17亿美元的支付决定。这些资金将通过执行机构用于淘汰42000t损耗臭氧层物质的特定活动。多边基金建立不足4年，执委会已批准了42个国家方案，并使基金的活动扩展了77个以上的国家。这些国家方案占了第五条国家ODS消费量的95%以上，并包括了所有主要的消费国。1994年完成了9个项目，年削减CFC_S1000t。所有国家政府（不管它们是否为议定书的缔约方）以及国际机构、工业和非政府组织的观察员都可以出席缔约方会议和不固定的工作小组会议。

科学/技术机构

维也纳公约缔约方会议建立了两年一次的臭氧研究人员会议，该会议由研究大气和研究有关臭氧层变化对人体健康和环境影响的政府专家组成。该工作组与WMO（见政府间组织）密切合作，审议正在进行的国家和国际层次的研究及监测计划，以保证这些计划的总体协调及确定需要弥补的差距。该工作组向缔约方会议提交一份报告，其中包括有关今后的研究及工业化国家和发展中国家的研究工作者需扩展合作范围的建议。

在1989年召开的蒙特利尔议定书缔约方会议上，成立一个有关不遵守程序的法律专家特别工作组。该工作组负责制定有关处理不履约的进一步程序。

蒙特利尔议定书建立了3个专家特别工作组，它们至少要在每次评价之前一年召集会议。

① 科学评价组，它负责按缔约方的要求及时审评科学知识；

② 技术和经济评价组，包括许多工业和非政府组织的代表。它负责分析和评估限制使用耗损臭氧物质的技术方案，估测发展中国家保证其国内基本需求所需的受控物质数量及这种供应的可能性，评价技术解决方案的费用、减少使用受控物质的效益和技术转让的问题；

③ 环境影响评价组，负责就现有知识状况调研臭氧水平的改变及其导致的到达地表紫外线的增加对人体健康和环境的影响。

这些评价组包括来自非政府部门的专家。

其他机构：

- 数据报告特别专家组；
- 销毁技术特别技术顾问委员会。

出版物

- 《蒙特利尔议定书手册》；
- 《臭氧行动》，季刊简报；
- 《评价报告》。

17 欧共体关于包装、包装废弃物的指令

第一条 目标

指令的目标是纂制为订立区域水准的包装废弃物计划的一系列构想，以减少包装废弃物波及的对环境的影响程度，和抑制原料及能源为目的。

为达到这一般性目的，本指令特制定与包装废弃物的发生防止、回收、再生、处理等有关的一系列对策，其结果也将确立包装用品的生产、销售、使用等方面的对策。

在协调区域政策的框架中，本指令以欧共体各成员国关于包装和包装废弃物管理对策相类似的内容为意图，从而为完善国内市场，消除贸易壁垒和地区内不正当竞争做贡献。

第二条 范围

本指令的范围是指欧共体市场内的所有包装用品及其包装废弃物。包括所有工业、商业、办公室、商店、服务业及家庭使用的一次、二次、三次包装。

若包装用品还留有危险品残留物，其包装废弃物将作为危险废弃物处理，并列入本指令范围内。

本指令的有关规定不适用于从欧共体出口的包装。

第三条 规定

A. 包装用品的分类

A—1. “包装”的意义是指任何产品在其容器、使用、递送时使用的加工物用材，能从原料到加工物，从生产者转移到使用者或消费者手中。

A—2. “销售用或第一次包装”是指购买时交到最终使用者或消费者手中的

物品。

A—3.“集合包装或第二次包装”是指购买时将被包装好的被销售物品集装于一个包装品。第二次包装用品能售给最终使用者或消费者，但在销售时，凡能单独补充货架的也入本分类，但以拆包装而不损伤内容为前提。

A—4.“递送或第三次包装用品”是指中间是空心的，能解开的产品包装，其留下的仅仅是包装用品本身。

B. 包装废弃物

B—1.“已使用的包装用品”是指内容已空，产品包装已打开，仅留下包装用品。

B—2.“包装废弃物”是指由指导委员会 75·44，欧共体修正案91·156、欧共体废弃物规定而制定的包装及包装材料。

B—3. “包装废弃物管理”是指由指导委员会 75·442、欧共体修正案 91·156、欧共体废弃物规定而制定的包装废弃物管理。

B—4.“防止”是指减少生产过程水准及生产水准导致的废弃物的有害性及其数量。

B—5. “再生”是指指导委员会 95·442、欧共体废弃物修正案 91·156，欧共体的补充ⅡB 所列举的适用操作。

B—6.“再利用”是指能源再生以外材料的再利用，当初目的或其它目的的再利用。

B—7. “处理”是指指导委员会 95·442、欧共体废弃物修正案 91·156，欧共体补充ⅡA 所列举的适用操作。

C. 包装用品的管理

C—1.“可回收包装用品”是指明确的方法以确保从消费者或最终使用者的回收。使各回收物经过再利用、再生、特别管理，必定到达最终用途者手中。

C—2.“回收不可能”包装用品是指不列入从消费者或最终使用者回收的有特别规定的物品。

C—3.“可再利用包装用品”是指其在寿命周期内仍有耐用性、其设计可重复使用，可满足容器在同一目的下进行再利用。其再利用要依赖经济活动者得以保证。

C—4.“一次性包装用品”是指不能以同一目的使用一次以上的包装用品。

C—5.“可再生包装用品”是指其构成物质可再生，其能源价值可作为使用的用品。

D. 其它概念

D—1. 关于包装用品的“经济活动者”是指原料供应、包装用品生产者和转换者、参与者和使用者、商人及递送人。

D—2.“任意协定”是指具备加盟国资格的公用事业厅和有关经济组织之间

所缔结的正式协定。为达到本指令的目的，以使所需势力以符合协定条件的事项向所希望的所有方位开拓。

D—3. “共同责任”是指全体经济活动者要和公共废弃物管理厅及消费者共同协力，并负有确实实施包装用品及其废弃物管理的共同责任，其责任或直接由活动者承担，或间接由财政和组织水平所负。

第四条 目的和所达目标

第一项 本指令所要达到的如下目标：

① 缩小包装废弃物的生产量，改善包装废弃物的质量。

② 所生产的包装废弃物的再生。

③ 包装废弃物的最终处理的缩小化。达到上述目标，就需引导包装用品向环境污染减少的方向发展。

第二项 为达到下列目标，各加盟国必须承担的义务：

① 关于压缩数量问题，须施以对策，以便在本指令实施后十年之内，将人均年包装废弃物的数量控制在50千克以下。

② 关于质的改善，须对包装用铝含有害贵金属及其它危险物质的减少施以对策。

③ 关于包装废弃物的再生，须对在本指令实施后五年内对60%，十年内对90%包装废弃物进行回收施以对策。

④ 关于压缩包装废弃物的最终处理，须对在本指令实施后十年内，包装废弃物的最终处理——经回收、分类、再利用后的残留物不超过包装废弃物总量的10%施以对策。

第三项 若包装废弃物总量不能达到最大许容量，也可接受为在达到目标所采取的再生及处理压缩目标的充分达到，如依据科学研究成果采用其它再生过程，对环境给予更良好的利益时，可根据第十四条的手续，变更再生目标。

第五条 对策

为使本指令第四条所述的目的及所述目标相对应，参加盟国所采取的对策应包括如下各项内容：

第一项 一般

① 促进可再利用和可再生包装用品的利用。从二〇〇〇年一月一日起，将不能再利用或不能再生的包装用品从市场上排除。

② 促进设立适当的补充性服务和产业，设立包装用品及其废弃物管理系统。

③ 订立实施从消费者最终使用者手中回收使用过的包装用品的特别设计，选最妥切的管理。

④ 设立特别经济机构，以确保第一步实行对使用过的包装用品回收的最妥切的管理，其次向为环境保护而实施高层次的技术计划的充分资金对策。

⑤ 在公用事业厅和经济活动者之间缔结必要的协定，如为使该指令规定中

的共同责任能得到完全的执行，而设立相适应的行政或法律的条文。

⑥ 向消费者或使用者传达以下情报："使用再利用和再生包装用品的好处"、"对可加利用的已使用的包装用品和包装废弃物处理的回收计划"、"有关的经济机构"、"包装用品及其废品的现行管理计划"。

⑦ 促进产品包装的规格化，以便各加盟国及包装产业的合作进行再利用变得容易，管理选择合理。

⑧ 如本指令的第十一条所述，确立关于包装用品及其废品的情报系统。

第二项　关于数量控制

① 限制包装材料的过度使用。

② 将包装用品的数量缩小到最小限度，这将对生产和消费者来说既安全又能维持可接受的必要水平，其目的是从包装用品的数量、材料、能源消费等立场出发，减少环境污染。

③ 包装尺寸的有效利用。

④ 促进可利用的包装用品，对更轻、更强的新型材料进行技术开发。

⑤ 促进包装集中产品及促进以少装多的代用品及集中服务。

⑥ 促进特殊规格制品的运送和分派的运输包装的基准的制定和规格化工作。

第三项　关于质量的改善

① 限制包装材料成分的贵金属密度，以及限制其它构成部分（油墨、染料、涂料、黏合剂、稳定剂、瓶盖、纤维等），这将在补充 1 内加以规定，以便更少或完全不含贵金属的包装材料转变。

② 正如补充 1 内规定的那样，除了包装材料的构成成分中的贵金属以外，还限制卤素及其它危险物质。

③ 由溶剂类向水基类转移，另外，包装用品生产过程中除不需要油墨、上光剂、黏合剂外，向有机溶解性转移。

④ 限制使用由氯漂白的包装材料。

⑤ 由再利用和再生作业引发问题的包装材料的替代。务必不要妨碍上述作业。

第四项　关于包装废品的再生

① 确立收集、回收系统、区分设备。这个系统及设备的确立以公共事业厅与经济界领袖的共同责任及协力推进为好。

② 包装废品的再生、特别是为了使再生容易，需对包装构成成分进行必要的变更。

③ 由再生制作的制品，只要与新品特性相同，那么在生产过程中应该排除二者的所有差别。

④ 使用适合包装用品规格的再生材料，以使包装用品的制造变得容易。

第六条　规范

关于包装用品及其废弃物，加盟各国所采取的对策必须服从下列规范：

① 确立对策以使其成为关于整个包装用品及其材料的统一政策的一部分。

② 对于特别型号的包装用品所有的材料、某一制品及制品群应不加区别地确立对策。

③ 所采用的对策和实施的目的之间需要关系明确，另外，决定对策要讲究效果。

④ 对策必须与所达目的相一致。

⑤ 对策的选择及采用如何，若能有同一效果的话，那么对策以买卖障碍及对经济活动者来说拘束应尽量地少为好。

⑥ 协定的条款及其它有关的地域规定，在制定对策时，特别需考虑的是健康和安全条件，应对设备的技术特性、使用材料、工业及商业所有权利加以考虑。

⑦ 对策实施时必须有所有加盟国、公共事业厅，经济活动者、消费者和有关各方的参加，他们之间应毫无差别。

⑧ 包装用品根据本指令的规定，一经全体加盟国的接受，结盟国无需引进对策以妨碍自由竞争，包装用品及包装制品的买卖和销售。

第七条　必要条件

包装用品及其废品的管理操作必须选照下列必要条件：

① 包装用品的设计、生产、商品化必须使其能再利用和再生。

② 为使整个包装用品便于再利用和再生，须附符合第八条所示的适应标志。

③ 为考虑到能再利用和再生的包装用品及其废品，须保证能买卖、返回和回收，其目的最终是再利用和再生。

④ 包装废品的回收及区分工作的结果，须不产生剩余生产。最终处理物必须超过回收包装废品总量的10%。

⑤ 以回收能源为目的的进行加工的包装废品必须具有10毫焦耳/克差的热量（大致等于纸和木材的能源值）。

⑥ 以混合肥料用进行加工小包装废品必须充分具备能由微生物进行分解的性质。

第八条　标志

第一项：为了包装用品及其废品的再利用和再生方便，加盟国在实施本指令后三年内，应采取对策使所有包装用品附有符合本条款所述的适当的标志。

第二项：所有可再利用及可再生的包装用品，须附有符合补充Ⅱ内所示的标志。

第三项：为了方便再生，确认书是必须的，并须在包装用品上显示出依据补充在内所述的确认系列可使用的包装材料的特性。

第四项：对包装用品的消费者和最终使用者传达情报是必要的，加盟国可向包装用品使用者通告，现在包装用品上附有表示包装用品及其废品的买卖、返回、回收计划的说明。

第五项：禁止使用有相同目的的、除补充Ⅱ所示标志以外的标志。

第六项：上述条件与其它标志及标贴计划不对立，这是向消费者提供地域水平的健康、安全、环境保护等情报为目的的。

第七项：加盟国的管理机构承担下列责任：

① 有关目标性情报和所有标志的适用。

② 由经济活动者提出的标志的适用性管理。

第九条 经济机构

第一项：加盟国采用的经济机构将促进再利用和再生的包装用品及其废品的回收，而为不出包装废品而努力。另外，为推进其买卖、回收、再利用、再生计划提供必要的资本，但是经济机构必须遵循本指令第六条的规范。

第二项：由采用经济机构征集的资金，不能在下列目的以外时使用：

包装用品及其废品的经营管理和有关活动的支援（研究活动、回收技术、改善、回收材料的利用促进等）。

第三项：加盟国需将经济机构采纳的包装用品的提案文本立即报给委员会，这是基于任意协定的有关条款和调整基础物质无关从而必须上报，委员会将发表制作机构的条例的简单见解。

以上各项在文件中没有说明，委员会一经收到文件就迅速通知其它加盟国（第十条中有委员会关于文件见解发表的条款）。

委员会和加盟国将对发送提案文本的加盟国加以评述，该加盟国要最大限度地考察这些评述，并在经济和财政机构的日后发展中起作用。该加盟国和委员会若有紧急邀请，其它加盟国须通知以赶上其提案的最终文件的制作。

委员会和该加盟国若至通知之日起三个月内发表“计划因有阻止经济的自由活动的因素必须加以修正”的见解时，其它加盟国将延期到通知之日起六个月内由经济机构采纳。

自通知之日起三个月内，委员会认为该问题需列入指令内，上述六个月的期限可延长到十二个月。

第四项：加盟国自本指令实施后的第一年元月一日起设立“包装废品管理资金”，其目的是为了达到指令目标、提供包装废品管理运营资金。

第五项：执行包装废品管理运营的民间和公共运营者，由于用于下列目的，从而可从本资金中获得援助。

① 上述运营所必需的开支。

② 该指令实施后五年期间所产生的运营赤字。

第六项：从该指令实施后的第二年元月一日开始，使用包装用品的生产者，将对其消费者支付资金，其费用类目分为国内用、出口用，欧共体内用包装用品统一生产费用。

第七项：其费用形式正如第十四条中规定的那样，须与经济运营者商量后由技术委员会作出决定，但废品在按指导委员会75·422，欧共体修正案91·156、欧共体第十八条的有关手续，本指令在实施此费用形式由委员会加以规定。

第十条 管理计划

第一项：根据本指令所规定的目的和手续，加盟国在考虑有关废品的指导委员会75·442、欧共体修正案91·156、欧共体第七条所要求的废品管理计划时，应加入包装用品的特别章节。

第二项：阐明短评时，应加入下列内容：

① 必须达到的中期和最终目标。

② 所采取的手续要具备技术的、经济的、组织的特征。

③ 本指令性条款中目标的修正和采用手段的正当性。

第十一条 情报系统

第一项：为了熟悉包装用品及其废品问题的重要性、特征、发展和评价其效果，从而确立适当的包装用品及其废品管理政策的确立和发展，须设立数据基数。

第二项：数据基数作用于下列目的：

① 提供各加盟国水准之包装用品及其废品的流量大小特征之情报。

② 提供关于包装用品及其废品管理的经济参数之情报。

第三项：情报系统将对包装用品的生命周期分析作出评价，并提供必要的情报。

第四项：为使所作出的数据性质与显示相一致，数据基数根据补充Ⅱ所示的表式。

第五项：必要的数据将取自本指令实施后三年期间的最初数据，其后每三年变更一最新数据，并在第十三条所示的报告手续的范围内，将结果报告委员会。

第十二条 通知书

第一项：加盟国必须将所有提案的法律、规定、行政条令、全任意协定上报给委员会。例如：若是关于全球方面的事项，或地区性的事项，其意图为本指令的组成范围内给予采用，这些就必须通知，一经收到，委员会就将此提案下发到其它加盟国。

第二项：在技术基准和规定范围内，应在不损害有关情报条例手续规定的指导委员会83·189、欧共体权利的前提下，在收到委员会下发的文本后三个月内，由加盟国制定对策和实施协定。

第三项：在这期间内，委员会和任何一个加盟国都能提出如下要求：

○上述对策及协定经委会调查是否符合包装废弃物指导委员会75·442、欧共体修正案91·156、欧共体第十八条。

○关于调整其实施期的延长，但必须在六个月内解除延期。

第十三条 报告义务

第一项：加盟国为本指令所写就的对策报告，将从 1995 年 4 月 10 日起每三年向委员会上报一次。此报告要根据关于包装废品的指导 75 · 441、欧共体的修正案 91 · 156 及欧共体第八条所述的手续所制作的卡片，委员会将上述日期的六个月前向加盟国分送此卡片用纸。

第二项：根据计划书在内所述的报告，委员会将在 1996 年 4 月 1 日以后，每三年发行报告合订本。

第十四条 技术委员会

为适应第三、四、五、六、七、八、九各条以补充科学技术进步，须采纳必要的修正。

此时，应根据包装废品的指导委员会 75 · 442、欧共体修正案 91 · 156、欧共体第十八条规定的手续。

第十五条 实施

加盟国应在本指令采纳十八个月内，根据本指令采取必要的对策。

同时，立即就此向委员会报告。

第十六条 本指导面向各加盟国

补充Ⅰ

有害重金属及其它危险物质集中限制：

1. 有毒重金属——铅、镉、水银、六价铬等在包装材料中的密度不得超过下列数据：

○本指令实施二年后　　600PPM

○本指令实施三年后　　250PPM

○本指令实施五年后　　100PPM

2. 有毒金属以外的有毒物质。

补充Ⅱ　标志

1. 再利用及再生可能的包装用品应附标志。

2. 包装材料的成分明细导入系统。

3. 可返回包装用品应附标志。

18　德国包装废弃物处理的法令

1992 年 6 月 12 日

联邦政府按照 1986 年 8 月 27 日颁布的《废弃物处理及管理法》（联邦告

示1第1410页）第14条有关条款，在广泛征求有关部门意见的基础上，实施本法令。

第一章　废弃物管理目标，适用范围与条文定义

第一条　废弃物管理目标

一、包装必须能保护环境，而且所用的包装材料能再利用与回收。

二、通过以下手段减少包装废弃物的产生：

1．为保护商品与销售商品，包装的数量与重量应限制在最低范围之内。

2．在技术条件许可并与商品有关规定一致的情况下，必须使包装有再次使用的可能。

3．若无再次使用的条件，包装材料可循环再生加工后利用。

第二条　适用范围

一、本法令适用于工商企业及其它实业，公共事业性的机构。也就是《废弃物处理及管理法》适用内的经济实体与公共团体。

包括：

1．包装材料及包装的生产企业，即制造商。

2．包装材料、包装及使用包装的商品进行商业流通的企业，即销售商。

二、本法令所指的销售商，包含邮售企业。

三、本法令的诸该项规则，不适用下列包装：

尚残留有以下材料或化学处理残余物、黏着物的包装。

第三条　条文定义

一、包装分类

1．运输包装

木桶、油罐、集装箱、托盘、瓦楞纸箱、手提袋、发泡包装、收缩包装以及类似的包装。运输包装为使商品从制造商到销售商的流通中不致受损和安全的考虑。

2．销售包装

杯、袋、罐、桶、盒、瓶、浅盘、泡罩以及类似的封闭或开放的包装。既考虑商品运输需要，也要考虑销售和消费者需要。一次性包装和餐具亦属此范畴。

3．二重包装

泡罩、塑料膜袋、纸盒或类似的包装，这类包装是加在销售包装的外侧辅助包装。

其使用的目的：

（1）适应商品的开架销售。

（2）提高商品的防盗能力。

（3）有广告宣传的功能。

二、本法令所谓的饮料包装容器，是指按《食品和日用品法》第一条第一款规定的材料制成封闭或大部分封闭的容器，如袋、罐、瓶、纸板盒、管子等。酸乳酪、乳酒饮料包装除外。

三、本法令所谓的多次使用包装，是在一次使用后仍可为同一目的多次重新使用的包装。

四、制造商与销售商的供应范围，是指商品流通的国内地域。

五、本法令指的最终消费者是不将商品以原包装再转卖的购买者。

第二章　包装回收与再利用义务

第四条　运输包装回收义务

制造商和销售商有义务回收使用过的运输包装，会同公共废弃物处理组织，实施再利用。若消费者希望接受带运输包装商品，则应按销售包装回收义务。运输、销售两用包装视为销售包装处理。

第五条　二重包装回收义务

一、销售二重包装商品的销售商有义务在销售店内或销售店附近拆取二重包装免费回收。若消费者希望接受带二重包装商品，则应按销售包装回收义务。

二、销售商在自身无法除去二重包装时，有义务以明确、易懂的告示告知消费者在销售店或附近，拆取二重包装并放置在合适的地方。

三、销售商有义务在销售店或附近，为消费者提供方便的二重包装回收箱。不同材料，即使无标签说明，也应尽可能分类投放。销售商有义务实施二重包装的再利用，或会同公共废弃物处理组织，实施再循环。

第六条　销售包装的回收义务

一、销售商有义务在销售店或附近，免费回收消费者使用过的销售包装。这一义务，限于销售商销售商品的不同种类、形式、大小的包装。销售店面积小于200平方米的销售商，其回收义务，限于销售商独自销售的包装。

邮售企业有义务在最终消费者适当距离处设置回收箱免费回收包装。在邮寄商品和商品目录时，必须说明包装是可以回收的。

二、制造商和销售商有义务依照本条第一款回收包装，实施再利用或配合公共废弃物处理组织实施再循环。这一义务，限于制造商和销售商供应的包装及商品包装。

三、本条第一、二款规定的义务，不适用于已加入某一回收组织，而该组织在其范围内按时从消费者那里或以有效方式在消费者附近回收使用过的包装，并能符合此规定附则要求的制造商和销售商。

这个组织必须同已有的包装废弃物处理组织协调一致。这种协调是按本条规定为先决条件，特别要考虑包装废弃物处理组织的利益。

担负包装废弃物处理的公共组织，具有要求依照本法令附则所规定的基本类别，共同利用分类回收必须的设备并收取适当费用的权利。

具有管辖权的国家机关及其指定的机构，可根据申请，确认这些组织范围及规模，予以公告。本条第一、二款的免除，自公告之时起生效。1993 年 1 月 1 日前提出申请的，必须在 1993 年 3 月 1 日前提供确保从消费者所在地或附近能定期回收使用过的包装的证据。

四、在确认与本法令附则所规定标准事项不符时，管辖机构有权依照本款规定，宣布决定无效，并同样予以公告。对于特定种类废弃物的回收分类以及再循环，在未达到本法令附件规定的比率时，有权宣布决定无效。无效公告公布后的 6 个月的翌日起，则适用本条一、二款。

五、邮售企业参与第三款所规定的组织时，可不必负第一款的义务。

第三章　饮料、洗涤剂、乳胶漆涂料包装容器回收义务和征收押金义务

第七条　饮料包装容器征收押金义务

使用 0.2 升以上一次性饮料容器的销售商，有义务向购买者征收包括营业税在内的每个容器押金 0.5 马克。对于非回收容器包括营业税在内的每个容器押金至少 0.5 马克。其容量为 1.5 升以上容量的容器包括营业税，征收至少 1 马克押金。

押金由销售商在整个流通阶段向最终消费者征收。在容器回收时再予退还。

第八条　洗涤剂、乳胶漆涂料包装容器征收押金义务

这几类包装适用第七条，但做以下必要更改补充：

一、《洗涤剂与洗净剂法》第二条第一款所规定范围内的洗涤剂、洗净剂，其容量在 0.2 升以上，选用软质包装或用纸板助强的软质包装，起到改进包装目的的而流通的除外。

二、容量在 2 升以上的乳胶液涂料的容器，其押金征收为 2 马克。

第九条　征收押金义务和回收义务的免除

——回收组织的保护

一、第七条、第八条对下列情况无效：最终销售商的供应区内已有按第六条第三款建立的组织，并为国家负责废弃物处理的最高机关及其指定机构确认的组织。

二、有下列情况可以免除第七条、第八条义务：所有包装，诸如啤酒、矿泉水、泉水、饮用水以及药水、含碳酸清凉饮料，葡萄酒（香槟酒、苦艾酒、餐用酒除外）等容器，其回收比例不低于 1991 的该地区水准的，或者在《废弃物处理管理法》适用范围内回收比例不低于 72% 的。但杀菌牛奶包装容器回收比例为 17% 。

联邦政府将在本法令公布后第二年，根据需要，对回收使用比例的提高，再作进一步详细区分。

三、联邦政府依据本条第二款，在每年6月30日揭示联邦公告回收包装比例。如低于第二款规定比例时，在告示公布后第6个月的翌日，对回收包装比例实施新调查，并用告示公布。若调查结果及回收包装比例仍低于第二款的规定，则在最终告示后第6个月后的翌日，适用于第七条。

第十条 回收包装及押金退回义务的限制

适用于第七、八条的商品供应区的销售商，依照第六条第三款规定，可以拒绝从这供应区来的回收包装和退还押金。为便于区别这类包装，销售商可以在包装上加上押金标志或以其它方式以区分。

第四章 违反行为、实行措施及终止规定

第十一条 委托第三者

制造商和销售商可以委托第三者，完成本法令规定的义务，容器回收与押金退还，可利用自动机执行。

第十二条 违反行为

根据《废弃物处理和管理法》第十八章第一条第十一款，违反行为系指因故意或疏忽有以下行为者，追究其责任：

一、违反第四条，拒不回收运输包装的，或不配合公共废弃物处理组织，不实施再利用，再循环。

二、违反第五条第一款，拒不拆取二重包装，不为最终消费者提供拆取二重包装便利的。

三、违反第五条第二款，拒不提供规定商品包装信息资料的。

四、违反第五条第三款，拒不设置易见便利包装回收设施者。

五、违反第五条第三款，不配合公共废弃物处理组织，拒绝二重包装再利用或再循环。

六、违反第六条第一款和第二款，拒不回收销售包装的。

七、违反第六条第二款，不配合公共废弃物处理组织，拒绝销售包装再利用或再循环。

八、违反第七、八条，拒不征收押金或不退回押金的。

第十三条 生效

本法令除第五条至十条，以及第十二条中的第二款至第八款，于1991年12月1日起生效。

第五条及第十二条的第二、三、四、五款，于1992年4月1日起生效。

第六条的第一、二、四、五款。第七、八、九条，第十二条的第六、七、八款，于1993年1月1日生效。

第六条的第三款和本法令附则，于本法令公布之翌日起生效。

第十四条 失效

关于《饮料塑制包装容器的包装材料回收及押金退还》的法令，于1993年1月1日起失效。

第六条第三款的附则：

若下列条件得到满足，有关机构可按第六条第三款予以确认：

一、一般性要求

以适当的组织保证在消费者所在地或附近，用集装箱或其它合适的收集容器，或以两种组合的收集方法，将包装废弃物回收、分类、再利用以及再循环。这些关联组织包括地方自行组建的，已在经营的组织。这些组织必须达到：第二条规定的特定回收比例；第三条规定的特定回收比例；以及第四条规定的再使用，再循环的要求。

二、对于收集组织的量化要求

必须在年中期（6月底）在供应区内，申请人证实已达到下列最低回收比例，此比例指在供应区内占供应保质量的数量比例。

1993年1月1日：

玻璃60%、马口铁40%、铝30%、纸板30%、纸30%、塑料30%、复合物20%。

在1993年1月1日至1995年6月30日期间，如果所有已使用的包装材料的实际回收比例不低于50%，就可认为已达到所规定的各种包装材料的回收百分比。

自1995年7月1日起，各种包装材料回收比例应实现以下指标：

玻璃80%、马口铁80%、铝80%、纸板80%、纸80%、塑料80%、复合物80%。

联邦政府每三年一次公告平均每个居民使用的包装数量以及按材料分类数。第一次公布日期是1992年8月31日。

实际回收比例，由申请人于1993年至1994年3月1日前，1995年12月31日前，按供应区（第三条第四款）的人口统计及联邦政府公布的平均每人使用的包装材料消费量而提出的。

三、对分类设备的量化要求

从供应区内（第三条第四款）回收的包装，在以下种类包装材料再使用和再循环时，至少实现以下数量并有适当品质的包装。

1993年1月1日至1995年7月1日，各类材料的分类比例是：

玻璃70%～90%、马口铁65%～90%、铝60%～90%、纸板60%～80%、纸60%～80%、塑料30%～80%、复合物30%～80%。

此分类的比例，由申请人做成可检查表格，在第二款规定期限内提出完成情况并进行验证。不能进行再使用或再循环的残余材料，可作为产业废弃物，运交国家废弃物处理企业处理。

在分类过程中，对不能再循环或不是最小的残余材料，限定于以下几种：

1. 不能借助手工或机械分类成为可利用的材料；

2. 被本不是原内容商品或包装材料所混杂、污染的部分；

3. 非包装的组成部分。

四、对可再利用、再循环的要求：

按第三款分类、判定可再利用、再循环的材料，必须加以实施。申请人可以在第二款规定的期限内，提供定额完成情况的验证，以保证分类出的包装材料得到加工利用。

附录二

关键术语解析

1. ISO14000 体系认证系列标准 Series Attestation Standard of ISO14000 System

该标准是国际标准化组织 ISO/TC207 负责起草的一份国际标准，它包括了环境管理体系、环境审核、环境标志、生命周期分析等国际环境管理领域内的许多焦点问题，旨在指导各类组织（企业、公司）取得和表现正确的环境行为。ISO14000 系列标准共预留 100 个标准号。该系列标准共分七个系列，其编号为 ISO14001—14100。标准号分配见下表：

ISO14000 系列标准　标准号分配表

	名　称	标准号
SC1	环境管理体系（EMS）	14001—14009
SC2	环境审核（EA）	14010—14019
SC3	环境标志（EL）	14020—14029
SC4	环境行为评价（EPE）	14030—14039
SC5	生命周期评估（LCA）	14040—14049
SC6	术语和定义（T&D）	14050—14059
WG1	产品标准中的环境指标	14060
	备用	14061—14100

2. 废弃物 Rubbish

它通常指在加工和生产过程中产生的废料，但是经过再处理，可以再次成为下一道工序的原材料。通常而言，“废弃物”是放错地方的“垃圾”。

3. 废弃物管理 Rubbish Management

废弃物管理包括废弃物的利用和清除。废弃物管理必须以与环境相容的方式进行，不得危害环境和人的健康以及其他公共利益。废弃物管理的这一前提条件贯穿于德国循环经济立法的始终。

4. 废弃物拥有者 Owner of Rubbish

它是指对废弃物具有实际权利的自然人或法人。在废弃物清除后，主管部门可以要求废弃物拥有者提供证明被清除废弃物所在地的有关文件。

5. 废弃物制造者 Maker of Rubbish

它是指其行为导致废弃物产生的自然人或法人；或对废弃物进行预先处置、混合或其他处置使得废弃物性质或组成发生变化的自然人或法人。

6. 风能 Energy of Wind

它是指空气沿地表运动所具有的能量，是太阳能的一种转化形式，其大小取决于风速和空气密度。地球上和大气中，各处接收到的太阳辐射能和放出的长波辐射能是不同的，因此在各处的温度也不同，这就造成了气压的差别。大气便由气压高的地方向气压低的地方流动。水平方向的大气流动就是风，所以，风的能量是由太阳辐射能转化来的。

7. 封闭系统 Close System

它是指与外界只有能量交换而无物质交换的系统。

8. 规制 Governance

它是指使相互冲突或具有不同利益的集团得以调和并且采取联合行动的持续过程，既包括政府制定的制度和规章，也包括公众和社会团体同意的或以为符合其利益的各种非正式的制度安排。——据联合国全球规则委员会定义。

9. 耗散结构理论 Dissipation Structure Theory

该理论是化学家普利高津（Prigogine）提出的概念，即指远离平衡态且包含多基元层次的开放系统通过耗散运动（与外界进行物质、能量与信息交换），在系统内部涨落的触发下，自组织地形成某种动态稳定且时空有序的结构。

10. 环境 Environment

它是指围绕着人群的空间以及其中可以直接、间接影响人类生活和发展的各种自然因素的总体。——《中国大百科全书（环境科学卷）》

11. 环境经济学 Environment Economy

它是指以环境与经济之间的特定关系为研究对象，以经济的外部性作为研究的侧重点，以环境的污染和治理，生态的破坏与恢复为主要研究内容的经济学科。

12. 环境伦理观 Environmental Ethics

该伦理观也可以理解为可持续发展环境伦理观，是结合循环经济和环境伦理的一种新型的环境伦理理论。它主张人与自然和谐统一的整体价值观方面与深环境论中的环境整体主义是一致的，强调人与自然和谐统一的基础上，更承认人类对自然的保护作用和道德代理人的责任，以及对一定社会中人类行为的环境道德规范研究。可持续发展环境伦理观对现代人类中心主义和非人类中心主义采取了一种整合的态度。

13. 环境正义 Environmental Justice

它是一个全新的正义概念，随着环境问题的提出而发展。美国国家环保局（EPA）将之定义为：在环境法律、法规和政策的制定、遵守和执行等方面，全体公民，不论其种族、民族、收入、国籍或教育程度，均应得到公平对待并卓有成效地参与进来。

14. 减量化原则 Reduce Principle

"减量化"原则属于输入端方法，旨在减少进入生产和消费过程的物质量，从源头节约资源使用和减少污染的排放。即在生产过程中，通过技术改造减少产品原材料的使用，要求产品小型化和轻型化，尤其是减少一次性包装材料的使用；在生活过程中，鼓励人们学会适度消费，以避免产生过多的垃圾。减量化的目的是减少对自然资源的使用并抑制废弃物的产生。换言之，就是通过对产品的资源使用量的减少来达到减少废弃物的排放并节约资源的目的。减量化有几种不同的表现。

15. 静脉产业 Vein Industry

它是在日本广为流行的概念，即指废旧资源再利用及无害化处置体系。它是相对于"动脉产业"而言的，"动脉产业"是指开发利用自然资源形成的产业，静脉产业是指废弃物资源化形成的产业。

16. 开放系统 Open System

它是指与外界既有物质交换又有能量交换的系统。

17. 可持续发展 Nachhahige Entwicklung（Sustainable Development）

可持续发展源于 1713 年的德国人卡尔·冯·卡罗维茨（Hans Carl von Carlowitz）的思想，后来的几百年间没有得到应有的重视。可持续发展作为 20 世纪 80 年代国际社会倡导的理念，1987 年，联合国世界环境与发展委员会（World Commission on Environment and Development，WCED）发表了《我们共同的未来》（Our Common Future）报告，由于该委员会由挪威前首相布伦特兰（Brundtland）夫人担任主席，故该报告又被称之为布伦特兰报告（Brundtland Report）。它首先向国际社会阐述了可持续发展的概念，将"可持续发展"定义为"能满足当代的需要，同时不损及未来世代满足其需要之发展"（Development that meets the needs of the present without compromising the ability of future generations to meet their own needs）。可持续发展的核心是发展，但要求在严格控制人口、提高人口素质和保护环境、资源持续利用的前提下进行经济和社会的发展。1992 年在巴西里约热内卢（Rio de Janeiro）召开"环境与发展大会"（Conference on Environment and Development），由于当时参会的多是各国高级首脑，所以这次会议又被称为地球高峰会议（Earth Summit or World Summit），会上 183 个国家共同制定了可持续发展的全球计划《21 世纪议程》（Agenda 21）。从此，可持续发展的思想才开始深入到人类的思想和行为、管理和企业中。

18. 可再生资源 Reproductible Resource

它是指在较短时间内可以循环利用的资源，包括土地资源、水资源、气候资源、生物资源和海洋资源等。

19. 控制论 Control Theory

它是研究各类系统的调节和控制规律的科学。它研究生物体和机器以及各种不同基质系统的通讯和控制的过程，探讨它们共同具有的信息交换、反馈调节、自组织、自适应的原理和改善系统行为、使系统稳定运行的机制，从而形成的一大套适用于各门科学的概念、模型、原理和方法。

20. 蓝色天使 Der Blaue Engel（The Blue Angel）

它是世界上最早的环保标志。它是在原德国内政部长的倡议下，于 1977 年由当时德国联邦环境部长通过决议创立的。它旨在保护环境和消费者。它也为德国经济向可持续性方向转变起到了关键的促进作用。

21. 零排放 Zero Emission（Zero Exhaust）

20 世纪 90 年代初，联合国大学提出“零排放”概念，进一步深化了可持续发展理论。它主要是指大幅度地减少污染物和能源排放，零排放不仅提倡在生活和生产行为中更有效地使用清洁能源及再生资源，努力节省资源和能源，注重使用可循环再利用的材料和零件，以降低资源消费和废弃物的排放，而且还主张在产业之间建立零排放机制，将一个产业所产生的废弃物作为其他产业的资源而重复利用。

22. 绿色 GDP Green GDP

它也就是绿色国内生产总值：是对 GDP 指标的一种调整，广义的理解是绿色 GDP =（传统 GDP）-（自然环境部分的虚数）-（人文部分的虚数）；狭义的理解是扣除经济活动中自然资源耗减成本和环境污染成本后的国内生产总值，是对资源、环境的综合核算，是一种全新的国民经济核算体系，更能全面、真实地反映经济增长的质量和可持续发展的能力。

23. 环境贸易绿色壁垒 Green Barrier

它又称绿色贸易壁垒、绿色技术壁垒、环境壁垒或生态壁垒，是指为保护人类健康，保障生态安全和促进自然资源合理利用而采取的客观上对国际贸易产生某种限制或障碍作用的措施。

24. 绿色食品 Green Food

它是指遵循可持续发展原则，按照特定生产方式生产，经许可使用的无污染的安全、优质、营养的食品。

25. 绿色资本 Green Capital

它是指以绿色生态经济价值观为基础，树立以人为本，知识经济为主导的科学发展观，按照市场经济资本运营规律，将人力资源、生态环境有形资源、无形服务功能、社会生态效益交由专业机构评估计算的资本化核算。

26. 末端治理 End Disposal

它是指先污染、后治理的环境处置模式。即在生产链或在废弃物排放到自然界之前，对其进行一系列的物理、化学或生物过程的处理，以最大限度地降低污染物对自然界的危害。

27. 能源 Energy

它是一个包括所有燃料、流水、阳光和风的术语，人类用适当的转换手段便可让它为自己提供所需的能量。——《大英百科全书》

28. 企业社会责任 Corporate Social Responsibility

它是指企业履行社会道德的行为，根据英国国际工商领袖论坛（IBLF）给出的定义，是指企业运营应当公开透明、符合伦理道德、尊重劳工社群以及保护自然环境，从而既能为股东也能为全社会持续创造价值。企业应承担的社会责任范围具体可分为经济责任、文化责任、教育责任、环境责任等不同方面。

29. 清洁生产 Cleaner Production，CP

1989 年，联合国环境规划署首次将清洁生产定义为将综合预防的环境策略持续地应用于生产过程和产品中，以便减少对人类和环境的风险。1992 年里约会议发布的《21 世纪议程》中，清洁生产被视为工业界达到改善环境和保持竞争力及可赢利的核心手段之一。1998 年 10 月联合国环境署在韩国汉城第五次国际清洁生产高级研讨会上出台了《国际清洁生产宣言》。2002 年约翰内斯堡可持续发展世界首脑会议决定在世界范围内推行清洁生产。20 世纪 90 年代以来，许多国家都加入了节能降耗、清洁生产的潮流。中国在 2002 年出台了世界上第一部有关清洁生产的法律《清洁生产法》，该法认为清洁生产应该不断采取改进设计、使用清洁的能源和原料、采用先进的工艺技术与设备、改善管理、综合利用等措施，从源头削减污染，提高资源利用效率，减少或者避免生产、服务和产品使用过程中污染物的产生和排放，以减轻或者消除对人类健康和环境的危害。清洁生产包括节约原材料和能源，淘汰有毒有害的原材料，并在全部排放物和废物离开生产过程以前，尽最大可能减少它们的排放量和毒性。对产品而言，清洁生产旨在减少产品整个生命周期过程中从原料的提取到产品的最终处置对人类和环境的影响，它应该达到两个目标：（1）通过资源的综合利用、短缺资源的代用、二次能源的利用，以及节能、降耗、节水，合理利用自然资源，减缓资源的耗竭。（2）减少废物和污染物的排放，促进工业产品的生产、消耗过程与环境相容，降低工业活动对人类和环境的风险。

30. 热力学第二定律 The Second Law of Thermodynamics

它是指描述过程变化方向所要遵从的一般规律，即孤立系统总是自发地朝着使系统熵增加的方向变化。

31. 热力学第一定律 The First Law of Thermodynamics

即能量守恒定律，物质是从相对有用的原料变成相对无用的废弃物进入环境，但前后的物质总量保持不变。

32. 熵 Entropy

它是描述分子热运动无序程度的物理量，其数值越大说明分子热运动的无序程度越高。

33. 生活垃圾 Subsistence Waste

生活垃圾可分为可回收垃圾、厨余垃圾、有害垃圾和其他垃圾四大类。常用的垃圾处理方法主要有综合利用、卫生填埋、焚烧和堆肥。其中可回收垃圾包括纸类、金属、塑料、玻璃等，通过综合处理回收利用，可以减少污染，节省资源；厨房垃圾包括剩菜剩饭、骨头、菜根菜叶等食品类废物，经生物技术就地处理堆肥；有害垃圾包括废电池、废日光灯管、废水银温度计、过期药品等，这些垃圾需要特殊安全处理；其他垃圾包括除上述几类垃圾之外的砖瓦陶瓷、渣土、卫生间废纸等废弃物，采取适当循环经济技术处理可有效减少对地下水、地表水、土壤及空气的污染。

34. 生命周期评估 Life Cycle Assessment

简称 LCA，是 1990 年国际环境毒理学和化学学会（Society of Environmental Toxicology and Chemistry，简称 SETAC）正式提出的术语，即对产品或材料的物耗与能耗评估思路推广到全过程，既可对它们进行单个因素评估又可对其进行综合评价。

35. 生态城市 Ecotype City

它是指根据生态学原理建立起来的社会、经济、自然协调发展，物质、能量、信息高效利用，生态良性循环的人类聚居地，即高效、和谐、持续的城市生态系统。

36. 生态工业园区 EIP，Eco – Industrial Park

它是一个包括自然、工业和社会的地域综合体，是依据循环经济理论和工业生态学原理设计而成的一种新型工业组织形态，是生态工业的聚集场所。它通过成员之间的副产品和废弃物的交换，能量和废水的梯次利用，基础设施的共享来实现园区经济效益和环境效益的协调发展。

37. 生态环境阈值 Threshold of Environment

它又称环境承载能力，指任何生态环境系统对于外界污染抵抗的限度。若超过此自净程度，即当环境容量为负值时将引起严重不良后果。

38. 生态经济学 Ecological Economy

它是研究社会再生产过程中经济系统与生态系统之间物质循环、能量转化、信息系统和价值增值的经济学。

39. 生态效率 Ecological Efficiency

它是指提供有价格竞争优势的，满足人类需求并保证生活质量的产品或服务，同时逐步降低对生态的影响和资源消耗强度，使之与地球承载能力相一致。

40. 生物质能 Vegetal Energy

它是指人类最早利用的能源，即通过光合作用存储在植物体中的太阳能。

41. 太阳能 Solar Energy

它是指太阳以电磁波的形式向宇宙空间放射的能量，包括直接辐射和天空散射辐射的能量总和。

42. 污染者付费原则 Principle of Pay by Polluter

它是指污染者应该承担由政府决定的控制污染措施的费用，以保证环境处于可接受的状态。换言之，在生产过程和（或）消费过程产生污染的产品和服务的成本中，应当包括这些控制污染措施的费用。

43. 物质流分析 MFA，Material Flow Assessment

物质流分析是描述经济活动中物质输入、输出相关的路径及其输出量、输入量的一种系统工具。它是以重量单位代替货币单位，追踪物质从自然界开采进入人类经济体系，并通过经济活动在各种人类社会阶段移动，最后回到自然界中的情况，并在量化分析的基础上，进行优化管理。

44. 稀缺 Scarcity

它是指人类的需求是无止境的，而可利用的资源却是有限的，因此更多地享有一种资源通常意味着更少地享有另一种资源。

45. 系统 System

由若干元素按一定关系组合的具有特定功能的有机整体，其中元素又称为子系统。

46. 系统论 System Theory

它是研究系统的一般模式、结构和规律的学问。它研究各种系统的共同特征，用数学方法定量地描述其功能，寻求并确立适用于一切系统的原理、原则和数学模型，是具有逻辑和数学性质的一门新兴学科。

47. 信息论 Information Theory

它是关于信息的本质和传输规律的理论，是研究信息的计量、发送、传递、交换、接收和储存的一门新兴学科。

48. 循环经济 Recycling Economy/Circular Economy

传统经济是一种“资源—产品—污染排放”单向流动的线性经济，其特征是高开采、低利用、高排放，而循环经济要求把经济活动组织成一个“资源—产品—再生资源”的反馈式流程，其特征是低开采、高利用、低排放，所有的物质和能源要能在该循环中得到合理和持久的利用，从而将经济活动对自然环境的影响降低到最小的程度。循环经济以资源的高效利用与循环利用为核心，以“减量化、再利用、再循环”为原则，是符合可持续消费与生产的经济增长模式，它为解决人类社会可持续发展进程中的资源环境制约问题提供了一条有效的途径。

49. 循环型社会 Circular Society

日本作为积极倡导循环型社会的国家，于 2000 年 5 月通过的《促进建立循环型社会基本法》。循环型社会的建设是一个系统工程，它以“3R 原则”为指导，以社会、经济的可持续发展为目的，以减少废弃物的产生、排放和对产品实行综合利用及循环利用为手段，成为实现社会、经济和生态保护协调的可持续发展的社会模式。

50. 宇宙飞船理论 Spaceship Theory

它是由美国经济学家鲍尔丁（Kenneth Boulding）提出的理论。其观点为：地球就像在太空中飞行的宇宙飞船，要靠不断消耗自身有限的资源而生存，若不合理地开发资源，破坏环境，则地球就会像宇宙飞船那样走向毁灭。

51. 减量化原则 Reduce Principle

它属于过程性方法，目的是提高产品和服务的利用效率，要求产品和包装容器以初始形式多次使用，减少一次用品的污染。要求产品和包装容器能以初始的形式多次或多种方式再利用，延长产品和服务的使用周期，避免过早地成为废弃物。

52. 再利用原则 Reuse Principle

“再利用”原则属于过程性方法，目的是提高产品的利用效率，要求产品和包装容器以初始形式多次使用，尽可能地通过对物品进行重复使用或修理之后延长产品的使用周期，其目的在于避免产品过早地成为废弃物。通常的做法是在产品中使用标准尺寸的元件，实现部分优化替代的技术，减少“新”产品的产生量，以防止因产品某元件的损坏而导致整个产品的报废。再利用原则要求抵制当今世界一次性用品的泛滥，建立二手商品市场或跳蚤市场不失为实现再利用的有效途径。

53. 再循环原则 Recycle Principle

“再循环”原则属于输出端方法，要求产品在完成其使用功能后可回收和综合利用，使废弃物转化为再生资源。再循环有两种情况，一种是原级再循环，即废品被循环用来产生同种类型的新产品，另一种是次级再循环，即将废物资源转化成其他产品的原料。如果不能被作为原材料重复利用，就应该对其进行热回收，这样做能够减轻垃圾填埋场和焚烧场的压力，而且可以节约新资源的使用。

54. 制度 Institution

制度是指约束人们行为的一系列规范，既包括政治法律制度等成文的规则，又包括存在于人的观念中、靠人的自我约束和舆论监督来实施的道德、风俗、习惯等。一般来说，制度框架包括正式制度，非正式制度以及其实施机制。英文中“system”与“institution”两个词都可以理解为制度，前者有系统、体系、体制、秩序、规律、方法等含义；而后者则有公共机构、协会、学院等含义。一般认为“system”侧重于宏观的、有关社会整体的或抽象意义的制度体系，而“institution”则指相对微观的、具体的制度，西方经济学中的制度都使用“institution”。

55. 中水 Reproducible Water

它是指城市污水或生活污水经处置后达到一定的水质标准，可在一定范围内重复使用的非饮用水。

56. 自然资源 Natural Resource

《辞海》中把自然资源定义为“天然存在的自然物，不包括人类加工制造的原料，如土地资源、水利资源、生物资源和海洋资源，是生产的原料来源和布局场所”。1972 年 UNEP 指出自然资源是指一定时间条件下，能够产生经济价值以提高人类当前和未来福利的自然环境因素的总称。《英国大百科全书》中认为自然资源是人类可以利用的自然生成物以及生成这些成分的环境功能。前者包括土地、水、大气、岩石、矿物及其群体森林、草地、矿产和海洋等，后者则指太阳能、生态系统的环境机能、地球物理化学的循环机能等。总之，自然资源是社会物质财富的源泉，是社会生产过程中不可缺少的物质要素，是人类生存的自然基础。由于它受社会经济技术发展水平的限制，不同时代和不同地点的资源种类、数量、质量等有所不同。

57. 资源 Ressources（Resource）

“资源”的概念源自经济学科，它是作为生产实践的自然条件和物质基础提出来的。《辞海》中把资源概括为“资财的来源，一般指天然的财源”，资源是由人发现的有用途和有价值的物质，有量、质、时间和空间等属性，信息、技术和相对稀缺性的变化都能把以前没有价值的东西变成宝贵的资源。简言之，资源是指自然界及人类社会中对人类有用的资财。它包括人类所需要的阳光、空气、水、矿产、土壤、植物、动物等一切自然物，也包括以人类劳动产品形式出现的一切有形物品，以及如知识、技术及人类本身的体力和智力等无形资产。

58. 可持续消费和生产 Sustainable Consumption and Production，SCP

可持续消费与生产可以理解为人们在提高生活质量和生产水平的同时，采取保护有限资源和减少环境污染的措施。联合国环境署曾就 SCP 编制了一套工具书，分别设立了 12 个课题，其中涉及饮用水、食物、旅游、纺织、生活方式、休闲活动、住房等，主要分析人们在这些领域中对环境与社会的影响。1994 年联合国环境署在肯尼亚首都内罗毕（Nairobi）会议上发表的《可持续消费的政策因素》报告中，首次提出可持续消费的概念，认为可持续消费是“提供服务以及有关的产品以满足人类的基本需求，提高生活质量，同时使自然资源和有毒材料的使用量最少，从而不危及后代的需求”的方式。对于可持续消费而言，它涉及从原料提取、预处理、制造、产品生命周期、产品购买、使用、最终处置等环节，一些欧洲国家以生态税作为促进可持续消费的新方法。

59. 脱钩 Decoupling

根据 OECD 的定义，在某一时期，当环境压力的增长比它的经济驱动因素（如 GDP）的增长慢时，就是环境退化与经济增长的脱钩。有两种衡量脱钩的方法：第一种衡量方法是基于物质消耗强度或者污染排放强度的脱钩，这被认为是物质使用效率意义上的脱钩或所谓相对的减物质化。另一种衡量方法是基于物质消耗总量以及污染排放总量的脱钩，这被认为是物质消耗规模意义上的脱钩或所谓绝对的减物质化。脱钩具有逆向脱钩和正向耦合两种基本内涵。逆向脱钩指经济增长与环境退化的脱钩，包括经济发展与物质需求增长脱钩、经济发展与自然资源消耗增长脱钩、经济发展与能源消耗增长脱钩、经济发展与环境污染增长脱钩、经济发展与生态退化脱钩等。正向耦合指经济发展与环境进步良性耦合等。脱钩还可以划分为两种不同的脱钩程度，相对脱钩指环境压力继续增长，但增长的速度比经济增长的速度要慢，绝对脱钩则是指环境压力稳定或下降，经济继续增长。

60. 减物质化 Dematerialisierung（Dematerialisation）

减物质化又称为解物质化或低物质化。它指使用环保再生原料和先进设计工艺，提倡环保优先设计、回收优先设计，强调生产者责任，形成闭合循环回路以便重复使用元器件，从而降低生产过程中的资源消耗，避免或减少资源消耗和废弃物排放。在体积上通过小型化、轻型化，在材料上使用环保替代材料，在相同或者甚至更少的物质基础上获取较多的产品和服务，或者在获取相同的产品和服务功能时，使新物质和能量的投入最小化。在大型工业项目中，采用低能耗与低物耗的高科技产品，可以减少对钢铁、化工产品和化石燃料的依赖，这种“替代效应”决定了其能源物质消耗的“减物质化”特征。此外，它还可以借助于产品服务来延长产品的使用寿命，这种产品服务系统（Product Services and Systems，PSS）在产品设计时，应考虑易于维护和修理，该项服务应该成为生产者的核心能力之一。

61. 非物质化 Immaterialisation

非物质化又称为去物质化或脱物质化。它指用非物质形式取代有形物质的产品和消耗的方式，从源头上控制废弃物的产生，实现社会经济的良性循环。非物质化是消费与生产的一种理想状态，提倡非物质性服务与消费，通过改变消费者行为，建立以满足基本生活需求为前提的可持续消费观，从而避免或减少资源消耗和废弃物产生。非物质化常表现在数字化技术的替代作用上，即在传递信息和交流中不再使用实物形态的手段。非物质化的设计技术通常被称为可持续的替代性服务（Sustainable Services Substitution，简称 3S）。此外，非物质化要求经济发展不再依赖于自然物质资源，而是决定于人类的创造力，决定于人类创造“内容”的质量和效率，非物质化的经济逐步成为经济发展的一种方式，判断经济非物质化的进展程度不仅取决于工业原料的消耗量，而且还要考虑在实施过程前后对其他环境因素的影响。

62. 生态现代化 Ecological Modernization

20 世纪 80 年代德国学者提出的生态现代化理论，已经成为发达国家环境社会学的一个主要理论。生态现代化要求采用预防和创新原则，推动经济增长与环境退化脱钩，实现经济与环境的双赢。生态现代化是一种利用人类智慧去协调经济发展和生态进步的理论，以工业生态学作为核心概念，以可持续作为重要目标，通过协调经济和环境的关系，不仅促进经济和生态可持续发展，而且为可持续发展提供了理论框架。生态现代化理论的内涵非常丰富，覆盖许多新兴学科和领域，如工业生态学、工业代谢理论、环境管理模式和战略、绿色运动、环境经济学等。环境友好技术、清洁生产技术、绿色技术、绿色产品和服务等为生态现代化提供了技术基础。

63. 生态背包 Ecological Baggage

德国伍佩塔尔气候、环境和能源研究所的科学家对企业生产、销售 CD 所消耗的能源和材料，以及从互联网上下载音乐的消耗情况进行比较研究，提出了"生态背包"理论。即在背包里装上生产某一产品全过程所消耗的全部资源，背包越沉，说明该产品对生态和环境越不利。

64. 生态足迹 Ecological Footprint

生态足迹（Ecological Footprint，也有学者译成生态基区、生态脚印、生态立足点），通常是指为了维持某一地区人口的现有生活水平，所需要的一定面积的可生产土地和水域。它从具体的生物物理量角度研究自然资本消费的空间，由此判断人类对自然系统的压力是否处于地球生态系统承载力之内、地球生态系统是否安全、社会经济发展是否可持续。

65. 代际正义 Intergenerational Justice

也称为代际公平。各代人都有义务保证其留给后代的地球自然和文化资源质量不比其接受这些资源时有所下降，使后代人追求其美好生活的平等机会不受到损害，故可持续发展被理解成为能够保证代际正义，能够保存并留给下一代现有体系的一些特征的发展模式。代际正义的原则要求确保后代人不遭受威胁健康和生存的污染的危害，要求各代人都把保存生命和世代机会平等视为自己消费自由的约束条件，要求适当降低超过世界平均的生态条件的消费。

66. 21 世纪议程 Agenda 21

又称"世界范围内可持续发展行动计划"，它是从目前至 21 世纪末，全球范围内的各国政府、联合国组织、发展机构、非政府组织和独立团体在人类活动对环境产生影响的各个方面的综合行动蓝图。

67. 跳蚤市场 Flea Market

有关 Flea Market 的来源，有两种理论：语源学家克丽丝汀 · 安默儿认为，Flea Market 最初来源于纽约的 Fly Market。Fly Market 是纽约下曼哈顿地区的一个固定市场，这一市场从美国独立战争（1775 年）之前一直延续到大约 1816 年。另一种说法是 Fly Market 起源于 19 世纪末的法国，Le Marche aux Puces（法语，字面意思相当于英语中的 market of the fleas），是巴黎专门卖便宜货的地方。20 世纪 20 年代 Flea Market 第一次出现在英语中，Flea Market 指的是一种常在户外举行的非正式周末集市，其中摊贩出售各种各样的东西，有用过的商品，也有许多新的，并且价钱相对便宜。

68. 利用型废弃物 Waster for recovery

它是指可以再利用和再使用的废弃物。

69. 清除型废弃物 Waste Disposal

它是指已经无法再利用，要被清除的废弃物。

70. 层次分析法 Analytic Hierarchy Process，AHP

它是美国运筹学家T. L. Saaty教授于20世纪70年代初期提出的一种简便、灵活而又实用的多准则决策方法，它是一种定性和定量相结合的、系统化、层次化的分析方法，它把一个复杂问题分解成组成因素，并按支配关系形成层次结构，然后应用两两比较的方法确定决策方案的相对重要性。

71. 投入产出法

投入产出法就应用于研究国民经济而言，它的主要内容是编制棋盘式的投入产出表和建立相应的线性代数方程体系，构成一个模拟现实的国民经济结构和社会产品再生产过程的经济数学模型，综合分析和确定国民经济各部门间错综复杂的联系和再生产的重要比例关系。投入产出法的投入，是指产品生产所消耗的原材料、燃料、动力、固定资产折旧和劳动力；产出是指产品生产出来后所分配的去向、流向，即使用方向和数量，又叫流量，例如，用于生产消费、生活消费和积累。

参 考 文 献

1. 孟赤兵，苟在坪. 循环经济要览. 北京：航空工业出版社，2006

2. 马凯. 贯彻和落实科学发展观大力推进循环经济发展. 全国循环经济工作会议讲话，2005. 9. 28

3. 北京市社会科学院北京现代循环经济研究院. 北京市产品包装现状与实施减量化、回收再利用再资源化的对策，2006

4. The Fridtjof Nansen Institute. 绿色全球年鉴（Green Globe Yearbook）中国环境科学出版社，1995

5. 李沛生. 实施循环经济发展适度包装. 中国包装工业，2007，(3)

6. 李沛生. 推进循环经济，发展绿色包装，彻底治理“白色污染”. 中国包装工业，2006，(3)

7. 李沛生. 我国包装产业现状和实施循环经济、发展绿色包装对策. 温州包装，2006，(2)(3)

8. 李沛生. 发展绿色包装，促进绿色物流产业发展. 中国储运，2006，(3)

9. 李沛生. 实施循环经济，发展绿色包装，构建节约型社会，促进全社会可持续发展. 2006 中国环境科学学会绿色包装学术研讨会会刊大会主题报告，2006. 8

10. 李沛生，王启垣. 包装产业与循环经济. 北京：中国轻工业出版社，2008. 2

11. 北京现代循环经济研究院. 产业循环经济. 北京：冶金工业出版社

12. Ernest A Lowe. Creating By product Resource Exchanges Strategies for Eco - industrial Parks. Cleaner Production. 1997，5 (1)：57 ~ 65

13. Audra J Potts Carr. Choctaw Eco - Industrial Park：An Ecological Approach to Industrial Land - use Planning and Design. Landscape and Urban Planning，1998，42：239 ~ 257

14. David Gibbs，Pauline Deutz. Implementing Industrial Ecology Planning for Eco - industrial Parks. Geoforum，2005，36：452 ~ 464

15. M. Narodoslawsky，C. Krotscheck. Integrated ecological optimization of processes with the sustainable process index. Waste Management 2000 (20)：599 ~ 603

16. Jo Dewulf，Herman Van Langenhove. Integrating industrial ecology principles into a set of environmental sustainability indicators for technology assessment. Resources，Conservation and Recycling. 2005 (43)：419 ~ 432

17. Cristina Sendra，Xavier Gabarrell，Teresa Vicent. Material flow analysis adapted to an industrial area. Cleaner Production 2007 (15) 1706 ~ 1715

18. 苗泽华，孙班军，张生元等. 工业企业集团生态工程实施及其评价. 石家庄经济学院学报，1999，22 (2)：154 ~ 158

19. 元炯亮. 第二产业循环经济评价指标体系研究. 环境保护，2003 (3)：38 ~ 40

20. 戈银庆，李全宏. 基于循环经济的生态工业指标体系研究. 开发研究，2007 (2)：117 ~ 119

21. 李强，汤俊芳，钟书华. 生态工业园评价指标体系的构建. 科技与管理，2006 (4)：

67～70

22. 国家环境保护总局. 中华人民共和国环境保护行业标准. 综合类第二产业循环经济标准（试行）2006－6

23. 国家环境保护总局. 中华人民共和国环境保护行业标准. 行业类第二产业循环经济标准（试行）2006－6

24. 国家环境保护总局. 中华人民共和国环境保护行业标准. 静脉产业类第二产业循环经济标准（试行）2006－6

25. 乔琦，傅泽强，刘景洋等. 生态工业评价指标体系. 北京：新华出版社，2006. 49

26. 吴伟，陈功玉，陈明义等. 生态工业系统的综合评价. 科学学与科学技术管理，2002（2）：72～74

27. 苑清敏，齐二石，李健. 绿色供应链与工业生态园区. 天津理工学院学报，2002，18（2）：26～29

28. 王灵梅，张金屯. 火电厂生态工业园生态规划研究. 环境保护，2003（12）：25～29

29. 黄成秀，尚金城. 生态工业园规划建设的理论与方法初探. 经济地理，2004，24（3）：399～402

30. 张大伟，杨王乐，胡山鹰等. 生态工业系统评价. 过程工程学报，2005，5（6）：654～658

31. 黄海凤，张宏华，蔡文祥等. 基于灰色聚类法的第二产业循环经济评价. 浙江工业大学学报，2005，33（4）：379～383

32. 张艳. 模糊推理方法遴选生态工业园入园项目的研究. 武汉理工大学学报，2005，27（5）：108～111

33. 王艳丽，周美华. 生态工业园柔性模型的建立及评价. 东华大学学报（自然科学版），2006，32（6）：48～51

34. 张帆，麻林巍，蓝钧等. 生态工业园评价方法研究：以北京市为例. 中国人口资源与环境，2007，17（3）：100～105

35. 袁媛，戴科伟，凌虹等. 张家港三大工业园区生态工业园建设指标体系研究. 安徽农业科学，2007（2）：557～559，561

36. 姜楠. 第二产业循环经济综合评价指标体系研究. 吉林大学硕士学位论文. 2007

37. 姜文来，唐曲，雷波等. 水资源管理学导论. 北京：化学工业出版社，2005

38. 郭亚军. 综合评价理论、方法及应用. 北京：科学出版社，2007：14～15.

39. 胡永宏，贺思辉. 综合评价方法. 北京：科学出版社，2000：15.

40. 郭亚军. 综合评价理论与方法. 北京：科学出版社，2002.

41. 苗建青. 日本废弃物回收政策对资源化率影响效果的计量分析. 经济科学，2005，（5）

42. 张越. 城市生活垃圾减量化管理经济学，2005. 7

43. 李晓. 基于德国经验寻找中国垃圾处理的出路. 科技情报开发与经济，2006，（10）

44. http://www. green－china. org/ublog/blog. php？ do＝showone&tid＝154. 山诺会日本考察报告. 2007. 12. 27

45. 朱秋云. 世界上第一个包装废弃物回收利用系统——绿点——德国回收利用系统股

份公司（DSD）．再生资源研究，1999，（4）

46．焦志延，贾灵．德国的废弃物管理：封闭物质循环和绿点标志．世界环境，1999，（2）

47．武春友．资源效率与生态规划管理．北京：清华大学出版社，2006. 4

48．http://www. sepa. gov. cn/tech/stgyyq/m/200412/t20041201_61324. htm．国家环保总局．2007. 2. 6

49．http://www. shandong. gov. cn/art/2007/12/19/art_9412_415874. html. 山东省人民政府．2007. 12. 26

50．日本环境厅．张申民等译．地球环境经济研究会环境保护型企业论．北京：中国环境科学出版社，1995

51．侯小伏．英国环境政策的公众参与及其对中国的启示．中国人口资源与环境，2004，14（5）：125～129

52．王益．加拿大的资源环境核算及其对我国的启示．经济要参，2004，（50）：29～31

53．马荣．德国循环经济的发展概况．中国环保产业，2000，（5）：43～46

54．王爱兰．一些发达国家发展循环经济的经验和启示．城市环境与城市生态，2005，18（3）：44～46

55．张天柱．循环经济及其在我国的实践．领导之友．2004，（4）：32～34

56．胡正梁．世界先进国家循环经济发展趋势．山东经济战略研究．2004，（4）：12～15

57．陈仁新．再生资源回收业的开放竞争与规范管理研究．上海大学．2001. 3

58．杜存纲等．工业生态学和绿色工业．科学．经济．社会 2000（01）. 3

59．中国包装网. http://news. pack. net. cn. 日本实行包装废弃物回收奖励制度．2005－08－01

60．苗建青．论循环经济的效率问题．外国经济与管理．2005，（12）：51～63

61．阿茵．国外电子废弃物回收现状．EVIRONMENT 34～36

62．张润生；郑煜 1957．01．07 扩充工业原料 增加人民收入 各地供销社收购了大量废弃物 人民日报，第三版

63．新华网．2006－2－26

64．中国证券报．2008 年中国造纸业强弱分明［DB/OT］．中国商业报告库. http://www. bjinfobank. com/IrisBin/Text. dll? db = BG&no = 249154&cs = 15557391&str = 中国造纸. 2008. 4. 11

65．中国包装工业．中国造纸协会关于造纸工业十一五发展的意见［DB/OT］．中国商业报告库

http://www. bjinfobank. com/IrisBin/Text. dll? db = BG&no = 249154&cs = 15557391&str = 中国造纸．2007. 10. 10

66．Frest Trend. Environmental Aspects Of China's Papermaking Fiber Supply. 2007. 7. piv

67．Brain Stafford. Environmental Aspect Of China's Papermaking Fiber Supply

68．Frest Trend. Environmental Aspects Of China's Papermaking Fiber Supply. 2007. 7. p18

69．慧聪网．http://info. paper. hc360. com/html/001/001/006/12322. htm. 2008－5－3

70．UNEP. Selection, Design and Implementation of Economic Instruments in the Solid Waste

Management Sector in Kenya. 2005 - 3. p53

71. 马占峰，废旧塑料循环应用遭遇成长烦恼，中国包装工业. 2006.10

72. 任慧玲. 电子垃圾回收系统及其标准化研究. 安全与环境工程，2006（01）70 ~ 79

73. 芮嘉明，陈红丽，张耀荔. 电子废弃物回收利用的研究

74. 国家环保总局，世界银行. 促进循环经济的政策研究. 2007.5

75. GREEN PEACE. 出口危害——流向亚洲的高科技废弃物. p6

76. 刘莉，李晓红，王里奥. GIS 在城市生活垃圾回收方案规划研究中的应用. 环境科学与技术. 52 ~ 54

77. 王兆华，武春友，王国红. 生态工业园中两种工业共生模式比较研究. 软科学，2002（2）：11 ~ 12

78. 王太师，黄家利. 构建再生资源回收利用体系，贵阳做垃圾产业文章. 中国经济网. 2007.2.05

79. http://plas.chem99.com/news/105859.html 中国将建较为完善的再生资源回收体系 2006.3.31

80. 武文生. 北京市重点行业循环经济技术支撑体系及科技政策研究. 长城企业战略研究所.（内部资料）2006

81. 发展循环经济，推进节约型社会建设主题实施方案（试行）. 北京市科学技术委员会.（内部资料）2006

82. 沈金生. 循环经济特征新探. 经济问题. 2006

83. 沈金生. 循环经济技术分析框架探微. 经济问题. 2006

84. 孙启宏，段宁. 循环经济的主要科学研究问题. 科学学研究. 2005

85. 崔伟宏，罗静. 我国循环经济的发展基础与技术体系分析. 地球信息科学. 2007

86. 王圣宏. 循环经济发展的技术支撑. 学术交流论文. 2006

87. 张远军. 建构我国循环经济发展的绿色科技支撑体系. 经济师. 2006

88. 孙滔. 循环经济的发展与科学技术的支撑. 天津科技. 2007

89. 任继勤，孙茂龙. 北京发展循环经济技术支撑指标与政策. 中国科技论坛. 2006

90. 牛桂敏. 循环经济评价体系的构建. 城市环境与城市生态. 2005，18（2）：4 ~ 7

91. 国家发改委经济体制与管理研究所《我国循环经济发展战略研究》课题组：发展循环经济是落实科学发展观的重要途径，宏观经济研究 2005 年第 4 期

92. 黄海峰，曹燕辉，陈超：中国建立循环经济体系的必要性及对策研究，中国经济时报 2005 年 5 月 23 日

93. 黄海峰等：德国发展循环经济的经验及对我国的启示，北京工业大学学报（社会科学版）2005 年第 2 期

94. 黄海峰等：构建循环经济体系的系统经济学分析，环境保护 2005 年第 8 期

95. 黄海峰，李慧颖：中国企业的环境责任，中国环境报 2006 年 1 月 13 日

96. 黄海峰，孙涛，姚望：建设绿色投资体系 推进循环经济发展，宏观经济管理，2005 年第 8 期

97. 李华友，任勇，周国梅：循环经济中国展望，环境经济 2006 年第 1 期

98. 漫丹等：循环经济及政策体系研究，同济大学学报（文科版）2006 年第 1 期

99. 任勇，李华友，周国梅，陈赛：我国发展循环经济的政策与法律体系探讨，中国人口·资源与环境 2005 年第 5 期

100. 沈满洪：环境经济手段研究，中国环境科学出版社，2001，第 110 ~ 111 页

101. 夏光：环境政策创新—环境政策的经济分析．北京：中国环境科学出版社，2001：1 ~ 45

102. 解振华：关于循环经济理论与政策的几点思考，光明日报 2003 年 11 月 3 日

103. 薛东辉：简述循环经济的制度建设，厦门科技 2005（1）

104. ［德］厄恩斯特·冯·魏茨察克，［美］艾默里·B·洛文斯，［美］L·亨特·洛文斯：四倍跃进，中华工商联合出版社，2001，第 1 ~ 11 页

105. 俞海，冯东方，高彤：远虑与近忧——急需完善的环境经济政策，环境经济 2006（27）：37 ~ 39

106. 周国富：循环经济与公众参与，生态经济 2005 年第 3 期

107. Andersen M S. Governance by green taxes：implementing clean water policies in Europe 1970 – 1990. Journal of Environmental Economics and Policy Studies. 1999. 2：39 ~ 63

108. European Union. Communication from the Commission concerning Corporate Social Responsibility：A Business Contribution to Sustainable Development. Brussels：EU COM（2002）347 Final

109. Huang Haifeng. A Development Strategy for the Circular Economy in China. International Management Review，2005（2）：27 ~ 30

110. Matt Ewadinger，Scott Mouw. RECYCLING CREATES JOBS AND BOOSTS ECONOMY. BIOCYCLE. 2005（11）：43 ~ 48

111. Matt Ewadinger，Scott Mouw. What's Good for the Planet Is Good for Economic Development. In Business. May/Jun2005，Vol. 27 Issue 3，p27 ~ 29

112. Peter L. Grogan. Saved from recycling hell. BioCycle；Mar1995，Vol. 36 Issue 3，p94 ~ 96

113. The Environment，Nature Conservation and Nuclear Safety（FME）. Environmental Policy：Local Sustainability Policy and Local Agenda 21 – A Contribution to the German Preparatory Process towards the World Summit on Sustainable Development in 2002. 2001，p9 ~ 10

114. William Blyth. Blyth. Green Inrestment Schemes：Options and Issues. William. OECD Papers. 2004，Vol. 4 Issue 2，p1 ~ 31

115. 吴键．排污权交易——环境容量管理制度创新．北京：中国人民大学出版社，2005：35 ~ 50

116. 黄晶．加拿大可持续发展战略实施评述．世界环境，2001（2）：9 ~ 12

117. Hanna，S. S.，and S. Jentoft. 1996. Human Use of the National Environment：An Overview of Social and Economic Dimensions. In Rights to Nature：Ecological，Economic，Cultural and Political Principles of Institutions for the Environment，Washington，DC：Island Press. 35 ~ 55

118. Kaimowjiz. D. N. Byron，and W. Sunderlin，1998. Public Polices to Reduce Inappropriate Tropical Deforestation. In Agriculture and the Environment，Washington，DC：World Bank：p303 ~ 323

119. FSC（Forest Stewardship Council）. 2001. FSC Receives Environmental Prize. FSC News. www. fscoax. org/principal. htm. 2002－04

120. 曹富国. 何景成. 政府采购管理国际规范与实务. 北京：企业管理出版社，1998.

121. 李葆萍. 政府采购制度：国际比较与借鉴. 经济问题探索. 2000，(7).

122. Mazurek，J. 1999. Voluntary Agreements in The United States：An Initial Survey. Concerted Action on Voluntary Approaches（CAVA）Working Paper no. 1998/11/1. January. Paris，France：Centre d'Economie Industrielle（CERNA）

123. Maxurek，J. 1999. Making Microchips：Policy，Globalization，and Economic Restructuring in the Semiconductor Industry. Urban and Industrial Enivivronments Series. Cambridge，MA：The MIT Press.

124. Boyd，J.，A. J. Krupnick，and J. Mazurek. 1998. Intel's XL Permit：A Framework for Evaluation Discussion Paper 1998/11. Washington，DC：Resources for the Future.

125. U. S. EPA.（Environmental Protection Agency）. 1998. Partners for the Environment：Collective Statement of Success. Washington，DC：U. S. EPA，Office of Reinvention.

126. 朱秋云. 世界上第一个包装废弃物回收利用系统——绿点—德国回收利用系统股份公司（DSD）. 再生资源研究，1999（4）

127. 日本实行包装废弃物回收奖励制度. 中国包装网，http://news. pack. net. cn，2005. 08. 01

128. 徐惠忠. 固体废弃物资源化技术. 北京：化学工业出版社，2004：197，215

129. 国家环境保护总局政策法规司. 环境政策全书. 北京：中国环境科学出版社，2005：20～25

130. 张华. 循环经济：企业技术创新的新路标. 商场现代化，2007

131. 闫敏. 发展循环经济的科技政策研究.
http：//www. China. com. cn/zhuanti2005/txt/2006－02/15/content_6122391. htm. 2006－02－15

132. 徐嵩龄. 为循环经济定位. 产业经济研究，2004（6）

133. 陈祖海. 制度创新、技术创新与循环经济. 科技创业月刊，2005（8）

134. 胡凯娟. 基于技术与产权互动演进的循环经济实践模式研究. 经济研究导刊，2007（8）

135. 程会强. 发展高技术产业，促进循环经济发展. 科学中国人，2006（7）

136. 刘永红. 城市规划：推动循环经济的重要抓手. 规划评论，2007（4）

137. 曹光辉. 齐建国. 数量经济技术经济研究. 循环经济的技术经济范式与政策研究. 2006 年 05 期

138. 张雷. 矿产资源开发与国家工业化. 北京：商务印书馆，2004

139. Arnulf Grübler. Technology and Global Change，Cambridge University Press. 1988.

140. 陶在朴著：生态包袱和生态足迹. 北京：经济科学出版社，2003

141. 李纪珍. 产业共性技术供给体系. 北京：中国金融出版社，2004

142. 内森·罗森伯格. 探索黑箱—技术、经济学和历史. 北京：商务印书馆，2004

143. 林毅夫. 技术选择、技术扩散与经济收敛. 财经问题研究，2004 年第 6 期

144. 陈墀成. 科学技术的环境价值探悉. 自然辩证法研究，2006 年第 2 期

145. 孙国强. 循环经济的新范式—循环经济生态城市的理论与实践. 北京：清华大学出版社，2005

146. 董继红. 循环经济指标体系概念、架构及评价方法. 统计与决策，2007（6）：126 ~ 128

147. 国家统计局循环经济评价指标体系课题组. 循环经济评价指标体系研究. 统计研究，2006（9）

148. 石磊，张天柱. 贵阳市循环经济发展度量的研究. 中国人口资源与环境，2005（5）

149. 赵波，严立冬. 论循环经济发展评价指标体系的设计. 经济体制改革，2007（1）：173 ~ 176

150. 丁同玉. 循环经济：我国社会经济发展的生态选择，发展循环经济 落实科学发展观学术年会论文集. 中国环境科学学会，2004